MARTÍN LUTERO
SERMONES

Martín Lutero

Versión castellana de
Erich Sexauer

Editorial
Concordia

 ISBN 978-0-7586-1460-5
patrocinada por PUBLICACIONES EL ESCUDO

La preparación de este volumen estuvo a cargo de la COMISIÓN EDITORA DE LAS OBRAS DE MARTÍN LUTERO, en Buenos Aires.

Título original: *Obras de Martín Lutero, volumen 9, Sermones*

Esta versión fue publicada en 2007 por Editorial Concordia.

Tapa: Florencia Fau-Pieske

Editorial Concordia es la división hispana de Concordia Publishing House.

MARTÍN LUTERO
SERMONES

Martín Lutero

OBRAS EN REFERENCIA A MARTÍN LUTERO DISPONIBLES EN EDITORIAL CONCORDIA:

Lutero y la misión
Autor: Sidney H. Rooy
16-6180

Lutero, biografía de un reformador
Autor: Frederick Nohl
16-6186

Sermones de Lutero para Semana Santa
Autor: Martín Lutero
16-6231

Las 95 tesis de Martín Lutero y la Confesión de Augsburgo
16-6144

Martín Lutero, La voluntad determinada
16-6234

CONTENIDO

Días especiales de la iglesia

INTRODUCCION

DR. MARTIN LUTERO
PREDICADOR DE WITTENBERG

DR. MARTÍN LUTERO, PREDICADOR DE WITTENBERG

I.

Corre el año 1512. En el jardín del convento de los agustinos en Colonia, Alemania, dos hombres discuten animadamente. El mayor de ellos propone al menor un plan, del cual éste trata de disuadirle con toda la elocuencia de que es capaz. El mayor es Juan Staupitz, vicario general de la congregación agustina de Alemania, y el menor, fray Martín Lutero, monje de la misma orden. El plan: Lutero debe hacerse cargo del sub-priorato del convento agustino de Wittenberg, cargo que está combinado con el de director de estudios de dicho convento. Además, sería tiempo de que siguiera estudios especiales para obtener el grado de doctor en teología, y suceder a Staupitz en la cátedra que éste había ocupado hasta entonces en la universidad wittenberguense. De nada le valen al joven fraile sus aseveraciones de que le falta toda idoneidad para el desempeño de tan elevadas funciones, como tampoco le valen de nada sus evasivas cuando, más o menos al mismo tiempo, Staupitz le encomienda la tarea de predicador en el convento de Wittenberg. Staupitz insiste, y Lutero, el subordinado, no puede menos que obedecer. Así, prácticamente contra su voluntad, el fraile Martín se convierte en Doctor Martín Lutero, profesor de la universidad de Wittenberg y predicador en el convento agustino de la misma ciudad.

Quizás Lutero había predicado ya antes, ocasionalmente. Pero en realidad, como monje necesitaba para poder predicar la licencia expresa otorgada por el vicario general de su orden, de modo que bien puede tomarse aquel año 1512 como punto de partida para la actividad de Lutero como predicador. Con todo, durante la primera década de esta actividad, Lutero no debe haber predicado muy a menudo, puesto que de este período se han conservado apenas unos 200 sermones. Sólo a partir del año 1522 contamos con una serie completa de sermones de Lutero, mejor dicho, más o menos completa, pues en las anotaciones de Rörer faltan los del año 1527, así como también los sermones sobre Mateo 11 a 15, predicados en días de semana durante los años 1528 y 1529. Así y todo, han sido conservados unos 2.000 sermones, lo que daría para los 34 años de actividad de Lutero como predicador —de 1512 a 1546— un promedio anual de por lo menos 70, cifra que demuestra cuán en serio tomó Lutero esta tarea que un día había aceptado con tanta resistencia. Su primer auditorio fue la congregación monástica, más tarde solía predicar en la iglesia mayor de Wittenberg, en ocasiones especiales también en la iglesia del castillo (o palatina; recuérdese que Wittenberg era la residencia del príncipe elector de Sajonia). Buena parte de sus sermones los predicó durante sus frecuentes viajes, o en su propio hogar, especialmente cuando su a menudo bastante frágil salud le impedía abandonar la casa. Con frecuencia predicaba dos veces en un mismo día, pero el colmo lo alcanzó sin duda en los 11 días desde el domingo de Ramos hasta el miércoles después de Pascua de 1529, en que subió al púlpito nada menos que 18 veces.

La forma en que los sermones de Lutero llegaron hasta nosotros

La tradición escrita de estos sermones es muy variada. Cómo Lutero se preparaba para ellos, lo sabemos por los pocos manuscritos que se conservaron en copias. No contienen la elaboración completa de un texto, sino más bien un breve bosquejo en palabras claves. No pocas veces, Lutero ni siquiera habrá tenido el tiempo suficiente para escribir tales bosquejos, pero aun después de haberlos compuesto, a menudo los modificaba sustancialmente estando ya en el púlpito, agregando pensamientos nuevos u omitiendo párrafos enteros. Así es como la inmensa mayoría de sus sermones llegó a nosotros en forma de apuntes tomados por alguno de sus oyentes durante el oficio religioso. Entre ellos se destaca ante todo Georg Rörer, quien desde el año 1522 se dedicó con regularidad a esta tarea. Una taquigrafía en el sentido moderno de la palabra aún no existía, sólo una bastante rudimentaria para el latín. De ahí resulta que los apuntes de Rörer sean una curiosa mezcolanza de mucho latín y poco alemán (pese a que, al menos a partir de 1522, Lutero predicaba exclusivamente en alemán) que aún en vida de Lutero sólo el mismo Rörer podía descifrar más o menos correctamente. Tampoco Rörer contaba con el tiempo suficiente para dar una forma más elaborada a sus escuetas notas, ni tampoco para dictar a otro, a base de ellas, el texto íntegro de los sermones. De esta manera, los apuntes de Rörer cayeron al olvido y constituían un tesoro que por espacio de siglos yacía escondido en alguna que otra biblioteca. Fue el mérito de Georg Buchwald el haber redescubierto este tesoro en la biblioteca de Jena, Sajonia, en 1895. Aun se necesitaron largos y pacientes esfuerzos hasta que las anotaciones de Rörer, escritas a mano con frecuentes tachaduras e intercalaciones, adquirieran forma más o menos legible. El fruto de esta admirable labor científica está contenido ahora en varios tomos de la Edición Weimarana de las Obras de Lutero. Sin embargo, no se crea que la lectura de estos sermones resulta ahora tarea fácil. Antes bien, la reconstrucción, a base de los apuntes de Rörer, de lo que Lutero *realmente* había dicho desde el púlpito, sigue siendo un trabajo que exige no poco conocimiento de la teología de Lutero, y a menudo no poca imaginación. Lo que actualmente poseemos, a pesar del sistema taquigráfico de Rörer, no son más que extractos, a veces incluso esqueletos de sermones, con notables variantes además, a raíz de diversas otras tradiciones que se han conservado, entre las cuales las más importantes son el manuscrito de Nuremberg, o Codex Solger, y un manuscrito existente en Copenhague. Tanto es así que a veces, un mismo párrafo de un sermón, según Rörer y según el Códice Nuremberguense, hace creer que se trata de dos sermones diferentes sobre el mismo tema. Otro factor diversificador es el afán de editores e impresores por dar a publicidad sermones de Lutero inmediatamente después de predicados. Todo esto nos obliga a tomar incluso los apuntes de Rörer con cierta cautela. Su valor como fuente para conocer la forma de predicar de Lutero es, en todo caso, menor de lo que comúnmente han supuesto los investigadores. Si bien G. Buchwald se consagró a reconstruir los sermones de Lutero de los años 1528 a 1532 a base de los apuntes de Rörer y Lauterbach (editados en Gütersloh, 1925/26), sería un error creer que tenemos ahora ante nosotros en forma completa lo que Lutero dijo en aquel entonces desde el púlpito. Esto no quita que Rörer sea la fuente de mayor confianza.

Pues aunque no pocos de los sermones de Lutero aparecieron en forma impresa casi inmediatamente después de haber sido dados, como ya señaláramos, la verdad es que estos productos muy raras veces se remontan a Lutero mismo. Antes bien, con o sin su conocimiento, alguien "elaboró" un texto completo a base de apuntes existentes, y lo entregó a la imprenta. Es significativo que un buen número de estas "primeras ediciones" aparecieron fuera de Wittenberg, señal evidente de que Lutero no tuvo nada que ver con ellas, y que el papel primordial lo desempeñó el entusiasmo de un oyente, o la energía (o afán de lucro) de un impresor. Casos hubo en que el propio Lutero dispuso que se imprimiera un sermón suyo, precisamente para contrarrestar el efecto negativo de tales publicaciones poco cuidadosas o poco escrupulosas. (Véase *Obras de Lutero,* Ed. Paidós, Buenos Aires, tomo III, pág. 17). Sin embargo, en tales casos Lutero recurría no a apuntes sino a su memoria, haciendo además diversos agregados, de manera que el sermón impreso coincide sólo hasta cierto punto con el sermón hablado. No obstante, no se justifica del todo el escepticismo que con frecuencia se exhibe ante los sermones impresos del Reformador. Verdad es que siempre debemos contar con que el redactor o adaptador del manuscrito añadía algunas formulaciones de cosecha propia. Pero si la redacción se hacía inmediatamente después de la predicación a viva voz, y si el redactor se atenía con suficiente fidelidad a los apuntes hechos durante el culto, y si por añadidura pertenecía al entorno más bien estrecho de Lutero, el grado de seguridad de poseer un sermón aproximadamente auténtico de él es bastante elevado. No en vano advierte Lutero a los impresores que impriman sermones suyos sólo "si son de mi propia mano o si existe una primera impresión hecha aquí en Wittenberg por orden mía" (WA 10, III, 176). En resumidas cuentas: en cada sermón individual habrá que comprobar el estado de la tradición, habrá que sopesar los apuntes y la forma impresa, si es que existen los dos, acerca de su coincidencia, y habrá que verificar además cuánto uso se hizo de los apuntes.

Cabe agregar que esa "colaboración" de extraños hizo de muchos sermones de Lutero verdaderos tratados de extensión impresionante, en que las palabras vertidas por el propio Lutero representan sólo una pequeña parte, siendo todo lo demás producto de la ágil pluma y la buena intención del adaptador.

Producto total y auténticamente "luterano" son, en rigor, solamente los sermones que figuran en las así llamadas "postilas" o sermonarios preparadas por Lutero. Abarcan el período comprendido entre el 1. Domingo de Adviento hasta la Semana Santa y ofrecen para cada domingo una exposición tanto de la perícope epistolar como de la perícope evangélica. Durante su estadía en el castillo de Wartburgo (1521/22), Lutero compuso las primeras dos partes, o sea, la "Weihnachtspostille" (postila de Navidad) y luego la "Adventspostille" (postila de Adviento). En 1525, año de su casamiento y de la Guerra de los Campesinos, agregó la "Fastenpostille" (postila de Cuaresma). A más no llegó.

Pero hubo otros que se encargaron de llenar los claros. Un tal Esteban Roth publicó en 1526 una "Sommerpostille" (postila de verano), en 1527 una "Festpostille" (postila para días festivos) y en 1528 hasta una "Winterpostille" (postila de invierno). Al principio, Lutero escribió prólogos para estas obras, pero luego se expresó en términos más y más negativos acerca del trabajo de E. Roth. En cambio, encomendó al profesor wittenberguense Caspar Cruciger una revisión de la Sommerpostille de Roth —la cual tras alguna demora apareció en 1544—, y se apartaba del original aún más que la recopilación de Roth. En el mismo año se publicó además la así llamada "Hauspostille" (postila doméstica), sermones dados en casa por enfermedad o debilidad, editada por Veit Dietrich, y en 1559, muerto ya Lutero, una especie de obra competitiva redactada por el pastor luterano Andrés Poach, menos arbitraria que la de V. Dietrich. Estos sermonarios recurren a apuntes e impresiones ya existentes y someten este material a tratamientos de variada índole, de modo que las postilas poseen valor como fuentes sólo cuando el material original que elaboraron ya no existe. Pero aun entonces se recomienda un cuidadoso análisis de caso en caso. Como ya queda dicho, carácter de sermones auténticos de Lutero poseen únicamente los que están contenidos en la Kirchenpostille (1521/22 Wartburgo y 1525 Wittenberg). Al leerlos conviene sin embargo tener en cuenta que no se trata, en realidad, de sermones predicados (yo mismo, observa Lutero más tarde, no predicaría tan ampulosamente), sino de sermones de escritorio, o sermones modelo, para uso de los predicadores que por sus conocimientos aún escasos acerca de lo que es un sermón evangélico, no estaban en condiciones de producir por sí mismos un buen sermón, y además debían servir al padre de familia para su culto en el hogar.

Cabe agregar que los títulos y subtítulos de los sermones no figuran en el texto original de la WA, sino que fueron añadidos en la Ed. de Calw para facilitarle al lector el entendimiento. Con la misma intención los reproducimos en nuestra traducción al castellano, para la cual dicha Edición de Calw (alemana) fue una valiosa ayuda.

II.

El significado del sermón en la obra de Lutero

En su celda monacal, Lutero había redescubierto el evangelio, la buena nueva del Hijo de Dios, dado a y por los hombres. Este evangelio del Cristo de Dios era para él el centro de la Escritura, el verdadero tesoro de la iglesia. Mas si en el evangelio se ofrecía al mundo el perdón de los pecados y una nueva justicia, era preciso hacérselo saber, ya que las nuevas de gran gozo eran para todo el pueblo. Lo que la cavilación del monje había descubierto como contenido básico de la palabra de Dios, debía ser comunicado también a los demás: a la congregación de Wittenberg reunida en la iglesia, a los estudiantes en las aulas de la universidad, al pueblo alemán entero que desde la publicación de las 95 Tesis miraba con tensa atención a Lutero, el hombre que se había atrevido a hablar un idioma distinto del que empleaba la iglesia omnipotente. Había que demostrar, con las palabras de la Biblia, qué significaba el envío del Hijo de Dios, y cuál era el don que con él recibía la humanidad, para encender en el mundo, como reacción, el fuego de un amor a Dios que lleva como fruto el servicio al prójimo.

Que Lutero quería insistir en la palabra (*das Wort treiben*) y en la palabra sola: esto constituye la diferencia fundamental entre *sus* sermones y otros productos que circulan bajo el nombre de sermón. El Reformador no quería volcar al público desde el púlpito sus propias experiencias religiosas. Verdad es que sus sermones son también testimonios elocuentes de su genialidad, de lo íntegro y elevado de su carácter. Pero esto es sólo el subproducto, no la materia en sí. Pues Lutero no se publicita a sí mismo, sino que entrega un mensaje que él mismo ha recibido sin mérito propio, y que ahora tiene que trasmitir por virtud de su llamado al ministerio y so pena de perder su eterna bienaventuranza si *no* lo trasmite. Tampoco quería Lutero valerse del servicio religioso, por ejemplo, para propalar sus "pensamientos revolucionarios" en cuanto a la Biblia o a la doctrina de Cristo y de los apóstoles, ni están sus sermones al servicio de algún programa humano, ni siquiera al servicio del "movimiento reformista". Lo único que interesaba al predicador Lutero era que mediante su servicio, la palabra de Dios llegara al hombre en forma clara e inadulterada.

Esta palabra da al hombre el testimonio de que Dios es el Señor. Para Lutero, toda predicación tiene como premisa el 1. Mandamiento. El hombre natural, confiando en sus propias fuerzas, lo toma como un desafío al que él tiene que responder con sus buenas obras. Espera poder ganarse el favor de Dios; cree que su comportamiento correcto inclina a Dios a ser *su* Dios. Pero esto es el camino al fracaso. Bien pronto el hombre tiene que darse cuenta de su impotencia y pobreza —si es que es sincero. Se produce entonces una sensación de culpabilidad, una experimentación de la ira divina que pesa sobre el transgresor, y por último, la desesperación. Cuanto antes se dé cuenta el hombre de que el camino de abajo hacia arriba no conduce a la meta ansiada, tanto mejor para él, pues tanto más se abrirá a la prédica inaudita y salvadora del evangelio. Por esto, Lutero vio en la predicación de la ley la preparación imprescindible para desmenuzar toda confianza falaz, y por esto predicaba constante y conscientemente la ley, sabiendo, sin embargo, que con esto hacía un "opus alienum", una obra ajena. Su "opus proprium" era el de predicador del evangelio.

La predicación del evangelio cuyo conocimiento se le había abierto a Lutero tras dura lucha interior, también tiene como punto de partida la certeza, comunicada por el 1. Mandamiento, de que Dios es el Señor. Pero aquí se produce ahora un movimiento a la inversa. Aquí es Dios el que actúa, y el hombre recibe, por medio de la fe. Aquí no es el hombre el que hace una obra y luego espera la respuesta aprobatoria de Dios, sino antes bien, Dios se entrega a sí mismo al hombre, y el hombre responde en fe y obediencia. Es un movimiento que comienza en lo de más arriba: en el corazón de Dios quien quiere que todos los hombres sean salvos y vengan al conocimiento de la verdad, y sean colocados bajo el dominio de Dios en su reino eterno. A este efecto, Dios se nos reveló: envió a su Hijo, anunciado "por los profetas que fueron desde el principio", y nacido de mujer cuando hubo llegado el cumplimiento del tiempo. Este Hijo nos quiere llevar a la mansión del Padre porque tiene compasión con el pueblo: extiende su mano hacia sus hermanos los hombres, y los hace testigos de su gracia. En la iglesia empero, esta gracia se muestra constantemente en acción: los profetas y apóstoles primero, y los predicadores debidamente llamados por la iglesia después —como portadores y propagadores del testimonio apostólico y profético—, todos ellos son la prolongación del brazo de Dios mediante el cual el Señor trata de atraernos. Cuando ellos predican a Cristo el Señor, Cristo mismo predica: "Nuestro Señor y Dios mismo quiere ser el predicador", dice Lutero comentando lo dicho por Cristo en Lucas 10:16 ("el que a vosotros oye...").

Sin embargo, este hablar de Dios en el evangelio es para el hombre un tropiezo, un escándalo. Lutero lo subraya siempre de nuevo. Es algo que contradice al orgullo humano que quiere modelar su destino con sus propias manos. Ante la gracia de Dios, toda grandeza, sabiduría, potencia y piedad humanas quedan anonadadas. Ni la buena voluntad ni la propia razón o poder nos acercan un solo paso a Dios. "Predicar a Cristo es una provocación contra la carne; predicar la carne es una provocación contra Cristo", afirma el Doctor de las Sagradas Escrituras en Wittenberg. Y así como es provocador el mensaje de la gracia, son provocadores también los mensajeros. El Salvador del mundo es un miembro del despreciado pueblo judío. El rey yace en un pesebre. El inocente es juzgado como pecador. El príncipe de la vida muere en la cruz. El testimonio original de él nos lo dan hombres de otro tiempo, otra raza, hombres que se reconocían a sí mismos como nada perfectos.

Y hoy día, el oficio de la predicación está en manos de hombres cuyos defectos e incapacidad están a la vista de todos. ¿Cómo habrían de ser ellos instrumentos de Dios? Con sus vicios y virtudes, con la simpatía de que gozan por parte de unos y la antipatía que inspiran a otros, ¿no son más bien un gravísimo impedimento para el actuar de Dios?

Lutero sabe todo esto. Pero no obstante las dificultades inherentes, el cometido de un predicador no es un cometido imposible de cumplir. Pues lo que el predicador dice, no lo tiene que extraer de su propia inventiva; tiene ante sí como norma el testimonio de los profetas y apóstoles, norma clara y precisa. No tiene que ser más que un fiel administrador del tesoro que le ha sido confiado. "Predicar" por ende significa explicar el texto bíblico para conducir a la congregación hacia Cristo. Lutero trata el texto no como un mero documento histórico, tampoco como simple fuente de un sistema de pensamientos teológicos; antes bien, presenta las Escrituras (*er trägt die Schrift herfür*) como testimonio del Cristo para nosotros. Su única preocupación es *"den Text herausstreichen"*, hacer resaltar el texto, darle tono y colorido para que llegue a ser un mensaje vivo, claro y coherente para los fieles. Por esto, Lutero se ajusta estrictamente a su tema, trata de captar el significado particular de cada texto y desdeña todo aditamento puramente retórico. Salvo raras excepciones, no arranca con algún punto de conexión al margen del texto, por ejemplo la celebración de cierta fiesta o una disposición especial de ánimo de sus oyentes, sino que va directamente al grano. No tiende puentes del oyente al texto, demostrando por ejemplo a la razón dubitativa la realidad de los milagros de Dios, o tratando de captar la benevolencia de sus oyentes con palabras de dulce son, o discutiendo cuestiones del momento para asegurarse así oídos atentos. No; la buena nueva de Cristo fue destinada por Dios al mundo entero; con ello, ya está acondicionada automáticamente, por decirlo así, al hombre real tal como éste se presenta en todo tiempo ante Dios como prisionero de Satanás, dominado por la muerte, el pecado y la carne. Renunciando así a toda conexión artificial, Lutero logra una conexión genuina con el hombre que con los problemas de su orgullo y su desesperación es el mismo hombre en cualquier estado y oficio, en cualquier sexo y edad, en cualquier vestido o uniforme, a saber, el hombre cuya miseria movió a Dios a compasión eterna.

A este hombre real trata de alcanzarlo realmente la predicación de Lutero. El renunciamiento a toda conexión falsa no implica que el sermón esté ubicado fuera de su época. Al contrario, en el momento en que Lutero predicó sus sermones, éstos eran de palpitante actualidad, ajustados estrechamente a su tiempo, de modo que resultaría anacrónico querer imitarlos sin más ni más. Él quiere grabar la palabra de Dios en el corazón del oyente de aquel entonces. Explica el texto para los fieles que están sentados delante de su púlpito. Da testimonio de Cristo ante los wittenberguenses del siglo XVI. Fustiga los pecados concretos de su época, lucha contra los errores y contra la tergiversación del evangelio, que estaban en boga en sus días. Arranca a sus contemporáneos la máscara de su piedad hipócrita detrás de la cual ocultan su impiedad, y consuela a los afligidos, amenaza y promete, estimula y refrena, siempre en la forma como lo exige el momento. Pues el objetivo es que el oyente real entienda el texto bíblico. A este propósito sirven todas estas tantas veces ensalzadas características de la predicación de Lutero. Si sus oyentes son eruditos de fama mundial, o príncipes, o nobles, Lutero siempre predica sin artificios, en forma enteramente natural, de manera que aun las almas más sencillas pueden entenderle sin dificultad. Tan llano, gráfico, a veces también un poco rudo es su lenguaje, que los sermones de Lutero no difieren en nada, en lo que a su forma exterior se refiere, de sus conversaciones habituales en la mesa y en rueda de amigos. Lutero no sabe de una distinción entre estilo "espiritual", lleno de unción, y estilo "mundano", natural de todos los días. Para él, la palabra de Dios es palabra al hombre tal como es, y por eso no sólo santifica el culto, sino que también penetra en la vida diaria. Por eso, Lutero habla a Melanchton en la misma forma en que habla a sus siervos y criadas. Se coloca al nivel de sus oyentes. y procura que los oyentes puedan llevar a casa algo de lo oído en la iglesia; por esto tampoco se esfuerza por evitar repeticiones. Unas veces relata detalladamente toda una historia para acercarla a la comprensión de sus oyentes como un hecho ocurrido en beneficio de ellos. Otras veces extrae de un largo párrafo un solo versículo para aclararlo desde los más diversos puntos de vista. Pero siempre tiene en vista el mismo fin: hacer que la gente llegue a comprender cabalmente la palabra bíblica en cuestión. Por consideración hacia el poder de captación de sus oyentes, Lutero habla además con bastante lentitud, y, a diferencia de los sermones interminables en boga en las postrimerías de la Edad Media, se hace por norma predicar sermones breves (de no más de una hora de duración).

La palabra de Dios está para ser oída, creída, confesada y vivida. Por eso reclama auténticos oidores y hacedores. Lutero lo expresa así: "Debemos temer y amar a Dios, de modo que no despreciemos su palabra y la predicación de ella, sino que la consideremos santa, la oigamos y aprendamos de buena voluntad" (*Catecismo menor*, Explicación del 3. Mandamiento). Un "público oyente" en el sentido moderno de la palabra, que está habituado a esperar que desde el púlpito le dirijan una plática religiosa o una plática sobre religión, nada tiene que ver con una congregación reunida en torno de la palabra y a causa de ella. Pues la palabra tal como la predicaba Lutero con tanta insistencia, precisamente busca apartar al oyente del alardeo con sus propias experiencias religiosas y de la admiración de sus propios sentimientos piadosos. Tenemos que desprendernos de nosotros mismos para prendernos de Cristo. La congregación que escucha a Lutero tampoco tiene motivo alguno para quedar embelesada por el "brillante orador": el mensajero desaparece totalmente detrás de su mensaje. Y cuando aparece, no se coloca de ninguna manera por encima de sus oyentes, sino que permanece con ellos en ese abismo hacia el cual puede descender sólo la gracia divina. El oyente mismo, así lo quiere Lutero, tiene la obligación de decidir si el sermón está en armonía con la Escritura. Y si está en armonía, debe escucharlo como si escuchara a la Majestad Divina en persona. "Por consiguiente", dice Lutero, "no te fijes en la persona, sino escucha lo que esta persona te dice, y examina si Dios habla a través de ella. Y si éste es el caso, doblégate bajo la palabra predicada. Y si un hombre de la ciudad o del campo oye a un predicador, debe decir: 'Oigo y reconozco la voz del párroco; pero las palabras que pronuncia no proceden de él —¿de dónde sacaría él las fuerzas para pronunciarlas?— sino que la excelsa Majestad de Dios habla por boca del predicador'."

Que el oyente pueda escuchar el sermón de esta manera, no es, por supuesto, su mérito propio, sino que aquí ocurre el milagro de la fe, que no es menor que el milagro de la predicación. Aquí, Dios mismo abre los oídos del escucha mediante su Espíritu Santo, le enseña a captar el mensaje contenido en las palabras, hace surgir en su alma la imagen de Cristo como el "Cristo dado por nosotros", y le da a conocer al Padre a través del Hijo. Y con esto convierte al oyente en un miembro de la congregación que está dispuesto a cumplir activa y pasivamente la voluntad de Dios, o como cierta vez lo expresara Lutero: "entonces Cristo hace su habitación en el oyente" y efectúa en él y por medio de él la esperanza de la fe y las obras de la obediencia. Entonces, la acción salvadora de Dios ha llegado a su meta, y el medio para lograrlo ha sido la predicación de la palabra.

K. Aland, "Luther deutsch", tomo 8, Epílogo.
Calwer Luther-Ausgabe, tomo 5, Introducción.

Trad. y adapt. por E. Sexauer.

I

PROLOGO

QUE CARACTERIZA AL BUEN PREDICADOR Y LA BUENA PREDICA

QUÉ CARACTERIZA AL BUEN PREDICADOR Y LA BUENA PRÉDICA

Sermón de Lutero sobre Mateo 5:1, 2.

> "Viendo Jesús la multitud, subió al monte; y sentándose, vinieron a él sus discípulos. Y abriendo su boca les enseñaba."

Estas palabras son como un prólogo en que el evangelista llama nuestra atención a la actitud que Cristo asume en momentos en que está por predicar un sermón: "Sube a un monte, se sienta, abre su boca". ¿Para qué tantos detalles? Para hacernos ver que el Señor toma su tarea muy en serio. Pues éstos son los tres factores que, según dicen, hacen a un buen predicador: primero, que se presente en la forma debida; segundo, que abra la boca y diga algo que valga la pena; y tercero, que sepa terminar a tiempo.

"Presentarse en la forma debida" significa que se presente como un predicador que conoce a fondo su oficio y que lo desempeña como quien está llamado para ello; no como un intruso sino como uno que tiene la autorización y obligación de predicar, de modo que pueda decir: Yo vengo a predicar no por un simple antojo personal, sino en virtud del cargo que ocupo legítimamente.

Esto va dirigido contra aquellas personas que nos han causado tantos males y los están causando aún, los espíritus facciosos y fanáticos que cual vagabundos ambulan por nuestras comarcas envenenando a la gente antes de que los párrocos y las autoridades se den cuenta de ello, y contaminando una casa tras otra hasta llenar de su ponzoña a toda una ciudad, y rebasando la ciudad, a un país entero.

Para impedir que estos predicadores clandestinos y ambulantes prosigan con su funesta obra, habría que prohibir terminantemente el ejercicio de la predicación a toda persona que no esté facultada para ello por virtud de un encargo formal. Pues Dios no quiere que uno se pasee por aquí y por allá con su santa palabra como si el Espíritu le impulsara y le obligara a predicar; tampoco quiere que uno se introduzca de esta manera en ciudades y en rincones apartados, en casas y púlpitos, afanoso de predicar sin haber sido investido del cargo de predicador. Ni aun el apóstol Pablo, a pesar de haber sido llamado al apostolado por Dios mismo, quería predicar en los puntos donde ya habían actuado otros apóstoles. Por esto se nos dice en nuestro texto que cuando Cristo inició su tarea de predicador, subió al monte a la vista de todos. Y ya en los párrafos iniciales de su sermón dijo a sus discípulos: "Vosotros sois la luz del mundo", y además: "No se enciende una luz y se pone debajo de un almud, sino sobre el candelero, para que alumbre a todos los que están en la casa" (Mateo 5:14, 15). En efecto: el ministerio de la predicación, y la palabra de Dios misma, deben emitir su luz libremente, como el sol. Su escenario debe ser no la clandestinidad sino la vida pública, accesible a la vista de todos, de modo que tanto los predicadores como los oyentes tengan la seguridad de que lo que se enseña es correcto, y quien lo enseña tiene la autorización para hacerlo, sin necesidad de recurrir a ocultaciones. Así es como tú también debes actuar: Si eres ministro de la palabra con el encargo de predicarla, preséntate pública y libremente, sin temer a nadie, para que como Cristo puedas gloriarte: "Yo públicamente he hablado al mundo, y nada he hablado en oculto", Juan 18:20.

Me preguntarás: "¿Cómo? ¿Así que nadie debe enseñar la palabra de Dios a no ser que lo haga en público? ¿No debiera un padre de familia enseñar a los de su casa, o tener una persona que se encargue de este quehacer?" Mi respuesta es: ¡Por supuesto que sí; más aún: esto es lo que corresponde! Precisamente el hogar es uno de los lugares más adecuados para la enseñanza de la palabra divina. Todo padre de familia tiene el deber de educar e instruir a sus hijos y criados, o de hacerlos instruir, porque en su casa, él ocupa el lugar de párroco u obispo sobre los que integran el conjunto familiar y la servidumbre; a él le incumbe velar y responsabilizarse por lo que aprenden.

Pero lo que no corresponde es que hagas tal cosa fuera de tu hogar y trates de meterte por propia iniciativa en casas ajenas o en el hogar de tus vecinos, así como tampoco debes permitir que alguno de esos predicadores clandestinos se meta en la casa tuya y pretenda desplegar allí una actividad para la cual nadie le ha dado la autorización. Pero en caso de que un hombre tal llegue a una casa o ciudad, exíjansele testimonios que le acrediten como predicador reconocido, o documentos que certifiquen debidamente su autorización. Pues no hay que prestar oídos a cualquier vagabundo que se jacta de poseer el Espíritu Santo y cree que esto le da el derecho de introducirse en casas particulares. En fin: el evangelio o el ministerio de la palabra debe hacerse oír no en un rincón escondido, sino en lo alto del monte, pública y libremente, a la luz del día. Ésta es *una* de las cosas que Mateo quiere indicarnos aquí.

En segundo lugar destaca que Jesús "abriendo la boca" les enseñaba. Como ya fue dicho, también esto caracteriza al buen predicador: que no se quede con la boca cerrada. No sólo debe desempeñar su ministerio públicamente de modo que todos tengan que dejarle actuar y respetarle como persona que recibió de Dios el derecho y el mandato de predicar, sino que debe abrir su boca con toda intrepidez, esto es, anunciar la verdad y todo cuanto le fue encomendado predicar, no hacerse el mudo ni andarse con medias palabras, sino hablar francamente, sin tapujos y sin temores, sin ceder a consideraciones ni presiones, vengan de donde vinieren.

Pues es un gran impedimento para un predicador querer estudiar el ambiente para descubrir qué le gusta a la gente oír y qué no, o ver qué le podría acarrear disfavores, perjuicios y peligros. Antes bien, así como está ubicado en la cúspide de un monte, en un lugar público, con vista libre hacia todas las direcciones, así debe también hablar libremente, sin pelos en la lengua, a pesar de que son muchas y diversas las personas y las cabezas que ve. Ni el favor ni el rencor de los poderosos, ni el dinero, las riquezas, los honores, la violencia, la difamación, la pobreza o perjuicios personales deben ser factores que influyan en su mensaje. Su única preocupación ha de ser la de predicar lo que su función como ministro de Cristo le demanda.

Pues Cristo instituyó el sagrado ministerio no para que se lo use como instrumento para ganar dinero y bienes, favores y prestigio, amistades o alguna otra ventaja personal, sino para que se ponga a la luz del día la verdad, se censure lo malo y se diga lo que atañe al bienestar y la salvación de las almas. La palabra de Dios no está en el mundo para dar informaciones acerca de cómo una sirvienta o un peón deben realizar sus tareas y ganarse el pan, o cómo el magistrado debe regir a la comunidad, o el campesino arar sus tierras y proveer alimento para sus animales. En resumen: la palabra de Dios no da bienes materiales ni enseña cómo obtenerlos (porque esto ya se lo enseñó a cada uno su propia razón). Su propósito es, en cambio, enseñarnos cómo entrar en la vida venidera, y a este efecto te ordena usar de esta vida y ganar honradamente tu pan de cada día mientras dure, pero de tal manera que sepas dónde quedar y dónde vivir cuando esta vida toque a su fin.

Cuando se comienza a predicar acerca de aquella otra vida a la cual debemos aspirar, y por causa de la cual debemos considerar esta vida presente como un mero albergue provisorio en que no queremos alojarnos para siempre —entonces comienzan también las disensiones y las peleas; porque de esta prédica el mundo no quiere saber nada. Si en tal caso un predicador se fija más en la vida terrenal y sus comodidades, tratará de eludir los enfrentamientos. Sube al púlpito, sí, y habla, pero no predica la verdad. No abre la boca como debiera hacerlo; cuando vislumbra consecuencias desagradables, detiene el paso y procura no despertar a las fieras.

Ves: por esto es que Mateo relata tan detalladamente que Cristo, como predicador fiel, sube al monte, abre su boca, enseña la verdad y censura duramente tanto la doctrina incorrecta como la vida incorrecta, como se ve en los pasajes que siguen al que acabamos de exponer.

II

EL MENSAJE DE CRISTO

NAVIDAD

El Rey enviado por Dios
Mateo 21:1-9.

Un Niño nos es nacido
Isaías 9:2-6.

El Reino de la Paz
Isaías 9:6, 7.

El Dador del gran Gozo
Lucas 2:1-14.

EL REY ENVIADO POR DIOS

Sermón para el 1. Domingo de Adviento.
Fecha: 3 de diciembre de 1531.

Texto: Mateo 21: 1-9. Cuando se acercaron a Jerusalén, y vinieron a Betfagé, al monte de los Olivos, Jesús envió dos discípulos, diciéndoles: Id a la aldea que está enfrente de vosotros, y luego hallaréis una asna atada, y un pollino con ella; desatadla, y traédmelos. Y si alguien os dijere algo, decid: El Señor los necesita; y luego los enviará. Todo esto aconteció para que se cumpliese lo dicho por el profeta, cuando dijo: Decid a la hija de Sion: He aquí tu Rey viene a ti, manso, y sentado sobre una asna, sobre un pollino, hijo de animal de carga. Y los discípulos fueron, e hicieron como Jesús les mandó; y trajeron el asna y el pollino, y pusieron sobre ellos sus mantos; y él se sentó encima. Y la multitud, que era muy numerosa, tendía sus mantos en el camino; y otros cortaban ramas de los árboles, y las tendían en el camino. Y la gente que iba delante y la que iba detrás aclamaba, diciendo: ¡Hosanna al Hijo de David! ¡Bendito el que viene en el nombre del Señor! ¡Hosanna en las alturas!

I. *La venturosa venida del Rey Cristo a los pobres.*
El Rey viene a los que son cautivos del pecado y de la muerte.

El Evangelio de hoy es un Evangelio muy conocido, ya que se lee dos veces al año [1]. No obstante lo usaremos también para el sermón de hoy. Pues como el predicar no debe tener otra

[1] Ya desde tiempo muy antiguo, Mt. 21: 1-9 es la perícope para el 1. Domingo de Adviento y también para el Domingo de Ramos.

finalidad que la de alabar a Dios e instruiros y exhortaros a vosotros los oyentes, hagamos esto mismo también ahora, para honra y gloria del Señor. Con el día de hoy entramos en la estación llamada Adviento del Señor, en la cual se conmemora esa inefable bendición de Dios que consiste en que él envió al mundo a su Hijo nacido de la virgen María, tal como ya lo habían anunciado los profetas[2]. Por este don indeciblemente grande debemos alegrarnos y darle gracias, y no permanecer tan indiferentes como el mundo ruin. Y para estimularnos a esta alegría, el evangelista cita el pasaje del profeta Zacarías: "Alégrate mucho, hija de Sion; da voces de júbilo, hija de Jerusalén; he aquí tu rey vendrá a ti, justo y salvador, humilde, y cabalgando sobre un asno, sobre un pollino hijo de asna" (Zac. 9:9). Todo esto son palabras de acento cálido, amoroso y suave, que nos incitan a gozarnos, ya que nos retratan a nuestro Rey con colores tan luminosos que el corazón humano no puede menos que alegrarse y dar voces de júbilo, máxime si siente necesidad de tal Rey. Los que no lo necesitan, no se llaman "hija de Sion" sino "hija de Babilonia"[3]. Mas a los que tienen el corazón lleno de congoja y yacen en las prisiones de la muerte, a ellos se les pregona este mensaje. Por eso el profeta exhorta a la "hija de Sion" a que prorrumpan en cánticos todos aquellos que puedan cantar. Y por eso también yo entonaré un himno que arrancará voces de júbilo a nuestro corazón, a saber, el himno: "He aquí, tu Rey viene a ti". Hasta ahora estuviste sin Rey y Señor; cautivo estuviste, sometido a la muerte y al diablo, tu condición fue la misma que la del diablo en el infierno. Además estuviste sumido en incredulidad y desesperación, en odio y envidia, en terrores de conciencia y peligro de muerte. Todos éstos te tuvieron dominado. Pero ahora vendrá el que quiere ser tu Protector; amparado por él podrás defenderte contra tus crueles enemigos. Esto es lo que deseabas desde un principio; porque siempre anhelabas la libertad, tu alma suspiraba por un Rey, para que no tuvieras que ser ya esclavo del diablo y del pecado. Este Rey - ahora lo tienes; tu ferviente deseo está cumplido. ¡Alégrate, pues y salta de gozo!

El Rey viene en pobre apariencia, y no obstante enriquece al que cree en él.

¿De qué modo empero viene a nosotros este Rey? En este punto discrepan la razón y la fe, y en este punto discrepa también la opinión de los judíos, que esperan que el Rey ven-

[2] Is. 7:14. (Agregamos como "Notas" las citas bíblicas no marcadas en el original de la Ed. de Weimar, base de esta traducción.)
[3] Zac. 2:7; Is. 47:1.

ga de un modo carnal, de la opinión de los cristianos piadosos, que le esperan en espíritu. El Rey no viene con caballos, arcabuces y corazas, con trombones y cornetas, como soñaban los judíos. Así le esperan los que no buscan en él más que lo que atañe a los bienes materiales. Pero él no viene con costales repletos de trigo, con bolsas llenas de dinero, con bodegas bien provistas de vino, para que se pueda llevar una vida en la opulencia, y ocupar además un lugar de privilegio entre todas las naciones de la tierra. Así es como los judíos aún hoy día esperan a su rey. La ceguedad carnal no pide de su rey otra cosa que esto. ¡Mas tú abre tus ojos! El advenimiento del Rey tuyo no tiene por objeto llenarte a ti la barriga. Esto, el proveer para tu sostén, es tarea natural de la tierra, a la cual Dios se lo encargó ya en el principio de la creación (Génesis 1:29, 30). En cambio, el vestido, la armadura y el adorno con que se presenta el Rey tuyo es la justicia[4] de la cual está lleno. Le verás cabalgar sin oro, sin plata, y sin todo ese fausto que tanto aprecia el mundo; sin embargo, su justicia es tal que el esplendor que emana de ella hace que el sol, la luna y las estrellas tengan que esconderse ante este vestido cuyos nombres son Justicia y Salvación. Por esto, ¡abre los ojos y afina los oídos! En lo que te digo *yo* es preciso que creas, no en lo que te dicte tu razón. De otra manera, si te atienes a lo que ven tus ojos, dirás que este Rey es demasiado sencillo, no hallarás en él nada que pueda causarte gozo, alegría y consuelo, y le tendrás por una triste caricatura de un rey[5]. Pero ¡mírale con ojos espirituales! Verás entonces que su ornamento y su esplendor es tan grande que sobrepasa toda imaginación. Justicia y Salvación: ¡he aquí el tesoro que este Rey nos trae! ¡Alegraos pues y dad voces de júbilo, porque de justicia y de salvación habréis de ser vestidos!

II. *Los dones con que nos alegra el Rey: justicia y vida. La justicia es el primer adorno con que Cristo nos quiere engalanar.*

El primer adorno de Cristo es la justicia. Al observar el mundo entero, veo cómo los reyes y emperadores lucen coronas, piedras preciosas, anillos, cadenas de oro, etcétera, y no obstante, debajo de este lujo hay una tremenda inmundicia y un hedor más repugnante que el del mismo infierno, y esa inmundicia y ese hedor se llama: pecado. Y aunque estuviesen ataviados de oro puro, sin embargo este atavío adorna un vien-

[4] El texto que Lutero explica en estos párrafos, antes que Mt. 21:1 y sigs., es más bien Zac. 9:9.
[5] En alemán "Saukönig", literalmente "rey de porquería".

tre lleno de pecados, incredulidad, blasfemia, avaricia y maldad. Y así es todo aquel que está lejos de este Rey Cristo. Cristo en cambio está lleno de justicia. Por lo tanto, si se compara el ornamento de él con el del mundo entero y todos sus reyes, hallaremos a éstos relucientes de oro, es verdad; pero ¿de qué les sirve, si debajo de esta deslumbrante superficie yace el pecado? Y por otra parte, ¿en qué le perjudica a Cristo el cabalgar sobre una asna, siendo que en él no hay pecado alguno, sino pura justicia? No te fijes pues en la apariencia pobre de Cristo, exenta de toda pompa. No es que sea una injusticia que los reyes lleven coronas, alhajas de oro y cosas por el estilo; pero aquí estamos comparando estas cosas con Cristo, y comparadas con él, verdaderamente son una nada.

Que Cristo es llamado "el justo", significa —y con esto él quiere consolarnos— que nuestro Rey viene para luchar contra el pecado y para engalanarme con su adorno a fin de hacernos justos y piadosos. Es preciso, pues, que entendamos bien lo que estas palabras quieren decirnos. "Justo" se llama Cristo por cuanto nos quiere hacer justos. En tiempos pasados[6], cuando yo leía las palabras "Dios es justo", se apoderaba de mí un miedo terrible; porque en aquel entonces, "justicia" significaba para mí "dar a uno lo que en verdad le corresponde"[7]. Mucho más me habría gustado que se llamara a Dios "el misericordioso" en vez de "el justo". Pero la "justicia" de que se habla aquí en nuestro texto, en realidad no es otra cosa que misericordia —y una misericordia inenarrable, que consiste en que Cristo quita de nosotros nuestros pecados y nos adorna con su justicia. No viene para condenarte, ni con la intención de entrar en juicio contigo. Antes bien, él se llama justo por cuanto te hace justo a ti que eres injusto y no te puedes desprender del pecado. Pues ni aún todos los cartujos[8] pueden aquietar su conciencia cuando ésta se halla alarmada por un pecado, por insignificante que sea, ni puedes tú salir del error y de la incredulidad mediante tu propia justicia, porque el poder de Satanás te tiene encadenado. Pero en estas circunstancias, en que tú estás amarrado al pecado, con la conciencia perturbada, y sin otra posibilidad que la de practicar el mal[9], en estas circunstancias vino Cristo y no sólo quita

[6] Antes de haber llegado al entendimiento correcto del evangelio.

[7] Conforme a esta interpretación, la "justicia" divina no es un proceder mediante el cual Dios atribuye y crea justicia donde antes no la hubo, sino un proceder según el cual Dios somete a un examen la injusticia existente y aplica el correspondiente castigo al que ha incurrido en ella. Ante tal "justicia" de Dios, el hombre está irremisiblemente perdido.

[8] Orden religiosa muy austera fundada por San Bruno de Colonia. Su nombre deriva de la "Grande Chartreuse", convento matriz de la orden erigido en 1084.

[9] Comp. Ro. 7:14-24.

tu pecado sino que además te fortalece con su justicia en tal forma que de ahí en más ya no practicas el pecado como lo hacías antes sino desistes de pecar. Justicia, éste es *uno* de los vestidos con que Cristo quiere adornar a todos aquellos que no pueden deshacerse de sus pecados por sus propias fuerzas; con este vestido, Cristo cubre a los creyentes para que sean justos y santos como lo es él mismo.

¡Quién pudiera inculcar a los hombres esta consoladora verdad para que no la olvidaran jamás! La consecuencia sería una alegría sin par, a saber, la alegría de sabernos librados de nuestro pecado y adornados con la justicia de Cristo. Pero en la realidad de todos los días, lo que sigue a la promulgación de este mensaje, es que a raíz de ella, el mundo pierde el juicio totalmente, porque quiere confiar en sus propias obras y en su propia justicia. La prueba está en que en nuestros días se condena precisamente esta doctrina del evangelio, y se nos culpa a nosotros de que impedimos las buenas obras y omitimos hacer hincapié en que tales obras deben hacerse. Mas si yo tengo que predicar que mi justicia se basa en mis propias obras y méritos, ¿qué necesidad hay de este Rey y su justicia, si ya basta con mi ayunar y rezar? Esta prédica acerca de la justicia que nos da Cristo es tan consoladora, y sin embargo, hace que en muchos corazones se levante contra ella un encono tal que a nadie se le odia más que a los que predican esta justicia. Si nos desentendiéramos de este Rey y optáramos por querer alcanzar la justicia mediante nuestras propias obras, el mundo sería nuestro buen amigo. ¡Pero no! Mantenemos lo dicho de que somos pobres pecadores, y que todos los esfuerzos que hacemos con la observancia de reglas monásticas y con las peregrinaciones, no me adelantan un solo paso en dirección a la justicia verdadera. Pues el texto de nuestro sermón dice: "El Rey viene" (v. 5 y 9), para que no me quepa la menor duda de que él me regala a mí la justicia suya. Si crees esto, no puedes menos que gozarte; pero si no estás alegre, es porque no te das cuenta de la miseria en que vives a causa de tus pecados, o porque crees que tú mismo tienes que luchar contra ellos hasta vencerlos. Pero Cristo quiere otra cosa. Él quiere que tu victoria, la victoria sobre el pecado, sea ganada por él, y que por él, tú seas hecho un hombre capaz de vencer el pecado, la muerte y el diablo.

La salvación y la vida es el segundo adorno con que Cristo nos engalana.

Si crees esto, posees el tesoro entero: en primer lugar eres limpiado de los pecados y obtienes la justicia, y en segundo lugar eres liberado de la muerte y recibes de Cristo la salvación y abundante ayuda. O sea: con Cristo viene a ti la justicia, y la vida que en verdad merece ser llamada "buena". Él quita de ti los pecados y la muerte; en lugar de pecador eres considerado ante Dios como justo, y en lugar de muerte se te da vida. Piénsalo, y compara estos dos bienes con el poder y la gloria del mundo. ¿Qué es el tesoro de todos los reyes comparado con este tesoro llamado "vida"? Todos ellos no pueden librar de la muerte ni siquiera a un solo hombre. ¿Y qué es, además, la santidad de todos los monjes y la sabiduría de los varones más esclarecidos de la tierra, contra lo que Cristo nos ofrece? No son capaces de dar consuelo a un solo alma; por esto son nada y menos que nada frente al más pequeño de los pecados. Cristo en cambio trae consuelo no para un pecado solo, sino que quiere brindarte consuelo eterno y la justicia que posee él mismo. Y de esto resulta una justicia genuina y cierta, que no se basa en mí mismo; porque en tal caso, sería incierta. En cambio, si mi justicia está fundada en Cristo, se halla en un lugar donde nadie la derriba. Y lo mismo sucede con mi vida.

Conclusión: La pobreza de este Rey no debe ser un tropiezo para nadie.

No olvidemos, sin embargo, que la forma como viene Cristo puede resultar chocante: él no viene como suelen hacerlo los reyes de este mundo, sino "pobre como un mendigo". No debes ofenderte, pues, si los que quieren atenerse a este adorno, es decir, a la justicia de Cristo, a su vez también tienen que ser mendigos, y conformarse con poseer solamente a él. Cualquier otra doctrina la puede aguantar Satanás, menos ésta. Todos los hombres están deseosos de acrecentar su fortuna y su renombre, lo que significa que esta doctrina forzosamente tropezará con el desdén y el rechazo general; pues no tiene que ver con poderío, sino con humildad. Por tanto, quien quiera gozar el beneficio de esta doctrina acerca de la justicia, no se escandalice ante la cruz y deje que el mundo siga en su locura.

Éste es, pues, el mensaje que nos deja el Evangelio de hoy: Debemos dar gracias a Dios, abrir nuestro corazón a la alegría y al júbilo, y cuidarnos de la ingratitud con que llevaríamos a Cristo a la muerte. Así lo hicieron los judíos, y así vemos aun en nuestros días cómo se desprecia a Cristo. Lo que le sucedió en Jerusalén, su ciudad, le sucede de igual manera en el mundo actual. Tú empero empéñate en ser hallado en la multitud de aquellos que cortan ramas de los árboles y las tienden en el camino y entonan el himno de agradecimiento: "¡Hosanna! ¡Bendito el que viene en el nombre del Señor!"

UN NIÑO NOS ES NACIDO

Sermón para el Día de San Esteban, Mártir
Fecha: 26 de diciembre de 1531.

Texto: Isaías 9:2-6. El pueblo que andaba en tinieblas vio gran luz; los que moraban en tierra de sombra de muerte, luz resplandeció sobre ellos. Multiplicaste la gente, y aumentaste la alegría. Se alegrarán delante de ti como se alegran en la siega, como se gozan cuando reparten despojos. Porque tú quebraste su pesado yugo, y la vara de su hombro, y el cetro de su opresor, como en el día de Madián. Porque todo calzado que lleva el guerrero en el tumulto de la batalla, y todo manto revolcado en sangre, serán quemados, pasto del fuego. Porque un niño nos es nacido, hijo nos es dado, y el principado sobre su hombro; y se llamará su nombre Admirable, Consejero, Dios fuerte, Padre eterno, Príncipe de paz.

Introducción: Los pastores de Belén: ejemplos de una fe incondicional, y ejemplos de cómo Dios escoge a los humildes para avergonzar a los grandes.

Se cuentan maravillas acerca del silencio que los turcos guardan en sus templos [1]. En el Evangelio que se lee el día de hoy [2] aparece el hermoso ejemplo de la fe de los santos pasto-

[1] El porqué de esta sorprendente observación lo aclara una nota que en el Códice Nuremberguense se agrega a este sermón: Lutero pide a sus oyentes que se abstengan de toser; los que no pueden dejar de toser, que se queden en casa; y como ejemplo digno de imitación, Lutero menciona la conducta respetuosa de los turcos durante sus ceremonias religiosas (WA 34 II, pág. 516).

[2] El Evangelio para el 26 de diciembre, Día desp. de Navidad (y Día de San Esteban) es Lc. 2:15-20.

res, quienes después de haber oído la predicación de los ángeles, inmediatamente se pusieron en camino para ver cuanto antes lo que había sucedido, y lo que el Señor les había manifestado (Lucas 2:15). Son, en especial, dos factores los que hacen que esta fe sea tan ejemplar. En primer lugar, los pastores no se escandalizan por el aspecto en extremo humilde del niño. Y en segundo lugar, no temen a los notables de Jerusalén y de Belén, que muy fácilmente podrían acusarlos de sediciosos porque querían proclamar rey al hijo de un mendigo. Lo uno como lo otro son, por cierto, muestras elocuentes de una gran fe. Sin más ni más, los pastores van a Belén y hallan a un niñito acostado en un pesebre. ¡Cuán poco concordaba este cuadro con la imagen de un rey que, por añadidura, había de ser Redentor del mundo entero! Sin embargo, los pastores no se sienten defraudados en lo más mínimo.

Nosotros pensamos de manera distinta: aunque se nos hable en los términos más sublimes acerca de la fe y la vida eterna, apreciamos cien veces más los bienes de esta tierra. Si fuese realmente sincera nuestra fe en estas palabras: Cristo nació en Belén como Salvador nuestro, y luego padeció y murió para redimirnos del pecado y de la muerte, entonces nuestro ánimo sería otro, en nuestro corazón no habría tanta sed de riquezas, no nos afanaríamos tanto por poseer un palacio y otras cosas que el mundo estima de alto valor, sino que lo tendríamos todo por basura[3], y por objetos de que hacemos uso sólo para la mantención de nuestra vida terrenal. Pero el hecho de que todavía permanezcamos en nuestro estado anterior de apego a las cosas de este mundo, es una señal de que aquella natividad nos tiene sin cuidado, y que de las palabras del ángel no hemos retenido más que el sonido[4]. Los pastores en cambio retienen las palabras mismas, y con tal firmeza que ven en aquel niñito a su Rey y Salvador y difunden por todas partes lo que se les había dicho acerca del niño. ¿Dónde está, en aquel establo de Belén, lo que comúnmente distingue a un rey: el brioso corcel, el séquito de nobles caballeros? No obstante, en contra de lo que les dicen sus cinco sentidos, los pastores concluyen: Éste es el Rey, el Salvador, el gran gozo para todo el pueblo. Así, en el corazón de los pastores, todo apareció pequeño, y nada fue grande sino solamente aquellas palabras del ángel. Tan grandes fueron que aparte de ellas, los pastores no vieron nada; se llenaron de ellas y quedaron como embriagados, de modo que se pusieron a propalarlas en alta voz, sin preguntar por lo que podrían decir los grandes señores en Jerusalén que man-

[3] Comp. Fil. 3:8.
[4] En el original: más que la espuma.

daban en el templo y en el sinedrio. Al contrario: sin la menor señal de miedo ante las autoridades predican al Cristo mendigo. ¡En verdad, palabras de verdaderos revoltosos y herejes! ¡Decir que habían visto a un ángel, y que este ángel les había anunciado el nacimiento de un Rey y Salvador en Belén! Si esto llegaba a oídos de los principales de los sacerdotes, ¿no los increparían diciendo: "¡Vosotros, ignorantes pastores, no nos haréis creer que en un pesebre en Belén yace un nuevo gobernante! El gobierno tanto espiritual como civil está aquí en Jerusalén. ¿Y vosotros queréis persuadir a la gente de haber tenido una visión? ¿La verdad será que habéis soñado"? ¿Y no tenían que decirse los pastores mismos: "Merecemos ser crucificados o ser puestos en el cepo por habernos sublevado contra las autoridades espirituales y civiles"? Creo empero que cuando la noticia de lo ocurrido llegó a los jefes de los sacerdotes, éstos respondieron: "Ya estamos acostumbrados a que la gente ignorante diga estupideces; habrá sido Satanás el que estuvo en el campo de Belén", desoyendo así, en su propio perjuicio, el mensaje angelical. Y aún otros habrán dicho quizás: "Si realmente se produce un hecho de esta naturaleza, se dará noticia a nosotros, y no a unos pastores desconocidos". También en nuestros días hay gente que dice: "Si esa nueva doctrina que ahora se predica[5] fuese realmente el evangelio verdadero, Dios lo haría predicar por los jefes mismos de la iglesia, no por monjes y sacerdotes escapados de algún convento". Pero ¿no te parece que Dios puede dejar plantados a Caifás y Anás y a todos los respetables sacerdotes y dar a unos humildes pastores el encargo de predicar el nacimiento del Rey y Salvador? ¡Ojalá también nosotros siguiéramos este ejemplo de los pastores y tuviéramos por grande e importante sólo la palabra de la fe, haciendo oídos sordos a todo lo demás! P. ej., cuando se nos da la absolución, o la santa cena, o cuando se nos predica el evangelio, ¡tuviéramos por basura todo lo demás y nos aferrásemos a la palabra sola! Pero por desgracia, nuestra carne, Satanás y el mundo hacen que no despreciemos lo mundanal como debiéramos hacerlo, y así nos impiden apreciar la palabra en todo su valor.

Por hoy no quiero explayarme más sobre este Evangelio; volvamos ahora a las palabras de Isaías[6].

[5] El evangelio tal como lo enseñaban los reformadores.

[6] El día 25 de diciembre por la tarde, Lutero había predicado sobre el mismo texto, Is. 9:2-6 (en especial v. 6).

1. *La grande diferencia entre el reino espiritual de Cristo y los reinos de este mundo.*

El profeta nos dice: "Un niño nos es nacido, hijo nos es dado". Ya oísteis lo que significan estas palabras. Este capítulo es en verdad un capítulo de inestimable valor, en que Isaías nos describe con palabras sumamente bellas y acertadas qué clase de niño es Cristo. Es el niño que nos lleva sobre sus hombros a ti y a mí con todos nuestros pecados, miserias y dolores. Y esto lo hizo no solamente mientras vivió aquí en la tierra, sino que lo sigue haciendo hasta el día de hoy, por medio de la palabra del evangelio. Con lo que Isaías nos dice acerca del niño Jesús, nos enseña al mismo tiempo a discernir correctamente entre el reino espiritual y el reino corporal. El reino corporal es aquel en que los súbditos somos los que tenemos que llevar al soberano o rey; porque al mundo le hace falta que se lo apriete y obligue. El reino espiritual en cambio es aquel en que el rey mismo nos lleva a nosotros. Hay pues una grandísima diferencia entre estos dos reinos: en el reino corporal, tantos miles de hombres tienen que llevar una sola cabeza, un soberano; mas en el reino espiritual, una sola cabeza, Cristo, lleva un número incontable de hombres. Ciertamente, él lleva los pecados del mundo entero, como dice Isaías (cap. 53:6): "El Señor cargó en él el pecado de todos nosotros"; y lo mismo afirma Juan Bautista (Juan 1:29): "He aquí el Cordero de Dios, que quita[7] el pecado del mundo." Allá, en la cruz, él llevó nuestros pecados, y los lleva aún hoy mediante su Espíritu de bondad, y nos hace predicar que él es el Rey de la misericordia. Esto es *una* parte de la profecía.

2. *La asombrosa imagen de la iglesia: desdeñable ante el mundo, santa ante Dios por Cristo.*

Siguen ahora los nombres: "Admirable, Consejero, Dios fuerte, Padre eterno, Príncipe de paz". Con estos nombres, el profeta describe en detalle la índole del reino en sí. Hasta ahora había retratado la persona del soberano como un rey que lleva el reino sobre sus hombros. Con aquellos nombres nos enseña cómo está formada y qué señales particulares tiene la santa iglesia cristiana. Si quieres retratarla, retrátala como iglesia que tiene que ser *llevada*, y como iglesia que es llevada *por Cristo*. Este "llevar" empero por parte de Cristo, y este "ser llevado" por parte de la iglesia, hace que el nombre y el oficio de Cristo sea el de "Admirable, Consejero".

[7] En la versión alemana de Lutero: *Trägt* = lleva.

"Admirable, Consejero" se llama también por la obra que él lleva a cabo en su santa iglesia cristiana, a la cual él gobierna de tal manera que ninguna razón humana puede comprender o notar que esa iglesia es verdaderamente la iglesia *cristiana*. No establece para ella residencia oficial, no le fija modos de proceder ni ritos, no le otorga rasgos distintivos externos algunos que permitan determinar con precisión dónde está la iglesia, cuán grande o cuán pequeña es. Si quieres hallarla, no la encontrarás en ningún otro lugar sino sobre los hombros de Cristo. Si quieres imaginártela, tienes que cerrar los ojos y prescindir de todos los demás sentidos y atender exclusivamente a la descripción que te da aquí el profeta. La iglesia es, en verdad, un reino admirable, un reino que causa asombro, es decir, un pueblo desdeñable ante los ojos del mundo, del diablo y ante sí mismo, un "oprobio de los hombres y despreciado del pueblo", como dice el Salmo (22:6), una "piedra desechada por los edificadores" (Mateo 21:42) porque tiene un aspecto como si fuese no la esposa del Rey celestial sino del diablo. La verdadera iglesia cristiana es en opinión del mundo un conjunto de herejes. Éste es el nombre con que se la define. En cambio, los que son seguidores del diablo —éstos llevan el nombre de "iglesia". Así como los turcos consideran a los cristianos como gente en extremo insensata y como diablos en persona, así también los judíos y los papistas de hoy día no tienen más que burlas para los que constituyen la iglesia de Cristo. Tal es así que la iglesia no tiene el aspecto, nombre, imagen y semejanza de ser la iglesia de Dios, sino del diablo.

Ahora bien: que este aspecto lo tuviera la iglesia ante el mundo y ante el diablo, sería aún tolerable; lo verdaderamente grave es que a menudo lo tiene también ante nuestros propios ojos. Éste es un arte que el diablo domina a la perfección: el apartar nuestros ojos totalmente del bautismo, del sacramento y de la palabra de Cristo, de modo que uno se tortura a sí mismo con el pensamiento que expresara David (en el Salmo 31:22): "Decía yo en mi premura: Cortado soy de delante de tus ojos". Éste es nuestro distintivo: que la iglesia cristiana debe tener en sus propios ojos —y yo ante mí mismo— una apariencia como si Cristo nunca nos hubiera conocido como suyos [8]. Debo saber que ésta es la santa iglesia cristiana, y que yo soy un cristiano, y sin embargo, debo ver al mismo tiempo que tanto la iglesia como yo estamos cubiertos por una gruesa capa de oprobio del mundo que nos tilda de heréticos. Más aún: debo oír que mi propio corazón me dice: Tú eres un pecador. Estas gruesas capas, el pecado, la muerte, el diablo y el mundo, cu-

[8] Comp. Mt. 7:23. Motivo de esta autocalificación es la pecaminosidad y debilidad de que padecemos aún, a pesar de ser creyentes.

bren de tal manera a la iglesia y al cristiano, que ya no queda nada visible de ellos; lo único que se ve es pecado y muerte, lo único que se oye son las blasfemias del mundo y del diablo. El mundo entero y cuantos en él se precian de sabios, se ponen contra mí, mi propia razón rompe las relaciones conmigo; y no obstante, debo mantener con toda firmeza: yo soy cristiano, y como tal, justo y santo.

Por lo tanto, la santidad de la iglesia y la santidad mía radica en la fe. Se basa no en algo dentro de nosotros mismos, sino exclusivamente en Cristo. Diga pues la iglesia: "Yo sé que soy pecadora", y confiese yacer por entero en la cárcel del pecado y en el peligro de muerte. En mí no hay más que iniquidad, en Cristo no hay más que justicia; y si yo creo en Cristo, su justicia llega a ser mi justicia[9]. Esto sobrepasa toda razón y sabiduría humanas. Parece ser algo totalmente inaceptable. Pues todos los entendidos dicen: La justicia es cierta cualidad o santa manera de ser en el hombre mismo. Así como el color blanco o negro está en la pared misma o en el paño mismo, así la santidad debe estar en el alma misma del hombre justo. Pero entonces viene mi propio corazón y me dice: Yo no soy así, no soy un santo. Y lo mismo me dice Satanás y el mundo. Si tengo en contra de mí las declaraciones del mundo, de Satanás y de mi propio corazón, ¿qué puedo decir? Precisamente lo que dice nuestro texto: que Cristo es el Admirable Consejero. Él gobierna a su iglesia y a sus cristianos en forma admirable de modo que son justos, sabios, limpios, fuertes, llenos de vida, hijos de Dios, aunque ante el mundo y ante sus propios ojos parezcan todo lo contrario. ¿A qué debo atenerme empero para vencer la fea apariencia? A lo mismo a que se atuvieron los pastores: a la palabra.

El mismo Cristo procede en forma sumamente extraña en lo que a su propia persona se refiere: quiere hacerse nuestro Rey, y se acuesta en un pesebre y nace de una pobre virgen que apenas tiene con qué envolverle. Debiera haber tenido por madre a una reina, y por cuna un deslumbrante palacio —sin embargo, vive como un mendigo. ¿No es, en verdad, asombroso en su aspecto personal? Por esto nos es preciso aprender a abrir los ojos, como los pastores, y juzgar no según la apariencia exterior, sino según las palabras que fueron dichas acerca de este niñito. Debo decir, pues: Considero santos a todos los creyentes, y me considero un verdadero santo a mí mismo, no por mi propia conducta intachable, sino a causa del bautismo, del sacramento de la santa cena, de la palabra de Dios, y de mi Señor Jesucristo en quien yo creo. Entonces habrás hallado la definición correcta. Si me observo a mí mismo, sin bautismo,

[9] Comp. 2 Co. 5:21.

santa cena y palabra, no veo más que pecado e injusticia, al diablo en persona que me atormenta sin cesar. Y si os observo a todos vosotros desprovistos de la santa cena, del bautismo y de la palabra divina, no veo en vosotros santidad alguna. Aunque estáis sentados aquí en el templo oyendo la palabra de Dios y orando, no os queda nada de santidad si descontamos la palabra y los sacramentos.

3. *Las señales distintivas de la verdadera iglesia de Cristo.*

La apariencia exterior no es, pues, lo decisivo; lo decisivo es esto: Mira si estás bautizado, si oyes con agrado la predicación de la palabra de Dios, si sientes el sincero deseo de recibir la santa cena. Éstas son las señales que Dios te da, a éstas debes dirigir tu mirada; así podrás decir: veo en mí las claras señales de que pertenezco a la iglesia cristiana. El aspecto exterior, en efecto, no basta para convertirte en un creyente de verdad. En cambio, donde se predica el evangelio sin falsos agregados humanos, donde se administran los sacramentos en la forma debida, y donde cada cual desempeña fielmente las tareas propias de su oficio o profesión, allí encontrarás con absoluta certeza al pueblo de Dios. Por lo tanto, no te guíes por el color que las cosas tienen por fuera, sino por la palabra divina. Si te guías por la apariencia exterior, y no por la palabra, pronto caerás en el error. ¿Por qué razón? Por la razón de que exteriormente no hallarás en un cristiano nada que lo distinga de otro hombre. Más aún: hay incrédulos y paganos que se comportan más decorosamente y que presentan un aspecto más honorable que muchos cristianos. ¡Ah, la apariencia exterior! Ahí tienen su origen los impíos e insensatos monjes y frailes que querían crear a la iglesia cristiana una imagen orientada en lo que exteriormente impresiona a la vista. De ahí vienen también sus cogullas y tonsuras. "Aquí, en el estado monacal, están los hombres santos", decían; "vosotros que vivís en el mundo os entregáis a vanos afanes y prácticas puramente corporales". Cosa diabólica es que la máscara que se pone cierta gente pueda causar tanta impresión en el mundo.

Yo sé que entre todos vosotros hay apenas diez que no se dejarían embaucar por mí si yo quisiera hacer gala de aquella santidad que practiqué en mis años de monje. Evidentemente, el bautismo y la santa cena atraen las miradas mucho menos que el hábito y la austeridad de un franciscano. Éste sí tiene que ayunar, aquél en cambio es un simple sastre. Por esto es preciso que aprendas a conocer qué es y cómo es en realidad la iglesia cristiana, y que no te dejes engañar por las apariencias. Una mujer que hace lo que Dios le manda, que está bautizada, que oye el evangelio y lo guarda cual luz en su corazón, que tiene un marido, que da a luz hijos, que cumple con sus tareas como buena esposa y madre, esta mujer es una santa, aunque a los ojos de la gente no lo parezca. Pues el bautismo que recibió y la fe que tiene en su corazón, son cosas que mis ojos no ven; veo en cambio que anda por la casa, ocupada en el cuidado de sus hijos, y en mil otros quehaceres domésticos. Por esto parece que no hay nada de particular en la mujer aquella. Y sin embargo, si permanece en el evangelio y en el trabajo que Dios le ha encomendado, es un miembro genuino de la iglesia cristiana, no por su probidad, sino por estar bautizada, por tener en su corazón el evangelio, por ser morada de Cristo [10]. ¿Quién empero tiene en cuenta que esta mujer es una cristiana y una santa? Entre tanto viene una beguina [11] con su cara de vinagre; y ¿qué ocurre? ¡A ésta la consideran una santa, a cuyo lado la mujer con el marido y los hijos y el mucho trabajo no es nada! Así es como nuestro Señor convierte al mundo en un montón de tontos, incapaces de reconocer a un cristiano. "Iglesia cristiana" —esto son los que han recibido el bautismo, que tienen un corazón lleno de fe, y que por lo demás llevan la vida del hombre común. En este sentido debes considerar la iglesia, y por estas señales has de conocerla. El mundo en cambio no la juzga de esta manera, y por esto yerra en su juicio. El mundo preguntará, p. ej.: ¿Acaso no hay también entre los gentiles matronas por lo menos tan respetables como las que hay entre los cristianos? ¿Y qué decir de los tiempos de tribulación? ¡A cuántos padecimientos, a cuánta persecución está expuesto un cristiano que ha sido bautizado y que confiesa su fe en el Señor! No parece sino que Dios le hubiera abandonado por completo, y así lo siente a veces en su corazón.

4. *La iglesia, despreciada, se consuela con la palabra y los sacramentos.*

De este modo, nuestro Dios y Señor hace que todos los sabios lleguen a ser necios, permitiendo que la imagen verdadera de su iglesia casi desaparezca bajo un cúmulo de escándalos. No obstante, el que es miembro de esta iglesia piensa: A pesar de que el mundo me desprecia y persigue, sin embargo creo en Cristo, estoy bautizado y tengo el evangelio; y a este evangelio, este bautismo y este Cristo les asigno en mi corazón un valor tan alto que a su lado, el mundo entero no me parece valer más que una astilla.

[10] Comp. Jn. 14:23.

[11] Beata que forma parte de ciertas comunidades religiosas existentes en Bélgica (de Lambert *le Begue*, fundador, en el siglo XII, del primer convento de estas religiosas).

Y esto es bien cierto: el evangelio de Cristo que el creyente tiene en su corazón, posee ante Dios un poder justificador tan grande que, aun cuando el mundo entero estuviese repleto de pecados, todos ellos no serían más que una gota de agua en comparación con la inmensidad del mar. No es poca cosa fijarse en la palabra de Dios y atenerse a ella. Tan grande cosa es, que al que lo hiciere, todo lo que el mundo encierre le parecerá como una partícula de polvo. Así, pues, la iglesia cristiana es santa, a pesar del mal aspecto que tiene a los ojos del mundo, y a pesar de estar cubierta de tribulaciones y escándalos. Y nadie puede captar enteramente la santidad y justicia de la iglesia, ni aun el que tiene fe, y mucho menos se la puede sondar con la imperfecta razón humana. Quien quiera conocer de veras a la iglesia cristiana y a sus miembros, tiene que tomar como elementos de juicio la palabra del evangelio, los sacramentos, la fe, y los frutos de la fe y del evangelio. Y tú mismo, para comprobar si eres santo y cristiano, considera si tienes el bautismo y el evangelio, si oyes y crees la palabra de Cristo. Si luego mantienes puro tu matrimonio, si honras a tu padre y a tu madre, etc., o sea, si obedeces gustosamente al Señor, y evitas gustosamente lo que es contrario a su voluntad: estos son entonces los frutos de tu fe.

Mas si alguna vez das un traspié, esto no te infligirá un daño irreparable. Piensa en tu bautismo, refúgiate en el evangelio que te ofrece perdón y absolución, di a ti mismo: "Se me han ocurrido malos pensamientos, he caído en un pecado. Pero he sido bautizado, tengo la palabra de Dios con su promesa de remisión: esto es para mí una santidad mayor que el mundo entero con todo lo que hay en él. Cristo es mi mediador lleno de misericordia, tan misericordioso que la furia de todos los diablos que pudieran aterrarme no es más que un leve destello comparado con el fuego de su amor, nada más que una gota de agua comparada con el mar de sus compasiones. Él está a mi lado y me ayuda." Así debemos y podemos consolarnos pensando en ese inmenso tesoro que poseemos en la palabra y los sacramentos.

5. *Conclusión: Cristo es en verdad el Admirable, Consejero.*

Todo esto nos enseña por qué Cristo es llamado "Admirable, Consejero": Él quita de nuestra vista y de nuestro pensamiento toda santidad y sabiduría propias. Toda la santidad, toda la sabiduría que la iglesia cristiana posee, se basa en la palabra y en los sacramentos. Si quieres juzgar a la iglesia según su aspecto exterior, llegarás a un resultado enteramente falso, pues verás a los cristianos como gente asustada, plagada de pecados e imperfecciones. Mas si consideras a los cristianos como gente que ha sido bautizada, que cree en Cristo, y que demuestra su fe produciendo frutos de amor a Dios y al prójimo y llevando con paciencia su cruz, entonces tu juicio será acertado. Pues éste es el distintivo en que se ha de conocer a la iglesia de Cristo. Para la razón, el bautismo no es más que agua, el evangelio de Dios no es más que un sonar de palabras. Es natural, pues, que de esta manera, despreciando la palabra y los sacramentos, la razón jamás puede llegar a encontrar y conocer a la iglesia cristiana. Nosotros en cambio, los que somos miembros de la iglesia, debemos tener el bautismo y la palabra en tan alta estima que todos los bienes y tesoros del mundo nos parezcan una nada comparados con ellos. Haciendo esto, reconocemos correctamente a la iglesia cristiana, y nos podremos consolar también a nosotros mismos diciendo: "En mi propia persona soy un pecador, pero en Cristo, en el bautismo, en la palabra, soy un santo."

Atengámonos por lo tanto a estos nombres: "Admirable, Consejero". Entonces podremos hacer frente a todos los falsos maestros que vendrán. Pues no cabe duda de que después de los monjes de antaño con su falsa imagen de la iglesia de Cristo, vendrán otros, no menos perniciosos. El mundo no puede contra su costumbre: insistirá en querer retratar a la iglesia cristiana según su apariencia exterior. Sin embargo, el único retrato fiel de la iglesia es el que acabo de pintarles: el retrato en que se destacan el evangelio, los sacramentos, la fe y los frutos de la fe. El bautismo es el luminoso color blanco, la palabra y la fe son el glorioso color azul del cielo, y los frutos del evangelio y de la fe son los diversos otros colores que distinguen a los cristianos, a cada cual en su estado y profesión.

EL REINO DE LA PAZ

Sermón para Nochebuena.
Fecha: 25 y 26 de diciembre de 1525[1].

Texto: Isaías 9:6, 7. Un niño nos es nacido, hijo nos es dado, y el principado sobre su hombro; y se llamará su nombre Admirable, Consejero, Dios fuerte, Padre eterno, Príncipe de paz. Lo dilatado de su imperio y la paz no tendrán límite, sobre el trono de David y sobre su reino, disponiéndolo y confirmándolo en juicio y en justicia desde ahora y para siempre. El celo de Jehová de los ejércitos hará esto.

La importancia de la palabra "NOS".

En este texto tenemos que fijarnos ante todo en la palabrita "nos", porque este "nos" es de importancia fundamental. Todos los niños que nacen, nacen para sí mismos o para sus padres. El niño Jesús es el único del cual se dice que "*nos* es nacido". "Nos", "nos", "nos", dice Isaías. Este niño nos pertenece a todos nosotros, nació para bien nuestro. Para el bien de él mismo

[1] Los días 25 y 26 de diciembre de 1525, Lutero predicó sendos sermones sobre el mismo texto, Is. 9:2-7. Con el material de estos dos sermones, considerablemente ampliado, el propio Lutero compuso un escrito que publicó en 1526, con el título *Die Epistel des Propheten Jesaia, so man in der Christmette lieset* — "La Epístola del profeta Isaías que se lee en la Noche Buena". Se supone que el motivo para ello fue, además de la intención *general* de encomiar la *gloria* del Cristo Rey, la intención *particular* de subrayar la *divinidad* de Cristo, ya que en los primeros días de 1525 había llegado a Wittenberg la noticia alarmante de que "en Hungría había surgido una secta que negaba que Cristo era verdadero Dios e Hijo de Dios Padre".

De este extenso escrito (37 páginas enteras en el tomo XIX de la Ed. de Weimar) presentamos, en forma abreviada, lo referente a los versículos 6 y 7 de Isaías 9, que figura también en la colección "Luther deutsch", VIII, 1955, de K. Aland.

no habría tenido necesidad de nacer. Todo lo que él es, tiene y hace por su nacimiento o según su naturaleza humana, se llama "nuestro" y es "nuestro". Todo nos ha de servir a nosotros, pues ha de ser para nuestra salvación y nuestra bienaventuranza eterna. Por consiguiente, la palabrita "nos" exige de nosotros una fe inconmovible. Pues aunque Cristo hubiera nacido miles y miles de veces —si no hubiera nacido *para nosotros* y no hubiese llegado a ser propiedad *nuestra*, no tendríamos de él ningún provecho. ¿De qué nos aprovecha, en efecto, que desde la creación del mundo hayan nacido y sigan naciendo diariamente tantos y tantos miles de hombres?

Las características del Rey y de su reino.

Atención especial merece también la descripción de la persona de este Rey. Por una parte es un hombre natural, por otra parte es el Hijo. "Hijo" le llama el profeta, para demostrar que este Rey es no sólo hombre, sino a la vez, por su esencia y naturaleza, verdadero Dios. Para poder hacer todas estas cosas que Isaías le atribuye, necesariamente tiene que ser un hijo distinto de todos los demás hijos de los hombres. Para derrotar y aniquilar la muerte, el pecado y la ley, tiene que poseer en verdad fuerza divina, máxime por cuanto deberá hacerlo no para bien de él mismo, sino para bien nuestro. Pues ayudar a otros hombres a quedar libres de sus pecados, de la muerte y de la maldición de la ley, es algo que está totalmente fuera del alcance de cualquier ser humano[2]; sólo es posible para el todopoderoso Dios. Mas esta divinidad no "*ha nacido*" para nosotros, pues Cristo no fue investido de ella por causa nuestra, sino que la posee desde la eternidad, por haber nacido del Padre. Pero "*nos fue dada*", para que sea también nuestra. Y si es nuestra, ¿podrá haber algo que no sea nuestro? Pablo afirma claramente en Romanos 8 (v. 32): "Si Dios entregó a su propio Hijo por todos nosotros, ¿cómo no nos dará también con él todas las cosas?"

El reino de Cristo es un reino de gracia, un reino de socorro, un reino de consuelo para todos los pobres pecadores. Es una manera extraña de hablar: Cristo "lleva el principado sobre su hombro", y sin embargo está presente en el mundo entero. Él ha de gobernar en todas partes por medio de su evangelio —y no obstante, llevar el gobierno sobre su hombro. Los soberanos de este mundo se hacen llevar y conducir por los ciudadanos de su reino, mas este rey lleva, conduce y guía a los suyos. En la cruz nos llevó a todos nosotros a la vez[3],

[2] Comp. Sal. 49:7, 8.
[3] Comp. 1 P. 2:24.

ahora empero nos lleva por medio del evangelio, o sea: ahora se nos predica la buena nueva de cómo en aquel entonces él nos llevó a todos nosotros, obteniendo con su pasión y muerte el perdón por todos los pecados que cometimos, cometemos y aún cometeremos.

"Admirable".

Seis nombres da Isaías a este Rey. Son los nombres o cualidades que se ensalzarán toda vez que se hable de sus maravillas, de su obra y de su oficio. El primer nombre, "Admirable", nos hace ver el método que Cristo emplea para gobernar su reino. Este método es tal que sobrepasa toda razón y sabiduría humanas; francamente, es incomprensible. ¿En qué sentido? Bien: Cristo nos gobierna tal cual él mismo fue gobernado por el Padre. ¿No fue aquello un gobierno por demás asombroso? Para ir a la vida eterna, Cristo fue a la muerte. Al querer tomar posesión de su gloria junto al Padre, experimentó toda suerte de ignominias, incluso la mayor de todas las ignominias, la de ser crucificado entre dos asesinos. Cuando él quiso extender su reino de paz a muchos pueblos, al mundo entero, aun su propio pueblo de Israel se apartó de él, hasta el punto de que no sólo le negaron, sino que también le traicionaron, vendieron, entregaron, crucificaron y cubrieron de blasfemias.

Extraño e incomprensible es también el modo cómo Cristo procede con los suyos y con su reino. Un rey terrenal tiende a lograr mediante su acción gubernamental la adhesión y el respeto de su pueblo, y al mismo tiempo intenta mantener a distancia a los extraños y enemigos. El Rey Cristo lo hace a la inversa: Deja que su propio pueblo, los judíos, le abandonen, y recibe a sus enemigos, los gentiles. Al que quiere hacer justo, le convierte en desesperado pecador, al que quiere hacer sabio, le convierte en necio, debilita al que quiere hacer fuerte, arroja a las fauces de la muerte al que quiere vivificar, hunde en el abismo del infierno al que quiere conducir al cielo: siempre parece hacer justamente lo contrario de lo que en realidad quisiera hacer. Al que quiere elevar a grandes honores, a la bienaventuranza y al reino eterno, y darle renombre y poder, le expone a la vergüenza, le condena, le rebaja a la categoría de siervo, humilde e insignificante. Bien puede aplicarse a todo esto la palabra: "Los primeros serán postreros, y los postreros, primeros" (Mateo 20:16). Quien quiera ser grande, humíllese. Quien quiera marchar en primera fila, póngase en la última. ¡En verdad, un Rey asombroso y extraño, que está más cercano a nosotros precisamente cuando está más alejado, y que está más alejado cuando está más cercano! Que esto no nos parezca asombroso, se debe a que nos falta el conocimiento cabal y la experiencia; oímos hablar de ello a diario, hasta que al fin quedamos saturados y hartos, y no pasamos jamás de los dichos a los hechos. Pero los que han experimentado en su vida el actuar del Rey Jesucristo, éstos ven y sienten lo maravilloso que es, y lo bien que le sienta el nombre de "Admirable". En resumen: Cristo es "Admirable" por cuanto su manera tan particular de gobernar su reino consiste en que él hace padecer al viejo hombre en nosotros y lo mata, y desaprueba todo cuanto este viejo Adán hace, sabe y puede.

"Consejero".

El segundo nombre, "Consejero", nos muestra cómo Cristo nos asiste en ese padecimiento, muerte y tribulación, a fin de que en circunstancias tan adversas no desesperemos, ni desfallezcamos. Y también en la forma cómo nos asiste, Cristo es "admirable". Lo que él hace, no lo puede hacer ningún otro rey o soberano. Cuando éstos están derrotados, o su país ha quedado asolado, se acabó también el consejo y el consuelo. Pero en el caso de Cristo es al revés: su consejo y consuelo nunca son mejores que cuando todo está arruinado y perdido. Por supuesto, esto requiere una firme fe. Cristo el "Consejero" es un consejero para los que creen; pues su consejo nos llega cuando ya no nos queda nada, cuando ya no podemos poner nuestra esperanza sino en aquello que aún no se ve[4]. En los momentos en que Cristo nos conduce por sendas obscuras y extrañas, conforme a aquel primer nombre "Admirable", ¿quién podría permanecer en pie, si no tuviéramos nada a qué atenernos? Debe haber al menos una palabra que nos aconseje y aliente. En resumen: Cristo se llama "Consejero" por cuanto mediante su evangelio lleva el consuelo a sus fieles que en este mundo viven abandonados y acosados por muy diversas aflicciones.

"Poder".

Con el nombre que sigue, "Poder"[5], se nos indica que el consejo y consuelo que Cristo nos da, es un consejo y consuelo poderoso. Un consejo puede consistir en simples palabras sin peso, y por último todo queda en la nada. Cristo en cambio, además de hablarnos y consolarnos con las palabras de su evangelio, nos da la fuerza para que podamos creer su palabra, atenernos a ella, perseverar en ella, y finalmente sa-

[4] Comp. He. 11:1.

[5] Lutero traduce el pasaje Is. 9:6b de la siguiente manera: "Y su nombre es Admirable, Consejero, Poder, Héroe, Padre eterno, Príncipe de paz".

lir airosos de todas las dificultades y obtener la victoria que ya nadie podrá arrebatarnos. Pues si Cristo nos conduce por sendas tenebrosas y hace caer sobre nosotros padecimientos y aflicciones, su intención no es que permanezcamos para siempre en tan angustioso trance, que tengamos que conformarnos con el consejo y la palabra, y que esto sea el fin. No, así no es el asunto. El consejo y la palabra han de acompañarnos todo el tiempo que dure la tormenta de tribulaciones, y han de sostenernos para que no perdamos las fuerzas y nos hundamos. Pero un día —así lo quiere el Señor— hasta el mal más grande se acabará; será vencido por nuestra paciencia, y no nos atormentará más.

"Héroe".

Cómo Cristo ataca a los enemigos, y qué trato les impone, lo vemos por el cuarto nombre: "Héroe"[6]. Pues un Señor y un Héroe de verdad es aquel que ante todo provee lo necesario para su país y sus súbditos, los equipa y adiestra, y luego ataca a los enemigos y engrandece su propio reino. Todo esto lo hace Cristo con su santo evangelio. Éste es su espada, saeta y su armamento con que destruye toda inteligencia, sabiduría, razón, poder y santidad. ¿No es cosa por demás extraña: llevar por única arma la palabra, y ganar así el mundo sin sacar la espada, más aún, con mucho padecimiento y dolor? ¿Y no sólo ganar el mundo, sino también resistirse y oponerse a toda herejía y error y a la postre aplastarlos y obtener la victoria? No hay rey en la tierra que pueda hacer tal cosa.

Este luchar y vencer es una verdadera obra maestra. El primer ataque con su palabra lo dirige Cristo contra el corazón del hombre, haciendo predicar que todas las obras y todo el saber humanos son ante Dios pecado y nada más. Con esto se viene abajo toda santidad, sabiduría, poder, riqueza y cualquier otra cosa de que el mundo quiera gloriarse. Pues ante esta prédica tiene que desaparecer toda presunción; el hombre tiene que desesperar de sus propias facultades, rendirse a la evidencia y reconocer que la palabra de Dios tiene razón. Mas donde el corazón desesperó de sí mismo y fue ganado por Dios, ¿qué resistencia se podrá o se querrá ofrecer todavía? Pero los que aún no desesperan de sus propias fuerzas, aún no han sido ganados. Con ellos el Héroe sigue luchando mediante su palabra, hasta ganarlos o hasta encomendarlos al juicio divino.

Así hicieron también los santos apóstoles. Usando la palabra de Dios, arremetieron contra el reino de Satanás y le arre-

[6] Ver nota anterior.

bataron sus súbditos y destruyeron su señorío en un país tras otro. Por esto el apóstol Pablo suele llamar su oficio de predicador una "pelea"[7]. Y lo mismo seguimos haciendo los cristianos hasta el día postrero: conquistamos del diablo a muchas personas y se las arrebatamos de sus garras. Pues no podemos conformarnos con haber recibido personalmente la ayuda y el poder de Dios, sino que debemos ponernos al servicio de Cristo el Héroe, para que él pueda ganar por medio de nosotros a muchas almas y ensanchar los límites de su reino. El llamado que recibió el cristiano implica estar diariamente en campaña y luchar contra los enemigos. Es por esto que los profetas a menudo llaman a Dios "Jehová de los ejércitos", porque es un verdadero Príncipe guerrero. Su palabra no puede permanecer ociosa: ataca sin temor al diablo y al mundo; y el diablo, enfurecido, se defiende con saña, causando facciones y herejías e instigando a príncipes y potentados a luchar contra el evangelio. Ahí se arma entonces la batalla, tiro va, tiro viene, quien cae, cayó. Mas donde la palabra de Dios *no* está, se terminó la guerra, el diablo recupera sus dominios y reina en paz, siete veces peor que antes. Mateo 12 (v. 45).

"Padre eterno", "Príncipe de paz".

Los últimos dos nombres, "Padre eterno, Príncipe de paz", nos hablan de la recompensa y de los bienes que poseerán aquellos que son miembros del reino de Cristo. Un padre humano, por más paternalmente que trate a sus hijos, no lo puede hacer por mucho tiempo. Algún día tiene que morir y dejar atrás a sus hijos y encomendárselos al cuidado de otras personas. No puede ser ni llamarse "padre" por tiempo indeterminado; a lo sumo se le puede llamar "padre por el momento", porque el tiempo de su vida no lo tiene asegurado más que por el momento. En cambio, el Rey Cristo no muere jamás, tampoco deja atrás a sus hijos, sino que los mantiene a todos a su lado; aun por la eternidad vivirán junto a él. Particularmente consolador es el nombre "Padre eterno" en el peligro postrero, cuando nos llega la hora de la muerte. Entonces nos ayuda a no desesperar, porque sabemos a dónde vamos. Nuestra morada ya está bien preparada. Abandonamos esta vida y nos entregamos en manos del Padre eterno.

¿Quién le puede tener miedo a su Padre amante que nos espera con tanta bondad? El salto de esta vida a la otra no es un salto al vacío, sino un salto a terreno firme. Por esto, el dolor del cristiano en presencia de la muerte no es un dolor que le hiere en lo más profundo del corazón. Al contrario, en

[7] 1 Co. 9:26.

su corazón está la paz que le da Cristo, el Príncipe de paz. No nos la da como el mundo la da (Juan 14:27); de ser así, sus primeros nombres carecerían de sentido. La paz que él nos da es la paz de la conciencia ante Dios, una paz que crece y se fortalece tanto más cuanto mayor es el dolor y el sufrimiento, porque proviene de que nos sentimos como hijos que conocen al Padre eterno, por lo que estamos seguros de gozar de su favor y de tener libre acceso a nuestro buen Padre. ¡Qué bien siguen estos nombres uno al otro! Por lo que significan, todos ellos se refieren a los cristianos, y todos ellos nos dan una imagen fiel de lo que es el reino de nuestro Señor Jesucristo. "Lo dilatado de su imperio y la paz no tendrán límite, sobre el trono de David y sobre su reino, disponiéndolo y confirmándolo en juicio y en justicia desde ahora y para siempre. El celo de Jehová de los ejércitos hará esto." Este Rey no morirá, no dejará tras de sí herederos como los dejó el rey David, sino que será rey por todos los siglos, y su reino no le será quitado jamás.

Con estas palabras acerca del imperio que no tendrá límite, y de la justicia que será para siempre, se señala una vez más la resurrección de los muertos y la vida perdurable. Aquí se nos dice, en resumen: En primer término, Cristo ordenará su reino, lo dispondrá y confirmará para que exista en buena ley, es decir, para que en este reino, los hombres eviten todos los pecados e injusticias y queden libres de ellos; éste es el *juicio* que condena y castiga toda iniquidad. En segundo lugar lo mantendrá, robustecerá y reconfortará donde muestra señales de debilitamiento, para que en este reino los hombres sean justos, santos e irreprochables; ésta es la *justicia*. Por supuesto: todo esto, el Rey Cristo tiene que hacerlo por medio de su Espíritu Santo que renueva a los hombres. Pues como todos los hombres son pecadores y mentirosos, no sirven para un reino en que sólo caben hombres justos, piadosos y santos.

"El celo de Jehová".

¿Por qué será que el profeta agrega al final: "El celo de Jehová de los ejércitos hará esto"? ¿Por qué no dice: "La gracia del Dios misericordioso hará esto"? ¿Es acaso el celo de Dios el que lo hará, y no antes bien su pura gracia? Respondo: Isaías agrega esta frase por cuanto ve la falsa doctrina y los falsos profetas que intentan convencer al pueblo de que la justicia que vale ante Dios se alcanza con guardar la ley y hacer buenas obras, con lo que quedan invalidadas la fe y las promesas divinas, juntamente con Cristo mismo y todo lo que él hizo por nosotros. Esto le disgusta a Dios de tal manera que le provoca a celos, por decir así, y le impele a hacer venir su palabra y el reino de Cristo con toda energía, para que la fe y sus promesas no sufran deterioro, y para que el pueblo cristiano no sea inducido a caer en nefastos errores. Amén.

EL DADOR DEL GRAN GOZO

Sermón para el culto matutino de Navidad.
Fecha: 25 de diciembre de 1531.

Texto[1]: Lucas 2:1-14. Aconteció en aquellos días, que se promulgó un edicto de parte de Augusto César, que todo el mundo fuese empadronado. Este primer censo se hizo siendo Cirenio gobernador de Siria. E iban todos para ser empadronados, cada uno a su ciudad. Y José subió de Galilea, de la ciudad de Nazaret, a Judea, a la ciudad de David, que se llama Belén, por cuanto era de la casa y familia de David; para ser empadronado con María su mujer, desposada con él, la cual estaba encinta. Y aconteció que estando ellos allí, se cumplieron los días de su alumbramiento. Y dio a luz a su hijo primogénito, y lo envolvió en pañales, y lo acostó en un pesebre, porque no había lugar para ellos en el mesón. Había pastores en la misma región, que velaban y guardaban las vigilias de la noche sobre su rebaño. Y he aquí, se les presentó un ángel del Señor, y la gloria del Señor los rodeó de resplandor; y tuvieron gran temor. Pero el ángel les dijo: No temáis; porque he aquí os doy nuevas de gran gozo, que será para todo el pueblo; que os ha nacido hoy, en la ciudad de David, un Salvador, que es Cristo el Señor. Esto os servirá de señal: Hallaréis al niño envuelto en pañales, acostado en un pesebre. Y repentinamente apareció con el ángel una multitud de las huestes celestiales, que alababan a Dios, y decían: ¡Gloria a Dios

[1] Ni Rörer ni el Códice Nuremberguense hacen referencia a un texto determinado, pero no cabe duda de que se trata de Lc. 2:1-14. Conviene aclarar que la traducción de este sermón se basa en el Códice Nuremberguense, que lo presenta en forma más completa que Rörer. Los agregados tomados de Rörer aparecen entre paréntesis.

en las alturas, y en la tierra paz, buena voluntad para con los hombres!

El texto que acabamos de oír nos habla de lo que ocurrió en la fiesta que celebramos hoy, o sea, del nacimiento de nuestro Señor Jesucristo. Esta historia es, pues, lo que debo explicaros ahora. Es una disposición muy sabia la de asignar tres días festivos a la predicación sobre este tema[2], ya que la historia de la Navidad constituye la base de nuestra fe cristiana; de esta manera, el recuerdo de Cristo permanece vivo en la mente del pueblo. Y es además una muestra particularmente clara del poder de Dios el habernos conservado este texto tan explícito acerca de Cristo y el Espíritu Santo[3]. (Así, aun en la época del papado supieron decir al menos *algo* en cuanto al nacimiento y la resurrección de Cristo); de otra manera, el conocimiento detallado de estos hechos se habría perdido del todo.

Dos partes principales hallamos en nuestro Evangelio: el relato del nacimiento de Cristo en Belén, y las palabras que el ángel dirigió a los pastores.

Veamos en primer lugar la historia misma. que debe ser inculcada a todo el pueblo cristiano y en especial a los niños, para que sepan y crean que Cristo fue concebido por obra del Espíritu Santo y nació de la Virgen María. Si bien los apóstoles dejaron clara constancia de estas verdades[4], es preciso insistir en ellas siempre de nuevo. Lo primero que Lucas menciona es que el emperador Augusto mandó hacer un censo, el primero en tiempos de Cirenio (con el fin de fijar el impuesto a cobrarse a cada jefe de familia). Con esto, Lucas sin duda quiere describirnos el tiempo y el año exactos en que Cristo nació, a saber, la época en que el imperio romano se hallaba en su apogeo (y era gobernado por el más sobresaliente de sus emperadores). A raíz de este censo, todos se dirigieron a la ciudad de donde era oriunda su familia, entre ellos también José y María. Y fue entonces que a María se le cumplieron los días de su alumbramiento, y dio a luz a su hijo primogénito, y lo envolvió en pañales, y lo acostó en un pesebre, porque no había lugar para ellos en el mesón.

[2] La fiesta de la Navidad misma, el Día de San Esteban Mártir (26 de diciembre) y el Día de San Juan Apóstol y Evangelista (27 de diciembre). En cada uno de estos tres días del año 1531, Lutero predicó sobre textos navideños.

[3] A la historia de la Navidad relatada por Lucas pertenece también el pasaje que habla de la concepción por obra del Espíritu Santo (Lc. 1:26-35).

[4] Lutero estará pensando en el Credo Apostólico, del cual proceden las frases "concebido por obra del Espíritu Santo, nació de la Virgen María".

Ahí vemos que ya con este hecho inicial de su nacimiento en Belén, Cristo tiene un propósito determinado: el de diferenciar *su* reino del reino de las autoridades seculares. Viene a este mundo como si no quisiera saber nada de él, y sin embargo se sujeta a las disposiciones que rigen para este mundo. No le quita a Augusto su autoridad, sino que le permite promulgar aquel edicto y empadronar a todo el mundo, incluso a sus padres José y María; (todo sucede tal como la voluntad del emperador lo dispone). Cristo no abroga, pues, este reino basado en un orden racional, jurídico. Lo considera una organización importante dentro de la esfera que le es propia, pero más allá de ello no le hace concesión alguna. Adopta ante este reino una actitud como si no tuviera nada que ver con él: lo deja subsistir tal como está. (Y por su parte, tampoco el mundo toma nota de Cristo; apenas le concede un lugarcito a su futuro rey.) Antes bien, éste tiene que nacer de noche, en invierno, no en la ciudad en que vivían sus padres, sino en la lejana ciudad de Belén. (Así que Cristo nace en tierra extraña, en una ciudad que no es la suya y que por lo tanto no tiene lugar para él.) ¡Tan malo no debiera haberse mostrado el mundo (ni aun cuando fuera un lobo) como para no conceder un lugar a una parturienta! Sin embargo, a Cristo no se le da ni un cuartito (ni mucho menos una habitación calentita [5]), sino que va a parar a un establo, cuna muy poco apropiada por cierto para un niño recién nacido. En resumidas cuentas: (todo esto son señales de que el mundo desprecia a Cristo y no repara en él para nada, y él por su parte) hace como si no reparase para nada en el mundo, cual si quisiera decirle: "Yo tendré otro reino, aunque quiero vivir en el mundo".

Cristo, como Señor de la vida eterna, es sólo un huésped en esta tierra.

Por tanto es preciso hacer una distinción cuidadosa entre estos dos reinos. Pues la autoridad en lo político quisiera ser también la autoridad en lo religioso, y viceversa. (En otras palabras: los que rigen los asuntos seculares quieren regir también en la iglesia, y los dirigentes espirituales se arrogan el dominio en los asuntos seculares.) Siempre se intenta mezclar lo uno con lo otro. Hasta ahora, en el papado, los obispos fueron los que hacían de gobernantes; y ahora son (los príncipes) y los campesinos [6] los que quieren ejercer la dirección de las conciencias. Ni bien los hombres pisamos tierra firme,

[5] Lutero piensa como buen alemán, para quien las noches de diciembre suelen ser horriblemente frías.

[6] En la Guerra de los Campesinos (1525), los dirigentes del campesinado alemán habían planteado exigencias de orden político invocando la

ya nos vienen también ganas de tomar la espada. Cristo empero hace una clara distinción entre ambos reinos[7]: Él se ubica en el reino del mundo, ahí nace y vive, y hace uso de todo lo que atañe a la existencia física. Esto sí: lo usa con moderación, guiado por la misericordia, y sólo para tener qué comer y con qué vestirse. Y lo mismo hacen todos los predicadores (pues ¿dónde puede haber un cristiano que no haga uso de las cosas de este mundo?); pero no por eso están ejerciendo un dominio. ¡Mantengamos pues la debida diferenciación entre ambos reinos! El régimen espiritual debe ser un huésped en este mundo y su reino (como dice Pablo en 1 Timoteo 6:7, 8), es decir, debe considerar a este mundo como la casa donde come y bebe; pero el gobernar, juzgar, (declarar y hacer la guerra, etc.) —esto se lo debe dejar a las autoridades seculares. Con esto, Cristo no tiene nada que ver. Lo único que él quiere es liberar a las conciencias (del pecado y de la muerte) para conducirlas a la vida eterna (cosa a la cual el mundo no puede contribuir con nada). Por esto lo trata al mundo como si no lo conociera, y lo mismo hace el mundo con él. Cabía esperar que los habitantes de Jerusalén se arrastraran de rodillas a Belén para recibir a su Rey. Pero no lo hacen. (Por consiguiente, tampoco él se apresura en dirigirse a ellos.) En resumen: el que quiere ser (cristiano y) predicador, busca la razón final de su actuar en lo que tiene que ver con la vida venidera. Lo referente a la forma cómo se ha de vivir en esta tierra se lo encomendamos al emperador y demás autoridades competentes; ellos tienen en sus manos el poder de gobernar, y de dirigir los asuntos económicos. Los cristianos, aunque también usufructuamos de todo esto, estamos aquí simplemente como en una casa de huéspedes: el dueño de la casa corre con la administración, y nosotros pagamos. No le damos directivas al hostelero, no tomamos intervención en sus quehaceres; simplemente venimos a él y comemos en su casa. De igual manera, Cristo es sólo un huésped en este mundo; come y vive aquí, pero tiene otra meta, a saber: el reino eterno. Así, pues, el objetivo del Estado es la paz en el mundo, el objetivo de la iglesia[8] es la paz eterna. La iglesia no busca el hermoso edificio ni el puesto de mando, sino que tiene puestos sus ojos en la vida futura. Si a mí me llega mi última hora, no hay emperador que pueda auxiliarme, tampoco puede un

---

"libertad evangélica". Véase "Obras de Lutero", Ed. Paidós, Buenos Aires, tomo II, "*Exhortación a la paz...*", pág. 248 y sigs.

[7] Comp. "Obras de Lutero", Ed. Paidós, Buenos Aires, tomo II, pág. 125 y sigs. "*La Autoridad Secular*".

[8] La iglesia como depositaria y anunciadora de la palabra de Cristo, o "columna y baluarte de la verdad" (1 Ti. 3:15) participa como tal del carácter y del objetivo de Cristo, su Señor.

emperador librarse a sí mismo de la muerte; la iglesia de Cristo empero nos guía hacia la vida eterna. Ésta es la meta que debe tener en vista un régimen cristiano, no el buscar las cosas que son de este mundo.

He aquí, pues, el significado de la historia del nacimiento de Cristo: El Señor vino para instituir un régimen nuevo. Esto no conduce a la abolición de los regímenes políticos (o a la limitación de sus facultades); antes bien, Cristo da a estos regímenes lo que les corresponde. Hace uso del mundo, pero no lo gobierna. Aplicado a nosotros, esto quiere decir: Si tenéis un régimen, usadlo como sabéis que debe ser usado.

II. *La buena nueva del reino de Cristo se proyecta hacia el reino del mundo.*

Con Cristo llega a las conciencias atribuladas el Gran Gozo.

La segunda parte principal del Evangelio de la Navidad son las palabras con que el ángel anuncia la llegada de otro reino, que no es de este mundo. Si el régimen que Cristo venía a instituir hubiese sido un régimen secular, seguramente Caifás y el sinedrio le habrían rendido a Cristo los honores correspondientes (hasta habrían ido a Belén a cantar "Gloria a Dios en las alturas"). Pero en lugar de ellos vienen otros, a saber, los ángeles del cielo, que elevan sus ojos a su Rey y anuncian que su reino es un reino celestial, al cual pueden pertenecer sólo aquellos que son como los ángeles. Y el mensaje que los ángeles traen es: "¡No temáis! ¡Os ha nacido hoy un Salvador, que es Cristo el Señor!"

Vemos así que la explicación de la historia de la Navidad evidencia a su vez la distinción entre los dos reinos. Los ángeles nos dan la confirmación: este reino es un reino eterno, del cual el mundo no quiere tomar nota. Cristo es rey de los ángeles, y no obstante se halla en el mundo, y usa un pesebre; pero no le impone a este mundo su dominio. Los ángeles indican en su cántico quiénes son los que pertenecen al reino de Cristo. En efecto: los que tienen mentalidad (y aspiraciones) mundanales no pertenecen a él. Los cristianos ciertamente pueden desempeñar funciones gubernamentales (mas lo hacen por obediencia a Dios y por amor cristiano) para prestar un servicio al mundo en que habitan. Pero aspirar a tales cargos y luchar por obtenerlos es algo que no corresponde a quienes son ciudadanos del reino de Cristo. A este reino pertenece gente pobre, gente que padece infortunios y que está llena de temores. Consecuentemente, en el cántico de los ángeles hay un acento que en un primer momento infunde un gran temor a los pastores, con lo cual queda indicado que el reino de Cristo tiene que ver sólo con los aterrados, no con los que ambicionan las riquezas de este mundo ni con los fanfarrones. Los piadosos usan este mundo gobernado por las autoridades seculares únicamente como huéspedes (así como Cristo usó pañales, leche y pesebre); pero sus miradas están dirigidas sólo hacia el reino que ha de venir. Esto es lo que quiere decirnos el texto: "Y tuvieron gran temor". Pues los ángeles vinieron rodeados de un gran resplandor, tanto que la noche en derredor fue convertida en radiante luminosidad, de modo que los pastores (creyendo que se trataba de potentísimos rayos) temieron que había llegado su fin. A estos pastores tan asustados, el ángel del Señor los consuela diciéndoles: "He aquí os doy nuevas de gran gozo". Y luego agrega en particular: "que será para todo el pueblo"; este gozo, en verdad, es anunciado a todo el pueblo, pero se extiende sólo a los que tienen la conciencia aterrada. (Éstos son los míos, dice el ángel, a éstos les quiero comunicar algo bueno.) Puede parecer asombroso cómo el gozo sigue tan de inmediato al temor. Es que el gozo más dulce y más puro es demasiado sublime como para que el corazón humano pueda captarlo sin más ni más. Sólo después de un gran temor podemos entregarnos de lleno a la alegría. El orden saludable es, pues, éste: primero, el gran temor; luego, el dulce consuelo. En nuestro texto oís que Cristo no es nuestro terror, sino nuestro gozo; oís que él es lo que un cristiano desea y lo que le llena el corazón de alegría. La alegría del mundo son 100.000 florines y grandes tesoros. Una conciencia atribulada empero busca a un Dios reconciliado (busca paz y consuelo). Esto sí es el gozo supremo. Comparado con él, el gozo del mundo es un hedor. Pero en Cristo hay gozo para la conciencia.

Con Cristo a su lado, los aterrados pueden vencer su temor.

(Escucha, corazón incrédulo, te diré una buena nueva:) Ahí está Cristo, nacido y muerto en bien tuyo. (No pienses que esté airado contigo, pues no ha venido para esto.) Aquí no vale el mirar con malos ojos. ¡"Gran Gozo" es el nombre que los ángeles le dan a Cristo! ¡Quién pudiera estudiar a fondo esta ciencia! La razón de por sí no puede arribar a ningún resultado satisfactorio, ya que bajo el papado se la corrompió con la falsa imagen de un Cristo que como juez quiere juzgarme conforme a mis obras. Sí, esto es lo que se nos inculcó respecto de él, y lo que también quedó grabado en nuestra mente: que Cristo es un juez al cual tenemos que aplacar por medio de nuestras obras meritorias. Así nos lo enseñaron. (Esto no es predicar un Salvador, sino el fuego del infierno.) Y esta enseñanza dañina todavía constituye un impedimento para nosotros los mayores. (Yo p. ej. no puedo llamar a Cristo "Salvador" con la misma facilidad con que lo hizo el ángel, a pesar de que lo es con toda certeza, ya que el ángel le presenta como "gran gozo".) Vosotros en cambio, los niños, podéis creer a los ángeles de todo corazón. En fin: aquí se nos dice que Cristo es el "gran gozo" para las almas llenas de terror, pero sólo para ellas, no para los hipócritas ni tampoco para el vulgo presuntuoso[9]. Las conciencias aterradas empero describen a Cristo como "Aquel que es pura alegría". Sin embargo, las cosas ocurren en orden inverso: los piadosos, que debieran alegrarse, temen; y los que debieran sentir temor, se sienten libres de temores. Los piadosos no pueden comprender aún su "gran gozo". Los otros se lo arrogan como si les correspondiera. Aprended pues a fondo esta descripción de Cristo como el "Gran Gozo", y aprended a decir: "Con mucho gusto oiré hablar de las grandes obras de Dios, de su ira y de su poder, (de lo que hizo con los habitantes de Sodoma y con el reino de los asirios; todos éstos tuvieron que ir por el camino que Dios les trazó.) Sin embargo, lo que yo en realidad necesito es tener a Cristo. Éste vale para mí más que todo lo otro." Satanás por su parte, valiéndose de estas historias terroríficas, intenta proyectar toda la ira de Dios sobre la persona de Cristo para infundirnos temor ante él; tú empero di: "Que Cristo esté airado no me toca a mí sino a los impíos (papistas, a los príncipes, a los que son como los habitantes de Sodoma). Yo sé que soy un hombre perdido y condenado. Pero Cristo no tiene otro nombre que éste: 'Gran Gozo'. Éste es el cuadro que tengo ante mis ojos. Veo al Niñito que para mi bien nació de una mujer en un establo. Aquí lo tengo pintado. Y aquí hay un ángel que dice que ese gran gozo hay que predicarlo." Mas si en nuestro corazón tenemos la imagen de un Cristo airado (que hace perecer al mundo en el diluvio) y degüella a los reyes, entonces este Cristo no es el verdadero. A Cristo debemos usarlo en otro sentido, a saber, como "gozo para todos". (He aquí el texto áureo.) ¿Qué nombre tiene el gozo? Se llama: "Os ha nacido un Salvador, que es Cristo el Señor". (En términos de la teología del papa) ese "Cristo es el Señor" tiene un sonido aterrador. Al instante, todo el mundo piensa en un verdugo, y sin embargo, hay un inmenso consuelo en estas palabras (porque se añade): "el Salvador", el Auxiliador que confiere dicha y salvación a los necesitados. A los poderosos no les hace falta tal Salvador. Pero yo soy un débil pecador, atormentado por una mala conciencia. ¿Quién puede ayudarme? Aquí está el que puede hacerlo, hoy

[9] Cristo es el "Gran Gozo" para las almas llenas de terror *en cuanto que creen en Cristo como en su Salvador*. Puesto que los hipócritas y el vulgo presuntuoso no tienen esta fe, Cristo "no es para ellos".

mismo nació. Por lo tanto, el ángel le da justamente los nombres más apropiados, o sea: "Gozo" y "Salvador", a saber, Gozo y Salvador para los tristes y condenados. Lo primero es que tengo que sentir temor; sólo entonces estoy preparado para recibir el consuelo.

Conclusión: También en el juicio final, Cristo será nuestro Auxiliador.

(Que el Cristo Salvador será también el Juez en el día postrero, no puede perturbarme; al contrario, entonces él se mostrará más claramente que nunca como el Auxiliador verdadero.) ¿Quién, en efecto, me libertará del mundo, de mi carne pecaminosa, de lo malo, (del papa, de los nobles, de los campesinos), del diablo, quién sino el Señor y Rey en persona que juzgará al mundo, dando a los impíos el merecido castigo, y conduciendo a sus fieles a la libertad? A los que me atormentaron, a éstos los atacará: a Satanás, a los impíos, a los que causan divisiones en la iglesia, a la carne, a mis pecados. A éstos los atacará en el juicio final (no a los piadosos que hallaron en él su alegría). ¡Éste es nuestro Salvador! No será aquel juicio el momento para que nos defendamos con nuestras cogullas y tonsuras [10]. Lo único que valdrá será Cristo y su redención. Cada cual medite en este texto áureo todo cuanto pueda; yo no me siento capaz de explicarlo en forma satisfactoria.

[10] Tomar los hábitos y hacer vida monacal se consideraba "un camino más seguro" hacia la vida perfecta.

VIERNES SANTO

Jesús, el Vencedor de nuestras tribulaciones

Historia de la Pasión, según los Cuatro Evangelios.

JESÚS, EL VENCEDOR DE NUESTRAS TRIBULACIONES

Sermón matutino del Viernes Santo.
Fecha: 7 de abril de 1531.

Texto: Historia de la Pasión, según Mateo 26:36-57 (66); Marcos 14:32-53 (64); Lucas 22:39-54 (71); Juan 18:1-24.

Sabéis que en el día que hoy celebramos, era costumbre extenderse en una larga predicación[1]. Sin embargo, poco era en realidad lo que en estas predicaciones se decía en cuanto a la pasión de Cristo, a pesar de que este día ha sido establecido para que se haga oír este texto, a fin de que lo relatado en él quede fijo en la mente de los cristianos. Por otra parte, es ésta una prédica que debiera hacerse a diario; pues el propósito con que ha sido instituida es el que menciona Cristo mismo: "Haced esto en memoria de mí" (Lucas 22:19). Dividiremos nuestra predicación en cuatro partes[2]. Ayer habéis oído[3] lo que sucedió el Jueves Santo, a saber, que Cristo instituyó la Santa Cena, dignísimo sacramento destinado a todos nosotros. Además, al despedirse de sus discípulos, les dejó un ejemplo de cómo vivir cristianamente[4], esto es, que cada cual tenga del otro un concepto más elevado que de sí mismo, que sea su servidor, y se ejercite en la humildad. Si se procediera según esta norma,

[1] Códice Nuremberguense: "Era costumbre predicar sobre la pasión durante muchas horas, y sin fruto."

[2] A este sermón sobre la historia de la pasión habrían de seguir otros tres: un sermón vespertino el Viernes Santo, un sermón matutino el Sábado de Gloria, y un sermón vespertino el mismo día.

[3] El Jueves Santo, Lutero había predicado un sermón sobre la Santa Cena. Acerca de la posición de Lutero respecto de este sacramento véase *Obras de Lutero*, Ed. Paidós, Buenos Aires, tomo V, pág. 139 y sigs.: *El Catecismo Mayor*: *La Santa Cena;* ibid., pág. 201 y sigs.: *Sermón acerca del dignísimo sacramento del santo y verdadero cuerpo de Cristo*; ibíd., pág. 369 y sigs.: *Confesión acerca de la Santa Cena de Cristo.*

[4] Al lavarles los pies, Jn. 13:1 y sigs.

no tendríamos necesidad de ley alguna. Así como para lo primero, quiero decir, para la remisión de los pecados, no me hace falta más que esta sola cosa, a saber, la Santa Cena, así también para el vivir cristianamente no necesito más que este mandamiento: que tengamos a nuestro prójimo por más importante que a nosotros mismos, y que le sirvamos. Con estos dos puntos, el Señor quisiera mostrarnos cómo debe ser su pueblo cristiano, tanto en lo que hace a la fe del corazón como en lo que atañe a la vida exterior.

Sigue ahora el relato de lo que aconteció en el día de hoy:

"Y cuando hubieron cantado el himno, salieron al monte de los Olivos... Entonces llegó Jesús con ellos a un lugar que se llama Getsemaní, y dijo a sus discípulos: Sentaos aquí, entre tanto que voy allí y oro. Y tomando a Pedro, y a los dos hijos de Zebedeo, comenzó a entristecerse y a angustiarse en gran manera. Entonces Jesús les dijo: Mi alma está muy triste, hasta la muerte; quedaos aquí, y velad conmigo. Yendo un poco adelante, se postró sobre su rostro, orando y diciendo: Padre mío, si es posible, pase de mí esta copa; pero no sea como yo quiero, sino como tú. Vino luego a sus discípulos, y los halló durmiendo, y dijo a Pedro: ¿Así que no habéis podido velar conmigo una hora? Velad y orad, para que no entréis en tentación; el espíritu a la verdad está dispuesto, pero la carne es débil. Otra vez fue, y oró por segunda vez, diciendo: Padre mío, si no puede pasar de mí esta copa sin que yo la beba, hágase tu voluntad. Vino otra vez y los halló durmiendo, porque los ojos de ellos estaban cargados de sueño. Y dejándolos, se fue de nuevo, y oró por tercera vez, diciendo las mismas palabras. Entonces vino a sus discípulos y les dijo: Dormid ya, y descansad. He aquí ha llegado la hora, y el Hijo del Hombre es entregado en manos de pecadores. Levantaos, vamos; ved, se acerca el que me entrega. Mientras todavía hablaba, vino Judas, uno de los doce, y con él mucha gente con espadas y palos, de parte de los principales sacerdotes y de los ancianos del pueblo. Y el que le entregaba les había dado señal, diciendo: Al que yo besare, ése es; prendedle. Y en seguida se acercó a Jesús y dijo: ¡Salve, Maestro! Y le besó. Y Jesús le dijo: Amigo, ¿a qué vienes? Entonces se acercaron y echaron mano a Jesús, y le prendieron... Los que prendieron a Jesús le llevaron al sumo sacerdote Caifás, adonde estaban reunidos los escribas y los ancianos".[5]

[5] En lugar de este texto bíblico, la WA sólo tiene la indicación: *'Cum hymnum' usque 'Mane autem facta' etc.* ('Cuando hubieron cantado el himno' hasta 'Venida la mañana'), lo que quiere decir que a esta altura de su sermón, Lutero leyó Mateo 26:30-75. De este largo pasaje insertamos aquí sólo los versículos 30, 36-50 y 57, que son los más directamente ligados con el sermón.

Ésta es la primera parte de la pasión de Cristo que nos relatan los Evangelios: cómo salió del atrio al huerto [6], y qué padeció allí y en la casa de Caifás. Hay una gran riqueza de contenido en lo que aquí se nos predica. Si hubiéramos de exponerlo todo, nos veríamos ante una tarea imposible. Por eso mismo debemos celebrar este día, para que se llegue a conocer al menos la historia como tal. Sin embargo, algo queremos decir al respecto.

La pasión de Cristo como hecho histórico. [7]

La pasión de Cristo debe contemplarse de dos maneras: primeramente como historia, tal como acabamos de leerla [8]. Debemos saber qué temores y tormentos sufrió, ante todo en su corazón pero además también en todos sus miembros. No hubo en él una sola vena que no hubiera sido invadida y horadada por el más amargo dolor.

I. *La tribulación causada por el diablo en Getsemaní.*

Fue el más grande de los sufrimientos, como no lo hubo antes ni lo habrá después. Así lo indica el sudor que la angustia le exprimió a Cristo, y que no sólo adhirió a sus ropas sino que cayó hasta la tierra [9]. Esto nos hace ver de qué índole fue la lucha que tuvo que librar: fue en primer término una lucha con Satanás. No hay en el texto leído indicio de otra lucha. Esa angustia le fue causada a Jesús no por hombres —éstos todavía no se habían hecho presentes. Antes bien, aquí él estaba batallando con el autor de la muerte, como dice la Escritura [10]. Dios mismo y los ángeles le habían abandonado; y él, que es el Maestro y Señor de la muerte, luchó completamente solo con aquel que es el adversario máximo, Lucifer, el príncipe de los demonios, y con todos sus ángeles. Esta lucha es mucho más encarnizada que la lucha con hombres. Los hombres pueden arrojarlo a uno en la cárcel, pueden cortar la cabeza, atacar el cuerpo, Lucifer empero puede atacar el cuerpo y el alma al mismo tiempo, como lo vemos aquí: primero tiembla y se angustia el alma, y después se ve

[6] *'Ex aula... in hortum'* = (del atrio) de la casa donde se había celebrado la Pascua, Mt. 26:18, al huerto de Getsemaní, Mt. 26:36.

[7] Comp. lo que dice Lutero al comienzo de este sermón acerca de la importancia de conocer la "historia", y la ignorancia que reinaba al respecto.

[8] Más adelante, Lutero se referirá a una segunda manera de contemplar la pasión de Cristo, que consiste en apropiarse el fruto de la misma en fe y obediencia.

[9] Comp. Lc. 22:44.

[10] He. 2:14.

afectado también el cuerpo, que tiene que sudar gotas de sangre, para que sepas con quién luchó Cristo en el huerto. Esa lucha ya comenzó en el paraíso, con la serpiente, el diablo, que sedujo a Eva y luego a Caín. Allí, en el huerto del Edén, el diablo atacó a nuestra carne y sangre e hizo a nuestros primeros padres víctimas de la muerte y de la condenación. Y este mismo diablo ataca ahora también, en el huerto de Getsemaní, a Cristo, y en él, a nuestra carne y sangre, e intenta envenenarla de la misma manera como en el paraíso. Hasta consigue que Cristo sude gotas de sangre. Pero aquí mismo, Cristo despoja al diablo de su poder.

Nadie jamás logrará explicar con palabras suficientes esta lucha, ni saldremos jamás del asombro ante el hecho de que Satanás, el príncipe de este mundo, que envenena a todos los hombres sobre la tierra, que este Satanás salga aquí perdedor. Pues aquí no se le pone ante las narices a un ángel, sino verdadera carne y sangre, debilitada además, carne y sangre que él había vencido ya antes, en el paraíso, cuando aún estaba sana y era fortalecida por la palabra de Dios. Por eso, el diablo pensó: ¿qué resistencia podrá oponerme esta carne débil, sujeta a la muerte? De ahí que en Getsemaní, el diablo sin duda estuvo mucho más lleno de amarga ira que en ocasión de aquella primera lucha en el paraíso, lo que a nuestro Dios y Señor le costó grande tribulación y dolores. ¡Oh, que jamás lo olvidemos, ni dejemos de darle las gracias por ello!

Después de este tormento del alma comienza el tormento del cuerpo de parte de aquellos que son miembros del diablo. Primero viene la cabeza, el diablo, luego sus miembros. Sin embargo, también el diablo mismo volvió una y otra vez al ataque, en aquella noche y cuando Jesús estuvo clavado en la cruz, pero siempre de nuevo fue rechazado. Esa persistencia del diablo la experimentamos también nosotros, día tras día, en las tribulaciones a que está expuesta nuestra carne, cuando somos tentados por la ira, la envidia, la deshonestidad. De esta manera, Satanás es el perseguidor más encarnizado. Quiere apoderarse del alma y del cuerpo a la vez, y así enfrentó a este hombre inocente con la muerte, el pecado y la condenación, todo al mismo tiempo. Al presente aún no podemos darnos cuenta cabal de la magnitud de los sufrimientos de Cristo, pero vendrá un día, el día postrero, en que lo veremos claramente, y entonces sí llegaremos a conocer con qué el diablo aterró a Cristo en tal forma que su sudor cayó en tierra cual gotas de sangre.

II. *La tribulación ocasionada por el beso de Judas.*

Después vienen los miembros del diablo y prenden a Jesús. En primer lugar, los evangelistas nos describen a Judas. Éste capitanea un piquete de soldados del emperador romano, de los que estaban bajo las órdenes de Pilatos, y además habían concentrado a los siervos de todos los principales sacerdotes y fariseos [11] por temor a que el pueblo pudiera armar un disturbio al ver que lo estaban arrestando a Jesús. Por esto habían recurrido a Pilatos, más que a su Salvador. Y a esta multitud se agrega Judas. No se conforma con haber denunciado a Jesús. Les da además una señal para que puedan prenderle con toda seguridad, como queriendo decir: Yo no quiero ser el culpable; pero quiero mi dinero en el caso de que se os escape. Otros dicen que Jacobo [12] tenía tanto parecido con Jesús que se podía confundir al uno con el otro. Pero yo opino que se produjo un alboroto en el huerto, y que todos corrían de un lado a otro, lo que indujo a Judas a creer que Jesús trataría de escapárseles, por lo que no quería besar a nadie sino a él [13]. A pesar de esto, las cosas no sucedieron como Judas quería. Cristo se arma de valor y arriesga su cuerpo, su vida y su alma: les sale al encuentro, y ocurre ahora que le oyen hablar. y no obstante no le reconocen. Algunos dicen: Si Cristo no se hubiese dado a conocer expresamente, ni Judas le habría reconocido; y no cabe duda de que éste cayó a tierra como todos los demás [14].

Pero lo que más importa es esto: aquí se nos describe a un corazón enteramente endurecido. De esto nos damos cuenta sólo ahora que el evangelio se ha vuelto a descubrir. Esta descripción de Judas yo no la cambiaría ni por cien mil florines, pues nos sirve de fuerte consuelo, ya que la suerte que Cristo corrió en aquel entonces es la misma que la que el evangelio corre en nuestro tiempo presente, de modo que bien podemos decir: los perseguidores actuales del evangelio son hijos de Judas, y son unos traidores y malvados como lo fue él. Así como hicieron con Cristo, así hacen con nosotros. Ahí está ese amigo más íntimo de Cristo, el apóstol de más elevado rango [15], ¡y éste le entrega con un beso! Esto es verdaderamente el colmo. Y esto nos lo muestra a Judas tal como es, a saber: bajo el signo de la amistad y los gestos

[11] Lo dicho en Jn. 18:3 acerca de la "compañía de soldados, y alguaciles de los principales sacerdotes y fariseos", Lutero evidentemente lo interpreta en el sentido de que la "compañía de soldados" era una tropa romana, a diferencia de los "alguaciles" judíos. En realidad, la "compañía de soldados" era la guardia (judía) del templo; comp. Lc. 22:52.

[12] Esto se basa en la suposición, infundada, de que Jacobo, el "hermano de Jesús", figuraba ya entonces entre sus discípulos.

[13] Por lo visto, Lutero presupone que ya en aquellos momentos los discípulos solían saludarse con el ósculo fraternal, como se hizo práctica general más tarde; comp. Ro. 16:16.

[14] Jn. 18:4-8.

[15] En el hecho de que Jesús había confiado a Judas la administración de la caja común (Jn. 12:6), Lutero ve una distinción especial; de ahí la designación "el apóstol de más elevado rango".

propios del amor, se puede practicar el más execrable odio. Judas cubre su actuar con este signo de la amistad, y no obstante, en su interior está lleno de demonios. ¡Cuán grande habrá sido el dolor del Señor cuando le dijo: "¿Con un beso entregas al Hijo del Hombre?" (Lucas 22:48). Le había amonestado, pero todo fue en vano. Ahí tenemos ni más ni menos que un retrato del papado, de pies a cabeza. Nuestros Judas de ahora se jactan de ser los vicarios de Jesucristo y afirman que no permitirán que sea abolido el verdadero culto a Dios[16], y entre tanto, besando a Jesús y mostrándole cara de amigos, le crucifican. Y esto es lo que más duele. Los representantes del papado conocen tan bien nuestra causa como Judas sabía que ese Maestro suyo no había hecho nada malo, y sin embargo, bajo una apariencia de santo hace de traidor. Igualmente, nuestros adversarios de hoy saben muy bien que nuestra enseñanza es correcta, y con todo, no dejan de perseguirnos.

Este pecado no hay que tratar de hacerlo desaparecer mediante oraciones. Tampoco Cristo ora por Judas, sino que le despide con las palabras: "Judas, ¿con un beso entregas al Hijo del Hombre?" ¿Cómo se puede orar por un hombre cuando éste es consciente de que obra en contra del Espíritu de Dios, y a pesar de esto piensa "no quiero hacer lo que me dicta la conciencia, sino que quiero condenarte"? Ahí no caben oraciones, la única oración que corresponde es la de que Dios conserve su trono y divinidad y salga a la lucha en bien de su causa. Si no quiere defendernos a nosotros, defiéndase al menos a sí mismo; aunque nosotros muramos, él ha de quedar vivo y permanecer para siempre. ¡Oh Señor, abate a todos los diablos con sus ataques, derriba los tronos del papado, para que tú seas el único Dios, ahora y siempre!

Después de la primera tribulación que le infligió el diablo, la segunda en cuanto a gravedad evidentemente fue ésta, la de que su discípulo, que fue su compañero y apóstol, le dio el beso traidor. Igualmente, lo que a nosotros nos duele no es tanto el hecho de que nos persigan los turcos; como enemigos declarados de Dios, no pueden hacer otra cosa, porque así está escrito[17]. Mucho más doloroso es que el duque Jorge y el arzobispo de Maguncia[18] estén haciendo lo mismo. En efecto: ellos

[16] Por el movimiento de la Reforma.

[17] En pasajes como 1 Jn. 3:13; Jn. 15:18, se predice como inevitable el odio del mundo contra Cristo y su iglesia.

[18] El duque Jorge de Sajonia (línea albertina) siempre se mostró hostil a la Reforma. Por su parte, el arzobispo Alberto (Albrecht) de Maguncia (1490-1545), jerarca eclesiástico ambicioso y poco escrupuloso, fue quien con su apoyo a la venta de indulgencias hizo que Lutero reaccionara públicamente con sus 95 tesis, el 31 de octubre de 1517. En la lucha abierta que siguió a este hecho, Alberto se mantuvo primeramente a la

tienen en común con nosotros todos los dones de Dios, el sacramento y el evangelio, y sin embargo, son ellos los que en verdad causan el más grave daño a Cristo y su iglesia. Podemos imaginarnos, pues, que lo que más dolió a Cristo fue este beso de su discípulo.

III. *La tribulación en la casa de Caifás.*

En primer lugar, Cristo tiene que librar una lucha en el terreno de los pensamientos, allá en el huerto, con el diablo; luego se ve enfrentado con una boca impía, la de Judas —y este Judas se lleva la victoria— e inmediatamente después se levantan contra él los puños de los hombres que sin miramientos le conducen al matadero. En tiempos pasados hubo una discusión acerca de si Cristo fue llevado a la casa de Caifás o a la de Anás. Esto último parece ser lo más verosímil [19]. Tal vez, Anás tenía su casa en aquella misma calle, y se le quería lisonjear un poco; y así, Cristo tuvo que servirles de hazmerreír y objeto de exhibición. Se lo llevaron a Anás con el único fin de que éste pudiera verle. No fue más que una especie de atención para Anás con que querían decirle: "Aquí tenemos al hombre a quien tú odias tanto."

Anás por su parte envió a Cristo inmediatamente a la casa de Caifás, a donde se dirigió también él mismo, de modo que todos los sucesos ulteriores, todos los padecimientos de Cristo, tienen por escenario la casa de Caifás, a saber, la triple negación de Pedro y la deserción de todos los discípulos, que dejan a Cristo completamente solo, sin un único hombre con quien pudiera hablar. Ya al orar allá en el huerto de Getsemaní estuvo rodeado de diablos. Pero en aquellos momentos de angustia al menos se hallan a su lado sus discípulos y quieren ayudarle, si bien tiene que reprenderlos por la debilidad de su carne. Pero aquí le vemos solo y abandonado en la casa de Caifás, y frente a él, la muchedumbre de los que le cubren de blasfemias. Después de haber padecido el efecto de los pensamientos diabólicos y de las malas lenguas, cae ahora también corporalmente en las manos de los impíos. Y con todo esto continúa aquella tribulación con que Satanás acosa su corazón; acto seguido caen sobre él con palabras blasfemas que él

---

expectativa, y sólo más tarde se convirtió en vehemente adversario de la Reforma.

[19] Sólo Juan (cap. 18:13 y sigs.) menciona un primer interrogatorio en la casa de Anás; Mateo (cap. 26:57) y Marcos (cap. 14:53) lo omiten y pasan a relatar directamente lo ocurrido en la casa de Caifás. Anás, suegro de Caifás y ex sumo sacerdote, supo mantener notable influencia también sobre sus sucesores. Las palabras desde "acerca de..." hasta "verosímil" figuran sólo en el Códice Nuremberguense.

soportó en silencio, y por último le atormentaron con los martillazos y los clavos con que le fijaron en la cruz. Sus ojos no ven más que dolores. Todo le atormenta: el corazón, la lengua, y todos los miembros. ¡Esto sí puede llamarse una pasión! Eran momentos en que Satanás se empeñaba en volcar sobre Jesús todos los sufrimientos posibles.

A esto se agrega otra cosa más: Cuando buscan pruebas en contra de Cristo, no fueron capaces de hallarlas, y por más testigos que se levantaron, no pudieron ponerse de acuerdo, pues éste decía una cosa, aquél otra, de modo que el concilio no se pudo fiar de los testimonios presentados. Así ocurrió también con lo que declararon los últimos dos testigos: "Éste dijo: puedo derribar el templo de Dios, y en tres días reedificarlo" (Mateo 26:61). Ni siquiera éstos concordaban. ¿Y no se procedió de la misma manera en Augsburgo[20]? No pueden probarnos ningún error o culpa, y no obstante se apresuran a darnos muerte[21] Esto es el resultado cuando se condena a la gente sin antes haber puesto en claro quién es el culpable. Así, pues, todo recurso es bueno si se dirige contra aquel hombre inocente, y no importa cuál sea el motivo invocado. Ya que le tienen capturado, buscan con toda solicitud cómo podrían condenarle. De ninguna manera quieren soltarle, pero pese a todos sus esfuerzos, no pueden hallar contra él ningún testimonio válido. Así vemos que los impíos tropiezan con más dificultades al practicar el mal, que los piadosos al hacer el bien. En esta forma sigue el interrogatorio hasta que el sumo sacerdote le dice a Cristo: "Te conjuro por el Dios viviente, que nos digas si eres tú el Cristo, el Hijo de Dios" (Mateo 26:63). Y cuando Jesús responde: "Tú lo has dicho", todos gritan: "¡Es reo de muerte!", porque está escrito en la ley: El que se llama a sí mismo Hijo de Dios, es digno de muerte[22]. Pero no se les ocurre pensar que a Pilatos no se le da un bledo de esta ley.

El fruto de la pasión de Cristo para nuestra fe.

1. *Debemos considerar la pasión de Cristo como sufrida en bien nuestro.*

Ésta es la primera parte de la pasión de Cristo, la cual nos muestra cómo él sufrió en el huerto y de parte de Judas y luego

[20] En la Dieta de Augsburgo (1530) se presentó públicamente la "Confesión" de los partidarios de la Reforma, documento concebido como plataforma para llegar a un acuerdo con la iglesia oficial. Sin embargo, al mismo tiempo los allegados al emperador Carlos V desplegaron un activo juego de intrigas en contra de los protestantes.

[21] Esta oración es agregado del Códice Nuremberguense.

[22] Comp. Lv. 24:16.

en la casa de Caifás. Y ésta es a la vez la primera forma como se ha de predicar acerca de la pasión, a saber, relatar, conforme al testimonio de la historia sagrada, lo que Cristo padeció. Así se predicaba acerca de la pasión en el papado, y estaba bien hecho; porque esto contribuye a que al menos algunos hombres comprendan al fin que Cristo murió por ellos. Debe admitirse empero que en aquellos sermones, la historia de la pasión no se interpretaba en este sentido, sino más bien en el sentido de que debe servirnos de recuerdo y despertar nuestra compasión para con Jesús. Así, ya lo decía Alberto[23]: "Mejor es contemplar siquiera una vez al año, y someramente, la pasión de Cristo, que ayunar y rezar el Salterio durante el año entero." Es verdad, sí, siempre que el interés esté dirigido realmente a la obra de Cristo; porque así al menos queda grabado en nuestro corazón el texto de la historia de la pasión. El error de Alberto es que lo interpreta todo exclusivamente con miras a la obra de Cristo. Ya vemos: no basta con saber cómo transcurrió la pasión de Cristo; ante todo hay que saber qué fruto trae; este fruto es: la fe. En efecto: la pasión de Cristo no es meramente una sublime obra y un ejemplo digno de ser imitado, sino que requiere fe. La fe es la verdadera aplicación de la pasión, pues nos enseña qué provecho hemos de sacar de ella. Esto nos ocupa durante el año entero, y nos ocupa también en este momento en que yo pregunto *por qué* padeció Jesús todo esto. Pues esto es lo que en verdad importa: que veamos el propósito y la intención con que lo hizo. No quiere que me detenga sólo en considerar cuán profundo fue su dolor, y cuán grandes sus trabajos, sino que ante todo debo saber por qué se sometió a semejante sacrificio, y por qué derramó tan voluntariosamente su sangre. Porque todo esto se hizo *por ti*. Así lo explica Isaías (53:4 y sigs.); las heridas, el desesperar de la vida, y todo lo demás, se hace por causa tuya. Por cuanto tú estabas aprisionado en pecados, el Señor impuso el castigo a Cristo para que nosotros obtuviéramos la paz. Así como Cristo vino a los hombres y se hizo semejante a ellos, así tiene que padecer ahora lo que los hombres tendrían que padecer.

2. *La pasión de Cristo es incompatible con los abusos cometidos por la iglesia romana.*

Esto es lo que ante todo debiera haberse destacado en la predicación acerca de la pasión de Cristo, para evitar que sur-

[23] Alberto Magno, 1193-1280, monje dominico, el teólogo más influyente de su época. Se destacó además como filósofo, fisiólogo, médico y naturalista.

gieran los cultos blasfemos[24]. En efecto: si los papistas se limitaron a hacer ver que la muerte de Cristo solamente derrotó a Satanás, y venció la maldad de un Herodes, Judas y otros, pasaron por alto lo más importante. Pues lo que Cristo hizo, lo hizo no para vencer a Pilatos y Judas, sino para que *tú* no sufrieras daño, tú que estás bajo el pecado, la muerte y el diablo, sujeto a Judas y a los tiranos[25], tú que eres merecedor de la muerte, del infierno, del juicio de Dios y de todo otro mal. Así es como también Pablo habla de la pasión de Cristo[26]. Si esto se reconociera claramente, y si se depositara la fe en ello, no se permitiría que penetrara en la iglesia ninguno de esos otros cultos con que los hombres pretenden poder reconciliar a Dios. Pero ningún obispo o monje lo reconoció, ninguno procedió como habría correspondido. Si lo creyeran, ni uno solo quedaría en su estado monacal, sino que todos dirían: "Si esto es cierto, si Cristo murió a causa de los pecados míos, si tiene razón Isaías al decir que 'Jehová cargó en él el pecado de todos nosotros' (Isaías 53: 6), y 'él herido fue por nuestras rebeliones' (v. 5), y si también tiene razón Pedro quien escribe: 'Vosotros fuisteis sanados y salvados por las heridas de él' (1 Pedro 2:24), y si hemos sido librados de nuestros pecados por los sufrimientos y las luchas de Cristo, por su temor y sudor, entonces yo me pregunto: ¿qué estoy haciendo todavía en mi obispado y en mi celda monacal?" Ya no elevaría yo mis ojos, llenos de admiración, hacia la magnificencia del papado, sino que diría: "Es verdad, ellos predican el texto de las Escrituras; pero al mismo tiempo dicen también: 'tienes que entrar en un convento, tomar los hábitos, vivir en continencia y pobreza; entonces, con tu obediencia, continencia y pobreza, vencerás al diablo'." Y en esta forma han dado una apariencia deslumbrante a aquellas virtudes monacales, y han desviado a los hombres de la pasión de Cristo, de esta pasión que nos dice que mis pecados han sido cargados sobre él, y que el mismo Satanás ha sido vencido en bien mío. Ellos en cambio dicen: "Tus pecados siguen siendo carga tuya, y tú mismo tienes que vencer a Satanás y a la muerte." ¡Todo, todo tengo que hacerlo yo! ¿Y qué es el resultado? O un santo empedernido, o un pecador desesperado. Pues aquí no hay obra de castidad o de pobreza que valga. Al verse en la tribulación, ¿quién podría soportar siquiera un pecado de los comunes y corrientes? Estando presente el diablo que nos acosa, es imposible que el corazón soporte aun el más insignificante de los pecados. Y sin embargo,

[24] Referencia al "sacrificio de la misa" en que el sacerdote presuntamente reproducía, en forma "incruenta", el sacrificio de Cristo en Gólgota, y a las obras con que los fieles intentaban asegurarse la gracia de Dios.

[25] Con "Judas", Lutero piensa en las falsas autoridades de la iglesia, con "tiranos" en las malas autoridades seculares.

[26] Comp. Ro. 3:25; 4:25; 5:6 y sigs.

no hacen ni hicieron otra cosa que insistir en el esfuerzo propio, especialmente en el día de hoy en que suelen predicar sermones de ocho horas, y con esa su desvergonzada predicación no hacen más que realzar la eficacia de sus ordenaciones y órdenes [27] y demás instituciones humanas. Esto no es ni más ni menos que crucificar a Cristo de nuevo.

3. *La pasión de Cristo sufrida por nosotros nos ayuda a vencer las tribulaciones.*

Cuando nos asalta el pecado y la tribulación, ¿qué hemos de hacer? La Escritura dice: El Señor cargó los pecados tuyos sobre Cristo, y éste venció en el huerto a Satanás cuando se vio acosado por él. Lo que tienes que hacer, pues, al sentirte atribulado, es hablarte a ti mismo de esta manera: "Y bien: no soy yo quien vencerá a Satanás y a la muerte, sino que la victoria ya ha sido obtenida, por Jesús. Otra victoria sobre el pecado, la muerte y el diablo no existe." Ésta es la manera como se debe interpretar la pasión de Cristo, porque su finalidad no es hacer que rompamos a llorar y nos flagelemos, como lo hacían los monjes y en especial los descalzos, los cuales, al haberlo hecho, creían ser mejores aún que Cristo, cosa con que sin duda hicieron reír de contento a Satanás. Además, ¡me siento tan satisfecho conmigo mismo, porque imité al Hijo de Dios! Y eso lo vendían después, como méritos supererogatorios [28], a los campesinos a cambio de su cereal y sus corderos. Tal es lo que hoy afirman en sus sermones; también esto significa crucificar a Cristo de nuevo. Tú en cambio debes proceder de la manera siguiente: Cuídate mucho de que no sea la pasión tuya lo que vence a Satanás, la muerte y el pecado. Aprende a ver en la pasión de Cristo no simplemente un relato histórico, sino cree que la muerte que pesa sobre mí y sobre ti, realmente no pesa sobre nosotros sino sobre Cristo, lo mismo que el pecado y Satanás. Sí, confía en esto, para que al dar los últimos alientos, o sea, en la muerte, en el pecado y la angustia, puedas decir: No soy yo quien tiene que cargar con todo eso, sino que mi corazón se aferra al hombre que llevó nuestro pecado, diablo y muerte. Así es como se

[27] La ordenación (al sacerdocio) ratifica la autorización para administrar la gracia divina; la afiliación a una orden monástica se considera un medio seguro para alcanzar la perfección.

[28] Obras de supererogación = conforme a la doctrina católica, obras ejecutadas por los monjes y santos sobre o además de los términos de la obligación (p. ej. ayunos, oraciones, etc.). Estas obras constituyen un "tesoro de méritos" confiado a la administración de la iglesia, la cual, como madre bondadosa, puede distribuir participaciones en este tesoro en forma de indulgencias. El activo comercio que la iglesia medieval hacía con estas indulgencias fue uno de los factores desencadenantes de la Reforma.

celebra de veras la pasión de Cristo y se le tributa el más alto honor, y así es como él quiere que hagamos. Por otra parte, de nada le sirve que simplemente le compadezcas porque fue traicionado, azotado y crucificado. Más aún, esa compasión significa para él una deshonra y una blasfemia. En cambio, le doy a Cristo la honra debida si ensalzo su pasión en lo más profundo de mi ser y digo: "Por más grave que fuera mi pecado, creo no obstante que la pasión de Cristo es más fuerte que los pecados míos y los del mundo entero." Mas si quiero vencer mis pecados con mis propias fuerzas, desconfío de que Cristo sea capaz de hacerlo, a pesar de que justamente para esto él se sometió a todos los dolores y afrentas. Y así le abandono a él y me refugio en mí mismo. Por eso di, también en la hora de la muerte: "La estima en que tengo tu pasión, oh Cristo, es tan alta que no dudo ni un momento de que tú hayas vencido la muerte por mí." Entonces rendiste a la pasión de Jesús el más grande honor.

4. *La pasión de Cristo sufrida por nosotros debe defenderse contra toda doctrina falsa.*

Esta honra que merece la pasión de Cristo la obscurecieron y la seguirán obscureciendo. Pues me temo que vendrán falsos maestros, como dice Pablo (Hechos 25:30), que en un principio harán sólo escasa mención de este artículo de la fe, y al fin lo dejarán completamente a un lado. Ahora bien: Satanás no puede venirse sin el beso de Judas: no dejarán de relatar las palabras de la historia de la pasión, pero entremezclarán su propia ponzoña hasta extinguir finalmente por completo el entendimiento correcto de lo que Cristo hizo por nosotros. Muchas veces os lo advertí. Yo mismo ando en dudas día y noche acerca de este artículo. No puedo comprenderlo tan plenamente como debiera. Me resulta más fácil escribir y hablar sobre él que sentirlo en el corazón. ¿Qué sucedería si no me ocupara constantemente en él, si pese a todo mi meditar sigo siendo tan poco firme en mi comprensión? También Pablo, y Cristo mismo, aunque hablan mucho de las buenas obras, sin embargo siempre hacen mención de la pasión de Cristo sufrida por nosotros, y de este artículo de que "él ganó la iglesia del Señor por su propia sangre", Hechos 20:28.

Así, pues, hemos seguido hoy la costumbre del papa y hemos predicado en primer lugar la historia misma de la pasión de Cristo, que el papa ha tenido que dejar intacta, a causa de los escogidos [29]. Pero no debemos detenernos aquí, sino proseguir adelante y explicar con toda insistencia por qué tuvo que

[29] Para que pudieran oírla y creerla los que por la gracia de Dios han sido escogidos para llegar a la salvación mediante la fe en Su palabra.

padecer Jesús todo esto, a saber, que el pecado mío y la muerte mía fueron cargados sobre él, y él se hace cargo de ellos. Mediante esta prédica, el Señor puede ganar mucho pueblo para su iglesia. ¿Qué quiere entonces el papa y sus obispos y monasterios? Todos ellos son por ende condenados, porque enseñan otra cosa y me echan mis pecados sobre mis propios hombros. Cuando iba a confesarme, tendrían que haberme perdonado mis pecados y haberme dirigido hacia la pasión de Cristo. Pero si bien hablaban también de Cristo, sin embargo enseñaban al mismo tiempo que sólo observando los preceptos y las obras recomendados por ellos se podía tener la certeza del perdón y de la salvación. Pero esto es una burda mentira; porque si los pecados están amontonados sobre Cristo, y si Cristo hace satisfacción por ti, no se los puede volver a echar sobre ti. Lo uno no es compatible con lo otro: o es en vano la pasión de Cristo, o lo es el obrar tuyo. Prefiero empero que perezcan todas mis obras con que blasfemé del Señor, antes de que se me arrebate el fruto de la pasión de Cristo. Si crees esto de verdad, ni los herejes ni los facciosos [30] te podrán hacer daño alguno. ¡Dios nos lo conceda por su gracia!

[30] Herejes = los que enseñan doctrina falsa; facciosos = los que se apartan de la iglesia.

PASCUA Y ASCENSION

Cristo nos quita nuestros pecados y nos da su justicia
Marcos 16:1-8

El Primogénito entre muchos hermanos
Juan 20:11-18

Cristo es el que nos da la orden de predicar el evangelio
Marcos 16:14-20

CRISTO NOS QUITA NUESTROS PECADOS Y NOS DA SU JUSTICIA

Sermón para la Fiesta de la Pascua
Fecha: 16 de abril de 1525 [1]

Texto: Marcos 16:1-8. Cuando pasó el día de reposo, María Magdalena, María la madre de Jacobo, y Salomé, compraron especias aromáticas para ir a ungirle. Y muy de mañana, el primer día de la semana, vinieron al sepulcro, ya salido el sol. Pero decían entre sí: ¿Quién nos removerá la piedra de la entrada del sepulcro? Pero cuando miraron, vieron removida la piedra, que era muy grande. Y cuando entraron en el sepulcro, vieron a un joven sentado al lado derecho, cubierto de una larga ropa blanca; y se espantaron. Mas él les dijo: No os asustéis; buscáis a Jesús nazareno, el que fue crucificado; ha resucitado, no está aquí; mirad el lugar en donde le pusieron. Pero id, decid a sus discípulos, y a Pedro, que él va delante de vosotros a Galilea; allí le veréis, como os dijo. Y ellas se fueron huyendo del sepulcro, porque les había tomado temblor y espanto; ni decían nada a nadie, porque tenían miedo.

A fuerza de haberla oído ya tantas veces, esta historia y su aplicación a nuestra vida no os resulta difícil de entender. Queremos no obstante volver una vez más sobre ella, dado que la

[1] Precisamente en estos días se levantaron las primeras oleadas de la Guerra de los Campesinos. El 17 de abril, Lutero viajó de Wittenberg a Eisleben, y allí, entre el 18 y el 20 de abril, escribió la *"Exhortación a la paz, en relación con los 12 Artículos de los campesinos de Suabia"* *(Obras de Lutero,* Ed. Paidós, Buenos Aires, tomo II, pág. 243 y sigs.). Nuestra traducción de este sermón se basa en los apuntes de Rörer. En el mismo año 1525 fue publicado en Augsburgo, en forma impresa y considerablemente ampliada.

Pascua se conmemora cada año, y dado también que es necesario predicar sobre esta historia siempre de nuevo, no sólo por la debilidad de nuestra propia carne, sino también por causa de los muchos oyentes que no entienden las cosas tan fácilmente.

PRIMERA PARTE

El relato histórico en sí

En primer lugar relataremos la historia tal como sucedió y como debiera ser de conocimiento público entre todos los cristianos; y luego hablaremos de la utilidad práctica y de la virtud de la resurrección del Señor. Ninguno de los cuatro evangelistas puso mayor empeño en referirnos los acontecimientos en su orden estricto; todo aparece mezclado: lo que uno trae más adelante, el otro lo ubica más atrás. Lo que importaba era describir los hechos en sí; el desarrollo cronológico lo consideraban cosa secundaria. Ocurrió lo que suele ocurrir casi siempre cuando sucede algo inaudito, algo que está en boca de todos: el uno lo cuenta de una manera, el otro de otra. ¡Y en verdad, no es cosa de todos los días que un hombre resucite de entre los muertos! Por eso, como ya queda dicho, los evangelistas describen todos el mismo asunto, pero no en el mismo orden ni con las mismas palabras. Veamos si nosotros somos capaces de relatar la historia en el orden debido.

1. *Al ir al sepulcro, las mujeres dan testimonio de su gran amor.*

Marcos comienza diciendo: "Cuando pasó el día de reposo, María Magdalena, María la madre de Jacobo, y Salomé, compraron especias aromáticas" para ungir el cuerpo de Cristo que yacía en el sepulcro. Esto ocurrió al atardecer, o sea, ayer. Con ello, las mujeres dieron cumplimiento a lo establecido por la ley de Moisés, y no podemos menos que decir que lo hicieron de una manera demasiado estricta.[2] A la mañana siguiente, según el informe de Marcos, las tres mujeres vinieron al sepulcro. El evangelista Lucas habla de un número mayor, incluyendo a las mujeres que habían seguido a Cristo[3]. "Muy de mañana" dice Marcos que salieron las mujeres. Entre tanto se

[2] Para Lutero, la ley referente al sábado pertenece a "las cosas viejas que han pasado ya", 2 Co. 5:17. Comp. sus exposiciones en el Sermón 14: *"La posición del cristiano frente a la ley de Moisés"*, pág. 166 y sigs.

[3] Lc. 24:10; comp. Lc. 23:55.

produce lo que menciona Mateo[4], a saber, un gran terremoto junto al sepulcro. De esto las mujeres no sabían nada. Y vino un ángel y removió la piedra y se sentó sobre ella. Su aspecto era como un relámpago, y su vestido, blanco como la nieve. Al verle, los guardas del sepulcro temblaron de miedo[5]. El ángel los había asustado grandemente, porque el aspecto de su rostro era para ellos insoportable. Entre tanto el ángel desapareció, y los guardas, reponiéndose de su atolondramiento, se dieron a la fuga, quedando el sepulcro abandonado, y abierto. También esto lo ignoraban las mujeres. Y ahora se vienen acercando al sepulcro; pero sumidas en su profundo dolor se han olvidado de traer consigo a alguien que pudiera removerles la piedra. Les pasó lo que les suele pasar a personas que son presa de una gran turbación: se vuelven como ciegas. Hallándose ya a pocos pasos del sepulcro, al fin se acuerdan: "¿Quién nos removerá la piedra de la entrada del sepulcro?" No obstante, siguen adelante resueltamente. Otra cosa más habían olvidado: que junto al sepulcro había guardas, que seguramente no les permitirían penetrar en el sepulcro. Había, pues, dos motivos por qué no podrían acercarse al cuerpo de Cristo: la piedra que cerraba el sepulcro era demasiado grande, y Pilatos y los sacerdotes habían prohibido el acceso. Esto te demuestra cuán hondo era el amor que estas mujeres profesaban a Cristo. Y ahí tienes al mismo tiempo un hermoso ejemplo de cómo procede un corazón espiritual: comienza una obra imposible, y a pesar de todo la lleva a cabo. Las mujeres tampoco creían que los ángeles con quienes se encontraron a la entrada del sepulcro eran los guardas, sino que los tuvieron por fantasmas porque en aquellas tierras se acostumbra llevar vestimenta blanca sólo en días de fiesta.

2. *El encuentro con los ángeles sólo sirve para confundir a las mujeres.*

Llegadas al sepulcro, las mujeres ven que la piedra está removida, y que los guardas han desaparecido. Marcos dice que "vieron a un joven sentado al lado derecho", Lucas y Juan hablan de dos jóvenes[6]. Esto tiene la siguiente explicación: Cuando las mujeres entraron por primera vez en el sepulcro, no vieron absolutamente nada, según el relato de Lucas[7]: ni a un ángel, ni a los guardas, ni tampoco el cuerpo del Señor. Creían entonces que el cuerpo había sido sacado de allí por

[4] Mt. 28:2, 3.
[5] Mt. 28:4.
[6] Mr. 16:5 - Lc. 24:4; Jn. 20:12.
[7] Lc. 24:3.

los guardas y sepultado en otro lugar.[8] No se les ocurrió que Cristo podría haber resucitado. Dieron la vuelta al sepulcro, mirando y remirando, como cuenta el evangelista.[9] Esta búsqueda se prolongó por bastante tiempo, y en un momento dado vuelven a presentarse los ángeles. Primeramente las mujeres vieron a un solo ángel, luego a dos, o viceversa. Lo uno y lo otro es posible, puesto que, como ya dijimos, los evangelistas no se atienen estrictamente al orden en que se produjeron los acontecimientos. Sea como fuere, el ángel dice: el Señor no fue quitado ni hurtado sino que "ha resucitado" [10]. Este mensaje les pareció por demás asombroso. El significado de las palabras sí que lo comprendieron, pero como no les dieron crédito, se llenaron de espanto [11]. ¡Y eso que se les había ordenado dar aviso a los discípulos y a Pedro! [12] Ésa fue la primera visita al sepulcro.

3. *Tampoco a los discípulos les trae certeza su visita al sepulcro.*

Regresando todas juntas del sepulcro al lugar donde están reunidos los discípulos, las mujeres llevan a éstos la noticia de lo acontecido [13]. Mas a los discípulos les parecían locura las palabras de las mujeres.[14] Especialmente María Magdalena no podía creer en la veracidad del mensaje angelical, y dice: "Se han llevado del sepulcro al Señor, y no sé dónde le han puesto" [15]; porque este artículo [16] sobrepasaba la capacidad perceptiva de su fe.

Ahora los discípulos mismos, con Pedro y Juan a la cabeza, se dirigen al sepulcro, acompañados de algunas de las mujeres que acaban de volver de allí [17]. Juan ve los lienzos puestos allí y el sudario, "y creyó" [18], es decir, tomó por confirmada la versión de que el cuerpo del Señor había sido sustraído; porque todavía no pudo creer que Cristo había resucitado [19]. Asimismo, también los demás entran en el sepulcro, y quedan asombrados; pero tampoco ellos creen que Cristo resucitó.

[8] Comp. Jn. 20:2.
[9] Mr. 16:4.
[10] Mr. 16:6; Mt. 28:6; Lc. 24:6.
[11] Mr. 16:8; Mt. 28:8.
[12] Mr. 16:7; Mt. 28:7.
[13] Mt. 28:8; Lc. 24:9.
[14] Lc. 24:11.
[15] Jn. 20:2.
[16] El artículo (del Credo) de la resurrección del Señor.
[17] Lc. 24:12; Jn. 20:3, 11.
[18] Jn. 20:5, 8.
[19] Jn. 20:9.

4. *La aparición de Cristo lleva a María Magdalena a la fe.*

Los discípulos vuelven a reunirse en su residencia habitual. Sólo María permanece junto al sepulcro. Llora amargamente, porque cree haber perdido a su Señor. Mira dentro del sepulcro, y mira desde dentro afuera. Luego, según el informe de Juan, María vio a dos ángeles que le dijeron: "Mujer, ¿por qué lloras?" Posiblemente vio además cómo los ángeles se acercan al Señor y le rinden honores. Entonces se acerca también ella a Cristo y le dice: "Señor, si tú le has llevado, dime dónde le has puesto"[20]. Está como fuera de sí de puro amor, y cree que todo el mundo sabe algo de aquel en quien ella piensa. En ese instante, Cristo le dice: "¡María!" Por la voz le reconoció, y cayó de rodillas ante él como acostumbraba hacerlo. Él empero le dijo: "No me toques, porque aún no he subido a mi Padre; mas vé a mis hermanos, y diles: Subo a mi Padre y a vuestro Padre, a mi Dios y a vuestro Dios." Fue entonces María Magdalena para dar a los discípulos las nuevas de que había visto al Señor; mas ellos no lo creyeron[21].

5. *En el mismo día de Pascua, y también posteriormente, hubo otras apariciones más de Cristo.*

Esto es lo que sucedió el domingo por la mañana, cuando Cristo resucitó, y cuando Pedro y los demás discípulos todavía se hallaban juntos. Después se separaron unos de otros; porque leemos que Cristo apareció a Pedro solo[22]. Por la tarde del domingo de Pascua apareció en primer lugar a aquellos dos discípulos en Emaús[23]. Además se nos relata lo que sucedió hacia la noche de aquel mismo día[24]. Lo que no sabemos, en cambio, es el tiempo exacto en que se produjo la manifestación de Cristo ante sus discípulos a orillas del mar de Tiberias, hecho que se registra en el Evangelio según San Juan[25].

SEGUNDA PARTE

El fruto y el provecho de la resurrección de Cristo

Ésta es la primera parte o sea, el resumen de los detalles históricos que es necesario conocer para estar al tanto acerca

[20] Jn. 20:15.
[21] Jn. 20:16-18; Mr. 16:10, 11.
[22] Lc. 24:34; 1 Co. 15:5.
[23] Lc. 24:13 y sigs.
[24] Lc. 24:19 y sigs.; Jn. 20:19 y sigs.; Mr. 16:14.
[25] Jn. 21:1 y sigs.

de la resurrección. Pero con esto no basta. Por lo tanto, prestad atención y abrid vuestros oídos. No basta, digo, con saber que Cristo salió de aquel sepulcro cavado en una peña, antes de que hubiera sido removida la piedra, etcétera. No debes detenerte ahí sino que tienes que avanzar en conocimientos para que sepas cuál es el fruto y el provecho de la resurrección. Por esta misma razón los apóstoles no dieron tanta importancia al orden cronológico en su relato de la historia de la resurrección, sino que insisten ante todo en la virtud y el provecho de la resurrección, y justamente esto es lo que menos suele interesar a los hombres. Nuestra naturaleza carnal admira más la historia en sí que su utilidad. Los evangelistas en cambio no cuidaron tanto el detalle histórico sino que destacaron la utilidad de la historia, con el propósito de conducirnos a entender el provecho que tenemos de ella. Muchos son los que han predicado sobre la resurrección, y han descrito con gran verbosidad el modo cómo resucitó el Señor. Mas lo que a ti te debe interesar es conocer el por qué de la resurrección. Con sólo oír hablar de ella, o con verla retratada, como admiramos la majestuosa escena de la entrada de un rey en una ciudad, con esto no haces nada. Tú mismo debes ser un actor en la resurrección, y ella debe actuar en ti.

En este sentido se refiere a la resurrección el apóstol Pablo cuando escribe en la primera carta a los Corintios, cap. 15 (v. 12 y sigtes.): "Algunos dicen que no hay resurrección de los muertos. Entonces tampoco Cristo resucitó; y si Cristo no resucitó, vuestra fe es vana; aún estáis en vuestros pecados." Con estas palabras, el apóstol hace resaltar el verdadero significado que tiene para mí la resurrección, para que yo lo crea; porque de otro modo mi fe es vana, y estoy todavía en mis pecados. En forma aún más clara se expresa en la carta a los Romanos, capítulo 4 (v. 25): "Cristo fue muerto por nuestras transgresiones, y resucitado para nuestra justificación." Ahí ves cómo predica Pablo acerca de la resurrección. No dice: "Cristo murió, y luego resucitó, lo que es verdaderamente asombroso", sino que dice: "Cristo fue muerto —¿por qué?— por nuestras transgresiones. Y este mismo Cristo fue resucitado —¿para qué?— para nuestra justificación." Este texto es preciso que lo entiendas y retengas, para que puedas entender y retener el fruto de la muerte y resurrección del Señor. Es mucho lo que se condensa en estas palabras: "por nuestras transgresiones" y "para nuestra justificación". En verdad, en ellas está comprendido todo lo que se puede predicar acerca de Cristo.

1. *Cristo fue muerto por nuestras transgresiones.*

Que Cristo fue muerto "por nuestras transgresiones" quiere

decir que nuestras transgresiones le fueron impuestas a él; él las lleva sobre sus hombros como una carga. Si un asaltante ha sido condenado a muerte, y yo quisiera que quede con vida, lo único que puedo hacer es decir: "Deja a éste con vida; yo estoy dispuesto a morir por él". Entonces, la culpa que pesaba sobre el asaltante recae en mí, de modo que él queda libre tanto de la culpa como del castigo; ya no es un ladrón, porque yo muero en lugar de él; ya nadie debe perseguirle por los crímenes que cometió. Y esto es precisamente lo que hizo Cristo: él, que era sin pecado, lleva el pecado; él sufrió el castigo que no tenía merecido. Estas palabras no caben en la mente humana —son demasiado sublimes— a menos que el Espíritu Santo me las inscriba en el corazón, es decir, me haga saber con plena certeza que yo no soy un pecador, y que aquel que no tiene por qué morir ni es pecador, carga con ambos: con mi transgresión, y con mi muerte. ¡Muéstrame a un hombre que cree esto! Supongamos que yo sea un homicida: con esto lo he merecido todo, la condenación y todos los horrores del infierno. ¡Y ahora se me dice que debo tener una conciencia libre de temores, que el pecado ya no debe perturbarme para nada! ¿Cómo puede entrar esto en una cabeza humana? ¿Acaso yo no sé muy bien que con mis transgresiones he merecido la muerte? Acabo de decir, refiriéndome a un ladrón: Si ese ladrón ve a otra persona morir en lugar de él, él sabe: yo ya no soy ladrón. Y en efecto, ya no lo es; para él la vida comienza de nuevo. Igualmente, cuando yo llego a ser cristiano, debo darme a mí mismo este glorioso testimonio: Yo no sé de ningún pecado. Pero ¡observa la larga lista de tus maldades, y tu vida llena de imperfecciones! ¿Cómo te atreves entonces a decir tal cosa? Respuesta: El que no tenía pecado y no mereció la muerte, éste llevó el castigo en lugar mío.

Esta preciosa verdad tenemos que aprenderla. Y por cierto, material suficiente para aprender hay en ella, así viviéramos cien años. Empieza a creerla, y luego dime si el creer es realmente tan fácil. ¡Indícame un corazón capaz de comprender estas palabras! El mundo entero no las puede comprender, y ni siquiera puede comprenderlas el cielo mismo, aunque fuese cien veces mayor de lo que es. La carne, por lo tanto, no lo puede comprender; es necesario que venga el Espíritu y nos lo diga. Yo estoy lleno de pecados; ¡y ahora oigo que el Hijo de Dios fue muerto por mis transgresiones! Él me dice: "Tú tienes pecados, y por añadidura, te espera la muerte. Pero yo me haré responsable de ti, de modo que no tengas que temer ni el pecado ni la muerte". Si me fijo en esto, no alcanzo a entenderlo; no puedo comprender la magna obra de que Dios viene a nosotros en mi propia carne humana para quitar de nosotros nuestras transgresiones. Son, pues, palabras ardientes, palabras que queman y consumen todos los pecados.

Algo más se nos indica con estas palabras, a saber: que no hay hombre alguno en toda la tierra que *no* esté en pecados. El que esté sin pecado, tache la palabra "nuestra". Ese "nuestra" soy yo, eres tú. Dios no habla de vacas o de ángeles. ¿Dónde, pues, están los que quieren descargarse de sus pecados por medio de sus propias obras? Hay quienes dicen: "Yo, por mi estado clerical, confío en poder obtener de Dios la condonación de la deuda que contraje con mis pecados". El Señor en cambio dice: "Cristo fue muerto por tus transgresiones". ¿Cómo concuerda lo uno con lo otro? Y Cristo — bien: si tus obras son en verdad tan efectivas, ¿por qué muere él? Y por el contrario: si él tuvo que morir, ¿cómo te atreves tú a hablar de la efectividad de tus obras? De esto hemos de sacar la conclusión de que estamos en pecados tan enormes que todos los ángeles juntos no son capaces de ayudarnos. Y aunque tuvieras las buenas obras de todos los santos, de nada te valdrían. Piensa empero quién es el hombre que muere por nosotros: es el que ha creado todas las cosas. De manera que los pecados en que estamos son tales que no nos puede salvar sino el Creador mismo.

Por lo tanto, estas palabras deben llevarnos a reconocer que estamos sumergidos profundamente en pecados, y a desesperar de todo recurso propio. Y en esta situación no debo buscar auxilio ni en el cielo ni en la tierra ni en creatura alguna, sino únicamente en esta palabra: "Cristo fue muerto por nuestras transgresiones". De estas palabras depende todo. ¿No te parece una predicación hermosísima: "Cristo llega a ser Yo, y Yo llego a ser Cristo"? Yo llego a ser Él por cuanto él fue muerto por mis transgresiones, de modo que yo ya no tengo que morir; y así Él llega a ser Yo, en el sentido de que por gracia de Él, yo ya no tengo pecados ni tendré que sufrir ya la muerte. Por ende, un cristiano no tiene pecado alguno, porque Cristo carga con ellos, como escribe S. Juan en su primera carta[26]. Es cierto: también el cristiano muere; pero su muerte no es más que un sueño. Hasta tal punto Cristo "se metió dentro de mí", que ya todo lo mío es suyo; pero ¿cómo podemos nosotros meternos dentro de él?

2. *Por virtud de la resurrección de Cristo llegamos a ser justos.*

El texto de Pablo que cité tiene una segunda parte, a saber: "Cristo fue resucitado para nuestra justificación". ¿De qué manera llegamos a ser hombres buenos? ¿Dónde hay que comenzar para alcanzar la justicia? Aquí tienes el testimonio expreso

[26] 1 Jn. 1:7; 2:1.

de que seremos hechos justos. "Nuestra" —esto somos nosotros—; el que se quiere excluir, tendrá que buscarse otro Cristo. En todo caso, entre los designados por la palabra "nuestra" ya no figura más, y la justificación tampoco la alcanzará. El cilicio y el celibato no le ayudarán para nada; ésa no es "nuestra" justicia, sino una justicia ajena, que procede del diablo. Ante los ojos del mundo podrá servir de adorno, pero cuando nos toque morir, se irá con nosotros al diablo. Se desprenderá como se desprende la piel de la serpiente. Los que se jactan de poder alcanzar la justicia por sus propios medios tienen un adorno ajeno que un día se lo tendrán que quitar, así como los ricos tienen que dejar atrás sus bienes e hijos. Allá estarán ante el tribunal de Dios, con nada más en su haber que bienes exteriores, etcétera. Este tipo de justicia lo llamamos por lo tanto "justicia de este mundo".

Nuestra justicia empero es la que se describe en el texto (¡cierra los ojos y presta atención!), nuestra justicia es que "Cristo ha resucitado"[27]; ésta es la manera y la forma de llegar a ser justo. Por consiguiente: cuando tú crees que Cristo carga con tus pecados y con tu muerte, a fin de que tú ya no seas pecador ni tengas que morir, y cuando crees que él ha resucitado de entre los muertos para nuestra justificación, entonces eres justo. Cristo no fue muerto para que permaneciera en pecados y en la muerte; pues de ser así, de nada habría servido que se nos enseñaran todas estas cosas. Antes bien, Cristo dice: "Yo asumo en mí el pecado y la muerte para vencerlos". "¡Pecador!" se le grita cuando está clavado en la cruz. Pero su inocencia sale victoriosa y consume el pecado y la muerte. Pues si no hubiese vuelto de la tumba, su muerte no habría sido ninguna ayuda para nosotros. La solución para todos nuestros males radica, pues, en el hecho de que Cristo resucitó, haciendo predicar entre nosotros la palabra de la reconciliación. Cristo no pudo morir, por cuanto era Dios; y no obstante *pudo* morir, por cuanto era también verdadero hombre. No pudo pecar, y por eso tampoco pudo ser acusado de haber pecado. El poder del pecado se evidencia cuando el pecado me muerde (a esto se refiere el "acusar"), se agita dentro de mí y me dice: "¿Qué hiciste?" Cristo, como ya dije, no pudo pecar, o sea, no pudo ser acusado. Al contrario: el Padre celestial tuvo complacencia en él[28]. Y a pesar de esto, a pesar de que no se pudo levantar ninguna acusación contra él, le fue imputado el pecado de todo el mundo. La muerte temporal le echa la mano y le quiere devorar; mas lo que en opinión de la muerte es carne y sangre humana, en realidad es vida eter-

[27] Mr. 16:6.
[28] Mt. 3:17.

na que devora a la muerte. Es verdad: Cristo muere en la cruz, y la muerte cree haber obtenido la victoria. Pero lo que menos se imaginaba la muerte era que Cristo resucitaría y le diría: "¿Dónde estás ahora, oh muerte? He aquí que te devoré."

La inocencia en Cristo es perpetua, la culpabilidad pesaba sobre él sólo temporalmente, a saber, el sexto día de la semana[29]. ¿Quién puede ya acusarle? ¿Los judíos? Acuérdate del himno que cantamos:

¡Qué guerra hicieron entre sí
la Vida y la Muerte!
Tragada está la Muerte vil,
la Vida fue más fuerte[30].

Y todo esto se hizo en la persona de Cristo, lo que le da motivo a Pablo para prorrumpir en las jubilosas palabras de 1 Corintios 15 (v. 57): "¡Gracias sean dadas a Dios, que nos da la victoria por medio de nuestro Señor Jesucristo!" En esta única persona estriba la victoria no sólo sobre el pecado sino también sobre la muerte. Por lo tanto, dirige tus miradas solamente hacia Cristo. Míralo en el momento en que pende de la cruz: le ves lleno de infortunios, desprovisto de todos los bienes, cargado de todos los males; ni aun ahora hay lugar para él en la tierra[31]. Pero míralo también hoy, en el día de la Pascua: ¡ha resucitado! Ya no ves en él ningún vestigio de dolor, sino sólo gloria, santidad, justicia y vida.

Y todo esto, dice Pablo, es para provecho tuyo. Quien puede comprenderlo, es bienaventurado. Sin embargo, no es posible que una verdad tan grande penetre sin más ni más en nuestro corazón; demasiado estrecho es nuestro corazón para ello. Es preciso, por ende, que prediquemos y estudiemos para que se nos abra el entendimiento. También los apóstoles Pedro y Pablo quieren que lleguemos a un conocimiento siempre más perfecto de Cristo[32]. "Pero", me preguntarás, "¿acaso no le conozco?" No lo quiero poner en duda; sin embargo, es preciso que de día en día sea mayor en ti la certeza de que tú eres uno de aquellos que saben que Cristo fue resucitado para nuestra justificación, esa certeza de que el "nuestra" te incluye también a ti, por cuanto todo lo que Cristo hizo, lo hizo por ti.

[29] El Viernes Santo.

[30] *"Es war ein wunderlicher Krieg, da Tod und Leben rungen. Das Leben. das behielt den Sieg. es hat den Tod verschlungen."* Parte de la 4ª estrofa del himno de Pascua *"Christ lag in Todesbanden"* (Cristo yacía en ligaduras de muerte) cuyo autor es el propio Lutero.

[31] Posiblemente, una alusión al pasaje de la historia de la Navidad: "No había lugar para ellos en el mesón", Lc. 2:7.

[32] 2 P. 1:2, 3, 8; Ef. 4:13; Fil. 1:9 y otros.

3. *Lo que Cristo ofrece, lo recibimos sin ningún aporte personal nuestro.*

Entonces sucederá que tú llegues a ser un maestro del mundo entero, capaz de pronunciar un juicio sobre todos los papistas y eruditos. Pues quiérase o no, el hecho es que no hay remedio alguno contra el pecado y la muerte a menos que muera este Uno. Por lo tanto, no puede ser más que un burdo engaño todo lo que se nos ha predicado acerca de la satisfacción y las buenas obras.

De esta manera, tú estás en condiciones de juzgar a todos los falsos profetas que te recomiendan confiar en tus propias obras, y que te envuelven en una neblina para impedir que veas claramente. El diablo rehúye estas palabras para no tener que oírlas. A tal efecto incita a muchos espíritus sectarios que te dicen, por ejemplo: "Tienes que destruir las imágenes idólatras[33] si quieres agradar a Dios". Prueba estos espíritus, y verás que no son de Dios sino del diablo[34]. No alcanzarás la justificación por medio de tus obras sino por el hecho de que Cristo muere por ti. Por consiguiente: si oyes hablar de un "obrar" que presuntamente te convierte en un cristiano, has de saber que allí está hablando el diablo. Cuando se te quiere hacer bueno y piadoso mediante la palabra "obrar" (quiere decir, cuando se te indica el "obrar" como forma en que debes alcanzar la justicia que vale ante Dios), allí también está hablando el diablo. En cambio, cuando hablan de una obra en bien del prójimo, allí el "obrar" está en su lugar. Pero cuando alguien te indica como motivo para tu obrar, no la necesidad de tu prójimo, sino tu eterna bienaventuranza, de éste apártate como si fuese el diablo en persona.

¿No oyes lo que te dicen los espíritus sectarios? "¡Así y así tienes que hacer!" Pero tú contéstales: "¡Cállate, diablo! Delante de Dios no puedo hacer absolutamente nada. Aunque destruyera todas las imágenes, no soy más que un pecador de pies a cabeza. No por destruir imágenes he obtenido la justificación ante Dios, sino por medio de la palabra: Cristo murió por ti". Por lo tanto: el principio, medio y fin, la perfección de nuestra justicia es el hecho de que Cristo murió y resucitó por nosotros. Sólo donde se admite y se cree esto, rige en forma ilimitada el veredicto: Cristo te absuelve de los pecados y te libera de la muerte. Que estas palabras se hagan efectivas para ti, no lo lograrás ni con una obra tuya ni con la predica-

[33] *Iconoclastas* = "destructores de imágenes". La introducción de la Reforma condujo aquí y allá a violentos tumultos, especialmente a la destrucción masiva de las imágenes y los altares levantados en los templos. Ya en 1522 Lutero había censurado duramente este tipo de "reforma".

[34] Comp. 1 Jn. 4:1.

ción, sino solamente por medio de la fe, o sea, si crees que es así como reza la palabra de Dios que yo te anuncio.

De todo esto puedes desprender que Cristo está en nosotros, y nosotros en él. Él está en nosotros porque se pone a nuestro lado y nos quita los pecados y en cambio nos da justicia y vida eterna, de modo que ya no tengo una mala conciencia ni tampoco tengo necesidad de temer, gustar y sentir la muerte. La carne por cierto teme la muerte y se horroriza ante ella, pero el espíritu no. Es como dice Cristo: "El espíritu a la verdad está dispuesto, pero la carne es débil" (Mateo 26:41). La carne lo siente todo: la muerte tanto como el pecado. Quiere decir: nuestro corazón es carnal, por cuanto todavía queda en nosotros una buena dosis del sentir carnal; y en estas condiciones, la muerte sigue siendo dolorosa. Pero tan pronto como entiendas estas palabras en su verdadero significado, no puedes pecar ni morir; mientras tengas fe, nada de esto te podrá suceder. A esto se refiere Pablo al decir: "Si Cristo no resucitó, aún estáis en vuestros pecados" (1 Corintios 15:17). Puedes hacer lo que quieras, pero es así. Si Cristo no fue muerto por nuestras transgresiones, estás todavía en pecados y perdiste la justicia; y por más que la busques en cualquier otro lado, no la encontrarás.

Así, pues, has visto, en primer lugar, los detalles de la resurrección, y en segundo lugar, su provecho. Pero no debemos quedarnos sólo con lo primero, sino que debemos dirigir nuestra atención a lo segundo. Éstos son nuestros verdaderos panes pascuales[35], a saber, el conocimiento de Cristo.

[35] Comp. Éx. 29:14 y sigs., en especial v. 23. En tiempos de Lutero se tenía la costumbre de llevar a la iglesia unos panes ázimos, hacerlos bendecir allí y comerlos luego en la fiesta de la Pascua como acto devoto. Lutero en cambio quiere que se santifique el día de la Pascua mediante la profundización del conocimiento de Cristo (comp. 1 Co. 5:8).

EL PRIMOGÉNITO ENTRE MUCHOS HERMANOS

Sermón para la Fiesta de la Pascua
Fecha: 28 de marzo de 1535

Texto: Juan 20:11-18. Pero María estaba fuera llorando junto al sepulcro; y mientras lloraba, se inclinó para mirar dentro del sepulcro; y vio a dos ángeles con vestiduras blancas, que estaban sentados el uno a la cabecera, y el otro a los pies, donde el cuerpo de Jesús había sido puesto. Y le dijeron: Mujer, ¿por qué lloras? Les dijo: Porque se han llevado a mi Señor, y no sé dónde le han puesto. Cuando había dicho esto, se volvió, y vio a Jesús que estaba allí; mas no sabía que era Jesús. Jesús le dijo: Mujer, ¿por qué lloras? ¿A quién buscas? Ella, pensando que era el hortelano, le dijo: Señor, si tú lo has llevado, dime dónde lo has puesto y yo lo llevaré. Jesús le dijo: ¡María! Volviéndose ella, le dijo: ¡Raboni! (que quiere decir, Maestro). Jesús le dijo: No me toques, porque aún no he subido a mi Padre; mas vé a mis hermanos y diles: Subo a mi Padre y a vuestro Padre, a mi Dios y a vuestro Dios. Fue entonces María Magdalena para dar a los discípulos las nuevas de que había visto al Señor, y que él le había dicho estas cosas.

Introducción:

Sin duda habéis oído ya más de un sermón acerca del artículo de nuestro Credo que reza: "Al tercer día resucitó de entre los muertos". Y creo que os he enseñado con suficiente claridad y frecuencia cuál debe ser vuestra actitud ante este artículo, ya que hace más de 20 años que vengo predicando en vuestro medio, sin haber faltado por enfermedad en una sola fiesta de

Pascua. No obstante, quiero volver una vez más sobre el mismo tema; quizás sea ésta la última vez [1].

PRIMERA PARTE

Las palabras de amable ironía de los ángeles a la afligida María

1. *Si creemos en la resurrección de Cristo, somos compañeros de los ángeles.*

Me propuse hablaros hoy acerca de María Magdalena y la conversación que tuvo, primero con el ángel y luego con el Señor mismo. ¿Por qué será que estos detalles quedaron grabados con tanta nitidez en la memoria de los discípulos? Seguramente para que os pudieran hacer saber qué es la resurrección de Cristo, y quiénes son sus beneficiarios. En lo tocante a su propia persona, Cristo no tenía ninguna necesidad de manifestarse en público, tampoco había motivo para hacerlo en interés de los ángeles, pues éstos ya le conocían de antemano. Antes bien, todo aquello sucedió y fue escrito para que *nosotros* aprendiésemos a creerlo y a aferrarnos a ello. Fijaos, pues, al oír la historia de la resurrección, en la manera amistosa en que los santos ángeles hablan con María Magdalena y las demás mujeres, como si quisieran bromear con Magdalena. Casi parece que, estando ellos mismos tan seguros y tan llenos de gozo, se burlaran un poco de la pobre mujer y su triste llanto, diciéndole: "¡Buena tontita eres con tus lágrimas en momentos en que reina una tan grande alegría!" Hablan con ella como con una compañera de juegos, como una persona amiga con otra, y como si desde chicos se hubiesen criado juntos. María Magdalena es para los ángeles como una querida hermana; virtualmente ya la ven reunida con ellos en el reino de los cielos. Con esto nos instan a acostumbrarnos al modo de pensar de ellos mismos, como si ya estuviésemos sentados con ellos en el cielo y los tuviéramos por hermanos y hermanas, y como si pudiéramos tratarlos como compañeros de juego a quienes conocíamos desde los días de la infancia. Esto sucede para consuelo y fortalecimiento nuestro, a fin de que nos familiaricemos

[1] A principios del año 1535, el estado de salud de Lutero era muy malo. Entre el 31 de enero y el 14 de marzo no predicó una sola vez, y tampoco alrededor de la Pascua pudo dar más que este único sermón que aquí reproducimos en traducción al castellano, a base de los apuntes de Rörer. Sobre este fondo, la frase "...quizás sea ésta la última vez" debe entenderse como expresión del presentimiento de su muerte que comenzó a invadir a Lutero con creciente frecuencia.

con ese artículo de la resurrección, sabiendo que ella es un hecho real y concreto, no ya sólo una mera promesa. En efecto: Cristo, la Cabeza, ya subió a los cielos; ya no es, como lo había sido anteriormente, aquel cuya resurrección *se esperaba* según la letra y las palabras de la Escritura[2], sino que fue resucitado en persona, fue hecho dueño y señor de la muerte, y venció a la muerte en su propio cuerpo[3]. De ahí que ese artículo esté cumplido en más de la mitad también en lo que concierne a nosotros. De ahí también el trato tan amistoso de los ángeles con la gente, en particular con estas mujeres junto al sepulcro vacío, de modo que en su rebosante alegría bromean con María y se burlan un poco de ella, como diciéndole: "Ea, María, ¿no eres acaso nuestra compañera en el cielo? Tu llanto está completamente fuera de lugar. Pues no sólo no has perdido a tu Señor, sino que puedes alegrarte con nosotros por toda la eternidad; porque Cristo ya resucitó."

2. *Si no nos sentimos alegres como los ángeles, nos gobierna el "viejo Adán".*

A esto apunta nuestra fe. Quien no cree que Cristo resucitó, quien no tiene a la resurrección por un hecho cierto, está perdido. Muchos cantan de ella, y mayor aún es el número de los que creen entenderla; pero cuando vamos al grano, vemos que en todos ellos reina más el Adán viejo y muerto que el Cristo viviente. Lo único que saben es gastar bellas palabras, bellas, pero inútiles. Y sin embargo, quieren saber más de estas cosas que el mismo Espíritu Santo y los ángeles; pero cuando tienen que dar una prueba de su saber, se descubre en ellos el viejo Adán, muerto y pecaminoso. Todavía no le han tomado el gusto a este artículo, no han penetrado hasta su médula, sino que siguen metidos dentro de su viejo Adán; él es quien les dicta sus pensamientos y acciones, como lo vemos en los espíritus fanáticos y también en nosotros mismos, en nuestra avaricia, nuestra altanería, etcétera. Donde es Adán el que manda, junto con el pecado y la muerte, no hay lugar para Cristo. El gozo inherente en la resurrección de Cristo es predicado a causa de María y los demás compañeros de los ángeles. Quien no quiere compartirlo, quédese a un lado. Nosotros empero vimos y oímos este artículo, y sentimos su efecto, de modo que no tenemos excusa si permanecemos en la indiferencia.

Notemos, pues, en primer lugar, que los ángeles fortalecen nuestra fe y se muestran con nosotros tan amables como con Magdalena y las demás mujeres. Se comportan con nosotros,

[2] Comp. Lc. 24:25-27; 24:45, 46; 1 Co. 15:4.
[3] Comp. Ef. 2:16.

los cristianos, como si ya estuviéramos en el cielo, se acercan a nosotros, toman forma visible, aparecen en vestiduras resplandecientes, y hacen como si nuestra resurrección para vida eterna ya fuese un hecho consumado. Tampoco hacen diferencia alguna entre nosotros y ellos, y nuestras lágrimas, cuitas y lamentaciones casi las toman a risa. Evidentemente, María Magdalena es imagen y ejemplo nuestro, y en cierto modo nuestra precursora: el comportamiento de ella nos muestra cuán débilmente creemos *nosotros* en el artículo de la resurrección. María Magdalena está aún envuelta en la vieja piel de Eva; le resulta imposible adaptarse a la vida venidera y a la compañía de los ángeles. Y no obstante, la buena noticia que recibe le despierta el ánimo, y finalmente también ella cree que el Señor resucitó. Quien, al igual que los ángeles, pudiera creer y tomar en serio el mensaje de que Cristo ha resucitado, quien pudiera creer que Cristo el Resucitado está aquí con nosotros de modo que ya no tenemos que "buscar entre los muertos al que vive" (Lucas 24:5), el tal sin duda sentiría también el mismo gozo que sintieron los ángeles. Cuanto más viva sea la fe en este artículo, tanto más vigor cobrará el ánimo y el espíritu. Ya no temerá ni al diablo ni a Pilatos ni a Herodes. En cambio, si no experimentamos ese gozo que experimentaron los ángeles, ello es señal de que no tenemos fe, o no la tenemos en medida suficiente. ¡Cuídese pues cada cual y examínese, no sea que nos engañemos a nosotros mismos teniéndonos por buenos cristianos, cuando lo que menos hacemos es creer! En tal caso, el que vive en nosotros es Adán, y Cristo está muerto. Esto significa entonces estar en compañía del diablo, caer del Cristo viviente en el Adán muerto. Ejemplos para ello no faltan; los podemos ver a diario.

SEGUNDA PARTE

El consuelo fraternal de Cristo para María y los discípulos

1. *Bondadosamente, Cristo llama "hermanos" a sus discípulos.*

Aunque el mensaje angelical no es aceptado por la totalidad de quienes lo oímos, algunos sí lo aceptan. Y éstos disfrutan no sólo de la presencia de los santos ángeles, quienes en la certeza de que también nosotros resucitaremos de la muerte, se burlan un poco de nuestras preocupaciones, sino que disfrutan también de la presencia de Cristo mismo quien nos trata de un modo enteramente familiar, aún más de lo que pudieran hacerlo los ángeles, y con quien nos une un lazo aún más estrecho que con éstos. Pues los ángeles no tienen carne y sangre humanas, y no obstante se portaron como alegres camaradas con Magdalena, es decir, con todos nosotros. Cristo empero, el que adoptó nuestra naturaleza humana, se nos acerca aún más; porque él vino no por causa de sí mismo, sino por causa de Magdalena, y por amor a nosotros. Por eso le dice: "Vé a mis hermanos, y cuéntaselo". Esto va mucho más allá de lo que dijeron los ángeles. Las palabras de Cristo son incomparablemente más bondadosas y amistosas que las palabras de los ángeles quienes en su propia alegría se sienten movidos a risa ante el innecesario dolor ajeno. Si Dios le abriera a uno el corazón para captar esto, el tal nunca más se podría sentir triste, porque siempre tendría presente la bondad con que el Señor trató a María, que había tenido siete demonios (Lucas 8:2) y que era una mujer como cualquier otra, y un ser humano como todos los demás. Asimismo, Pedro y aquellos otros a quienes Cristo llama "hermanos", tampoco eran mejores que nosotros, porque ellos y nosotros hemos sido formados de la misma pasta. Si ellos se destacan sobre otros, no es porque les sea innato, sino que se lo deben a aquel que aquí los llama hermanos, confiriéndoles así un rango especial. Quizás hayan dicho después: "¡Y sin embargo se fue de nosotros y ya no está en esta vida! ¿Por qué nos llama entonces hermanos? Antes sí esto podía haber tenido visos de verosimilitud, cuando Cristo vivía todavía sobre esta tierra, cuando todavía no estaba clarificado[4] ni había entrado en la gloria. En aquel entonces habría sido apropiado, y habría sonado muy bien, que él nos dijera: 'Vosotros sois mis hermanos, y yo el vuestro; mi Padre es vuestro Padre, y vuestro Padre es mi Padre'. Ahora en cambio que se ha producido entre nosotros un distanciamiento tan grande que nosotros estamos aún aquí en el extranjero mientras que él ya se halla en su reino celestial, arrebatado de los lazos de la muerte — ahora nos parece extraño que él nos llame hermanos, y que nos llame así sólo ahora, en especial a Pedro que le había negado, y a los otros que le habían abandonado. Ésta es una gloria que sobrepasa toda otra gloria".

2. *También nosotros somos hermanos del que es Señor sobre pecado y muerte.*

De esta palabra "hermano" los cristianos podemos asirnos, y fortalecer con ella nuestro corazón contra el diablo vil y con-

[4] En los apuntes de Rörer figura aquí la palabra latina *"clarificatus"* (igual que en la Vulgata, Jn. 17:10c: *et clarificatus sum in eis*). *Clarificare* es "hacer claro, ilustrar, glorificar". Evidentemente, Lutero pone el acento en el "hacer claro, clarificar", más que en el "glorificar".

tra la muerte, pues por boca de Cristo mismo se te anuncia: "¡Tú eres su hermano!" ¿Quién puede expresar con palabras y comprender cabalmente qué gloria se adjudica con esto al cristiano que es de veras un creyente? Muchos hay, sin duda, que se consuelan con lo del "hermano"; pero pocos son los que lo aceptan seria y sinceramente, y que dicen en lo profundo de su corazón: "Esta palabra de que Cristo me llama hermano es incuestionablemente cierta. ¡Qué hombre admirable! ¡Decirme que puedo ir mano a mano con Pedro y Pablo, que puedo llamarme santo, sabio, puro, justo y grande al igual que ellos!" Considera pues qué mensaje es el que Cristo encarga a Magdalena: "Vé a mis hermanos". Sin duda la llamó también a ella "hermana". Pues si los discípulos son llamados por él hermanos, sus palabras dichas a Magdalena tienen este significado: "Vé, querida hermana, y di a los siervos de mi Padre y criados de mi Dios que ellos son mis co-hermanos y consiervos y coseñores." ¡Qué hermanos y hermanas más ricos han de ser aquellos que pueden decir de sí mismos con legítimo orgullo: "Nosotros somos hermanos de aquel que ya no yace en el sepulcro, y ya no está sujeto a la muerte y al pecado, sino que es el Señor en persona que arrojó a la muerte a sus pies y condenó el pecado"! ¡Oh, ruegue, quien pueda, que Dios le conceda esta fe!

Pero esto no es todo: esta admirable predicación sale de la boca del propio Cristo, no de la de los ángeles. Los ángeles no dicen: "Vé y diles a los hermanos del Señor" ni tampoco "a nuestros hermanos". Antes bien, dejan para él el honor de llamar hermanos a los que le abandonaron, a los que le negaron, a los que son débiles en la fe. Y en verdad les era muy necesario que Cristo les hablara en un tono tan amistoso. A pesar de que ya anteriormente les había dicho: "Vosotros sois mis amigos, a quienes el Padre les ha dado a conocer todas las cosas"[5], y a pesar de que esto ya había sido honor suficiente: ahora ya no podían esperar tales palabras. Pedro ya habría estado más que contento con que el Señor le dijera: "No te voy a rechazar". Pero ¿qué ocurre? No sólo no los rechaza, no sólo les perdona sus pecados y los vuelve a aceptar como amigos, sino que le dice a Magdalena: "Diles que son mis hermanos". Esto sí que se llama hablar cariñosamente al corazón, al corazón de un hombre desesperado y afligido, de modo que éste puede decir ahora: "Cristo es la Boca de la Verdad, la Palabra de la Verdad, ¿no es cierto? Entonces aceptaré como verdad lo que él me dice."

[5] Comp. Jn. 15:15.

TERCERA PARTE

El mensaje de la resurrección exige fe

1. *Sobre los que reciben este mensaje con ingratitud, caerá un terrible castigo.*

En cambio, la plaga más grande que uno puede imaginarse es si no queremos aceptar esta relación de compañeros y hermanos, más aún, si hasta perseguimos a los hermanos de Cristo y derramamos su sangre, mostrándonos así desagradecidos y mezquinos. Mas los que quieran aceptarla, guarden este texto en su corazón perpetuamente, para que obtengan la vida eterna. ¿Quién, sin embargo, lo hace? A una predicación tan consoladora y sublime se la trata como si fueran palabras habladas al aire, o un cuento mentiroso de turcos y tártaros; no las aceptamos como dichas a nosotros, no nos mueven a la alegría ni a canciones de júbilo, y sin embargo pregonan una alegría tan grande que incluso los ángeles se llenan de gozo, a pesar de que las palabras no fueron dirigidas a ellos. San Pedro escribe a este respecto: "A vosotros se os anuncian cosas en las cuales anhelan mirar los ángeles" (1 Pedro 1:12). ¿Y nosotros, que somos los destinatarios de esta predicación, habríamos de permanecer indiferentes? No nos engañemos: el Señor caerá sobre nosotros y castigará nuestra ingratitud de tal manera que se podrán aplicar a nosotros las palabras que fueron dichas con respecto a Judas: "Mejor le fuera a este hombre no haber nacido" (Mateo 26:24).

Nada puede ser más claro que estas palabras: "Yo soy vuestro hermano, y vosotros sois mis hermanos". ¿O acaso se esconde en ellas una doctrina herética, diabólica? ¡Efectivamente, el mundo es del diablo, no sólo diez veces, sino cien mil veces! Pues no sólo condena esta doctrina, sino que ni siquiera le presta atención.

2. *Creyendo en el Cristo resucitado, ya estamos por la mitad en el cielo.*

Por esto, ¡alégrese todo aquel que alegrarse pueda! Pues Cristo no resucitó de entre los muertos para ser nuestro juez; antes bien: él, que ya anteriormente había sido nuestro amigo (Juan 15:14), es ahora nuestro hermano; el que ya anteriormente nos había amado (Juan 13:1), nos ama ahora mucho más aún. Ahora rige lo que dicen las Escrituras: "El que os toca a vosotros, me tocó a mí, vuestro hermano primogénito"[6].

[6] Comp. Zac. 2:8; Lc. 10:16; Ro. 8:29.

¿Con quiénes habla Cristo de este modo? Con cristianos que han sido bautizados, que oyen y creen su palabra para dar intrepidez y vigor a su fe. María es llamada su hermana, los apóstoles y nosotros somos llamados sus hermanos, a despecho de que también nosotros somos pecadores que, como Pedro, sufrimos más de una caída. Ahora puede decirse, por lo tanto: el reino de los cielos ya ha entrado en vigencia, pues la resurrección de Cristo ya se consumó; la Cabeza ya está fuera de la muerte, y nosotros, los miembros, mediante la fe estamos fuera de ella al menos en cuanto al alma; sólo el cuerpo está sujeto todavía a esta vida perecedera. Todos los cristianos ya han resucitado por más de la mitad; pues Cristo ya ha sido trasladado a la vida celestial, y con él las almas de los creyentes; sólo el saco, es decir, el cuerpo en que está metido el alma, se halla todavía aquí. Pero también el cuerpo resucitará una vez que la Cabeza, Cristo, ha sido llevado de aquí. El alma —podríamos llamarla también el grano— ya goza de la bienaventuranza, la meta de su fe; la cáscara, o sea el cuerpo, tampoco quedará atrás. Aprendamos por lo tanto a creer con entera firmeza que resucitaremos con Cristo y seremos llevados con él al cielo, y que ya por más de la mitad estamos en aquella vida. Y no dudemos de ello en lo más mínimo, puesto que él es nuestro hermano, y nosotros, hermanos suyos. ¡El Dios de la misericordia nos ayude a ello, para que podamos creerlo y gozarnos en tal fe!

CRISTO ES EL QUE NOS DA LA ORDEN DE PREDICAR EL EVANGELIO

Sermón para la Ascensión de nuestro Señor.
Fecha: 25 de mayo de 1525.

Texto: Marcos 16:14-20. Finalmente se apareció a los once mismos, estando ellos sentados a la mesa, y les reprochó su incredulidad y dureza de corazón, porque no habían creído a los que le habían visto resucitado. Y les dijo: Id por todo el mundo y predicad el evangelio a toda criatura. El que creyere y fuere bautizado, será salvo; mas el que no creyere, será condenado. Y estas señales seguirán a los que creen: En mi nombre echarán fuera demonios; hablarán nuevas lenguas; tomarán en las manos serpientes, y si bebieren cosa mortífera, no les hará daño; sobre los enfermos pondrán sus manos, y sanarán. Y el Señor, después que les habló, fue recibido arriba en el cielo, y se sentó a la diestra de Dios. Y ellos, saliendo, predicaron en todas partes, ayudándoles el Señor y confirmando la palabra con las señales que la seguían. Amén.

La ascensión de Cristo ocurrió en bien nuestro, y así debemos considerarla.

Celebramos la fiesta de la Ascensión porque confesamos en nuestro Credo: "Subió a los cielos y está sentado a la diestra de Dios Padre todopoderoso; y desde allí ha de venir a juzgar a los vivos y a los muertos". Ya habéis oído a menudo cómo se debe predicar a la gente este artículo de la fe: no debemos limitarnos, como se hacía hasta el presente, a contar y oír la historia de cómo Cristo subió a los cielos en compañía de los ángeles, sino que hay que predicar acerca de esta historia de una manera tal que llegue a ser de verdadero provecho para mí y para ti. La ascensión no debe ser considerada como algo que Cristo hizo solamente en interés de su propia persona. Si éste hubiera sido el caso, habría bastado con que él partiera solo y desapercibido. Pero no: lo hace visiblemente, en público. Con esto quiere decirnos: Esta ascensión se hace no por mí sino por vosotros. Así que debo creer que fue por causa mía que Cristo subió a los cielos y se sentó a la diestra de Dios Padre todopoderoso. De otra manera, tanto su ascensión como su sentarse a la diestra del Padre no sólo carecerían de utilidad para mí, sino que incluso me resultarían perjudiciales. También el diablo sabe de estos dos actos de Cristo —bien que le gustaría mucho más verle a Cristo en el infierno. Y como se estremece el diablo, se estremecen también los impíos al oír que Cristo está sentado a la diestra de Dios, y mayor aún es su espanto ante la noticia de que Cristo vendrá otra vez para juzgar a los vivos y a los muertos. Al oír esto, comienzan a temblar. Un corazón capaz de creer que esta ascensión se hizo en bien nuestro — un corazón tal no nace y crece en nosotros por sí solo, desde nuestra infancia, sino que tiene que ser creado por el Espíritu Santo. Ciertamente, cuesta poco decir: "Cristo subió a los cielos por causa mía, y por causa mía se sentó a la diestra del Padre." Sin embargo, estas palabras al parecer un poco trilladas encierran un grandísimo provecho, a saber: que todo lo que le pertenece a Cristo, me pertenece ahora también a mí. Si yo pudiera medir esto en todo su alcance, me moriría de contento al oír que Cristo subió a los cielos. Pues Cristo tiene ahora la misma potestad que Dios Padre. ¿Te parece poca cosa? Un corazón que llegó a comprender esta verdad, puede despreciar todas las cosas. Ésta es la fe que un hombre debe tener si quiere ser un cristiano. Repetir las palabras lo puede hacer cualquiera; en cambio, la fe en las palabras no es cosa de todos [1]. Examínese cada uno a sí mismo y vea qué afectos reinan en su corazón: si tiene temores, no tiene aún la verdadera fe; porque la fe echa fuera el temor.

1. *La orden de Cristo de predicar acerca de su resurrección se dirige a hombres de fe débil.*

"Finalmente se apareció a los once mismos, estando ellos sentados a la mesa, y les reprochó su incredulidad y dureza de corazón, porque no habían creído a los que le habían visto resucitado." Para nosotros que somos gente débil, es muy consolador saber que aquellos once discípulos fueron no menos débiles. Tantas veces habían oído hablar de la resurrección de Cristo de boca de aquellos que le habían visto resucitado, y a

[1] 2 Ts. 3:2.

pesar de todo, en su dureza de corazón no lo habían creído. ¡Lindo elogio, digo yo, para los Doce que debían ser el fundamento del mundo [2] y maestros de sus semejantes! ¿Qué habremos de decir entonces de otros que no son piedras angulares como lo fueron aquéllos? Cristo "les reprochó su incredulidad", o sea, los tacha de gentiles y les echa en cara que tienen el corazón endurecido. Que a pesar de esto no los quiere abandonar, es más de lo que podía esperarse. Antes de que me digan que soy un incrédulo por la dureza de mi corazón, preferiría que me llamen ladrón o adúltero. Esto fue escrito para consolación nuestra, para que sepas que el creer no es cosa tan sencilla. La naturaleza humana adopta la misma actitud que adoptaron aquí los apóstoles, y cuanto más se le predica, más se endurece. Lo mismo se repite hoy en día: la gente se cansa de que se le predique acerca de la fe. Quieren otra cosa. Y entonces vienen esos espíritus nuevos [3]. La culpa la tiene nuestra naturaleza humana, que pronto se hastía de la predicación si falta la verdadera fe. Un corazón puro empero jamás se hastía de ella; no puede cansarse ni enfriarse ni sentirse demasiado viejo para oír la palabra de Dios.

Otro consuelo más se desprende para nosotros de esa actitud negativa de los apóstoles: No tenemos por qué desesperar si notamos en nosotros esa incredulidad, ese endurecimiento, ese "quisiera, pero no puedo". Cristo encuentra a sus discípulos sentados a la mesa, pero no estudiando los libros sagrados, sino comiendo. En cierto modo, todos estamos "sentados a la mesa"; ponemos gran empeño en que no nos falte nada de lo que estimamos necesario para la vida corporal. No es que Cristo desprecie a sus discípulos a raíz de ello; no obstante les reprocha su incredulidad, para que se mejoren. No ha de creerse que los apóstoles hayan sido completamente incrédulos; sólo este asunto de la resurrección no lo creyeron. Mas a pesar de esto, la Escritura los califica de tales, como si se hubieran resistido tercamente a admitir la verdad. Así, a los que estamos perdidos a causa de nuestra débil fe, se nos aplica el mismo término que a los gentiles; y no podemos menos que aceptarlo. La diferencia está en que a los incrédulos, esto no les importa nada; ellos le han vuelto las espaldas a Dios. Los piadosos en cambio sienten remordimientos de conciencia por no tener una fe fuerte a pesar de que quisieran tenerla. Si tú no logras hacer mayores progresos en este sentido, admite al menos como justificado el reproche de Cristo,

[2] Comp. Ef. 2:20.

[3] Los "iluminados" que consideran obsoleta la predicación de la palabra divina, y en cambio presentan a sus oyentes el producto de su propia fantasía. Comp. Serm. 14, nota 10, pág. 169.

pero no le vuelvas las espaldas, no sea que tu fe débil se apague del todo. Pues éste es precisamente el modo de obrar del Espíritu Santo: el mostrarse fuerte en la debilidad, y sólo en ella [4]. La fe sostiene una lucha continua contra tres adversarios: Satanás, el mundo y la carne. Cuando faltan las recias batallas, la fe se duerme. Así les pasó a los discípulos: mientras no tuvieron que enfrentarse con nadie, se sentaron a la mesa; pero más tarde, una vez que se habían atraído la enemistad del pueblo de Israel y del imperio romano, ya ves qué pruebas de constancia dieron. Y no otra cosa ocurre con nosotros. ¿Quién se atrevería hoy día a tildar a Pedro de incrédulo y endurecido?

Después de haber reprendido a los discípulos porque no habían creído lo de la resurrección, Cristo les confiere el cargo de predicadores, y el mismo reino de los cielos. Aquí puedes ver claramente la fidelidad del Salvador: ¡tan bondadoso es y tan paciente para con los hombres incrédulos y endurecidos, e incluso les encomienda su reino! Todo esto se escribió con el propósito de que nosotros conociéramos a Cristo como el Misericordioso. Ante él debe desaparecer todo mérito personal, toda gloria nuestra. ¿Con qué habrían merecido aquellos apóstoles que el Señor les encomendara la tarea de salvar a otros? Cristo no esperó a que, desistiendo de comer, hubieran practicado por cierto tiempo el ayuno. Si con algo merecieron ser fundamento y piedra angular de la iglesia, fue con su incredulidad y dureza de corazón. De hecho se les debía haber dado el infierno; esto era lo que tenían merecido. Y así seguirá siendo también en lo futuro: "Lo que tú das, oh Señor, lo das a la infidelidad y a la dureza de corazón de los hombres, para que nadie se jacte ante ti de sus propios méritos".

2. *El encargo del Cristo resucitado es la predicación del evangelio.*

¿Qué fue, pues, el encargo que Cristo dio a sus discípulos? Les dijo: "Id por todo el mundo". "Por todo el mundo" debían ir, y predicar el evangelio "a toda criatura". Pero ¿acaso llegó algún apóstol a Alemania? Y así hay muchas otras regiones que jamás vieron la presencia de un apóstol. Santiago el Mayor fue muerto ya en el primer año de su apostolado [5]; ¿a dónde podría haber ido? Santiago el Menor [6] también perma-

[4] Comp. 2 Co. 12:9.

[5] Hch. 12:1, 2.

[6] Hijo de Alfeo (Mr. 3:18; Hch. 1:13), comúnmente identificado como Santiago el Menor, hijo de María (Mr. 15:40). Algunos exégetas sostienen que también el "Santiago hermano del Señor", apellidado "el Justo", mencionado en Mr. 6:3; Mt. 12:46-50; Hch. 12:17; Gá. 1:19; 2:9 y sigs. es la

neció en Jerusalén. ¿En qué sentido, pues, podemos tomar por cierto que el evangelio habría de ser predicado en todo el mundo por medío de los apóstoles? Debemos entender las palabras de Cristo como señalando el curso que habría de tomar el evangelio, no el fin o la meta que los apóstoles habrían de alcanzar personalmente. "Id" — esto significa: "La promulgación que yo inicio es de naturaleza tal que quiere llenar el mundo entero de un extremo al otro y resonar en todas partes, de modo que si todas las criaturas tuviesen oídos, todas tendrían que dar testimonio de que les fue predicado el evangelio." Por eso Dios dio a la iglesia hombres con virtudes de variada índole[7]. Siendo, pues, los apóstoles los primeros en largarse a esta carrera que habría de atravesar el orbe entero, la orden de Cristo se cumplió aunque algunos de los apóstoles no salieron de la ciudad de Jerusalén. Es como si digo: "Fue un mensajero a Lipsia", aun cuando hace sólo unos instantes que partió; el hecho es que está en camino para llevar el mensaje que se le confió. En este sentido, Cristo dice a sus discípulos en otra oportunidad: "No acabaréis de recorrer todas las ciudades de Israel (o sea: apenas alcanzaréis a predicar el evangelio en todos los lugares), antes que venga el Hijo del Hombre" (Mateo 10:23). Pues el evangelio es el "mensajero" que precede al postrer día, así como Juan Bautista fue el mensajero que precedió a Cristo. Aquel "id" significa por lo tanto: "Haced vosotros el comienzo con esta predicación que luego debe ir por el mundo entero". Según la interpretación de Gregorio[8], "todo el mundo" equivale a "todos los hombres". En igual sentido, Pablo escribe en su carta a los Colosenses que la palabra del evangelio "ha llegado a todo el mundo" (1:6) y "se predica en toda la creación que está debajo del cielo" (1:23). "¡Pero esto no es verdad, Pablo! ¿Por qué dices que la predicación ha llegado 'a todo el mundo'?" Respuesta: Su voz ha salido por toda la tierra (Romanos 10:18), está saliendo aún, y seguirá saliendo para llegar a su meta.

¿Qué evangelio es ése que según la orden de Cristo debe ser predicado a toda criatura? "El que creyere y fuere bautizado, será salvo." Ahí tienes lo que es el evangelio; y con esto, el Señor indica al mismo tiempo que Moisés[9] ya no rige más, ya no debes predicar más a Moisés, o sea, debes predicarlo sólo para extraer de él ejemplos de lo que es la fe y la incredu-

---

misma persona. Este S. el Justo fue lapidado a instigación de los saduceos en el año 62, según el relato de Hegesipo y Josefo (Guerras XX ix 1).

[7] Ef. 4:11.

[8] Gregorio I Magno, papa (de 590 a 604), escribió una homilía sobre este texto.

[9] Con "Moisés", Lutero se refiere a ese tipo de piedad que culmina en la máxima: Cumple la ley, y te salvarás.

lidad, así como se nos habla también de la historia de Pedro, no para que yo haga en todo como hizo Pedro, sino para que me valga de él como de un ejemplo para ver cómo cree él. Lo que Moisés escribió es excelente; lo que pasa es que se le da una interpretación y aplicación equivocada. A Moisés hay que predicarlo en forma tal que sirva como un testimonio a favor del evangelio. Nosotros, por nuestra parte, tenemos en el Nuevo Testamento la predicación que se llama "evangelio". ¿Qué predicación es ésta? Una predicación que abroga todas las obras y todas las leyes. Y ¿qué efecto produce? "El que creyere y fuere bautizado, será salvo." Aquí no se me pide nada de oraciones y hábitos [10], ninguna obra, sino valor y confianza en Dios en mi corazón. En este punto debemos hacer una clara separación entre el reino de Cristo y el reino de este mundo. La autoridad exterior, secular, ha sido instituida sólo a causa de los elementos que dañan a la sociedad [11]; con esto, los cristianos no tienen nada que ver. Ellos son responsables únicamente ante Dios. Pues Jesucristo está sentado a la diestra del Padre para que interior y espiritualmente sea nuestro Rey y Señor. ¿Qué exige esto de nosotros? Sólo eso: ¡creer que es cierto!

Dime: ¿con qué esfuerzos tuyos quieres lograr que Cristo esté sentado a la diestra de Dios? ¿Con ayunos? ¿Con oraciones? No; sólo puedes comprenderlo y prenderte de ello mediante la fe. La palabra del evangelio suena en los oídos del mundo entero; la fe del corazón es el medio con que nos apropiamos lo que promete. Por lo tanto, el reino de Cristo es un reino enteramente espiritual; pues lo que en él impera es la sola fe. Por supuesto, como cristianos tenemos también el déber de practicar el amor; es decir, en la convivencia con nuestros semejantes debemos estar siempre dispuestos a socorrer con buenos consejos a otros, dar a los necesitados, consolar a los afligidos; ésta es la demostración personal de la fe, a más de lo que nos incumbe hacer en el ámbito externo de la autoridad secular.

Los sofistas [12], estos eminentes sabios, hicieron aquí el agregado: "El que creyere *e hiciere buenas obras*". Pero así no se puede proceder. No puedo dar a la palabra de Dios una inter-

[10] A la práctica de la piedad como se la entendía en la iglesia católica del tiempo de Lutero pertenecían ciertas oraciones obligatorias ("horas canónicas" etc.), así como era obligatorio también cierto tipo de vestimenta para los actos litúrgicos y el clero.

[11] Ro. 13:4. Comp. el escrito de Lutero *"La autoridad secular"*, *Obras de Lutero*. Ed. Paidós, Buenos Aires, tomo II, pág. 129 y sigs.

[12] Antiguamente: el que se dedica a la filosofía y retórica. Desde los tiempos de Sócrates, el vocablo tuvo significación despectiva. Lutero suele titular "sofistas" a los que enseñaban la teología en las universidades medievales.

pretación tan ajena a su verdadero significado. Que yo sea salvo, lo hace solamente la fe, sin ayuda de obra alguna. Bien es cierto que mis obras, hechas visiblemente, ponen en evidencia la fe; pero con esto me puedo engañar a mí mismo y a otros. Las obras, por lo tanto, no pueden ni deben ser otra cosa que una prueba de que en el corazón hay fe; para ser genuinas debe *precederles* el ser salvo por la fe. El ser salvo da su legitimación a la obra, no al revés. El que cree, con toda certeza hace buenas obras. Este texto es la prueba más contundente de que a la persona que cree, ningún pecado le puede causar daño; pues "ser salvo" significa que todo lo pecaminoso ha sido tragado [13]; sólo que esa fe por la cual somos salvos no es siempre igual: a veces es perfecta, otras veces es imperfecta.

"Mas el que no creyere, será condenado", sigue diciendo Cristo. Aquí no ayuda ninguna obra. ¿De qué me serviría la castidad y el celibato, qué valor tienen las obras de todos los monjes, si el veredicto divino es: "El que no creyere, será condenado"? Sin embargo, ellos dicen: "¡Qué! ¿Acaso yo no creo?" Pregunto: "¿qué crees?" — "Por ejemplo: que Cristo resucitó y subió a los cielos." Y bien: esto lo cree también el diablo. Lo que importa es que tú creas que Cristo subió a los cielos *por causa tuya*. Esta fe la crea Dios; donde ella existe, no hay pecado que pueda dañarnos. Asimismo, esta fe es más poderosa que todas las buenas obras. Y a la inversa: donde falta la fe, aun la vida más perfecta es en vano.

Pero ¿es necesario que la fe vaya acompañada del bautismo? Respuesta: la fe nos pone en posesión de todo lo que necesitamos para alcanzar la salvación; pero el bautismo es la señal mediante la cual confesamos ser cristianos. Por eso podemos decir que Dios nos confiere con el bautismo sus colores y su distintivo [14] para que el mundo vea y sepa que somos de Dios. Llevamos el bautismo como señal externa, para que el diablo tenga un motivo de luchar contra nosotros. La fe salva también sin el agregado del bautismo. Pero por cuanto Dios así lo quiere, todo aquel que puede recibir el bautismo, debe dejárselo aplicar, y alegrarse de lo que la fe y el bautismo nos confieren, a saber: que seamos salvos.

[13] Comp. 1 Co. 15:54.

[14] Comp. *"Sermón acerca del santo y dignísimo sacramento del bautismo", Obras de Lutero*, Ed. Paidós, Buenos Aires, tomo V, pág. 225 y sigs.

PENTECOSTÉS

Jesús, el Mediador de la justicia verdadera.
3er. Artículo del Credo Apostólico.

Cristo nos enseña qué es el verdadero discipulado.
Juan 14:23-31.

El Espíritu Santo nos habla de Cristo,
el don de Dios para el hombre.
Juan 3:16.

JESÚS, EL MEDIADOR DE LA JUSTICIA VERDADERA

Sermón vespertino de Pentecostés.
Fecha: 28 de mayo de 1531.

Texto [1]: El 3er. Artículo del Credo Apostólico: Creo en el Espíritu Santo; la santa iglesia cristiana, la comunión de los santos; el perdón de los pecados; la resurrección de la carne y la vida perdurable.

I. *Nuestra justicia se basa en el perdón de los pecados logrado por Cristo.*

La justicia del cristiano está oculta aún bajo el pecado.

Esta mañana oísteis hablar del Espíritu Santo [2]. Oísteis que la tarea del Espíritu Santo es predicarnos aquella doctrina que nos muestra cómo se obtiene el perdón de los pecados. Y oísteis también que cada cristiano debe poner todo empeño en aprender este artículo del perdón; porque el querer aprenderlo sólo en el momento en que se lo necesite, resultará harto difícil, ya que entonces, Satanás y sus secuaces arremeten tan encarnizadamente contra esta enseñanza que su comprensión se hace poco menos que imposible, aun para aquel que la conoce.

La justicia del cristiano ha de llamarse, pues, "perdón de los pecados". Y este perdón debe entenderse no como una acción que se lleva a cabo en unos breves instantes, sino como una realidad de validez permanente, pero una realidad *en la cual hemos sido y estamos colocados*, no una realidad *que tuviera su origen en nosotros*. De la misma manera deben hacerse re-

[1] En sus apuntes, Rörer no indica un texto bíblico en particular como base de este sermón. Al poner como texto el 3er. Artículo del Credo Apostólico, hemos seguido la edición de Calw.

[2] A la mañana del mismo día, Lutero había predicado un sermón sobre Hch. 2:1-4.

saltar los artículos de la resurrección de la carne, y de la vida perdurable. Debe ponerse en claro: somos santos, y al mismo tiempo *no* lo somos; tenemos el perdón de los pecados, y por otra parte *no* lo tenemos; asimismo, hemos resucitado de entre los muertos, y *no* hemos resucitado; tenemos la vida perdurable, y *no* la tenemos. Esto es así por cuanto nuestra santidad no consiste en lo que ya hemos alcanzado. Aquel perdón de los pecados existe, es un hecho respecto del cual no cabe la menor duda; pero aún no nos lo hemos apropiado del todo. Así existe también la resurrección de la carne como un hecho innegable, pero todavía no la veo. E igualmente existe la vida perdurable, puesto que existe Aquel que la comenzó en nosotros; donde él está con los creyentes, no hay en ellos ni pecado ni depravación, ni muerte.

Con esto se ha dado respuesta a los que dicen: todo lo que los cristianos predican, debe ser perceptible a los sentidos. ¡No! ¡Cuántas veces ocurre que anda entre nosotros un padre de familia, o un ama de casa, un peón, una sirvienta, y no nos damos cuenta de que en esta persona se nos presenta un santo viviente, y lo que es más, ni esa persona misma se da cuenta de ello! Es que a Cristo no le ves, como tampoco ves mi santidad, y sin embargo, en Cristo yo soy un santo. Para esto tengo las señales del bautismo y de la santa cena [3] que me dicen que aquí no se trata de una justicia que radica en mí mismo; antes bien, la justicia que da forma al cristiano es una justicia que le viene de fuera: el cristiano incorpora a Cristo en sí mismo, por decir así, como objeto de su fe, de modo que tiene a Cristo en lo profundo de su corazón. Ha echado mano de Cristo; y éste es su reconciliador y su perdonador, y por causa de esta fe, el creyente es un santo, a pesar de que en sí es un pecador.

La justicia del cristiano es participación en la justicia de Cristo.

Si nuestra salvación depende de la justicia y santidad que se halla en nosotros mismos, estamos perdidos. Lo que necesitamos es una justicia que proviene de Dios. Pero esa justicia de Cristo debe estar dentro de nosotros, no sólo fuera de nosotros. Él mismo es la vid, nosotros somos los pámpanos (Juan 15:5); mediante la fe, él está dentro de nosotros, a pesar de que en sí está fuera de nosotros. En los mismos términos se expresa Pablo a este respecto: "Prosigo por ver si logro asir aquello para lo cual fui también asido por Cristo Jesús" (Fili-

[3] Para darme personalmente la certeza de que en y por Cristo tengo perdón de pecados; comp. Ro. 6:4 y sigs.; Mt. 26:26-28.

penses 3:12). "Fui asido", pero "ya no vivo yo, mas vive Cristo en mí" (Gálatas 2:20). Algo análogo dice en otra oportunidad en su carta a los gálatas: "Conocéis a Dios, o más bien, sois conocidos por Dios" (Gálatas 4:9). Ya estoy dentro [4], puesto que he sido bautizado, suelo comulgar, y tengo la palabra de Dios. Pero ahí está lo que me falta todavía: asir todo esto así como yo fui asido. A este punto se refiere Pablo tanto en su carta a los gálatas como también en su carta a los romanos. A los gálatas les escribe: "Nosotros por el Espíritu aguardamos por fe la esperanza de la justicia" (Gálatas 5:5); y a los romanos: "Vivo de tal manera que mi justicia por la cual he de ser justificado radica sólo en la fe y en la esperanza. No la veo, pero la aguardo en esperanza, y esto mediante la fe y por gracia" [5].

Si consulto con la razón, no me puede dar una respuesta; porque siento en mí el pecado, y veo cómo se decapita a los mártires de modo que tienen que morir como si fuesen unos sediciosos. Y no obstante: los que abrigan esta esperanza, son santos vivientes sin pecado alguno; vivos están, y al morir no mueren, puesto que la Escritura nos habla de la *esperanza* de la vida, *esperanza* de la salvación, *esperanza* de la justicia. Las cosas no han de ocurrir según lo que es práctica en el mundo, sino de una manera espiritual. La razón no puede hacerse a la idea de que se puede ser un hombre justo, y sin embargo no ser consciente de ello. Por esto, la razón, la carne y la sangre deben guardar silencio, llevar cautivo todo pensamiento propio [6] y reflexionar en cómo asir mediante la fe, y esperar mediante la fe, lo que nos ha de ser revelado. Atengámonos pues a la palabra de Dios; fuera de ella no hay quien pueda aconsejarnos y ayudarnos. La única forma como podemos llegar a entender todo esto es mediante la palabra del evangelio, la santa cena, el bautismo. Cualquier otra cosa de que yo quisiera jactarme proviene de Satanás. Es una idea proveniente del diablo si queremos depositar nuestra confianza en algo que ya poseemos. "Esperamos", dice la Escritura, "prosigo por ver si logro asir aquello para lo cual también fui asido". Nosotros hemos ascendido con Cristo a los lugares celestiales, como leemos en la carta a los efesios, cap. 2 (v. 6), porque de la misma manera como él fue al cielo, iremos también nosotros, puesto que por su resurrección, él entró en sociedad con nosotros para ser nuestra verdadera resurrección y para ejercer el gobierno juntamente con nosotros, a fin de que él sea el que encierra en sí todas las cosas. Lo que falta aún es que yo lo comprenda cabalmente. Pasa con esto como

[4] Dentro de la vida eterna, dentro de la justicia, de la santidad, etc.
[5] Comp. Ro. 3:28; 4:5; 8:24 y otros.
[6] Comp. 2 Co. 10:5.

con una madre que lleva en brazos a su hijo: el hijo no se da cuenta de ello, ni tampoco conoce a su madre de la misma manera como ella le conoce a él. Es que el hijo todavía no tiene el entendimiento y la razón suficientes; por lo tanto es incapaz de decir: yo soy tu hijita, y tú eres mi madre. Pero con el tiempo aumenta el entendimiento de la niña, de modo que algún día podrá decir: "Querida madre". Así ocurrirá también con nosotros.

La justicia del cristiano no se basa en su propia manera de ser.

Por ahora es preciso que *creamos,* a fin de que nuestra relación con Dios no esté basada en cualidades inherentes a nuestro propio ser, como es el caso con la justicia jurídica. Ésta es, dicen, una voluntad constante y permanente en virtud de la cual cada uno quiere hacer aquello que según su criterio es lo correcto [7]. Bien dicho, sin duda, al menos conforme al modo de ver del mundo y de la razón humana. Pero en lo que atañe a la justicia cristiana, no puedo decir que ésta consista en mi propia voluntad de hacer esto o aquello otro. Antes bien, la justicia cristiana consiste en que yo crea con absoluta firmeza que la resurrección de Cristo, su ascensión y su estar sentado a la diestra del Padre es *mi* resurrección, *mi* ascensión, que *yo* estoy sentado en su regazo y en íntima compañía con él. Reconocer así a Cristo como justicia mía no puede ser obra de mi voluntad; para esto es necesaria mi fe. Una vez que haya llegado al lugar que Cristo me tiene preparado, se acabará todo lo que todavía es impuro. Cristo debe ser *una* parte de mi justicia, o sea, *una* parte de mi justicia debe ser el hecho de que Cristo resucitó, subió a los cielos y está sentado a la diestra del Padre. La otra parte debe ser el hecho de que tú creas esta verdad. Si tal es el caso, posees como propiedad personal tuya esa justicia que da forma al cristiano. Y si entonces todavía hay en ti pecados, estos pecados están cubiertos y tapados; ya no se habla más de ellos, sino que ahora se habla sólo del perdón de los pecados. Esto es lo que nos predica el Espíritu Santo.

II. *Nuestra justicia presupone la unión de Cristo con nosotros. Mediante la fe, Cristo está en nosotros, a pesar de nuestros pecados.*

Ahora bien: para que todo esto pueda acontecer, no debo

[7] Los jurisconsultos antiguos definían la justicia como "una voluntad constante de dar a cada uno su derecho".

tener a Cristo solamente fuera de mí, de suerte que él esté sentado allá en los cielos, y yo siga aquí en mis pecados. ¡No! Yo debo haber salido ya del infierno y del pecado, y sin embargo, vivir aún aquí abajo, en la fe [8]. Cristo permanece allá arriba, no desciende a la tierra; yo en cambio debo desprender y apartar mi corazón de los lazos terrenales y aferrarme al que habita en las alturas. Mediante esta fe, yo estoy con él y él está conmigo, y con esto, ambos ya estamos arriba en el cielo. Si el cristiano está en el cielo, necesariamente tiene que estar libre ya del pecado; y si muere, no permanecerá en la muerte, ya que está sentado con Cristo en el reino de los cielos. Tampoco está sujeto ya a Satanás ni a la muerte ni a la ley. Y no obstante: al observar mi carne, veo que sí estoy sujeto a la muerte y al pecado.

Pero esto no tiene por qué importarme; si me perturba, estoy en vías de tornarme un papista. Es inevitable que tenga que pelearme con los pecados y la muerte hasta el día en que no los sienta más. Los papistas por supuesto nos dirán: "¿Por qué no hacéis la prueba con arrepentimiento y obras meritorias?" [9] Hablan como el ciego de los colores. Quieren enseñarnos algo a lo cual ellos mismos no le han tomado el gusto. Quieren condenar esta doctrina de justicia, fe y perdón y erigirse en jueces de ella, sin haber entendido de ella un ápice. Son incapaces de combinar a Cristo con la fe del pecador. Para ellos, la justicia tiene que ser una voluntad decidida que se empeña en hacer, junto con nuestro Dios y Señor, lo que los mandamientos de éste demandan. Si oyen a uno hablar de manera diferente, ya piensan que está diciendo herejías. Yo por mi parte no me atrevería a decir en presencia de ellos que nuestra justicia es el perdón de los pecados. Pero así está escrito, que Cristo está en los cielos, y que por la fe, yo llego a estar junto a él y soy hecho partícipe en todos estos bienes. Esto sí: todavía no lo veo, sino que lo que poseo, lo poseo en esperanza; lo que se espera, no se posee aún ni se ve.

La unión con Cristo está basada en la palabra comunicada por el Espíritu.

Cosa asombrosa es que tengamos vida y justicia, y sin embargo no la veamos ni sintamos. Pero sólo así es posible que uno se mantenga firme en la necesidad y en el infortunio. Si

[8] Otra variación del tema tocado muchas veces por Lutero: Por la fe, el hombre *ya* es un santo, liberado para la vida en eterna bienaventuranza, y *todavía* es un pecador, atado a la imperfecta existencia terrenal.

[9] Al fin de cuentas, esto no sería más que un intento de limpiarse a sí mismo de los pecados mediante esfuerzos propios —justificación por las obras, no por la fe.

siente la miseria de su existencia carnal, terrenal, no desespera, sino que rehúsa tomar en cuenta lo que siente, y lo mismo hace al padecer los embates de Satanás y del pecado. Mi justicia, dice, es ésta: no debo fijar mi atención en un bien que poseo, sino que debo esperar, en fe y en espíritu, sin cuidarme de lo que diga mi carne y sangre, y aguardar pacientemente a que lo esperado sea manifestado.

Siendo así las cosas, lo único que puede conducirnos a la meta es la palabra; pues "la fe es por el oír" (Romanos 6:17). Por esto es que en el día de Pentecostés, el Espíritu Santo repartió a los apóstoles aquellas lenguas de fuego [10]. Nadie puede llegar a la fe ni ponerse en posesión del tesoro del perdón de los pecados sino por medio de las lenguas de fuego [11]. De ahí que exista tanta enemistad contra esta palabra del evangelio. El papa la persigue a sangre y fuego y con interpretaciones falsas. En suma: recurre a las medidas más desgraciadas en su insano afán por volver a apagar las lenguas de fuego. Y sin embargo, no tenemos otra cosa que la palabra, y solamente por medio de ella podemos obtener el perdón de los pecados. No obstante, si pueden, algún día dirán que el Espíritu Santo, el Dador de la palabra, no es Dios. Si ya no cuento con la palabra, y si las lenguas de fuego están extinguidas, todo está perdido. Así, todo está basado en esa palabra que nos enseña lo que no vemos: las manos amorosas de Dios que sin embargo ya nos tienen asidos; y si tú permaneces en la palabra, a su tiempo lo verás en rica medida y por tu parte asirás lo que Dios te ofrece. Aprenderás y verás lo que ya ahora *eres* mediante tu fe. Ahora lo poseemos todo pasivamente. Entonces lo poseeremos en forma activa [12].

Por Cristo, nuestra justicia ha sido liberada de la ley. El Espíritu Santo coloca al creyente por encima de todas las leyes.

Ya ves cuán incorrectamente explicaban los papistas este artículo de la fe. Sostenían que el Espíritu Santo viene para dar a la iglesia nuevos artículos de la fe, por ejemplo respecto de la manera cómo se debe ayunar, —esto lo puede decidir también

[10] Comp. Hch. 2:3. Acerca del efecto inmediato véase v. 4. Se trataba por lo tanto de un suceso relacionado directamente con la predicación de la palabra.

[11] La fe y el perdón de los pecados no es algo que podamos alcanzar por nuestros propios medios, sino que es algo que nos es predicado (por lenguas portadoras del fuego del Espíritu).

[12] Poseemos el perdón, etc. "en forma pasiva" como algo que nos es dado y atribuido sin que podamos cooperar "activamente" en su adquisición. En la eterna bienaventuranza ya no habrá que *atribuirnos* la santidad: *seremos* santos.

un padre de familia y jefe del hogar— o si hay que llevar cogulla gris o negra —esto me lo puede enseñar también mi sastre—. ¡Como si el Espíritu Santo se ocupara en producir tales leyes! Esto es lo que resulta de la ceguedad de esa gente que no entiende estos artículos: "Creo en el Espíritu Santo", etcétera. En efecto: el Espíritu viene en oposición a la ley, y te quiere ayudar a liberarte de ella. Su voluntad es que tu alma no esté sometida ni a la muerte ni al pecado ni al diablo ni tampoco a la ley. Antes bien, él quiere colocarte por encima de todas las leyes, y te dice que es tuyo el perdón de los pecados, tuyos también la resurrección de Cristo y su estar sentado a la diestra de Dios Padre, y tuya la vida eterna, no porque vivas en obediencia a la ley y te abstengas de comer carne[13], sino porque Cristo resucitó de entre los muertos y subió a los cielos. Quede entonces tu justicia donde quisiere, de todos modos, Cristo no descenderá de su lugar a la diestra del Padre.

El Espíritu Santo nos ayuda a producir obras buenas.

No puedo decir: El Cristo que resucitó de entre los muertos es una ley. ¡No! Él vive en una vida que está por encima de la ley. Ya no está sujeto a ninguna ley, a ninguna muerte, a ningún pecado, sino que es Señor sobre todo aquello. Así, pues. el Espíritu Santo habla en primer lugar de esto, de que por Cristo hemos sido liberados de la ley, de la muerte y del diablo; y sólo después derrama en nuestro corazón el amor y la misericordia para con el prójimo[14]. Pero al hablar de Cristo, el Espíritu Santo no habla en modo alguno de una ley, sino muy al contrario: se dirige contra las leyes. Por eso, el papa y sus partidarios estuvieron poseídos por todos los diablos cuando afirmaron que el Espíritu Santo imparte leyes acerca de cómo debe disponer el hombre su vida. Es preciso, por lo tanto, que aprendamos muy bien estos artículos, a fin de que sepamos discernir entre el oficio en que el Espíritu Santo nos enseña a conocer a Cristo, y sus otros oficios[15]. Y bien: enseñen todas las leyes que quieran, siempre que éstas no se conviertan en lazos para la conciencia. Yo por mi parte quiero estar por encima de los Diez Mandamientos.

Quiero poseer una justicia mejor y más santa, y una santi-

[13] Traducción literal: Te alimentes de aceite.

[14] Afirmación clara de la enseñanza bíblica de que la justificación, como acto de Dios, necesariamente tiene que preceder a la santificación, la lucha del hombre (creyente) en contra del pecado y en pro de un constante perfeccionamiento de la vida, lucha para la cual el hombre pide y obtiene de Dios las fuerzas. Muchos teólogos antiguos y modernos invierten este orden.

[15] "Otros oficios": comp. Jn. 6:7-11; Jue. 3:10; y otros.

dad mayor que la de los Diez Mandamientos [16]. Y esta santidad consiste en que el Hijo de Dios resucitó de entre los muertos y está sentado a la diestra de Dios Padre. Este Cristo posee mayor santidad que los Diez Mandamientos y todas las obras hechas conforme a ellos. De este modo, Cristo mismo es la justicia que forma mi ser.

El Espíritu Santo hace que seamos un solo cuerpo con Cristo.

Cuando el papa oye esto, se vuelve loco de tonta indignación. Ellos inventan un Cristo que está sentado en el cielo jugando con los ángeles. Hacen de él un ser totalmente extraño para nosotros, e incluso un ser que está en oposición a nosotros. El Espíritu Santo en cambio quiere que Cristo llegue a ser un solo cuerpo con nosotros [17]. Ahí tienes una prueba de la desvergüenza con que los papistas enseñaban estos artículos. De esto podéis desprender por qué Cristo llama al Espíritu Santo "el Consolador" (Juan 14:16, 26; 15:26; 16:7): en efecto, ¿qué mejor manera hay de consolar una conciencia afligida, que decirle: "A pesar de que no guardaste los Diez Mandamientos, yo te daré algo mejor"? Yo anduve en cilicio [18] con intención de guardar los Diez Mandamientos y hacer buenas obras y granjearme el favor de Dios; pero todo esto no me trajo consuelo alguno. Y también tú tienes que decirte: "Aunque haya guardado todos los mandamientos, esto no me sirve de nada ante Dios." Pero ahora viene el Consolador y nos dice: Yo te doy algo más grande; en lo que yo te doy no hay mancha, sino justicia perfecta. Si crees en Cristo, tu fe te será contada como si hubieses guardado más que todos los Diez Mandamientos juntos [19]. Pues Cristo será tu resurrección y ascensión, como él mismo lo afirma: "Yo soy la resurrección y la vida (Juan 11:25), la gracia y la verdad". No dice "yo te regalo la resurrección, etcétera", sino "yo soy". El papa empero hace de Cristo un Dios que habita en una región muy remota y que nos envía desde allá algunos dones. Todo lo contrario: Cristo está con nosotros, y nosotros estamos con él en el cielo, y todo esto por medio de la fe y de la palabra.

[16] El "opus magnum" de Lutero en cuanto a la posición del hombre frente a la ley de Dios es su "Comentario de la Carta a los Gálatas", tomo VIII de nuestra serie de *Obras de Lutero.*

[17] Comp. Ef. 1:22, 23. El Códice Nuremberguense reproduce este pasaje del sermón de Lutero con las siguientes palabras: "Los papistas no saben esto, sino que inventan un Cristo inactivo, separado de nosotros, como una cabeza sin cuerpo."

[18] Vestidura áspera que usaban los penitentes para mortificar el cuerpo, y que también el monje Lutero llevaba debajo de su hábito.

[19] Comp. Ro. 4:5.

CRISTO NOS ENSEÑA QUÉ ES EL VERDADERO DISCIPULADO

Sermón para un culto vespertino de Pentecostés
Fecha: 16 de mayo de 1529.

Texto: Juan 14:23-31a. Respondió Jesús y le dijo: El que me ama, mi palabra guardará; y mi Padre le amará, y vendremos a él, y haremos morada con él. El que no me ama, no guarda mis palabras; y la palabra que habéis oído no es mía, sino del Padre que me envió. Os he dicho estas cosas estando con vosotros. Mas el Consolador, el Espíritu Santo, a quien el Padre enviará en mi nombre, él os enseñará todas las cosas, y os recordará todo lo que yo os he dicho. La paz os dejo, mi paz os doy; yo no os la doy como el mundo la da. No se turbe vuestro corazón, ni tenga miedo. Habéis oído que yo os he dicho: Voy, y vengo a vosotros. Si me amarais, os habríais regocijado, porque he dicho que voy al Padre; porque el Padre mayor es que yo. Y ahora os lo he dicho antes que suceda, para que cuando suceda, creáis. No hablaré ya mucho con vosotros; porque viene el príncipe de este mundo, y él nada tiene en mí. Mas para que el mundo conozca que amo al Padre, y como el Padre me mandó, así hago.

Oísteis esta mañana[1] el texto de la historia de Pentecostés, y lo que de él se desprende. Queda mucho por decir respecto de este importantísimo acontecimiento. Sin embargo, no debemos pasar por alto el Evangelio del día. Continuemos pues en otro momento con la exposición sobre la Epístola.

[1] En el culto matutino, Lutero había predicado sobre la Epístola del día, Hch. 2:1-11. En el culto vespertino le tocaba el turno al Evangelio, Jn. 14:23-31a.

1. *El verdadero discípulo ama a Cristo sobre todas las cosas. Sólo el amor a Cristo nos enseña a guardar su palabra.*

"El que me ama, mi palabra guardará". Así respondió Cristo a la pregunta del piadoso y buen discípulo Judas[2]. La pregunta que Judas le hiciera en ocasión de la última cena fue: "Señor, ¿cómo es que te manifestarás a nosotros, y no al mundo?" (Juan 14:22). No pudo entender el por qué de esta actitud del Señor. Es entonces que Cristo le contesta: "El que me ama, mi palabra guardará", contestación que es al mismo tiempo un juicio: "No es posible que alguien guarde las palabras del Señor a menos que tenga un sincero amor hacia ellas." Más aún: la sentencia "El que me ama, mi palabra guardará" traza una clara línea divisoria entre los que dicen ser cristianos y también lo son, y los que no lo son. El que no ama a Cristo y no guarda sus palabras, podrá disertar y escribir mucho acerca de ellas; pero si no ama al Señor, habrá tantas cosas que le desvían de él, que ya no podrá prestar seria atención a sus palabras. Hoy en día hay muchos que quieren enseñar la palabra de Cristo y vivir en conformidad con el evangelio. Sin embargo, no llegan más allá de simple palabrería. ¿Por qué? Porque les falta el verdadero amor, el "deleite en el Señor"[3]. Cristo empero declara: "Se tiene que tener amor hacia mí, de lo contrario no se puede guardar mi palabra".

Quien ama a Cristo, renuncia a placeres, honores y poderío.

Cristo no es oro ni prestigio ni poder terrenales; si lo fuera, por cierto tendría muchos amantes. Para decirlo en pocas palabras: Cristo no es nada de lo que el mundo considera apetecible. Es por lo tanto una palabra de mucho peso: amar a Cristo, o tener su deleite en él; si existiera en nosotros tal amor y deleite, habríamos muerto a todo lo demás. De esto desprendemos: el que ama el dinero y la gloria, podrá ser un oidor de la palabra, podrá jactarse de llevar una vida en conformidad con el evangelio; pero aquí se le dice con toda claridad que no es capaz de guardarlo. Asimismo, el que ambiciona el poder y busca renombre entre sus semejantes, el que corre tras diversiones y delicias y todo lo que hace placentera esta vida terrenal, no ama a Cristo. Al final, la imagen que Cristo ofrece es tan repugnante que todo el mundo se aparta de él y le aborrece. Ahí tenemos la respuesta que el Señor dio a la pregunta de

[2] Con los epítetos "piadoso y bueno" Lutero distingue a este Judas (que aparece en Lc. 6:16 y Hch. 1:13 como "hermano de Jacobo") de Judas Iscariote, el traidor.

[3] Sal. 37:4.

Judas por qué no se manifestaría al mundo sino sólo a sus discípulos: "El mundo está obcecado, entregado por completo al dinero, a las diversiones y los placeres y a todo lo que la tierra le puede ofrecer. Si no ve riquezas y deleites y honores, no ve nada. De ello resulta que yo soy un invisible para el mundo, y ese estado de cosas no cambiará. Vosotros empero que me aceptáis y amáis, vosotros me oiréis cuando os predique que no os dejéis inmutar por la cruz y la aflicción. Personas tales serán también capaces de guardar mi palabra, de arriesgarlo todo y de atenerse exclusivamente a ella." Por otra parte, ¿qué se les puede quitar a estas personas, ya que Satanás, el mundo y la carne no tienen lugar entre ellas? Si no doy importancia a las vanidades del mundo, la tentación proveniente de este sector me tiene sin cuidado. Honores, poder, placeres —todo esto no me interesa; y así me es posible permanecer en la palabra. ¿Por qué, en efecto, los hombres se apartan de ella? Porque no quieren renunciar a las riquezas y los honores. De esta manera la palabra les queda oculta.

Quien ama a Cristo, no busca su propia santidad y sabiduría.

La tentación de parte del mundo es tanto más fuerte cuando ofrece como galardón el prestigio que otorga la gran sabiduría, la gran piedad, la gran erudición. Muchos hay que adoran estos ídolos; mas el Dios verdadero es aquel que no se conforma hasta haber anonadado también nuestra sabiduría. Hubo en tiempos pasados no pocos gentiles que desdeñaban el oro y evitaban los cargos elevados y sometían a su cuerpo a severa disciplina mediante duro y permanente trabajo. Pero a ninguno se encontró, ni tampoco es posible encontrarlo hoy día, que no busque ser elogiado y respetado por ser tan bueno, sabio e inteligente. Santidad y sabiduría son cosas que no se pueden rechazar con ninguna argumentación lógica; y los hombres que las buscan, son los que más amor tienen a otra cosa que a Cristo. El Señor dice: "El que quiere que yo sea suyo, no debe amar su propia sabiduría y santidad". Con esto, él rechaza de plano todo mi renombre, poder y santidad. "Si así son las cosas, entonces que Satanás ame a Cristo", responden airados los amantes de sus propias virtudes. Por ende, la fe, el evangelio y el Espíritu no pueden permanecer ni ser guardados donde no hay deleite en el Señor.

Todo el énfasis recae, pues, en el pronombre "ME", "*me* ama". "Amar" es una palabra que anda en boca de todos. "Amarme a Mí" empero es una plantita rara. Demasiado molesta es la actitud de Cristo, demasiado frío su aspecto. El aspecto del mundo en cambio es de lo más agradable y atrayente; porque "Satanás puede disfrazarse también como ángel de luz" (2 Corintios 11:14). Por esto, Cristo dice a Judas: "El motivo por qué no me manifiesto al mundo es que el mundo no me quiere oír ni ver". El conocer a Cristo es algo que no crece naturalmente en el campo de la carne y del corazón, sino que tiene que ser obrado por el Espíritu Santo.

2. *El discipulado verdadero está ligado sólo a la palabra de Cristo. Ninguna doctrina humana debe desligarnos de la palabra de Cristo.*

"*Mi* palabra guardará el que me ama." Al decir esto, acentuando el "MI", Cristo apunta a lo mismo que cuando recalca: "el que ME ama". Así como mediante el pronombre ME, él se distancia de todo lo que no es Cristo, así la expresión "MI palabra" coloca en un plano aparte todas las palabras y doctrinas que no son palabras y doctrinas de Cristo. Todas las demás doctrinas y palabras se entienden y aceptan con más facilidad que las de Cristo. ¿No ves cómo cualquier doctrina humana encuentra una gran cantidad de oyentes? ¡Y eso que antes, en el papado, ningún maestro era tan tonto como para que no hubiera promulgado también alguna que otra enseñanza complicada! Repito: todo el énfasis recae en el pronombre "MI". La única palabra que vale es la que procede de la boca de Cristo. De este modo, al insistir en el MI, él nos sujeta a la palabra de su boca.

Los papistas, es verdad, argumentaron con lo que Cristo dijo momentos después: "El Consolador os enseñará todas las cosas" (Juan 14:26). En esta declaración de Jesús se hicieron fuertes, objetando: "Cristo no lo enseñó todo, sino que algo reservó para el Espíritu Santo que había de ser el maestro de los apóstoles, de modo que posteriormente, los apóstoles establecieron muchas cosas de que Cristo mismo no había hecho mención". No obstante, aquí dice: "MI palabra guardaréis" (lo que implica, por cierto, que también la doctrina de los apóstoles es palabra de Cristo). Salta a la vista que esta interpretación papista contiene un peligroso veneno. Al oír que "Cristo no lo ha dicho todo, ni los apóstoles lo han enseñado todo", puedo parar mientes en ello y pensar: "'Así que tendrá que seguir algo más"; y sin duda me apresuraré a curiosear acerca de lo que "todavía no está". ¿Qué podrá ser? "Lee los decretos y las decretales de los papas"[4], me aconsejan. La consecuencia es el tan difundido vicio de que ya no se da mucha importancia a la palabra de Cristo y sus apóstoles, en detrimento de

[4] *Decreto:* constitución o establecimiento que ordena o forma el Papa consultando a los cardenales. *Decretal:* epístola en la cual el Papa contesta a una consulta particular y que sirve de regla para todos los casos particulares semejantes. (Dicc. de la Acad. Española.)

esta misma palabra. Esto es precisamente lo que el diablo quiere. Contra este peligro ármate con palabras tales como las que están escritas aquí. Permanece en todo lo que enseñaron Cristo y los apóstoles, y no permitas bajo ningún concepto que alguien te venga con agregados.

La palabra de Cristo está por encima de la de Moisés y de todas las tradiciones humanas.

Cristo contrasta sus propias palabras con las de Moisés, como quien predica en un nivel más alto que Moisés. "MI palabra", dice; no quiere repetir las palabras de Moisés ni las de los profetas, sino traer algo distinto, más elevado. ¿Qué pueden decretar todos los papas y obispos que resista una comparación con lo decretado por Moisés? Analiza el Concilio Apostólico[5] y todos los demás concilios de la cristiandad: ¡a ver si jamás establecieron leyes tan excelentes como las de Moisés! Piensa además en las ceremonias: ¿acaso no son mil veces más hermosas que todas las inventadas por el papado? O fíjate en la ley moral promulgada por Moisés, el Decálogo, por ejemplo el mandamiento que dice: "Amarás a tu prójimo como a ti mismo" (Levítico 19:18). ¿Dónde hay otro legislador que haya dado mandamientos tan sublimes? Los papistas en cambio decretan: Un cardenal tiene que llevar tal vestidura, un cartujo tal, y un franciscano tal otra. ¡Sin embargo, Cristo quiso decir algo más elevado todavía que Moisés, ese mismo Moisés de quien con todos tus concilios no eres digno de limpiarle los zapatos!

Lo que Cristo ordena, ¿no habría de ser entonces algo mucho más precioso que todo lo que los hombres suelen ordenar? Lo que pueden disponer los hombres, no lo tiene que inspirar el Espíritu Santo; ya está implantado en la naturaleza humana desde la creación, Dios no tiene más que conservarlo. En Génesis (1:28), Dios dice: "Sojuzgad la tierra, y señoread en los peces del mar, en las aves de los cielos, y en todas las bestias que se mueven sobre la tierra." En ese "Señoread" y "Sojuzgad" está contenido todo el conocimiento que poseen los juristas y los médicos. El hombre fue creado como un ser provisto de razón para que ejerciera dominio sobre todas estas cosas: los padres tienen su razón para que eduquen a su hijo, los gobernantes tienen la suya para que velen por el bien del pueblo. En esta esfera de actividades, Dios nos ha dado la razón para que seamos capaces de cumplir con nuestra función rectora. Por consiguiente, no necesito al Espíritu Santo para decir: "el obispo de Maguncia debe ocupar un rango más elevado

[5] Hch. 15:23 y sigs.

que el de Brandeburgo". En este orden de cosas, la intervención del Espíritu Santo se limita a mantener en vigencia lo que ya ha sido ordenado y dispuesto en la creación. Gobernar las iglesias de tal o tal manera, enseñar a los niños en la escuela a cantar en tal y tal forma, esto es simplemente asunto de la razón. También los gentiles sabían cómo educar a sus hijos y cómo crear y manejar escuelas.

La función específica del Espíritu Santo es trabajar con la palabra.

Por lo tanto, fíjate nuevamente en la expresión: "MI palabra", y luego en la otra: "El Espíritu Santo os recordará todo lo que yo os he dicho". Con esto, Cristo liga al Espíritu Santo a su palabra y a su boca: "Lo que salió de mi boca, esto es lo que también el Espíritu Santo ha de comunicaros." De esta suerte, nosotros recibimos la palabra de la boca de los apóstoles, tal como ellos la recibieron a su vez de la boca de Cristo, para que de este modo, la palabra de Cristo siempre permaneciese con nosotros. La palabra de Cristo sobrepasa por mucho la palabra de Moisés y de los profetas. Éstos decían: "Tiempo vendrá en que se predicará la palabra[6]; nosotros no nos atrevemos a predicarla". ¿A predicar qué? Lee el sermón que predicó Pedro en el día de Pentecostés que hoy conmemoramos[7]: "Sepa, pues, certísimamente toda la casa de Israel, que a este Jesús a quien vosotros crucificasteis, Dios le ha hecho Señor y Cristo. Arrepentíos, y bautícese cada uno de vosotros en el nombre de Jesucristo para perdón de los pecados; y recibiréis el don del Espíritu Santo". Esta palabra del arrepentimiento para perdón de los pecados es la que Cristo predicó en todas partes. Moisés en cambio predica: "Amarás al Señor tu Dios; no tendrás otros dioses delante de mí; no hurtarás, etcétera". ¿De dónde sacar fuerzas para no caer bajo la maldición de semejantes mandamientos? Aquí dice de dónde las hemos de sacar, pues esta predicación que comenzó con Cristo, es el perdón de los pecados. Todos sabemos que es imposible cumplir aquellos mandamientos. Por esto nos llega aquí otra predicación: "Lo que vosotros no podéis hacer, yo os lo daré de gracia; vuestra deuda os será perdonada", siempre, por supuesto, que creas en Cristo. A esto se lo llama palabra de la gracia; a aquello, palabra de la ley. Y ambas palabras las debemos mantener separadas cuidadosamente, a diferencia de los que intentan convertir la palabra de la gracia y del Espíritu

[6] A saber: la palabra del perdón de los pecados por medio del Cristo crucificado, y la palabra del derramamiento del Espíritu Santo.

[7] Hch. 2, en especial los vv. 36 y 38.

Santo en una ley. Si no quieres tributar al Espíritu Santo otro honor que el de imaginártelo sentado en un concilio emitiendo decretos acerca de cómo se debe practicar el ayuno, cómo los hijos deben obedecer a sus padres, etcétera — todo esto fue asentado en libros ya hace muchísimo tiempo, y además, el mundo lo sabe en virtud de sus propias facultades intelectuales, como por ejemplo los emperadores, que recurrieron a su razón para crear leyes que luego compilaron en códigos a fin de que llegasen al conocimiento de sus pueblos. Y resultó de gran beneficio que dichas leyes hayan sido producidas por los emperadores y no por los cristianos, ya que en materia de legislación, aquéllos poseían una inteligencia muy clara. Ciertamente, todos los obispos y papas juntos no serían capaces de componer lo que figura en el Derecho civil. Por lo tanto, no se le debe atribuir al Espíritu Santo la función de dictar leyes respecto de aquellos asuntos puramente externos, como tampoco es función del Espíritu Santo hacer que un niño reciba la vista y el olfato; estos órganos ya los trae consigo al nacer. Antes bien, la función del Espíritu Santo es que el niño, con todos sus sentidos, sea conservado en la fe en el perdón de los pecados que Dios le otorgó en el bautismo. Así, pues, cuando Cristo dice: "Guardaréis MI palabra", se refiere con ello a la palabra que nos ayuda a ser cristianos; y el "ser cristianos" consiste en tener paz de conciencia, de lo cual Moisés y los profetas no enseñan nada.

3. *El discípulo verdadero toma la palabra de Cristo por palabra del Padre.*
Quien recibe con fe la palabra del perdón, lo posee todo.

"El que me ama, mi palabra *guardará.*" Esto va dirigido al corazón y a la fe. Si alguien guarda las palabras de Cristo, consiguientemente guardará también aquellos 10 Mandamientos de Moisés. Por supuesto que con anterioridad debe haber sido asentado en el libro de la misericordia de Dios; mas una vez ocurrido esto, sigue como cosa natural que se comporte también en la forma debida con su prójimo. "*Guardar* la palabra de Cristo" significa, por lo tanto, creer firmemente en el perdón de los pecados. Y esto lo hace sólo aquel que, según las palabras de Cristo, "tiene su deleite en mí y me ama". Muchos usan la palabra de Cristo en forma meramente superficial, irreflexiva, puesto que no necesitan al Señor: tienen dinero suficiente, tienen gobernantes que les son propicios, gozan de buena salud, tienen la reputación de ser personas correctas e inteligentes. Aquél empero que necesita a Cristo, el que se halla en la misma situación que los apóstoles cuando, completamente abatidos, se reunieron tras puertas cerradas por miedo de los judíos[8]: tales personas sí que tienen necesidad de este consuelo, y finalmente dirán: "Prefiero perder mi fortuna y todo antes de perder la palabra del perdón". Éstos se asen entonces de la palabra y se prenden de ella; les gusta oírla y hablar de ella; el oír la palabra es realmente "gozo y alegría de su corazón"[9]. En estas condiciones permanecerá bien guardada.

Esto es, pues, lo que el Señor quiere que su discípulo aprenda de su respuesta: "Que yo no me manifieste al mundo se debe al hecho de que el mundo no es capaz de amarme ni de guardar mi palabra. El defecto no está en mí; yo tengo la mejor voluntad de dejarme crucificar y de mostrarme abiertamente al mundo. Pero el mundo no me aceptará. Por eso me mostraré a vosotros, quiere decir, a los que preferís abandonarlo todo antes que abandonar mi palabra." En el postrer día se verá lo que valía Cristo. Entonces los que ahora le rechazaron, se lamentarán: "¡Ay de nosotros! ¡Ojalá le hubiéramos aceptado!"

Sigue la antítesis: "El que no me ama, no guarda mis palabras". Esto quiere decir: "Para el que encuentra su deleite en otra cosa, quedo oculto; a un hombre tal no me puedo manifestar."

El que goza del amor perdonador de Cristo, goza también del amor del Padre.

Luego, el Señor añade: "El que me ama, mi palabra guardará; y mi padre le amará, y vendremos a él, y haremos morada con él". Me siento demasiado pequeño para explicar estas palabras. Cristo no quiere ser el único que tiene que ver con nosotros; pues en tal caso, nuestra conciencia dirá: "¿Qué hay con que me ames *tú*? ¡Quién sabe lo que pensará de mí el Padre!" Satanás siempre trata de inculcarnos los peores pensamientos. Esto lo sabía Cristo muy bien; en consecuencia, se apresuró a incluir en su exposición al Padre, tomando a su propia persona y al Padre en conjunto. Donde no se tiene en cuenta esta unión de Cristo con el Padre, ocurrirá que Satanás, maestro en el arte de engañar a la gente, nos hará ver en Dios no al Padre amoroso, sino la Majestad divina que inspira temor, como lo hizo con Cristo según Mateo (26:36 y sigtes.)[10] En este caso te ayudará la observación que Cristo hizo a Felipe: "El que me ha visto a mí, ha visto al Padre", (Juan 14:9). Por esto mismo

[8] Jn. 20:19.
[9] Jer. 15:16.
[10] "Cristo comenzó a entristecerse y a angustiarse en gran manera"; comp. también Mr. 14:33.

dice también aquí: "Mi Padre le amará", y no sólo "Yo le amaré", vale decir: "El que guarda mi palabra, no tiene por qué sentir temores. Nadie ni nada habrá de quitarle la certeza de que el Padre le ama; porque el Padre y yo uno somos" (Juan 10:30). Si un hombre desprecia los groseros deleites de este mundo y se deleita en el Cristo despreciado por su aspecto vergonzoso de Crucificado, este hombre recibirá como premio el amor del Padre. Cristo no dice: "El Padre le regalará un imperio" sino "el Padre le amará", toda ira habrá desaparecido. Esto requiere, por supuesto, que se tenga fe en su palabra. De ahí también que Cristo agregue: "La palabra que habéis oído no es mía, sino del Padre que me envió. Nada debe haber ya en el cielo y en la tierra, ninguna creatura, que pueda afectarte con estallidos de ira; si guardas mi palabra, puedes enfrentar tranquilamente la ira del mundo entero". Aquí está escrito: "El Padre te amará". Ésta es la maravillosa consecuencia del amor de Cristo. Aunque el diablo con todos sus ángeles se cuelguen del hombre que tiene a Dios por amoroso Padre —no le podrán causar el menor daño. Esto es algo que el mundo no alcanza a ver. No en vano se dice: "me manifestaré", pero no al mundo que está apegado a sus riquezas materiales.

"Y haremos morada con él." Cristo quiere hacer también de obispo auxiliar [11] y edificar un templo. De esto oiremos mañana. [12]

[11] Prelado sin jurisdicción propia, nombrado para ayudar a algún obispo o arzobispo en sus funciones, p. ej. consagración de templos, primera comunión, etcétera.

[12] En el culto matutino del día siguiente, Lunes de Pentecostés, Lutero continuó su exposición sobre Juan 14:23-31.

EL ESPÍRITU SANTO NOS HABLA DE CRISTO, EL DON DE DIOS PARA EL HOMBRE

Sermón para el lunes de Pentecostés
(predicado por Lutero en su propio hogar)
Fecha: 25 de mayo de 1534

Texto: Juan 3:16. De tal manera amó Dios al mundo, que ha dado a su Hijo unigénito, para que todo aquel que en él cree, no se pierda, mas tenga vida eterna.

La buena nueva del amor de Dios al mundo pecador.

Ésta es sin duda una de las más sublimes perícopes evangélicas del Nuevo Testamento. Si fuera posible, tendríamos que grabárnosla en el corazón con letras doradas, y todo cristiano tendría que familiarizarse con estas palabras y recitarlas en su mente por lo menos una vez cada día, para saberlas bien de memoria. Pues allí se oyen palabras que si se las cree firmemente, confieren al triste alegría y al muerto vida. No podemos comprenderlas todas, no obstante queremos confesarlas con la boca y rogar que el Espíritu las transfigure [1] en nuestro corazón y las haga tan luminosas y ardientes que penetren hasta lo más profundo de nuestro ser. Es en verdad un Evangelio de gran riqueza, lleno de consuelo. "Dios amó al mundo", y lo amó de tal manera "que ha dado a su Hijo unigénito, para que todos aquellos que en él creen, no perezcan, mas tengan vida eterna". Lo que esto significa, lo ilustraré con un cuadro en que vemos por un lado al dador, por el otro al recibidor, y además, el regalo y el fruto y provecho del regalo, y todo esto en una dimensión indeciblemente grande.

[1] Acerca del significado de este término comp. Mt. 17:2.

1. *Dios el Creador mismo es el que da al mundo el gran regalo.*

El más grande es el dador. El texto no dice: "El emperador ha dado" sino "Dios ha dado", Dios, el insondable, el Creador de cuanto existe. Mas ¿qué quiere decir esto? Las palabras humanas son demasiado pobres para explicarlo en su pleno alcance. Dios está por encima de todo. Todas las cosas creadas son ante él como un granito de arena ante los cielos y la tierra [2]. Con razón se habla de él como del "que da buenas cosas" [3]. Ésta es, pues, la persona del dador. Cuando oímos la palabrita "Dios", debemos pensar que comparados con él, todos los reyes y emperadores con sus dones y con su cortejo no son más que una basura. Tanto debe henchirse nuestro corazón de gozosa reverencia, que hasta los más preciados tesoros de esta tierra nos parezcan diminutos comparados con Dios; tan alta debe ser nuestra estima hacia el Señor.

2. *El móvil de la dadivosidad de Dios es su gran amor.*

Además: Dios da de una manera que, al igual que su divina majestad, sobrepasa toda medida. Lo que él nos da, no lo da en recompensa de nuestra dignidad, o en ignorancia de nuestra indignidad, sino de puro amor; él "amó al mundo". Dios, como dador, lo es de todo corazón, e impulsado por su amor divino que no está condicionado por ningún mérito de parte de los hombres. No existe ni en Dios ni en los hombres una virtud más excelsa que el amor. Pues por aquello que se ama, se empeña todo, cuerpo y vida. Por cierto, la paciencia, la castidad, la justicia también son virtudes muy apreciables; sin embargo, parecen poca cosa comparadas con la virtud del amor, que es la suma de todas las demás. El que posee la virtud de la justicia, da a cada cual el premio y la recompensa que por sus méritos le corresponden. Mas a aquel a quien amo, a éste me entrego en forma total: para todo lo que me necesite, me hallará dispuesto. Así, cuando el Señor nuestro Dios nos da algo, lo da no sólo a causa de su paciencia, no sólo por ser el administrador de la justicia, sino a causa de esa virtud suprema que es el amor. Esto debe despertar en los corazones humanos nueva vida, quitar de en medio toda tristeza, y atraer todas las miradas hacia el amor abismal que habita en el corazón de Dios; él, el dador máximo, da impulsado por la más elevada virtud, y esta virtud confiere a la dádiva su carácter tan precioso como don que proviene del amor. Cuando en el don interviene el corazón, se suele decir: "¡Cuánto

[2] Comp. Is. 40:15.
[3] Mt. 7:11.

aprecio este regalo, porque veo que sale del corazón!" No es tanto el regalo en sí lo que tomamos en cuenta sino el afecto con que fue hecho, el "corazón"; esto es lo que le otorga su verdadero valor. Si Dios me hubiera dado un solo ojo, un solo pie, una sola mano, y si yo supiera que esto lo hizo por amor divino y paternal, yo debería decir: Este ojo me es más precioso que mil otros ojos. Asimismo, si tomas conciencia de que Dios te ha obsequiado el bautismo, debes sentirte todos los días como si estuvieras en el reino de los cielos; pues no es tanto el gran prestigio del bautismo lo que nos conmueve, sino el gran amor que Dios nos demuestra con él.

3. *La dádiva de Dios es su propio Hijo, y con él nos lo da todo.*

Grande es, por lo tanto, el corazón, grande el dador, e inefablemente grande es, en tercer lugar, también la dádiva. ¿Qué nos da Dios? "A su Hijo". ¡Esto sí que se llama dar! ¡No una moneda, o un ojo, o un caballo, o una vaca, o un reino, tampoco el cielo con el sol y todos los astros, ni la creación entera, sino "a su Hijo", que es tan grande como el Padre mismo! El saber esto ha de encender en nuestro corazón una luz, más aún, un fuego, al extremo de hacernos saltar de alegría sin cesar; pues así como es infinito e inefable el dador y su propósito, así lo es también la dádiva. Al darnos a su Hijo, ¿qué retuvo para sí? Junto con su Hijo, él mismo se entrega a nosotros, como lo expresa Pablo en Romanos 8 (v. 32): "Por habernos dado a su propio Hijo, nos da con él todas las cosas." Conforme a estas palabras, tiene que estar incluido todo, llámese como quiera, diablo, muerte, vida, infierno, cielo, pecado, justicia o injusticia, todo tiene que ser nuestro, puesto que nos ha sido dado el Hijo, en quien subsisten todas las cosas[4]. En consecuencia: si creemos en este Hijo y le aceptamos como dádiva de Dios, todas las creaturas, buenas o malas, vivas o muertas, tienen que estar a nuestro servicio. En este sentido dice Pablo en 1 Corintios 3 (v. 21-23): "Todo es vuestro: sea Pablo, sea Apolos, sea Cefas, sea el mundo, sea la vida, sea la muerte, sea lo presente, sea lo por venir, todo es vuestro, pues vosotros sois de Cristo, Cristo empero es de Dios." En Cristo está comprendido todo. Verdaderamente: ¡qué dádiva es ésta! Si lo piensas bien, no podrás menos que decir: ¿qué es el oro y la plata, la gloria y todas las demás cosas que apetece el hombre, en comparación con este tesoro? Pero ahí está esa maldita incredulidad (de la que Cristo se queja

[4] Col. 1:17; 2:3, 9.

después[5]) y esa terrible ceguedad que hace que si bien oímos estas cosas, no las creemos, y permitimos que palabras tan sublimes y consoladoras nos entren por un oído y salgan por el otro. ¡Cómo se apura la gente cuando se les presenta una buena oportunidad de comprar un palacio o una casa, como si nuestra vida dependiese por entero de tales bienes materiales! Pero aquí donde se nos predica con palabras tan hermosas que Dios nos ha dado a su Hijo, manifestamos una indolencia que no tiene igual. ¿Quién hace que esta dádiva tan grande se estime tan poco, que no se la grabe en el corazón, y que no se den a Dios las gracias por ella? Es el maligno, el diablo, que tomó posesión de nuestro corazón y que hace que seamos tan duros y tan fríos. Por esto dije que cada mañana tendríamos que levantarnos de la cama con estas palabras y agradecer a Dios por ellas. "De tal manera amó Dios al mundo, que ha dado a su Hijo"; ahí tenemos las tres partes, el dador, su amor y su dádiva, a saber, Jesucristo. Con esto está dado todo.

4. *La única condición unida a la dádiva es que la aceptemos.*

Pero hay algo más que debemos tomar en cuenta: Dios conceptúa su dádiva no como una paga o una recompensa a que tengamos un derecho, sino realmente como un don. No nos fue prestada, ni hay que pagarla, tampoco se habla de un trueque. Lo único que hay que hacer es extender la mano. (¡Oh Señor, ten piedad de nosotros que somos tan duros para creerlo!) Dios quiere darte su don no sólo para palparlo tímidamente, sino que te lo quiere dar de veras, no como un premio, sino como propiedad tuya. No tienes más que aceptarlo. Pero adivina: ¿Cómo se llama la gente de quienes se dice: "A nadie se le regala nada contra su voluntad"? Supongamos que un príncipe generoso hiciera a un pobre que no tiene dónde caerse muerto la oferta de regalarle un palacio que le reportaría un beneficio anual de 1.000 florines, y este pobre le contestara: No lo quiero. Seguramente, todo el mundo gritaría: "¡Jamás se ha visto un idiota como éste! ¡Qué animal!" Sí, así diría el mundo. Pero aquí se da no sólo un palacio; aquí Dios da a su Hijo, gratuitamente; porque él mismo nos invita: ¡extiende tu mano, tómalo! El papel nuestro es, según la voluntad de Dios, el de recibidores nada más. Y esto no lo queremos. ¡Ahora calcula tú qué pecado más grave es la incredulidad! Resistirse al Señor que nos quiere dar a su Hijo ¡esto ya no es cosa de seres humanos! Pero en esa incapacidad de alegrarse por el don de Dios podéis ver que el mundo entero

[5] Jn. 3:18.

perdió el juicio y está posesionado por el diablo. No quieren conformarse con ser simples recibidores. Ah, si fuera un florín lo que se nos ofrece, esto sí despertaría alegría general, pero el Hijo de Dios ¡éste no! Tan completamente se halla el mundo en poder del diablo. Ésta es la cuarta parte: lo que Dios nos ofrece, ha de considerarse lisa y llanamente una dádiva: no se nos pide que la consigamos mediante ciertos servicios, ni que la paguemos.

5. *El destinatario y receptor de la dádiva de Dios es el mundo pecador.*

En nuestro cuadro figura también el recibidor: el mundo. Recibidor abominable, me parece, indeciblemente abominable. ¿Con qué lo ha merecido? ¿Acaso el mundo no es la novia de Satanás y el enemigo de Dios y su más grande blasfemador? El mayor enemigo de nuestro Dios es el diablo; pero el segundo somos nosotros, que sin Cristo somos hijos del diablo. Pues bien: así como has tomado conciencia de lo que es Dios, y el Hijo de Dios, y de cómo este Hijo es la dádiva de Dios, graba ahora también en tu corazón la imagen fiel de lo que es el mundo. El mundo no es otra cosa que una masa de hombres que no creen en Dios, que le tienen por mentiroso, que blasfeman de su santo nombre, que desprecian su palabra, que desobedecen al padre y a la madre, que cometen adulterio, que calumnian y hurtan y practican toda suerte de otras maldades. Salta a la vista que en el mundo imperan la infidelidad, la blasfemia y cuanto vicio más pueda enumerarse. Y a esta amada novia e hija, que es enemiga de Dios, él le da a su Hijo. He aquí otro factor que da realce a la dádiva: que nuestro Dios y Señor no se aparta asqueado de este mundo ruin, sino que traga de un solo sorbo todas las iniquidades de los hombres: las blasfemias que profieren contra su nombre, y la transgresión de todos sus mandamientos. A pesar de toda su grandeza como dador, Dios realmente debiera sentir una profunda repugnancia ante el mundo y su maldad, puesto que los pecados del mundo no tienen número. Y sin embargo, Dios vence la maldad y borra los pecados contra la primera y la segunda tabla de la ley[6] y ya no quiere saber más nada de ellos. ¿No se habría de tener amor y confianza hacia Aquel que quita los pecados y ama al mundo con todas sus transgresiones? ¡Y cuán innumerables son éstas! No hay hombre que pueda contar sus propios pecados[7]; ¿quién podría contar los

[6] "Primera tabla de la ley", los primeros 3 Mandamientos del Decálogo; "Segunda tabla", los 7 Mandamientos restantes. Resumen de lo exigido en la 1ª tabla: Amar a Dios; en la 2ª tabla: Amar al prójimo.

[7] Comp. Sal. 19:12.

del mundo entero? Y no obstante, el Evangelio nos dice que Dios ha dado a su Hijo "al mundo". No puede entonces caber la menor duda: si Dios ama al mundo que blasfema de él, la remisión de los pecados tiene que ser una realidad incontrovertible. Si Dios puede dar al mundo, que es su enemigo, una dádiva tan grande, más aún: si él mismo se entrega al mundo, ¿cómo puede él odiar al mundo? ¿Qué corazón no habría de llenarse de regocijo ante el hecho de que Dios mismo interviene en la miseria humana y da a su amado Hijo a los hombres malhechores? ¡Qué malhechor fui, por ejemplo, yo mismo, que durante 15 años leí misa y crucifiqué a Cristo y practiqué todas las idolatrías propias de la vida monástica! Y a pesar de haberle ofendido tanto, me condujo al conocimiento de su Hijo y de sí mismo; tal es su amor hacia mí, su creatura pecaminosa, que ya no se acuerda de todo el mal que le hice. ¡Oh Señor Dios, qué hombre ha de ser aquel que en vista de todo esto aún persiste en su ingratitud! Gozo, indecible gozo debiera llenarnos, y gustosamente debiéramos no sólo servirle, sino también sufrirlo todo, y reírnos cuando tuviéramos que morir por causa de él, nuestro amoroso Padre que nos ha dado un tesoro tal. ¿No habría yo de sufrir gustosamente incluso la muerte en la hoguera como fiel testigo de mi Señor, si esta fe me anima? Si esto no sucede, si este gozo no se produce, démosle las gracias por ello a nuestra incredulidad que nos frena. Así, pues, hemos visto lo grande que es todo esto: el dador, su amor, su dádiva, el recibirla, y también la persona receptora.

6. *La finalidad de la dádiva de Dios es la salvación de la muerte, y la vida eterna.*

Sigue ahora el propósito último del dador divino. ¿Qué es su intención al darnos su dádiva? No me la da para que yo coma o beba de ella, sino para que tenga de ella el mayor de los provechos. No la quiere dar como una simple dote, así como tampoco nos da el bautismo y la santa cena como partes de una dote. Antes bien, la finalidad es que "todo aquel que en él cree, no perezca, mas tenga vida eterna". No se trata de que él me dé un reino o el mundo entero; lo que quiere darme es que yo esté libre del infierno y de la muerte, libre del peligro de perderme para siempre. Ésta es la misión que el Hijo ha de cumplir: el diablo tiene que ser devorado, el infierno extinguido, y yo sacado de la interminable miseria. Tal ha de ser el efecto de la dádiva: debe echar llave a las puertas del infierno, y convertir un corazón débil en un corazón fuerte y confiado; y no sólo esto, sino que debe crear vida, y vida perdurable. ¡Esto sí que se llama una dádiva! Quien quiera que su corazón rebose de alegría —aquí hallará motivo más que suficiente para ello—; pues en estas palabras del Evangelio se nos promete una vida eterna donde ya no se verá la muerte, donde habrá plenitud de gozo[8] y donde experimentaremos la más amplia certeza de tener un Dios lleno de misericordia y gracia. Por esta razón, lo que aquí se nos dice son palabras en cuyas profundidades nadie logra penetrar completamente. Día a día se las debe pronunciar en oración y con el ruego de que el Espíritu Santo nos las inscriba en el corazón con letras indelebles. Y este mismo Espíritu haga entonces de nosotros un buen teólogo, uno que sepa hablar de Cristo, discernir toda doctrina y sufrir con paciencia todo lo que Dios le imponga. Pero si dejamos pasar de largo estas palabras con un bostezo, tampoco podrán tener efecto duradero, y el corazón queda tal como estaba antes. Este estado de cosas siempre de nuevo da lugar a tristes reflexiones; aquellos empero que tan despreocupadamente dejaron que estas palabras se perdieran a lo lejos, lo lamentarán en el infierno.

7. *La fe es la mano que se apropia la dádiva de la vida eterna.*

¿Cuál es ahora la manera como me puedo apropiar esta dádiva? ¿Cuál la bolsa, el arca en que se puede depositar este tesoro? Es la fe, a saber, la fe con que se cree[9]; ésta hace que abramos las manos y la bolsa. Pues así como Dios es el dador por medio del amor, nosotros somos los receptores por medio de la fe. No tienes que merecértelo mediante una vida monástica. Tus propias obras nada tienen que ver en este asunto. Lo único que debe importarte es que te lo dejes dar; en otras palabras: que mantengas la boca abierta. Yo no tengo que hacer nada: simplemente, quedar quieto, y esperar a que me pongan la comida en la boca, por así decirlo. De esta manera el don es dado por amor y recibido por fe. Si crees esto: "De tal manera amó Dios al mundo, que ha dado a su Hijo unigénito, para que todo aquel que en él cree, no se pierda, mas tenga vida eterna", entonces con toda seguridad eres salvo y bienaventurado; porque el don es demasiado grande como para que pueda dudarse de su capacidad de tragar la muerte. Como si echaras una gotita de agua en las llamas de un horno, así es el pecado de todo el mundo comparado con esta dádiva. Ni

[8] Comp. Ap. 21:4; Sal. 16:11.

[9] Los teólogos distinguen entre *fides quae creditur*, "la fe que es creída", o sea, las verdades divinas expuestas en las Escrituras que son objeto de la fe (el 'Credo'), y *fides qua creditur*, "la fe con que se cree", o sea, el conocimiento, asentimiento y confianza que el Espíritu Santo produce en el corazón del hombre mediante la palabra divina (la 'fe personal').

bien el pecado entra en contacto con Cristo, ya queda también extinguido, como se extingue una chispita en una brizna de paja al caer ésta en el mar. Mas esto sucede sólo cuando uno se apropia este tesoro mediante la fe y pone en Cristo toda su confianza. Esto es lo que nos quiere decir el texto: "De tal manera amó Dios al mundo". ¡Palabras áureas, palabras de vida, quiera Dios que podamos captarlas! Pues al que piensa en estas palabras, ningún diablo le puede asustar; tiene que tener el corazón lleno de alegría y decir: "Tengo a tu Hijo, y como testigo me has dado además el evangelio, es decir, tu propia palabra. Ya no hay engaño posible. Lo creo, Señor, y sé que más no tengo que hacer. O si dudo, concédeme tu gracia para que lo crea." Así pues aprenda cada cual a creer con más y más firmeza; porque el creer es indispensable para recibir. Y de esta manera el hombre llega a ser alegre y feliz, de modo que con gusto lo hará todo y lo padecerá todo, porque sabe que tiene un Dios que le es propicio.

8. *Esta dádiva está destinada a cada hombre en particular.*

"Muy bien", me dirás; "esto lo podría comprender si yo fuese Pedro o Pablo o María. Aquéllas fueron personas santas; a ellos sí creo que les fue dado ese don. Pero ¿cómo puedo saber que me fue dado también a mí? Yo soy un pecador; yo no merezco tal cosa." ¿Por qué no te fijas en las palabras que dicen a quién Dios ha dado a su Hijo? ¡Al mundo! Pero el mundo no es Pedro y Pablo, sino todo cuanto tiene naturaleza humana. Y bien, ¿crees tú que eres un ser humano? ¡Tómate por la nariz, a ver si no eres hombre como cualquier otro! ¿En qué estamos, pues? ¿No dice el texto que el Hijo ha sido dado al mundo? Por consiguiente, todos los que son personas humanas, deben apropiarse el don que Dios ofrece. Pensar que tú y yo quedamos excluidos, es anular toda la dádiva; porque *a ti* es a quien importa, *tú* eres un ser humano y por ende una parte del mundo. Dios ha dado a su Hijo no al diablo, o a los perros, etcétera, sino a los hombres. Por eso no hay que poner en dudas la veracidad de Dios diciendo: "¿Quién sabe si me lo ha dado a mí?" Esto significa hacer de nuestro Señor y Dios un mentiroso. ¡Hazte cruces para que tales pensamientos no te engañen ni se aniden en tu pecho! Di más bien: "¡Qué me importa que yo no sea Pedro ni Pablo! Si Dios hubiese querido dar su dádiva a quienes son dignos de ella, se la habría dado a los ángeles, o al sol, o a la luna. Éstos habrían sido limpios y puros. Pero ¿qué era David? Un pecador, lo mismo que también los apóstoles." Por eso, nadie debe ceder al argumento: "Yo soy pecador; por lo tanto no soy digno de la dádiva de Dios, como lo es un Pedro". Al contrario, así es como debes pensar: "Sea yo lo que fuere, de ningún modo debo hacer de Dios un mentiroso. Yo pertenezco al 'mundo' que él amó. Y si no me apropiara la dádiva de Dios al mundo, añadiría a todos los demás pecados aun éste de culpar a Dios de mentiroso." Me objetarás: "¿Cómo puedo pretender que Dios esté pensando sólo en mí?" No; Dios está pensando en todos los hombres en general; por esto mismo no puedo sino tener la plena certeza de que no excluye a ninguno. Pero si alguien se considera excluido, él mismo tendrá que dar cuenta de ello. Yo no quiero juzgarlos, pero su propia boca los juzgará por no haberlo aceptado.

Y aquí pongámosle punto final a la exposición de estas palabras. Son un mensaje hermosísimo que jamás se podrá terminar de aprender. Es el texto básico que nos describe a Cristo, y que nos dice qué posee el cristiano, qué es el mundo, y qué es Dios. Invoquemos al Señor para que lo podamos creer firmemente, tomarlo como consuelo en sufrimientos y muerte, y por fin llegar a la bienaventuranza eterna. Él nos lo conceda por su gracia. Amén.

TRINIDAD

Nos es necesario nacer de nuevo
Juan 3:1-16

La fe en el Dios Trino
El Credo Apostólico

NOS ES NECESARIO NACER DE NUEVO

Sermón para el Domingo de la Santísima Trinidad.
Fecha: 11 de junio de 1536.

Texto: Juan 3:1-16. Había un hombre de los fariseos que se llamaba Nicodemo, un principal entre los judíos. Éste vino a Jesús de noche, y le dijo: Rabí, sabemos que has venido de Dios como maestro; porque nadie puede hacer estas señales que tú haces, si no está Dios con él. Respondió Jesús y le dijo: De cierto, de cierto te digo, que el que no naciere de nuevo, no puede ver el reino de Dios. Nicodemo le dijo: ¿Cómo puede un hombre nacer siendo viejo? ¿Puede acaso entrar por segunda vez en el vientre de su madre, y nacer? Respondió Jesús: De cierto, de cierto te digo, que el que no naciere de agua y del Espíritu, no puede entrar en el reino de Dios. Lo que es nacido de la carne, carne es; y lo que es nacido del Espíritu, espíritu es. No te maravilles de que te dije: Os es necesario nacer de nuevo. El viento sopla de donde quiere, y oyes su sonido; mas ni sabes de dónde viene, ni a dónde va; así es todo aquel que es nacido del Espíritu. Respondió Nicodemo y le dijo: ¿Cómo puede hacerse esto? Respondió Jesús y le dijo: ¿Eres tú maestro de Israel, y no sabes esto? De cierto, de cierto te digo, que lo que sabemos hablamos, y lo que hemos visto, testificamos; y no recibís nuestro testimonio. Si os he dicho cosas terrenales, y no creéis, ¿cómo creeréis si os dijere las celestiales? Nadie subió al cielo, sino el que descendió del cielo; el Hijo del Hombre, que está en el cielo. Y como Moisés levantó la serpiente en el desierto, así es necesario que el Hijo del Hombre sea levantado, para que todo aquel que en él cree, no se pierda, mas tenga vida eterna. Porque de tal manera amó Dios al mundo, que ha dado a su Hijo unigénito, para que todo aquel que en él cree, no se pierda, mas tenga vida eterna.

Cómo alcanzar la salvación, la pregunta capital de la humanidad

Hoy todavía no se os ha explicado el Evangelio[1]. Escribe el evangelista San Juan que cierto fariseo de nombre Nicodemo vino al Señor de noche y sostuvo con él una conversación, y Cristo por su parte le predicó un sermón con que aquel hombre piadoso realmente no sabía qué hacer: cuanto más oye, menos entiende.

Sobre esta historia se predica cada año. Pero como hoy nuevamente le toca el turno, hablaremos una vez más acerca de ella. Desde que el mundo existe, los sabios que hay en él se preguntan: "¿De qué manera se puede alcanzar la justicia y la bienaventuranza?" Esta cuestión se discutió desde que hay hombres en la tierra, y se seguirá discutiendo hasta que el mundo llegue a su fin. Aun en nuestros días actuales podéis ver con cuánto ardor debatimos este asunto. Todos creen estar en condiciones de emitir un juicio; pero con su juicio revelan también su ignorancia. Esta misma cuestión, como nos informa el Evangelio para el día de hoy, Cristo la trató con un hombre que, hablando en términos de la ley judía, era una persona correctísima y muy instruida. El hombre aquel quiere discutir acerca de qué debemos hacer y cómo debemos vivir para ser salvos, y espera que Cristo le dé una respuesta. "Porque tú", le dice, "eres un maestro venido de Dios; pues las señales que tú haces sobrepasan la capacidad de cualquier ser humano. Nosotros los fariseos enseñamos, en el campo de lo espiritual, la ley de Moisés. ¿Opinas tú que hay algo mejor que se pueda recomendar a la gente?" Surge así en la discusión entre ambos la pregunta acerca de las obras, o sea, la vida perfecta — la pregunta que inquieta a los hombres de todas las generaciones.

1. *El que intenta llegar a la salvación por el camino de las obras, no la alcanzará.*

Ya los antiguos romanos reflexionaron con mucha seriedad acerca de cuál era el camino recto a seguir, acerca de cómo p.ej., se debía manejar correctamente el hogar y la familia. Su interés se dirigía ante todo a la determinación exacta de lo que exige la "justicia". Pero con esto se metieron en un problema que no tiene solución, como lo tuvieron que admitir ellos mis-

[1] "El Evangelio" = Jn. 3:1-15(16), perícope para el Domingo de la Santísima Trinidad. Esta observación de Lutero hace suponer que el presente sermón fue predicado el domingo a la tarde, y que en el culto matutino se trató un texto que no fue el propio del día.

mos: "Exceso de justicia, exceso de injusticia"[2]. ¿Por qué motivo? Porque la "justicia" en el sentido estricto de la palabra está fuera de nuestro alcance. Por eso hay que buscar el camino del medio y adaptarse a las circunstancias. En este sentido suele decirse también: "Acertó como los tiradores cuando dan en el blanco", quiere decir, no gracias a su puntería, sino gracias a un impacto fortuito. Pues buen tirador, y hasta eventual ganador, es también aquel cuyo tiro, sin dar directamente en el blanco, es el que llegó más cerca. Así lo reconocen hasta los juristas. Tienen que darse por satisfechos si con su gobierno y su administración de la cosa pública logran que nadie inflija al otro injusticias demasiado groseras, aun cuando resulte imposible acertar, y aplicar rígidamente, la justicia en su forma pura. Pero cuando llega al poder uno de esos ilusos desubicados[3], sólo causa alboroto, disturbios y disensiones. Así, toda autoridad secular tiene que atenerse a lo que es factible. No obstante, la razón quisiera arribar a la salvación o a un orden político perfecto por vía de la justicia. Pero tal cosa es imposible. ¿Qué hacer entonces? Casi se diría que pasa como con aquel que quería cruzar una alta montaña, y al no poder hacerlo, exclamó: "Pues bien, me quedaré aquí". Sin embargo, Cristo nos dice: "Si vuestra justicia no fuere mayor que la de los escribas y fariseos, no entraréis en el reino de los cielos" (Mateo 5:20). Allí, en el sermón del monte, el Señor explica qué es el verdadero cumplimiento de la ley, y qué significa dar en el blanco: No airarse, ni aun en lo recóndito del corazón; no codiciar ni en pensamientos la mujer o los bienes de nuestro prójimo. Allí se nos coloca ante los ojos la justicia en su forma más perfecta. Y a pesar de todo, los hombres creen poder alcanzarla mediante el cumplimiento de la ley. "No queremos ni pretendemos", dicen, "dar tan exactamente en el blanco"; si lo alcanzan con cierta aproximación, se tienen por excusados. Nosotros empero nos atenemos a lo que nos enseña Cristo: "Nadie puede ver el reino de Dios a menos que haya dado en el blanco". Y en el Apocalipsis leemos: "En este tabernáculo no entrará ningún inmundo"[4]. ¿Qué hemos de hacer, pues? ¿Exclamaremos también nosotros: "Tendremos que quedarnos aquí abajo, no podemos cruzar la montaña"?

Tampoco Nicodemo sabe otra cosa que esto: "Yo soy una persona correcta, vivo piadosamente conforme a la ley, y transito por la senda que conduce al cielo". Y ahora quiere que este Maestro le exprese su aprobación o desaprobación — aunque no

[2] *"Summum jus, summa injuria"*, adagio latino de Derecho, citado por Cicerón (De officiis I, 10, 36).

[3] Uno que presume de poder implantar un orden y una justicia perfectos.

[4] Ap. 21:27, con cierta referencia a 21:3.

quisiera pensar en esto último, sino que espera más bien que el Señor le responda: "Sí, Nicodemo: eres perfecto, más aún: ya eres bienaventurado, y los demás también entrarían en el reino de los cielos si hicieran como tú." Pero ocurre justamente lo contrario: Cristo le echa a palos del reino de los cielos: "Por cierto, eres un buen hombre. Pero si no naces de nuevo, tu justicia no te servirá de nada." El "nacer de nuevo": ésta es la justicia en la cual insistimos tanto en nuestra predicación. O sea: Cristo no tiene la intención de rechazar la ley; antes bien, quiere que sea cumplida. "Pero", dice, "la forma como vosotros la cumplís, no tiene validez; cumplís la ley sólo en vuestra imaginación, pero no en realidad. Los 10 Mandamientos son intachables, y quiero que se los cumpla. Quien quisiere entrar en el cielo, *tiene* que cumplirlos. Pero con vuestro concepto del 'derecho' y con vuestra justicia no los estáis cumpliendo." No tenemos otra justicia mejor que la que resultaría de mi cumplimiento de todo lo que se manda en las dos tablas de la ley de Moisés. Entonces seríamos "justos" — pero justos sólo conforme a la justicia de los fariseos, no conforme a la justicia exigida por la ley.

2. *Sólo la regeneración nos da parte en la salvación eterna.*

Se nos dice, pues: "Te es necesario nacer por segunda vez." A Nicodemo, esto le resulta chocante. Él piensa en otras leyes, más allá del marco de las leyes mosaicas, como las hallamos en el papado y en el judaísmo farisaico; espera que Cristo establezca artículos nuevos, leyes nuevas, todo un código nuevo. Pero nada de esto: Cristo no dice una palabra en cuanto a nuevas leyes y estatutos. "Pues lo que tenéis en materia de leyes, ya es más de lo que podéis cumplir. Yo en cambio os predico así: Vosotros, vosotros mismos tenéis que llegar a ser otra gente. Yo no hablo de hacer o no hacer, sino de *llegar a ser*. Tú tienes que llegar a ser otro hombre, tienes que nacer de nuevo. Esto será entonces la justicia que da en el blanco, la justicia sin mancha ni arruga [5], la justicia que conseguirá entrar en el cielo." Al oír hablar a Jesús de esta manera, a Nicodemo le vienen ciertas dudas. Esto son palabras nuevas para él. "¿Entrar yo por segunda vez en el vientre de mi madre? ¡Tonterías!" Pero a estas tonterías, Cristo añade otras peores: "No te digo que tengas que nacer de nuevo de padre y madre humanos, sino de agua y del Espíritu Santo." Ahora, Nicodemo queda confundido del todo: "¿Qué hombre y mujer son éstos: agua y Espíritu?" Y como si aún no fuera suficiente, Cristo pregunta: "¿Eres tú maestro de Israel, y no sabes esto?", lo que suena a

[5] Comp. Ef. 5:27.

burla manifiesta. Y sin embargo, Cristo *tiene* que hablar así, porque el tema es para Nicodemo completamente nuevo. Para aclarárselo, Cristo recurre a una ilustración, como queriendo decir a Nicodemo: "¿Quieres que te lo dé pintado para que lo entiendas? Te digo empero: si no lo puedes captar con la razón, cáptalo con la fe. Pues si no crees si te he dicho cosas terrenales, ¿cómo creerás si te dijere las cosas celestiales? Nosotros hablamos lo que sabemos, y lo que sabemos es la verdad; y vosotros no creéis. ¡Y bien: si alguno no quiere creer, lárguese!"

La predicación nuestra [6], iniciada en aquel entonces por Cristo, estriba exclusivamente en la fe. Sólo con la fe puedes comprender lo de la "regeneración por el agua y el Espíritu Santo". El Espíritu es el varón, el agua es la mujer. Lo que esto implica, no lo puedes medir con tu razón. De ahí que el tema *nuestro* que predicamos, sea el artículo de las buenas obras y la fe. Y ya los papistas aprendieron algo de nosotros al decir que con la fe y la gracia comienza la vida verdaderamente cristiana. Antes sólo se hablaba de la misa privada [7] y la invocación de los santos; ahora en cambio dicen que la fe, en efecto, salva, pero no la fe sola, sino la fe en cooperación con nuestras obras; esa cooperación, sostienen, es imprescindible. Y a nosotros nos critican duramente afirmando que prohibimos las obras e inducimos a los hombres a la desidia. Todavía les falta bastante para ser tan piadosos y estar tan cerca de la verdad como Nicodemo. Nosotros nunca hemos prohibido las buenas obras; más aún: si decimos algo respecto de buenas obras, nuestra propia gente monta en cólera, lo cual es una clara señal de que realmente predicamos sobre este tema. Y a pesar de ello, los papistas siguen blasfemando de nosotros. Ellos enseñan: "Las buenas obras tienen que venir en ayuda de la fe" — vanas palabras que demuestran que esos maestros no tienen noción de lo que es fe, buenas obras, nacer del Espíritu, nacer de Dios. Es por lo tanto muy necesario que estudiemos con cuidado nuestro texto presente (Juan 3:5) y otros similares. Aquí se habla de "nacer de nuevo", no de "hacer algo nuevo". Primero debes plantar el árbol, luego tendrás también frutos. Según sea bueno o malo el árbol, serán buenos o malos también los frutos [8]. Lo mismo ocurre aquí. Nosotros lo llamamos un nuevo nacimiento, es de-

[6] La predicación de la iglesia de la Reforma con su pensamiento central: "Sola fide", Ro. 3:28.

[7] Misa privada: aquella que se celebra por el sacerdote sin canto y sin ceremonias solemnes, con un solo ministro, siendo igual que asistan a ella muchas o pocas personas, o que reciban o no la comunión sacramental (Dicc. Enciclop. Hispano-Americano, Montaner y Simón, Barcelona). Como celebración sin presencia de feligreses, Lutero la titula *"Winkelmesse"*, literalmente "misa celebrada en un rincón".

[8] Mat. 7:17, 18; comp. lo que Lutero escribe en *"La libertad del cristiano"*, Obras de Lutero, Ed. Paidós, Bs. As., tomo I, pág. 161, párr. 23.

cir, una nueva manera de ser, una nueva persona, no solamente un nuevo vestido o nuevas obras. Cuando yo era monje, mi vestimenta era distinta, y lo eran también mis obras; las siete horas para las oraciones, la misa, el crisma, el celibato — todas éstas eran otras obras, muy disímiles de mis obras anteriores. Pero el simple cambio de las obras no es lo que vale; que cambie la persona, que cambien los pensamientos y el ánimo: éste es el nuevo nacimiento. Por lo tanto no se pueden yuxtaponer las obras a la fe. ¿Con qué contribuye un niño a que sea engendrado y dado a luz? Esto es obra de los padres; el niño no *hace* nada para que sus piernitas y todos sus miembros crezcan; no es parte activa en este proceso de crecimiento sino parte meramente pasiva. ¿Cuál fue, en este sentido, el aporte nuestro? ¿Dónde están las obras cooperantes? ¡Quisiera saber entonces a qué viene esa insistencia en que deben agregarse también obras, y tan luego obras propias nuestras!

Es verdad: la madre lleva a la criatura en sus entrañas y le prodiga el calor materno; sin embargo, no es obra de ella que esta criatura se origine. De igual manera, los que predicamos y bautizamos somos nosotros; y sin embargo, la palabra y el bautismo no son nuestros; sólo ponemos a disposición nuestra boca y nuestras manos. En realidad, el bautismo y la palabra son de Dios, y no obstante, nosotros somos llamados colaboradores de Dios (I Corintios 3:9). Es, por cierto, una colaboración bastante modesta la nuestra; no que aportemos la obra o la palabra; lo único que aporto al predicar y bautizar es la voz, los dedos, la boca. Así, en el engendramiento de una criatura, el padre y la madre sólo aportan su carne y sangre como factores suyos; la criatura en cambio no aporta absolutamente nada, sino que 'se deja crear' por Dios todos los miembros, y la madre la lleva en su seno. ¿Hay alguna razón, entonces, para que yo le quite el honor a Dios y diga que yo mismo me engendré, y que mi propio actuar contribuyó a que yo naciera? ¿No significaría esto agraviar a Dios? ¿Acaso no somos llamados hijos suyos, obra de sus manos[9]? Si es verdad que las obras colaboran en la regeneración, me veo obligado también a decir que yo colaboré con Dios — y esto es una blasfemia contra Dios. Mas si es verdad que yo soy nacido de nuevo, como dice Cristo, no tengo que colaborar con nada, sino que tengo que permanecer quieto y pasivo para que aquel que es mi Padre y Creador me haga nacer de nuevo como hijo suyo. En este sentido declara el apóstol Pablo que "nosotros somos una nueva creación, creados en Cristo para buenas obras"[10]. Como se ve, Pablo no olvida las buenas obras. Pero las menciona no porque hayan aportado algo, no

[9] Comp. p. ej. 1 Jn. 3:1.
[10] Gá. 6:15 y Ef. 2:10.

porque sean ellas las que producen la nueva creación, sino "para que anduviésemos en ellas". Si es cierto que mis propias obras contribuyen a que yo sea una nueva creación, bien puedo gloriarme de ser mi propio Dios; porque el crear es obra de Dios exclusivamente. Si colaboro, entonces Dios no es mi único Dios, sino que yo también lo soy. En cambio, si él es el único, no lo puedo ser yo también, como se afirma muy claramente en el Salmo: "Él nos hizo, y no nosotros a nosotros mismos; pueblo suyo somos, y ovejas de su prado" [11]. Y no obstante, cierta gente incurre en la tremenda tontería de sostener que la fe engendra hombres nuevos, pero con ayuda de las obras. Pero carece de toda lógica decir que yo me creo a mí mismo y soy Dios junto con Dios, de modo que él me tiene a su lado como un Dios adjunto. Así como yo no me formé a mí mismo en el cuerpo de mi madre, sino que fue Dios quien me formó valiéndose de los miembros y del calor de mi madre, así tampoco en la regeneración somos creados mediante nuestras propias fuerzas y obras, sino únicamente por las manos y el Espíritu de Dios. En consecuencia, es ilícito añadir *obras* a la fe; de lo contrario, no es Dios solo el que me crea, sino que yo soy, simultáneamente con él, mi propio creador. ¡Al fuego del infierno con un creador que se crea a sí mismo! La Escritura me llama una nueva creación de Dios, y no obstante, ¿yo me habría de atribuir la nueva creación a mí mismo? De ese modo, yo sería creación y creador, obra y obrador en una misma persona. A todas luces, éstos son pensamientos diabólicos y enseñanzas de hombres enceguecidos. Debemos atenernos, por ende, estrictamente a lo que aquí nos enseña el evangelista San Juan. También Pablo nos llama "nuevas criaturas" [12]. De la misma manera, pues, como no hago ningún aporte a mi nacimiento corporal y engendramiento, sino que soy parte meramente pasiva y 'me hago' engendrar y crear, de esta misma manera tampoco las obras hacen aporte alguno a que el hombre sea regenerado. De no ser así, Dios ya no será el solo Dios, sino que nosotros seremos Dios junto con él, y seremos nuestros propios progenitores. Mas cuando la criatura ya está engendrada, y cuando el niñito ya está formado en el seno materno con todos sus miembros, la madre dice: "Siento que el niñito hace las obras que en su estado puede hacer." Pero sólo lo ya creado da estas señales de su existencia, y sólo cuando ha sido dado a luz mueve sus miembros, y si queda con vida, aprende a caminar y a cantar. Mas si no hubiera sido creado previamente, ahora no se movería.

[11] Sal. 100:2; 95:7.
[12] 2 Co. 5:17; Gá. 6:15.

3. *El regenerado se manifiesta como creyente mediante la ejecución de buenas obras.*

Nuestra prédica en cuanto a la nueva creación es, pues, que una vez que hemos sido regenerados, debemos andar en buenas obras. En este sentido hacemos algo: predicamos; aquellos empero que son convertidos, no hacen nada para llegar a serlo, ya que somos creación y obra de Dios, "creados para que anduviésemos en buenas obras" (Efesios 2:10). Estas palabras nos hablan con entera claridad. La similitud con una criatura humana es evidente. La criatura debe separarse del cuerpo materno; antes de estar completamente formada, no contribuye con nada a este hecho. ¿Por qué empero Dios la proveyó de miembros? Para moverse; una vez nacida, debe caminar, pararse, comer, beber, trabajar, mandar, porque para esto nació. Si no hiciera nada, sería un tronco o una piedra. Pero *debe* hacer algo, para esto fue creada. A esto se refiere Cristo al decir al fariseo Nicodemo: "Todos vosotros queréis ser vuestros propios creadores. Tenéis la ley de Moisés, y os esforzáis por cumplirla. Pero no lo lograréis, puesto que aún no habéis nacido. Todavía no sois lo que debéis ser, porque todavía no habéis sido recreados ni habéis nacido de nuevo; no tenéis el Espíritu Santo. Por consiguiente, todas vuestras obras son obras del viejo hombre. Podéis p.ej. construir una casa o fabricar un zapato; pero tales obras no tienen nada que ver con el cielo. No son obras que confieren justicia a quien las hace. También los gentiles son capaces de hacerlas. Además traéis ofrendas, circuncidáis a vuestros hijos, usáis las vestiduras sagradas — también esto está al alcance de cualquier pagano. Por eso digo que son obras del hombre viejo, nacido una sola vez, a saber, del seno de su madre. Mas si queréis hacer obras que sean de valor ante Dios y traigan provecho al prójimo, tenéis que nacer de nuevo. Vosotros en cambio creéis que con tal de hacer obras que son buenas en su aspecto exterior, ya tenéis asegurada la entrada al cielo, aun cuando el corazón no se halle en el estado debido. Pero ¡no hagáis las cosas al revés, no empecéis por las obras!"

También los papistas son de la opinión de que pueden merecerse el cielo con sus obras que acompañan a la gracia. Es un error. Las buenas obras no nos pueden ayudar en ninguna forma, ni como obras que preceden a la gracia, ni como obras que le corren paralelas, ni tampoco como obras que siguen a la gracia, sino que todo tiene que provenir del Espíritu y del agua. "En lugar de padre y madre os daré agua y Espíritu Santo", reza la predicación de Cristo. Donde esto es así, puedo decir: "Mis propias obras no me crearán, ni me engendrarán como nueva creación, ni tampoco podrán hacerlo, puesto que ya he sido creado y engendrado del agua y del Espíritu." También resulta ahora fácil probar y juzgar los espíritus fanáticos [13]. Pues lo que ha nacido, lo que ya *ha sido hecho* y creado, no tiene necesidad de *ser hecho* y creado. ¿Cómo pueden decir entonces que las obras subsecuentes a la gracia me engendran y crean? Hacer buenas obras es necesario; correcto — pero no para llegar a ser por medio de ellas una nueva creación. Por lo tanto hay que diferenciar entre fe y obras; así nos lo enseña aquí el Señor. Las obras hechas antes de que exista la fe, son condenadas como pecado [14]. En cambio, las obras hechas por el que ya tiene fe, son obras preciosas y buenas. Sin embargo, tampoco éstas sirven para convertirnos en hombres justos, sino para alabar y glorificar a nuestro Padre que está en los cielos (Mateo 5:16) y para causar alegría a los ángeles. Pues quien por medio de buenas obras y una predicación fructífera honra al Padre, recibirá también de él la recompensa correspondiente. Si no andas en buenas obras, tampoco has nacido aún para ellas (Efesios 2:10). Donde se enseña y se vive de esta manera, allí la verdad enseñada aquí por Cristo permanece en vigencia en toda su pureza. Cristo dice que hay que *nacer*, Pablo subraya que tenemos que *ser creados* por Dios. Hablando en términos de la comparación con una criatura: la criatura no se engendra ni se hace nacer a sí misma, sino que después de haber sido creada, a su vez puede hacer obras. Análogamente, el árbol frutal, después de plantado, da frutos. No se dice: "Si no hubiera peras en el árbol, éste no sería árbol", sino a la inversa. Para esto crece el peral, para que dé peras, para gloria y honor de Dios el Creador, y para que nosotros las comamos. Así, la obra de Dios es la que precede, y la obra nuestra es la que sigue. Igualmente: si no hubiera herrero, no habría hacha; pues para que el hacha corte, previamente tiene que haber sido fabricada. Sólo un perfecto idiota podría decir: "Hacedme un hacha que colabore en su fabricación, de suerte que mediante su propio astillar y cortar se convierta en hacha". Primero hay que fabricar el hacha, y sólo entonces se la puede emplear en los trabajos a los cuales se la suele destinar.

Sobre este tema se discute en forma por demás empecinada desde los mismos albores de la humanidad. Y ésta es nuestra enseñanza en la cual insistimos con toda energía, a fin de que conserve el lugar que le corresponde en la iglesia, y para evitar que penetren en la iglesia personas que atribuyen un efecto también a las obras precedentes o concomitantes. Primero

[13] Comp. 1 Jn. 4:1. Los "espíritus fanáticos" son aquí los judíos, que intentan merecerse la gracia con *obras precedentes;* los papistas, que hablan de las *buenas obras concomitantes* (que acompañan a la gracia); y los iluminados, que veían en las *obras subsecuentes* el perfeccionamiento y la prueba visible de la regeneración.

[14] Comp. Ro. 14:23.

debe estar la creación, el nacimiento; luego puede seguir la obra. Nicodemo no puede comprenderlo, porque él vive en la creencia equivocada de que logrará entrar en el cielo gracias a sus obras precedentes. Cristo le opone un NO rotundo: "el que NO naciere de nuevo, NO puede ver el reino de Dios". Todos los que enseñan algo que contraríe este artículo, son maestros falsos. Nosotros empero creámoslo, y démosle gracias a Dios por el hecho de que al fin fue traído a luz y puesto en conocimiento de todos cuál es el verdadero camino a la vida: "Haz que yo sea regenerado sin colaboración de ninguna obra mía, es decir, sólo por la palabra y la fe." Si tal es el caso, soy hijo de Dios, tengo libre acceso a la casa de mi Padre, y todo cuanto hago, es bueno y acepto ante sus ojos. Si mi pie resbala, él me azota [15]. Si soy un árbol bueno, llevo frutos buenos. Si el árbol es invadido por gusanos nocivos, el Padre los extermina. Si soy un buen hacha, sirvo para cortar; si en el hacha se produce una mella, también este mal podrá ser subsanado por el Padre. Por eso vosotros los fariseos estáis muy lejos del blanco con vuestras obras precedentes; porque de éstas resulta no más que una justicia válida ante los ojos del mundo, y para ella rige lo que acabo de decir en cuanto al tirador. La justicia proveniente de la fe sí da en el blanco: apunta al centro mismo, y penetra hasta la vida eterna — no por nuestros propios medios, sino en unión con aquel que es el Mediador, del cual se habla en la parte final del Evangelio (Juan 3:14 y sigs.). Hemos sido creados por él, y somos re-creados por él; por medio de él somos una creación perfecta, a pesar de que todavía no estamos libres de faltas y debilidades.

Esto se llama hablar en forma cristiana acerca de la regeneración, de la cual los papistas, los turcos y los judíos no tienen el menor conocimiento. Estoy seguro, por lo tanto, de que en el Concilio [16] los papistas rechazarán este artículo, ya que la norma de ellos es juzgar la obra de Dios según la entienden ellos mismos. Cristo empero sostiene invariablemente: "El que no naciere de nuevo, no puede ver el reino de Dios". Es preciso, pues, dejar a un lado los pensamientos propios, la sabiduría propia, las opiniones propias, y prestar oídos solamente a la palabra por medio de la cual es creado en ti un corazón nuevo sin colaboración tuya, como el nuevo ser en el

[15] Comp. He. 12:6.

[16] Con fecha del 2 de junio de 1536, el papa había convocado a los representantes de la Iglesia para concurrir a un Concilio en la ciudad de Mantua, con el objeto de restablecer la paz en la cristiandad. Para dicho Concilio, Lutero había compuesto los "*Artículos de Esmalcalda*" (Obras de Lutero, Ed. Paidós, Bs. As., tomo V, pág. 161 y sigs.). Cuando Lutero predicó este sermón (el 11 de junio de 1536), aún no se podía prever que dicho Concilio nunca llegaría a realizarse.

cuerpo de la madre. Este texto soluciona la cuestión que se viene debatiendo en el mundo entero acerca de cómo es posible una vida bienaventurada y feliz. No hay otro medio que la justicia efectuada por la regeneración: ésta da en el blanco.

LA FE EN EL DIOS TRINO

Sermón para el Domingo de la Santísima Trinidad.
Fecha: 4 de junio de 1531.

Texto: El Credo Apostólico: Creo en Dios Padre todopoderoso, Creador del cielo y de la tierra. Y en Jesucristo, su unigénito Hijo, nuestro Señor. Y creo en el Espíritu Santo.

La fiesta de hoy se llama "el Domingo de la Santísima Trinidad". Fueron razones de mucho peso, y una necesidad muy grande, las que impulsaron a la iglesia a disponer que esta fiesta fuese celebrada cada año, a fin de que mediante dicha celebración se reconociera y conservara este artículo de nuestra fe. Pues los cristianos creemos que hay un solo Dios, y este único Dios es Dios Padre, Hijo y Espíritu Santo. Y este artículo es lo básico y principal de nuestra fe, como lo ponemos de manifiesto al orar: "Creo en Dios Padre todopoderoso, Creador del cielo y de la tierra; y en Jesucristo, su Hijo unigénito, nuestro Señor; y en el Espíritu Santo". Si falta uno solo de estos artículos, está perdido todo.

En tiempos antiguos, en los días de Arrio [1], se suscitó a este respecto una violenta controversia. Todos los considerados santos y poderosos, emperadores, reyes y obispos, se dejaron arrastrar por la herejía. Apenas dos obispos [2] se mantu-

[1] Arrio, presbítero de Alejandría (m. en 336) sostuvo que Cristo es un ser que fue creado de la nada y elevado por Dios al rango de Hijo a causa de sus sobresalientes cualidades morales. Arrio y los *arrianos* negaban por lo tanto la divinidad de Cristo. Su doctrina, tras haber causado estragos en la iglesia durante largos años, fue condenada como herética en el Concilio Ecuménico de Nicea, año 325, convocado por Constantino el Grande.

[2] Uno de ellos era Pafnucio, a quien Lutero menciona repetidas veces como modelo del hombre que defiende la verdad aun contra los personajes más poderosos y sabios de esta tierra.

vieron fieles a la doctrina sana, todos los demás adhirieron a la herejía de Arrio. Pues parece tan natural, y concuerda tan bien con lo que nos dice la razón humana, que haya un Dios único y además, es la pura verdad. Pero lo que la razón no puede concebir es cuando tú dices que hay un solo Dios, y luego añades que este único Dios tiene consigo al Hijo y al Espíritu Santo. Esto —objetan— es hacer de un solo Dios, tres dioses. Y se vienen con pasajes bíblicos como Deuteronomio 6 (v. 4): "Oye, Israel: Jehová nuestro Dios, Jehová uno es", y recalcan que en las Escrituras se lee por doquier que los profetas advirtieron al pueblo que no levantaran otros dioses sino que se quedaran con el Dios único. Esto le entra a la razón sin ninguna dificultad. Aquel otro artículo empero del Dios Trino no lo puede admitir. Por eso los turcos[3] y los judíos se obstinan contra nosotros y dicen que no hay en la tierra gente más execrable que los cristianos, que predican que hay un solo Dios, y en realidad adoran tres dioses. Ellos en cambio se jactan de ser el verdadero pueblo de Dios, y dicen que lo que nosotros enseñamos acerca de Dios, es tan disparatado como el sostener que en un mismo hogar pueda haber tres jefes. Así se burlan de nosotros los judíos. Algunos hay, sí, que se convirtieron, y que se dieron la apariencia de que querían hacerse cristianos, pero al fin siguieron en sus creencias anteriores.

Es por esto que la iglesia ha dispuesto que se celebre esta fiesta para que en el día de hoy se trate este artículo, a fin de que permanezca en vigencia entre los cristianos. En caso contrario, si no se lo trata siempre de nuevo, bien pronto podría ocurrir que los falsos profetas nos seduzcan a abrazar la fe de los turcos. Y ya veréis que algún día, esto volverá a suceder. Si el diablo no logra sofocarnos mediante el papa y por la fuerza de las armas, tratará de introducir en nuestras filas predicadores deshonestos y malvados que atacarán este artículo, como ya lo están haciendo algunos. Antes, cuando la palabra del evangelio estaba proscripta, el diablo no obstaculizó mayormente la predicación de este artículo. Pero ahora, al ver cuánto daño le estamos causando, buscará una forma de incomodarnos de nuevo, si bien la doctrina acerca del Dios Trino ya no será lacerada con tanta saña como en tiempos de Arrio, a la inversa de lo que ocurre con los sacramentos, que también sufrieron ataques ya en el pasado, pero no tan furiosos como los que tiene que sufrir ahora[4]. Sin embargo, en el Apocalipsis se nos asegura que "el Cordero los vencerá" (cap. 17:14).

[3] En el uso idiomático de Lutero, *turco* es sinónimo de mahometano.

[4] Respecto de la doctrina acerca de los sacramentos del bautismo y la santa cena, Lutero estaba en oposición no sólo a la teología católica, sino también a lo que enseñaban Zuinglio, los iluminados y los anabap-

I. *La fe en el Dios Trino se funda exclusivamente en la palabra divina. Las cavilaciones de la razón nos inducirán a la incredulidad.*

En primer lugar, lo que urge ante todo es que se excluya a la razón humana, y que se evite tratar de dilucidar con ayuda de ella este artículo. Ahí tenemos a los herejes: ellos quisieron comprender a toda costa cómo es posible que en una sola deidad haya tres personas —y cayeron en el error. Ésa es la manera como Satanás le presenta a uno la palabra de Dios, y pregunta: ¿Cómo concuerda aquí lo uno con lo otro? Así lo hizo con Eva al preguntarle: "¿Conque Dios os ha dicho: No comáis de todo árbol del huerto?" (Génesis 3:1). Y Eva, nuestra madre, en este momento no dio mayor importancia a la palabra de Dios. Entonces, Satanás le abrió los ojos con su pregunta insidiosa: ¿Por qué Dios habría de prohibir que se coma de este árbol? Ahora, Eva se puso a reflexionar acerca de esta cuestión y quiso discutirla con Satanás, y ahí mismo, él logró seducirla. Por consiguiente, no nos creamos tan sabios, y cuidémonos de querer investigar lo divino con la razón humana. En cuanto al artículo del Dios Trino, lo único que debe oírse y decirse es la palabra de Dios, lo que él mismo dice con respecto a la Trinidad. En este sentido observa Hilario: "¿Quién puede hablar con más propiedad acerca de Dios que él mismo?"[5]. Qué es Dios, y qué no es, nadie lo sabe mejor que él mismo. El que intente presentar definiciones mejores, obscurecerá las cosas o las empeorará, o hará que los demás las entiendan menos aún que antes. Por cierto, no hay hombre en la tierra que sepa decirnos qué quiere Dios, y qué es Dios en su verdadera esencia. Por consiguiente debemos oírlo de él mismo, y expresarlo con sus propias palabras. Mas si queremos saber cómo concuerdan las cosas en Dios, estamos perdidos junto con Eva y todos los herejes. Por eso, cállese la razón, y abra los oídos, y escuche lo que Dios nos dice.

También los eruditos deben sujetarse a las Escrituras.

Los eruditos por su parte, los que tienen que disputar con los herejes, tienen que leer el Evangelio según San Juan y las cartas de Pablo. Allí oirán que hay un solo Dios, y no obstante, un ser divino tal que como Padre, tiene consigo al Hijo y al Espíritu Santo. El Hijo, así como también el Espíritu Santo, es

---

tistas. (Véanse también los datos bibliográficos de la Nota 3 del Sermón 5, página 67).

[5] Hilario, *De Trinitate*, V 21 (Migne II 117): "A deo discendum est, quid de Deo intelligendum sit" = lo que se ha de entender en cuanto a Dios, debe aprenderse de Dios mismo.

una persona con él, vale decir, en él. No están separados uno del otro como están separados Dios y las criaturas, sino que Padre, Hijo y Espíritu son Dios en sí mismo. Este Dios es el que se dirige a nosotros mediante la palabra[6]; de lo contrario, nadie podría haber tenido noticia acerca de lo que hay en el interior del ser divino. Ahora empero oímos que su esencia es tal que el Padre, el Hijo y el Espíritu Santo es el solo y único Dios, y que no hay otro Dios sino este Uno. Y este Uno tiene tres personas, y no obstante, indivisas en una misma esencia divina[7], sólo que son tres personas distintas, las que, sin embargo, llevan uno y el mismo nombre y hacen una y la misma obra. En Juan 5 (v. 21) leemos: "Como el Padre levanta a los muertos, y les da vida, así también el Hijo a los que quiere da vida". Estas palabras son una prueba irrefutable de que el Hijo es Dios; pues realiza la obra divina de dar vida a los muertos. Los judíos entendieron correctamente que con esto, Cristo se hacía igual a Dios, razón por la cual procuraban apedrearle (Juan 5:18). Sin duda, el tener vida en sí mismo (Juan 5:26) es una obra que por su naturaleza puede atribuirse exclusivamente a Dios. De la misma manera, también el Espíritu Santo da vida; así lo afirma Pablo (en Romanos 8:11): "El Espíritu que mora en vosotros vivificará vuestros cuerpos mortales". Satanás puede matar; pero vivificar y crear — esto no lo puede hacer ningún ángel, ni otro ser creado alguno. Muchos otros pasajes semejantes a éstos hallarán los eruditos en las Sagradas Escrituras, pasajes que evidencian que los nombres y las obras de las tres personas de la Santísima Trinidad no admiten división ni separación.

El laico aténgase a lo que dice el Credo.

Pues bien: en lugar de querer penetrar con nuestra mirada en el interior de la Majestad divina, debemos prestar oídos a lo que Dios mismo nos dice. ¡No atendáis a lo que sostienen los que se jactan de iluminaciones directas del Espíritu, al margen de las Escrituras[8]! Esto lo recomiendo encarecidamente a los eruditos a quienes les incumbe defender nuestra fe. También los laicos hacen bien en participar de esta defensa; sin embargo, al común de los cristianos sencillos les basta con decir: Creo en Dios Padre, Hijo y Espíritu Santo.

[6] Jn. 1:14.

[7] Comp. el Credo Atanasiano: "Y la verdadera fe cristiana es ésta, que veneremos a un solo Dios en la Trinidad, y la Trinidad en la unidad; no confundiendo las personas, ni dividiendo la substancia."

[8] El término empleado en el original es *Schwermeri*, latinización del alemán *Schwärmer* = "fanáticos", como se traduce a menudo, o mejor: "iluminados".

Con la misma fe con que crees en el Padre, cree también en el Hijo; y con la misma fe con que crees en el Hijo, cree en el Espíritu Santo. Esto será tu armadura, la más sencilla y a la vez la más fuerte. Contra ella, nadie puede argumentar nada; porque las palabras del Credo expresan con inequívoca claridad que tú crees en el Hijo igualmente como en el Padre. Ningún otro empero puede ser el objeto de nuestra fe sino el Dios único. Toda la Escritura es un elocuente testimonio de que no se debe creer en hombres; ante todo, no debes confiar en ninguno como que pudiera ayudarte a alcanzar la vida eterna. A los hombres hay que amarlos, sobrellevar con paciencia sus debilidades, aunque fueren muchas. Pero la vida eterna y el perdón de los pecados los obtendrás sólo por el hecho de creer en el Padre, el Hijo y el Espíritu Santo. Esta fe te da todo lo que se nos promete en el Credo. Pues si el Hijo no fuera Dios ni lo fuera el Espíritu Santo, no tendrías perdón de los pecados ni vida eterna. Mas como el dar perdón y vida eterna es una obra que se atribuye a cada una de las personas de la Trinidad, consecuentemente cada una de ellas es Dios. Y como con la misma fe adoras al Padre, al Hijo y al Espíritu Santo, consecuentemente hay "*una* fe, *una* vida eterna, *un* bautismo" (Efesios 4:4-6). Y por eso mismo hay un solo y único Dios; porque este honor de ser el que perdona los pecados y resucita a los muertos, no lo puedes tributar sino al verdadero Dios, puesto que ni un ángel ni tampoco Satanás pueden darte tales cosas. Ni tampoco está escrito que puedas esperar de los hombres lo que el Credo atribuye a Dios.

II. *La fe en el Dios Trino está profundamente arraigada en la iglesia. Su perduración en la iglesia es testimonio de su invariable vigencia.*

Esto ha sido la confesión unánime de toda la iglesia por más de 1.500 años; y aunque el papa obscureció el *significado* del Credo, no obstante Dios hizo que quedaran intactas las *palabras* del mismo, por amor de los que permanecieron fieles en la fe. Siendo pues que esta confesión perduró en la iglesia por tanto tiempo, y sin que nadie haya podido desacreditarla, ella constituye para ti el fundamento en que puedes basarte sin temor alguno. Arrio se levantó contra ella; todos los reyes, emperadores y príncipes la hicieron objeto de sus ataques. Todos ellos yacen postrados en tierra; pero este artículo de la fe, tan ajado y desprestigiado, permanece aún en pie, y permanecerá para siempre. Sea pues tu fundamento el que puedas decir: "La fe que yo confieso reza así: Creo en el Padre, el Hijo y el Espíritu Santo, a causa de la vida eterna y del perdón de los pecados. Todo esto lo espero del Padre, del Hijo y del Espíritu Santo, pues así es como Dios habla de sí mismo." De esta manera permaneces en Dios y puedes tratar con él, y además puedes decirte: "Lo que yo confieso ahora, lo viene confesando la cristiandad entera ya durante siglos y siglos, a despecho de la oposición de tanta gente —casi cinco docenas de herejes— y de todos los poderosos y sabios de esta tierra. Por lo tanto, lo que la iglesia cristiana ha conservado con tanto celo, también yo quiero creerlo [9]."

También la fórmula bautismal da testimonio del Dios Trino.

La segunda confirmación para tu fe en el Dios Trino puedes derivarla del bautismo. En este sacramento recibimos de parte de Dios, que se llama Padre, Hijo, Espíritu, el perdón de los pecados. Así lo observáis en el acto del bautismo; todos los niños son bautizados de la siguiente manera: "Yo te bautizo en el nombre del Padre, y del Hijo, y del Espíritu Santo", y esta práctica, común en toda la cristiandad, se ha conservado en forma invariable; aun hoy, todos son bautizados en el nombre del Padre, y del Hijo, y del Espíritu Santo. Por lo tanto, di: "Mi bautismo se basa en que me fue aplicado no sólo en el nombre del Padre, ni sólo en el nombre del Padre y del Hijo, sino en el nombre del Padre y del Hijo y del Espíritu Santo, porque así reza la fórmula bautismal. Y este Padre, Hijo y Espíritu Santo es un solo Dios, un solo Creador, un solo Señor y Rey, y sin embargo, hay tres personas distintas en ese único Ser y Nombre. Si el Hijo y el Espíritu Santo no fuesen Dios, se estaría blasfemando de Dios y se le estaría deshonrando, porque se estaría atribuyendo el nombre y la obra de Dios a uno que no es Dios. Pues así leemos en el libro de Isaías (42:8): 'Dios no quiere dejar a otro su gloria y su nombre'; y no obstante, ambos los deja al Hijo y al Espíritu Santo. De esto concluyo: o tiene que haberse equivocado la cristiandad entera, o aquellas tres personas son el Dios único y verdadero, puesto que así como el Padre da vida en el bautismo, la da también el Hijo y el Espíritu Santo."

Con esto tienes, por lo tanto, dos fuertes armas contra Satanás. Dile sin más ni más: "Primero: no entro en discusión contigo; porque al hacerlo, me inducirías a querer defender el evangelio y la palabra con raciocinios humanos. Antes bien, he sido bautizado en el nombre del Padre, y del Hijo, y del Espíritu Santo, y me quedaré con lo que ha perdurado ya tanto tiempo. En segundo lugar: Mi fe que confieso tiene una base firme: Creo en el Padre, el Hijo y el Espíritu Santo. Mediante esta fe obtengo el perdón de los pecados y la resurrec-

[9] Esta última oración se encuentra sólo en el Códice Nuremberguense.

ción de entre los muertos; porque esto, perdón y resurrección, no lo puede efectuar nadie sino el solo Dios. Y si bien lo efectúa en mí por los medios del bautismo y de la predicación, no obstante es él, Dios, el que lo efectúa." Vencer a Satanás y dar la vida eterna son por lo tanto obras divinas. Quien da tales cosas, es Dios. Y ¿quién nos las da? ¡Tú, Padre, Hijo y Espíritu Santo!

No disputes, pues, sino aférrate a la palabra. Y no olvides que tienes dos buenos testigos: primero, el Credo, y segundo, el bautismo. Con esto defiéndete, persevera en ello, y así podrás resistir a Satanás.

Y así terminemos la meditación sobre este tema.

DIAS ESPECIALES DE LA IGLESIA

La posición del cristiano frente a la ley de Moisés
Día de San Bartolomé
Éxodo, capítulos 19 y 20

La obra propia de Dios, y su obra extraña
Día de Santo Tomás, Apóstol
Salmo 19:1

Lo que nos motiva a temer a Dios y amar la justicia
Día de San Juan, Apóstol y Evangelista
Eclesiástico 15:1-6

La base de la comunión eclesiástica
Día de San Pedro y San Pablo
Mateo 16:13-19.

LA POSICIÓN DEL CRISTIANO FRENTE A LA LEY DE MOISÉS [1]

Sermón para el Domingo después del Día de San Bartolomé.
Fecha: 27 de agosto de 1525.

Tema: Éxodo 19 (v. 1; 3-6; 17-19) y 20 (v. 1-4a; 7a; 8; 12a; 13-18a). En el mes tercero de la salida de los hijos de Israel de la tierra de Egipto, en el mismo día llegaron al desierto de Sinaí... Y Moisés subió a Dios; y Jehová lo llamó desde el monte, diciendo: Así dirás a la casa de Jacob, y anunciarás a los hijos de Israel: Vosotros visteis lo que hice a los egipcios, y cómo os tomé sobre alas de águilas, y os he traído a mí. Ahora, pues, si diereis oído a mi voz, y guardareis mi pacto, vosotros seréis mi especial tesoro sobre todos los pueblos; porque mía es toda la tierra. Y vosotros me seréis un reino de sacerdotes, y gente santa. Éstas son las palabras que dirás a los hijos de Israel... Y Moisés sacó del campamento al pueblo para recibir a Dios; y se detuvieron

[1] A partir de marzo de 1523, Lutero dio una serie de sermones sobre Génesis y Éxodo. Al llegar a los cap. 19 y 20 del Éxodo, que relatan la promulgación de la ley en el Sinaí, Lutero intercaló — el día 27 de agosto de 1525, domingo desp. de S. Bartolomé (24 de agosto)— un sermón en que especifica la posición que el cristiano debe adoptar ante el Antiguo Testamento en general y la ley de Moisés en particular, y advierte contra diversas tergiversaciones. Es el sermón que presentamos aquí en versión castellana, basada en los apuntes tomados por Rörer. En 1526 apareció un arreglo notablemente aumentado de este sermón, titulado *"Unterrichtung, wie sich die Christen in Mosen sollen schicken"* (Instrucción para los cristianos acerca del correcto entendimiento de Moisés) que fue impreso en el mismo año (1526) en varios lugares distintos: Wittenberg, Leipzig, Nuremberg, Augsburgo (?), e incorporado en 1528 a otro arreglo que lleva por título: *Auslegung der 10 Gebote aus dem 19. und 20. Capitel des andern Buches Mosi* ("Explicación de los 10 Mandamientos a base de los capítulos 19 y 20 del Éxodo). La WA presenta la "Instrucción" paralelamente al sermón mismo.

al pie del monte. Todo el monte Sinaí humeaba, porque Jehová había descendido sobre él en fuego; y el humo subía como el humo de un horno, y todo el monte se estremecía en gran manera. El sonido de la bocina iba aumentando en extremo; Moisés hablaba, y Dios le respondía con voz tronante... Y habló Dios todas estas palabras, diciendo: Yo soy Jehová tu Dios, que te saqué de la tierra de Egipto, de casa de servidumbre. No tendrás dioses ajenos delante de mí. No te harás imagen, ni ninguna semejanza... No tomarás el nombre de Jehová, tu Dios, en vano... Acuérdate del día de reposo para santificarlo... Honra a tu padre y a tu madre... No matarás. No cometerás adulterio. No hurtarás. No hablarás contra tu prójimo falso testimonio. No codiciarás la casa de tu prójimo, no codiciarás la mujer de tu prójimo, ni su siervo, ni su criada, ni su buey, ni su asno, ni cosa alguna de tu prójimo. Todo el pueblo observaba el estruendo y los relámpagos, y el sonido de la bocina, y el monte que humeaba.

Aquí termina la lectura de los dos capítulos [2]. A continuación pasaremos a explicarlos.

Introducción: La doble predicación de Dios desde el cielo.

Habéis oído ya a menudo que en sólo dos oportunidades se produjo una predicación pública de parte de Dios desde el cielo. Es verdad que Dios habló repetidas veces por medio de hombres, tales como los patriarcas Adán, Noé, Abraham, etcétera, y más tarde por boca de Moisés y los profetas. Pero en el caso de todos ellos, Dios se expresó de manera tal que no se hizo oír con sonidos perceptibles en público, sino que iluminó a estos hombres interiormente, en su corazón. Habló "a través" de ellos, por decirlo así. Pero aquí, en el Sinaí, sucedió por primera vez que Dios mismo se dejara oír desde el cielo con grande majestad: los israelitas oyeron "un sonido de bocina muy fuerte", se nos dice (cap. 19:16), y "la voz tronante de Dios" (v. 19). La segunda vez que Dios predicó desde el cielo fue por medio del Espíritu Santo, el día de Pentecostés, según Hechos cap. 2. Oímos que en aquella ocasión, el Espíritu Santo vino del cielo "con un estruendo como de un viento recio", y en los discípulos "aparecieron lenguas repartidas, como de fuego". También aquélla fue una manifestación exterior de

[2] Lutero leyó los capítulos 19 y 20 del Éxodo, de los cuales hacemos figurar como texto de este sermón solamente los versículos esenciales, por razones de espacio.

Dios —manifestación poderosísima, por cierto, si la comparamos con la predicación de hoy día que se hace por meros hombres. A los que vivimos en el mundo actual y ya conocemos a Dios, él no se hace ver más en esta forma. Estas dos predicaciones desde el cielo son, por lo tanto, predicaciones muy especiales. Verdad es que Dios habló perceptiblemente también con Cristo [3], pero esto no ocurrió en presencia de la congregación. Y éstas [4] son también las dos enseñanzas (doctrinas) que Dios ha querido comunicar al mundo: lo que habló por boca de los profetas, en una forma no perceptible exteriormente, aquí lo dijo en público. Nunca más volverá a hablar así, desde el cielo, a la comunidad de fieles, sino que la tercera vez vendrá él mismo y se hará ver en su gloria y majestad, y todas las creaturas serán sobrecogidas por el miedo. Entonces ya no hará falta ninguna predicación, sino que le veremos y sentiremos directamente.

La diferencia entre ley y evangelio.

La primera de estas predicaciones desde el cielo es la que se describe en estos dos capítulos, a saber, la predicación de la ley; la segunda es la del evangelio. Estas dos, Dios las hizo públicas en el mundo para que los hombres entendieran la diferencia que existe entre la ley y el evangelio. La ley es una predicación que nos prescribe algo, y que exige algo de nosotros. Va dirigida a nuestro obrar. "Lo que tienes que hacer es esto y esto", nos dice Dios, "pues así te lo exijo yo". El evangelio en cambio predica no lo que *nosotros* tenemos que hacer, sino a la inversa: "Esto es lo que Dios hizo por ti", nos dice. Nos anuncia las obras de Dios que él hizo patentes ante nosotros al enviarnos a su Hijo. Quiere decir, pues, que se trata de una doble doctrina, y asimismo de una obra doble. La ley está dirigida hacia los hombres y exige algo de ellos. El evangelio está dirigido hacia Dios y nos enseña qué recibimos de él.

Cómo y por qué fue manifestada la ley a los hijos de Israel.

1. *En el Sinaí Dios habla al pueblo por medio de ángeles.*

La primera predicación es, por lo tanto, la de la ley, y de ella hablaremos ahora. Allá en el Sinaí, Dios se hizo ver y oír hasta donde ello era posible. No que los hombres le hayan visto

[3] Después que Jesús fue bautizado, Mt. 3:16 y sigtes.; en el monte de la transfiguración, Mt. 17:5, y en Jerusalén, cuando Jesús anunció su muerte, Jn. 12:28.

[4] La manifestación en el Sinaí y la manifestación en el día de Pentecostés.

hablar; Dios no tiene boca y lenguaje como nosotros. Antes bien, Dios como el Creador es el que nos ha dado tanto la boca como el lenguaje. Si él no crea la palabra en nuestra boca, nadie es capaz de hablar. Salomón dice [5], lleno de admiración, que sin Dios es imposible que produzcamos siquiera un solo tono. Por consiguiente, el lenguaje es don suyo, como lo es el fruto en el árbol. Aquél, pues, que da a nuestra boca la facultad de hablar, puede hablar también sin boca; así como él, el Creador, maneja a sus demás creaciones, así puede manejar también esa creación suya llamada "lenguaje", y poner su palabra en boca de una creatura. Así es que estas palabras de la ley [6] fueron pronunciadas por un ángel. Y no estuvo allí un ángel solo, sino que hubo muchos. El ángel que hace de locutor, habla como si fuera Dios mismo, y dice: "Yo soy el Señor tu Dios, que te saqué de la tierra de Egipto" (cap. 20:2). Es un caso idéntico como el de Pablo, cuando éste, en virtud del encargo recibido, habla en nombre y en lugar de Dios [7]. En este sentido se dice también en Gálatas (3:19) que la ley "fue ordenada por medio de ángeles en mano de un mediador", o sea, los ángeles recibieron órdenes de dar al pueblo la ley en lugar de Dios, y Moisés debía ser el intermediario que recibiría esta ley. Así lo dispuso Dios para mantener al pueblo a la debida distancia (cap. 19:13).

Qué clase de voz fue aquélla, bien te lo puedes imaginar. Debe haber sido una voz humana, de modo que se podían percibir claramente sílabas y letras, pero al mismo tiempo fue una voz llena de majestuosidad. En Deuteronomio 4 (v. 12) se describe un caso similar: allí no vieron a ningún hombre, a nadie que enseñara, sólo oyeron la voz de Dios que hablaba con gran fuerza. No vieron nada; fue como si a la media noche oyésemos una voz de hombre hablando desde el tejado. Por esto la voz del Sinaí es llamada la voz de Dios, porque él mismo hablaba tan fuerte, y sin embargo, nadie vio nada.

2. *En el Sinaí Dios inauguró su gobierno espiritual sobre el pueblo de Israel.*

Oiréis ahora con qué intención emitió Dios su voz: lo hizo para poner en movimiento al pueblo, pues había llegado el momento en que él quería inaugurar su gobierno espiritual

[5] Posiblemente, Lutero tenga en mente Prov. 16:1, o un pasaje del "Libro de la Sabiduría" atribuido a Salomón (7:16): "Nosotros y nuestras palabras en sus manos estamos con toda nuestra prudencia y destreza en el hablar" (Biblia de Jerusalén).

[6] En Éx. 20:1 y sigtes.

[7] Comp. 2 Co. 5:20: Pablo y sus colaboradores son "embajadores de Dios" por medio de los cuales Dios "ruega" al mundo.

sobre ellos. En pasajes anteriores [8] ya se pudo leer cómo quedó establecido el gobierno civil con ayuda de Jetro. Por encima de esta autoridad secular está la autoridad espiritual, tal como la ejercida por Cristo. Ésta la experimentamos sólo por el hecho de que poseemos el evangelio de Cristo, y por el hecho de que él está con nosotros, según Mateo 28 (v. 20), y ejerce el gobierno en nuestro corazón. Entre ambos regímenes, secular y espiritual, se coloca ahora en el Sinaí un régimen más. ¿Régimen de qué tipo? Mitad espiritual, y mitad secular; de esta índole son las ceremonias que la ley de Moisés impone al pueblo de Israel para reglamentar su comportamiento exterior frente a Dios y frente a los hombres.

3. *La ley promulgada en el Sinaí regía para los israelitas solamente, no para los gentiles.*

Nótese bien: *al pueblo de Israel* le fueron impuestas estas ceremonias. En el Sinaí comienza a entrar en vigencia una ley que concierne a los israelitas solamente, no a nosotros, pues las leyes que ves en estos capítulos fueron dadas para el pueblo de Israel; todos los pueblos paganos quedaron excluidos. No obstante, hay algunas de entre estas leyes que fueron dadas también para todos los pueblos en general, por ejemplo la de que no hay más que un Dios solo, la de que no se deben cometer injusticias, etc. Esto forma parte del conocimiento natural que poseen también los gentiles [9], pero este conocimiento no lo sacaron directamente del cielo como lo hicieron los judíos. No olvides, pues, que este texto, como un todo, no tiene vigencia para los gentiles. Digo esto a causa de los espíritus iluminados [10] que son asiduos lectores de Moisés y emplean con profusión palabras de Moisés y quieren gobernar al pueblo conforme a las enseñanzas de Moisés —a pesar de que Moisés no es más que el mediador ordenado por Dios para el pueblo de Israel a los efectos de reglamentar la forma exterior del servicio a Dios. Es necesario que sepas esto para que a aquellos iluminados se les pueda tapar la boca cuando quieran recurrir a Moisés: Moisés no tiene vigencia para mí. Si admito una sola disposición de la ley de Moisés [11], por fuerza tengo que

[8] Éx. 18:13 y sigtes. Allí se habla de cómo Jetro, el suegro de Moisés, asesora a éste en cuestiones tocantes a la administración de la justicia.

[9] Comp. Ro. 1:19 y sigtes.; 2:14, 15.

[10] Ciertos "iluminados" como Tomás Müntzer gustaban citar ejemplos y palabras veterotestamentarios para ilustrar sus planes tendientes a la extirpación violenta de los impíos, la organización de la revolución social de los campesinos, etcétera, a pesar de que basaban su "certeza interior" no en las Escrituras sino en la presunta posesión del Espíritu Santo.

[11] Recuérdese que Lutero habla aquí de las leyes ceremoniales, no del

admitirlas todas. Consecuentemente, tendríamos que someternos también al rito de la circuncisión, practicar ciertos lavamientos, y abstenernos del consumo de determinadas clases de pescado [12]. Mas ya que ha venido Cristo, tenlo a Moisés por muerto, y a su régimen por caducado.

Qué significado y valor tiene para el cristiano la promulgación de la ley.

Podrías objetarme: Si rechazas a Moisés, ¿por qué lo predicas [13]? Lo predico para enseñarte qué uso debes hacer de él.

a) *Los libros de Moisés como colección de leyes ejemplificadoras. La ley de Moisés no tiene para nosotros carácter obligatorio, pero nos ofrece muchos valiosos ejemplos.*

Una de las maneras de usarlo es ésta: Si te hablan de las leyes de Moisés, di: "Dirígete a los judíos con tu Moisés". Pues el que guarda la ley en *un* punto, está obligado a guardar *toda* la ley, según Gálatas (5:3). — Yo encuentro en Moisés una doctrina triple, cuya primera parte son sus leyes. Estas leyes, que él dio al pueblo de Israel, no me causan ningún dolor de cabeza. Y eso es lo primero que debemos tomar en cuenta al leer a Moisés: El que lo lee, tendría que comprender que sus mandamientos ya no tienen vigencia para nosotros, a menos que yo quiera someterme espontáneamente a ellos y decir: "Así y así gobernó Moisés al pueblo; creo que haríamos muy bien con imitarlo". En este caso, yo aceptaría a Moisés, por mi propia voluntad, como un ejemplo.

Si yo fuera el emperador, no haría ningún esfuerzo especial para lograr que se observe la ley de Moisés. En cambio, sí quisiera que se diese el diezmo conforme a lo estipulado en esta ley, y con esto abrogaría todos los demás impuestos [14].

Decálogo. Respecto de la ley ceremonial y su vigencia véase también la extensa discusión en el *"Comentario sobre la epístola de Pablo a los Gálatas"*, Obras de Lutero, tomo VIII, donde Lutero rebate la opinión de S. Jerónimo y otros acerca de esta cuestión.

[12] Circuncisión: Gn. 17:9 y sigtes.; Lv. 12:1-3; lavamientos: Lv. 15:1 y sigtes., y otros; disposiciones en cuanto a animales limpios e inmundos: Lv. 11:1 y sigtes.; en cuanto a peces en especial, Lv. 11:1.

[13] Ya durante dos años, Lutero venía explicando a la congregación de Wittenberg los libros de Génesis y Éxodo en una serie de sermones. El presente sermón es el 29. de la serie sobre Éxodo iniciada el 2 de octubre de 1524.

[14] Esta idea de un impuesto semejante al diezmo de la ley mosaica, Lutero la detalla en su escrito *"Comercio y Usura"*, Obras de Lutero, Ed. Paidós, Bs. As., tomo II, pág. 103, del año 1524.

Si yo tuviera arrendadas diez yugadas [15] de tierra de labor, entregaría la décima parte de la cosecha como arriendo. Según el resultado de la cosecha, mi pago al dueño de la tierra sería mayor o menor. En cambio, según nuestro sistema actual, si le debo cinco florines [16] en concepto de arriendo, le tengo que pagar esos cinco florines, sea que toda la cosecha no me produzca más que un solo florín, o sea que me rinda muchísimo más. Lo mismo ocurre si mi arriendo se eleva a cien florines: tengo que pagarlos, aun en el caso de que la tierra arrendada nc me dé fruto alguno. Así es como se le imponen al mundo duros gravámenes; y conste que este régimen económico tuvo su origen en las leyes emitidas por el papa [17].

En otra de las leyes de Moisés se estipulaba que ninguna casa debía venderse a perpetuidad sino a lo sumo por 50 años, período después del cual debía volver a su antiguo dueño [18]. También esta ley creo que podría observarse junto con otras, no en carácter de obligatoria, sino por propia voluntad, como ejemplo digno de imitarse. De una manera similar proceden los sajones, que tienen su propio antiquísimo Código [19]: como descendientes de gentiles, siguen su propio criterio en materia de derecho. Moisés es algo así como un Código Sajón para los judíos. Como ya queda dicho, Moisés no tiene vigencia para el mundo entero; pero si algunos de sus artículos son de utilidad general, sería conducente observarlos.

Hay otra disposición sancionada por la ley de Moisés que me parece muy buena: Cuando un hombre moría antes de tener hijos, su hermano que le seguía en edad "suscitaba nombre en Israel a su hermano" [20]. En fin: lo que merece nuestra aprobación en la ley de Moisés, lo admitimos; lo que no, lo omitimos.

[15] Extensión de tierra de labor que puede arar una yunta en un día; en Sajonia, unas 27,5 áreas.

[16] Moneda de oro acuñada en Florencia a partir de la 2ª mitad del siglo XIII, usada más tarde también en los países al norte de los Alpes. Originalmente tenía 3.537 g. de oro puro. Su valor relativo es difícil de establecer.

[17] Más exactamente: en el derecho romano; éste, a su vez, había llegado a prevalecer en Alemania por intermedio del derecho canónico, papal.

[18] Los hijos de Israel debían "santificar el año cincuenta como año de jubileo, en que cada uno volvería a su posesión", Lv. 25:10 y sigtes.

[19] El Código Sajón (*Sachsenspiegel*) fue compuesto entre los años 1220 y 1235 en el dialecto de la Baja Sajonia. Destacado por su profundo sentido ético y religioso, ejerció gran influencia en toda Alemania, especialmente en el N y NE, y también en vastas regiones de Polonia, Rusia y Hungría. En algunas partes permaneció en vigencia hasta 1900. En 1374, el papa Gregorio XI condenó 14 artículos de este Código como "heréticos" en la bula *Salvator generis humani*.

[20] Dt. 25:5 y sigtes., "ley del levirato". El primogénito de este matrimonio de la viuda con su cuñado debía figurar ante la ley como perteneciente al hermano difunto, v. 6.

Moisés tiene carácter obligatorio sólo donde enseña la ley natural.

Ahora bien: Hay sectarios que nos dicen: "¿No nos dio Moisés los 10 Mandamientos? ¿No nos mandó que se debe tener un solo Dios, que no se debe jurar en su nombre, etc.? ¿Acaso no debemos guardar estos mandamientos?" A esta gente contéstale: Este precepto lo tiene también la ley natural; ella me impone invocar a Dios. Así lo ponen de manifiesto los gentiles: no hubo ningún pueblo pagano que no haya tenido conocimiento de Dios, y la única diferencia que existe entre gentiles y judíos es que los judíos recibieron su ley desde el cielo, en tanto que los gentiles tienen la ley escrita en sus corazones, según Romanos 2 (v. 14, 15). Así, pues, tal como incurrieron en error los gentiles, incurrieron en error también los judíos, y viceversa. Ahí está, por ejemplo, el mandamiento: "No cometerás adulterio". La ley natural encierra todo cuanto concierne a este mandamiento. Los gentiles lo tienen escrito en sus corazones por naturaleza, así como Dios lo prescribió a su pueblo desde el cielo, en el Sinaí. Donde la ley de Moisés concuerda con la ley natural, puede decirse que sigue a ésta, que rige para todos nosotros.

Éste es, pues, el primer punto: el hecho de que Moisés presente leyes y preceptos sólo me interesa en la medida en que se trate de leyes naturales; si las leyes de Moisés concuerdan con éstas, puedo aceptarlas.

b) *Los libros de Moisés como testimonios de la promesa divina.*

Las indicaciones de Moisés en cuanto a la venida de Cristo son dignas de ser tenidas en cuenta.

En segundo lugar encuentro en Moisés algo que no puedo hallar en las leyes naturales, y que tampoco está inscrito por naturaleza en los corazones humanos, como sucede con los 10 Mandamientos. En efecto: en los libros de Moisés, Dios anuncia el evangelio de que habría de venir el Cristo. Ésta no es una promesa que los gentiles pudieran haber oído también por otro conducto. En cuanto que Moisés presenta leyes, lo que escribe no nos toca ni necesitamos leerlo, puesto que lo escribió para los judíos. Por otra parte, sí leemos a Moisés por cuanto trae muchas promesas referentes al Cristo que habría de venir: las condiciones en el reino de Cristo serían tales como Moisés las describe. Y en este sentido es como se debe predicar a Moisés en la cristiandad. Su libro es útil, en primer término, porque podemos extraer de él diversos ejemplos y buenas leyes, y en segundo término, porque hallamos en él promesas divinas que fortalecen y conservan nuestra fe. A Eva, por ejemplo, se le dice: "Pondré enemistad entre la simiente de la serpiente y la simiente tuya; ésta herirá a la serpiente en la cabeza" (Génesis 3:15). Ésta es una evidente referencia a Cristo. A Abraham por su parte se le dice: "En tu simiente serán benditas todas las naciones de la tierra" (Génesis 22:18), es decir: por medio de Cristo llegará al mundo la buena nueva de la salvación. Pasajes como éstos no deben despreciarse; también los evangelistas y los predicadores piadosos los citaron.

No todo lo dicho por Dios en los libros de Moisés vale para los cristianos.

Dicen ahora los que se precian de poseer la iluminación directa del Espíritu Santo, refiriéndose a Moisés: "¡Aquí es Dios el que está hablando! ¡La palabra de Dios es la palabra de Moisés!" Al oír esto, la gente queda admirada y se deja engañar fácilmente. Por ejemplo, se les llama la atención al hecho de que Moisés mató a varios reyes [21]. O se les dice: "¿Visteis? Aquí Dios encomendó a su pueblo que pasaran a cuchillo a los amalecitas [22]". Basándose en ello, hoy día han matado a mucha gente, y han seducido a muchos al asesinato [23]. Un predicador piadoso habría dicho: "Dios habló por boca de Moisés y dio leyes a su pueblo; pero ¿acaso nosotros somos este pueblo? Dios habló a Adán; le mandó a Abraham inmolar a su hijo, y a David le ordenó dar muerte a reyes [24]; pero yo no soy ninguno de estos tres." No debes hacer hincapié en que en tal y tal parte, la palabra de Dios dice tal y tal cosa, sino que tienes que fijarte si te lo dice a ti. Aquellos predicadores fanáticos no se fijaron en ello, y así engañaron al pobre pueblo diciéndole: "Es la palabra de Dios".

Cerciórate, pues, de si tú eres el pueblo de Dios; y si los falsos profetas de hoy día afirman: "Vosotros sois el pueblo de Dios, Dios os habla a vosotros", me lo tendrán que probar. Insistieron tercamente en la "palabra"; todo lo que en el Antiguo Testamento se relata en cuanto a lo acontecido entre el pueblo de Dios, querían entenderlo sólo según el aspecto exterior de los hechos en sí; y de esta manera echaron a perder a la gente y se acarrearon un juicio condenatorio a sí mis-

21 Comp. Nm. 31:8.
22 Éx. 17:14 y sigtes.; Dt. 25:17 y sigtes.
23 Cuando Lutero pronunció estas palabras (agosto de 1525), ya había estallado la cruenta "Guerra de los Campesinos", en la cual predicadores fanáticos como T. Müntzer actuaron como instigadores y cabecillas.
24 Gn. 2:16, 17; 3:9, 17; Gn. 22:1 y sigtes.; 2 S. 8:1 y sigtes.

mos[25]. Por lo tanto, debes preguntar no sólo: "¿Es palabra de Dios"?, sino también: ¿Tiene que ver algo conmigo? A David se le habla en el Salmo (132:11) acerca de un fruto suyo, es decir, de su descendencia que Dios pondría sobre su trono; esto fue dicho exclusivamente a David. En aquel Salmo es Dios el que habla; de esto no debe caberte ninguna duda. Pero si habla *contigo* esto debes averiguarlo cuidadosamente. Has de saber, pues, que Dios habla de dos maneras distintas: por una parte dice palabras que atañen a otros, y por otra parte dice palabras que te atañen directamente a ti. Donde esto último es el caso, no titubees, sigue adelante, aunque tengas que arriesgar cien veces tu pescuezo. En caso contrario, no te muevas. Por desgracia, no hubo nadie que se levantara contra nuestros falsos profetas para decirles: "Ah, mi querido profeta, si nosotros perteneciéramos al pueblo del que habla la Escritura, gustosamente aplicaríamos sus palabras a nosotros". Más aún: ¡en su ignorancia, el pueblo sencillo creyó que hasta ahora se le había ocultado deliberadamente esta doctrina de que debían matar a otros! [26]

Sólo las promesas acerca de Cristo debemos aplicarlas a toda criatura.

Por lo tanto, si se te acerca Moisés con sus preceptos y leyes, mándalo que se vaya a otra parte con sus leyes y con su pueblo, y dile: "Yo no presto oídos a la palabra tuya, sino que quiero oír la palabra que realmente me atañe a mí, y esta palabra es nuestro evangelio".

"Id por todo el mundo, y predicad el evangelio", dijo Cristo (Marcos 16:15), pero no "a los judíos", sino "a toda criatura". Entre estas criaturas figuro yo. Moisés fue instituido como predicador al pueblo judío. Pero a mí, ¿qué se me predica? Esto: "El que creyere en Cristo y fuere bautizado, será salvo" (Marcos 16:16). Estas palabras me tocan directamente a mí. Si Cristo no hubiera añadido "a toda criatura", yo no me haría bautizar ni aceptaría la fe; pero como añade "a todas las naciones" (Mateo 28:19), "por todo el mundo", "a toda

[25] Las bandas de los campesinos fueron aniquiladas y sus principales dirigentes entregados en manos de la despiadada justicia de los vencedores.

[26] Ante el peligro del inminente estallido de una revuelta de los campesinos contra los terratenientes y señores, Lutero se había dirigido a ambos bandos enfrentados con su *"Exhortación a la paz en relación con los 12 Artículos de los campesinos de Suabia"* (Obras de Lutero, Ed. Paidós, Bs. As., tomo II, pág. 243 y sigts.), pero sus advertencias fueron desoídas. Sólo entonces publicó el escrito *"Contra las hordas ladronas y asesinas de los campesinos"* (op. cit. pág. 271 y sigtes.), blanco hasta hoy día de muchos y en gran parte injustificados reproches.

criatura", yo pienso: esta palabra la encomendó a todos los hombres; por eso, aferrándome a ella arriesgo cien mil veces mi pescuezo.

Ruego por lo tanto a los predicadores que no dejen de hacer esta distinción. Si enseñan de otra manera, se originarán sectas; y estos sectarios dirán entonces: "Sostengo que es palabra de Dios, aunque me cueste la vida". Por eso, mira bien si con una determinada palabra Dios te tiene en mente a ti, y si tales o tales palabras van dirigidas realmente a tu persona. Si Dios habla con ángeles, con peces y con árboles [27], lo que les dice a ellos no tiene nada que ver contigo. El mundo entero está lleno de la palabra de Dios; pero a ti, ¿qué te importa? Un jefe de hogar asigna al peón la tarea que le corresponde a éste, y a la criada la de ella, y otro tanto hace con la hija y con la madre de la familia: todas sus palabras tienen un contenido determinado, distinto. Si la criada dijera: "El señor mandó atar los caballos" y se fuera con el carro, y si al peón se le ocurriese cocinar, el amo sin duda se vendría corriendo con un palo en la mano y diría: "¿No te expliqué claramente cuál es tu trabajo?" Así tampoco debemos decir respecto de la palabra de Dios: "Pero Señor: ¿no nos mandaste tal y tal cosa?", sino que debemos discernir entre una palabra y otra. Distinto sería el asunto si el padre de la familia diera la orden general: "Hoy no se comerá pescado en nuestra casa"; dicha en esta forma, la palabra valdría para todos. Lo que Dios dijo en aquel entonces a Moisés en cuanto a mandamientos, no nos toca a nosotros sino a los judíos. Nosotros empero tenemos una palabra dirigida a todos los hombres en común, a saber, la palabra acerca de la fe y del amor. Los preceptos de Moisés los leemos, no porque nos hayan sido preceptuados a nosotros, sino porque en buena parte coinciden con la ley natural, y porque revelan un espíritu ordenado y equitativo. Pero lo que no hallamos en la ley natural, tampoco nos afecta si lo dice Moisés.

3. *Los libros de Moisés como ejemplos de la fe y de la incredulidad.*

En tercer lugar hallamos en Moisés y en los profetas un cúmulo de los más bellos ejemplos. ¿O acaso lo que Moisés nos relató acerca de Adán y otros, no fueron ejemplos de fe, de amor, y también de la cruz que tiene que llevar el hombre? ¿Acaso estos antiguos padres no nos ofrecen ejemplo de cómo se debe confiar en Dios, y también de cómo Dios no deja sin castigo a los malhechores, como lo ilustra el caso de Caín y de

[27] En Gn. 1:11 Dios habla con árboles; en v. 22 con los peces.

Ismael[28]? Yo no soy Caín; pero lo de Caín fue escrito como ejemplo para mí[29]: si yo no hago la voluntad de Dios, se me hará como se le hizo a Caín.

Resumen: El uso correcto y el uso incorrecto del Antiguo Testamento.

Es así, pues, como podemos leer el Antiguo Testamento con el máximo de provecho: si leemos en él las promesas referentes a Cristo, y luego estos hermosísimos ejemplos, y si además —como lo expliqué al principio— aprovechamos la oportunidad de imitar las leyes allí expuestas, si es que hallan nuestra aprobación.

Esto lo dije a modo de introducción[30] para que sepáis cómo habéis de usar a Moisés. Sería una gran cosa si tuviéramos la libertad de adoptar algunas de esas excelentes leyes acerca de compras y ventas que tiene Moisés; pero como vivimos entre paganos[31], sigamos las leyes de éstos. En el prólogo de su comunicado al pueblo judío, Dios dice: "Mía es toda la tierra (cap. 19:5); no obstante, permitiré que se maneje conforme a la ley natural. A vosotros empero os daré una ley especial". Estos versículos debemos subrayarlos con tinta roja para esgrimirlos como argumento en contra de los falsos profetas que permanentemente mencionan a Moisés; porque aquí Dios dice a Israel con toda claridad: estas leyes están destinadas exclusivamente a vosotros. Di por lo tanto a tal profeta falso: "Ponte los lentes y fíjate bien en el texto; éste habla inequívocamente de un pueblo particular. En caso de haberme encomendado algo a mí, lo haré".

Quien tenga aún la posibilidad de poner coto a esa prédica con que se seduce a la pobre gente, hágalo. Pero estos falsos profetas no se humillan; quieren ser maestros incluso del Espíritu Santo. Yo me esforcé sinceramente por corregirlos, pero no quisieron entrar en razón.

[28] Caín: Gn. 4:3 y sigtes.; Ismael: Gn. 16:12; comp. Gá. 4:29.

[29] Comp. 1 Co. 10:6.

[30] Continuando su serie de sermones sobre los libros de Moisés, Lutero dio en los meses subsiguientes un amplio comentario de los cap. 19 y 20 del Éxodo y de las leyes que contienen.

[31] Vale decir: como no somos —ni vivimos entre— miembros del pueblo judío, al cual estas leyes fueron dadas.

LA OBRA PROPIA DE DIOS, Y SU OBRA EXTRAÑA

Sermón para el Día de Santo Tomás, Apóstol
Fecha: 21 de diciembre de 1516[1]

Texto: Salmo 19:1. Los cielos cuentan la gloria de Dios, y el firmamento anuncia la obra de sus manos[2].

1. *El evangelio es, propiamente, el anuncio de la gloria de Dios.*

El evangelio no es otra cosa que el anunciamiento de las obras de Dios. En efecto: el evangelio anuncia o predica lo que Dios hace, y por esto mismo predica su gloria; porque al contar las obras de Dios, por cierto glorifica a Dios. Pues la gloria y la alabanza de Dios es precisamente esto: el relato que los predicadores hacen del poder y de las obras del Señor. De esto sigue como lógica consecuencia que los cielos reprueban y reprenden el glorificarse de parte de los hombres, y que hacen callar las obras hechas por manos humanas, como leemos en el Salmo 16: "Mi boca no habla las obras de los hombres"[3].

[1] Hasta el año 1518 inclusive, la documentación impresa acerca de la actividad de Lutero como predicador es muy escasa. Existen: A) dos sermones predicados en Erfurt (¿o Wittenberg?) en 1510 ó 1512, en que la teología de Lutero todavía es de tipo netamente escolástico. B) 32 fragmentos que abarcan el período del 29 de junio de 1516 al 24 de febrero de 1517. Son introducciones a los sermones sobre el Decálogo impresos en el año 1518. C) 10 sermones que datan de los años 1515 hasta 1517/18; a ellos pertenece el *Sermo in die S. Thomae* traducido aquí del latín a nuestra lengua de hoy. D) Algunos fragmentos y referencias a sermones (entre 1513 y 1515), diseminados en el primer curso sobre los Salmos que Lutero inició en agosto de 1513. A esto quizás se agreguen unos pocos sermones más, de fecha incierta.

[2] Parte del Gradual para los Días de los Apóstoles.

[3] Sal. 17:4. Lutero cita los pasajes bíblicos, al igual que la numeración de los salmos, según el texto de la Vulgata, y a este texto se atiene también nuestra traducción.

¿Por qué? Porque la gloria de Dios nos hace entender que la gloria de los hombres es vanidad, y hasta ignominia; y las obras de Dios indican y demuestran que las obras de los hombres, de las cuales éstos se gloriaban como si fueran obras buenas, rectas, sabias y útiles, no tienen valor alguno, antes bien, son pecados. Pues las obras son la base de la alabanza y de la gloria; así que, destruida la base, queda destruido también el edificio que en ella se apoyaba. Así es que el evangelio, al predicar la gloria de Dios, revela la ignominia de los hombres, y al hacer manifiestas las obras de Dios, pone en evidencia la desidia de los hombres y su pecaminosidad.

2. *Este anuncio no puede sino desagradar al hombre orgulloso de su propia perfección.*

Mas tanto lo uno como lo otro indigna al máximo al hombre, que en su soberbia no puede tolerar que sus obras, en las cuales se deleitaba y de las cuales se gloriaba ante sí mismo —porque las creía justas y sin tacha—, que estas obras sean tildadas de viciadas y hasta ignominiosas, como se dice en el Libro de la Sabiduría capítulo 2: "El justo se aparta de nuestro camino como de impureza"[4]. Por tal motivo, al oír esta predicación, el hombre "se irrita, y luego cruje los dientes, y se consume"[5]. Así, la gloria de Dios suscita en los hombres ira y envidia; la gracia provoca indignación; la misericordia, crueldad; la compasión, un actuar tiránico; la salvación, perdición; y el bien llega a ser directamente la causa del mal. ¿A quién no le habría de extrañar esto? Sin embargo, también el sol al salir hiere los ojos de las lechuzas, y el vino mata a los que tienen fiebre.

3. *Por esto es necesaria, además de la obra propia de Dios, también su obra extraña.*

Para entender todo esto más claramente, es preciso saber qué es la obra de Dios. No es otra cosa que obrar justicia, paz, misericordia, verdad, afabilidad, bondad, gozo y salvación; porque el justo, el veraz, el sosegado, el bueno, el alegre, el salvado, el afable, el misericordioso, no puede obrar de otra manera: ésta es ahora su manera natural de obrar. Es, pues,

[4] Sab. 2:16. El Libro de la Sabiduría (*Liber Sapientiae* en la Vulgata, que lo tiene por Canónico), atribuido a Salomón, es uno de los libros apócrifos del AT. Lutero lo incluiría más tarde en su versión de la Biblia al alemán, en la sección de los "Libros apócrifos, o libros que no se han de identificar con las Escrituras Sagradas, y que no obstante constituyen una lectura útil y buena".

[5] Comp. Sal. 112:10.

la obra de Dios convertir a los hombres en justos, pacíficos, afables, misericordiosos, veraces, benignos, alegres, sabios, salvos, etcétera. Éstas son obras de sus manos o hechura suya, como afirma el Salmo 110: "Gloria y magnificencia es su obra"[6], es decir, la alabanza y la hermosura, o la gloria y el resplandor, es la obra de Dios. Obra de Dios es todo lo encomiable, todo lo que es de hermosura perfecta sin la menor mancha de vicio, como leemos también en el Salmo 95: "Gloria y hermosura están ante él, santidad y majestad en su santuario"[7], es decir, en su iglesia. Por lo tanto, los "hechos" de Dios son las personas justas, los cristianos, nueva hechura suya[8]; las "obras" en cambio son, propiamente, la justicia, la verdad, etcétera, que Dios obra en aquellas hechuras suyas, como lo expresa el Salmo: "Anunciaron las obras de Dios y entendieron sus hechos"[9], mejor dicho, hicieron que se los entendiera, y además: "Porque no entendieron las obras del Señor ni las obras de sus manos"[10].

Sin embargo, esta obra que le es propia, Dios no la puede realizar a menos que efectúe además una obra que le es extraña y contraria, según Isaías 28: "Su obra es extraña, a fin de que haga su obra propia"[11]. La obra extraña empero es hacer aparecer a los hombres como pecadores, injustos, mentirosos, tristes, necios y perdidos. No que en realidad el mismo Dios los convierta en tales; pero como la soberbia de los hombres se resiste con tanta tenacidad a que se los llame pecadores, etcétera, y a admitir que efectivamente lo son, Dios emplea medidas más rigurosas y recurre a esa obra "extraña" para evidenciar que los hombres son, de hecho, pecadores, para que así lleguen a ser en los ojos de ellos mismos lo que son ante los ojos de Dios. Por lo tanto, como Dios no puede hacer justos sino a los que de suyo no lo son, es preciso que anteponga a su obra propia de la justificación la obra extraña, vale decir, que convierta a los hombres en pecadores. Así dice el Señor: "Yo haré morir, y yo haré vivir; yo heriré, y yo sanaré"[12]. A esta obra extraña empero, que es la muerte de Cristo en la cruz, y la consiguiente muerte de nuestro viejo Adán, le profesan el odio más vehemente todos aquellos que se tienen a

[6] Sal. 111:3. Por "gloria" la Vulgata tiene *confessio*.

[7] Sal. 96:6.

[8] Comp. Ef. 2:10, donde también se hace una distinción entre "hechura" (Lutero: *facta, factura*) y "obras" (Lutero: *opera*).

[9] Sal. 64 (Vulg. 63):9.

[10] Sal. 28 (Vulg. 27):5. La Vulgata (y Lutero) tiene ambas veces *opera*, la Versión Reina-Valera, en cambio, *hechos y obras*.

[11] Cita algo modificada de la Vulgata; comp. Is. 28:21 en la Versión Reina-Valera: "para hacer... su extraña obra, y para hacer su operación".

[12] Dt. 32:39.

sí mismos por justos, sabios e importantes. Pues no quieren que se desprecien sus virtudes ni que se las considere necias y malas; es decir, no quieren que se dé muerte a su viejo Adán. Por esto tampoco avanzan hasta la obra propia de Dios, que es la justificación o sea la resurrección de Cristo. La obra extraña de Dios son, por ende, los sufrimientos de Cristo y lo que uno sufre en Cristo, la crucifixión de la carne y la mortificación del viejo Adán; su obra propia en cambio es la resurrección de Cristo y la justificación en el Espíritu, la vivificación del hombre nuevo, como está escrito en Romanos capítulo 4: "Cristo fue muerto a causa de nuestros pecados y resucitó a causa de nuestra justificación" [13]. Así que aquella conformidad a la imagen del Hijo de Dios [14] incluye ambas obras, la propia y la extraña. Esto es lo que dije hace poco al hablar de Juan Bautista y del evangelio, del cual Juan es una figura personificada [15].

4. *Como es doble la obra de Dios, lo es también la función del evangelio.*

Mas así como la obra de Dios es doble, a saber, propia y extraña, así también es doble la función del evangelio. La función propia del evangelio es anunciar la obra propia de Dios, es decir, su gracia, por la cual el Padre de las misericordias, deponiendo toda su ira, confiere a todos los hombres, en forma enteramente gratuita, paz, justicia y verdad. De ahí, pues, que el evangelio se llame bueno, gozoso, dulce, amigo, ya que quien lo oye no puede sino llenarse de gozo. Esto empero sucede cuando a las conciencias sumidas en la tristeza se les anuncia el perdón de los pecados. Entonces se produce lo que está escrito en el capítulo 10 de Romanos [16]: "¡Cuán hermosos", es decir, cuán amables, agradables, deseables, "son los pies de los evangelizantes" (como dice la voz hebrea), o sea, de los que traen una noticia buena y grata, "de los que anuncian la paz", la paz, no la ley, no las amenazas de la ley, no lo que nosotros tenemos que cumplir y hacer, sino el perdón de los pecados, la paz de la conciencia, la seguridad de que la ley ya está cumplida, etcétera; "de los que anuncian cosas buenas!" o gratas, a saber, la dulcísima misericordia de Dios

[13] Ro. 4:25.

[14] Ro. 8:29.

[15] En el sermón que Lutero predicó el 7 de diciembre de este mismo año 1516 (2º domingo de Adviento, texto Mt. 11:2-10, en realidad el Evang. para el 3º domingo de Adviento), aparece el siguiente pasaje: "Entonces, Juan envía sus discípulos a Cristo; esto es: el evangelio, al interpretar la ley, nos obliga a dirigirnos a la gracia".

[16] Ro. 10:15 (Is. 52:7).

Padre, la noticia de que Cristo es el don de Dios para el hombre.

En cambio, la obra extraña del evangelio es "preparar al Señor un pueblo bien dispuesto" [17], esto es: poner de manifiesto los pecados y convencer de su culpabilidad a los que se creían justos a sí mismos, ya que el evangelio dice claramente que "todos son pecadores, desprovistos de la gracia de Dios" [18]. Esto, sin embargo, parece ser un anuncio pésimo, de modo que se podría hablar más bien de un "cacangelio" [19], vale decir, una noticia mala y triste. Pues así como un hombre agobiado por la tristeza y la desesperación no puede oír nada más confortante que cuando se le dice: "Sé libre y vive", así para los que viven entregados a una engañosa seguridad no hay nada más triste que tener que oír: "No podrás escapar a la muerte". De ahí que el evangelio tenga un sonido sumamente áspero cuando adopta el tono que le es extraño, y sin embargo es imprescindible que lo haga, para que pueda sonar en el tono que le es propio.

5. *Claro ejemplo de esta doble función es la prédica de Juan Bautista.*

Aclarémoslo con algunos ejemplos. La ley dice: "No matarás, no hurtarás, no cometerás adulterio". Pues bien: los hombres presuntuosos, que se tienen por justos porque creen que su comportamiento es irreprochable, y que no cometieron las obras aquellas mencionadas por la ley, viven muy seguros y confiados ya que, a su entender, han cumplido con la ley; no ven en sí mismos pecado alguno, pero sí numerosas muestras de su justicia. A los que así presumen de perfectos, se les acerca el intérprete de la ley, a saber, el evangelio, y les dice: "Arrepentíos, porque el reino de los cielos se ha acercado" [20]. Al decir a todos: "Arrepentíos", a todos sin excepción los sindica de pecadores, y de esta manera anuncia cosas tristes e ingratas, siendo por lo tanto un "cacangelio", quiere decir, una mala noticia, el evangelio en una función extraña. Mas cuando añade: "El reino de los cielos se ha acercado": esto es una buena noticia, una predicación que causa gozo y alegría; es el evangelio en su función propia. Así es como viene Juan, "voz del que clama", en otras palabras: el evangelio, y predica a todos el bautismo del arrepentimiento, y con ello asevera constantemente que todos tienen pecados de que arrepentirse.

[17] Comp. Lc. 1:17.

[18] Comp. Ro. 3:23. A diferencia de la Vulgata (...*et egent gloria Dei*, "y carecen de la gloria de Dios"), Lutero tiene *et gratia Dei vacuos*.

[19] Del griego *kakós* - malo, y *angélion* - noticia = mala noticia, en contraste con *eu-angélion* = buena noticia.

[20] Mt. 4:17.

6. *La función "extraña" del evangelio produce en los hombres dos efectos opuestos.*

Aquí empero se levanta ahora el Señor, como se levantó en aquel día en el Monte de las Divisiones, como se nos relata en el capítulo 28 de Isaías[21]. Algunos, en efecto, aceptan las palabras de Juan como voz del evangelio. Están convencidos de que aquella triste predicación es veraz, y por esto la obedecen, humillados y llenos de temor. Reconocen que ellos son pecadores en el sentido descrito por Juan; conscientes o no conscientes de serlo, dan más crédito a Juan que a sí mismos. Y éstos ya están preparados ahora por Juan para ser pueblo bien dispuesto para el Señor, pueblo escogido[22]; pues están en condiciones de recibir la gracia de Dios: tienen hambre y sed de justicia, lloran por consolación, son pobres en espíritu, mansos, aceptan la dirección divina[23]. Por eso viene a ellos Cristo, el reino de los cielos, que vino para salvar a los pecadores.

Los demás en cambio, muy conscientes de ser hombres justos, no dan crédito a la prédica de Juan. Tampoco creen que aquello de "Arrepentíos", tenga algo que ver con ellos. Muy al contrario; ellos sostienen: "Nosotros somos justos, desconocemos el pecado, ya estamos en pleno reinado, pues el reino de los cielos se ha acercado, mejor dicho ha venido ya hace muchísimo tiempo." Por esto, cuando Juan comienza a reprenderlos por su dureza de corazón, exclamando: "¡Generación de víboras! ¿Quién os enseñó a huir de la ira venidera? Haced, pues, dignos frutos de arrepentimiento"[24], en seguida dicen: "Demonio tiene"[25], por cuanto no sólo insiste en que personas tan rectas y dignas como ellos tienen pecados, sino que incluso los llama "generación de víboras", peores aún que los demás, y les anuncia la ira divina.

Como ellos, son ahora y serán en lo futuro todos los que confían en su propia justicia, los que, desechando el evangelio de Cristo, quieren oír el evangelio sólo con aplicación a ellos mismos, es decir, como buenas nuevas de que ellos son gente justa que hace lo recto. Asimismo, no quieren oír el sonido "extraño" del evangelio, el anuncio de que son pecadores, faltos de entendimiento; antes bien, creen que el evangelio es falsedad y mentira. Por eso no hay gente más irritable que ellos; siempre están prontos para defenderse a sí mismos e inculpar a los demás, declararse justos a sí mismos y juzgar

[21] Is. 28:21; comp. también 2 S. 5:20. El "monte Perazim" es llamado por Lutero y la Vulgata *mons divisionum*.
[22] Comp. Lc. 1:17.
[23] Comp. Mt. 5, las "Bienaventuranzas".
[24] Mt. 3:7, 8.
[25] Mt. 11:18.

y condenar a otros, y por añadidura se quejan y protestan por las injurias que supuestamente tienen que padecer a pesar de ser personas de conducta tan ejemplar.

Sin embargo, Cristo mismo y también el apóstol Pablo nos enseñan cómo se puede probar que incluso aquellas personas tan perfectas son pecadores, a saber: no cumplen la ley conforme a su sentido espiritual, pues con toda su aparente rectitud infringen la ley al menos en su corazón, abrigando pensamientos y deseos pecaminosos. No matan, pero montan en cólera; no hurtan, pero son avaros; no cometen adulterio, pero codician la mujer de su prójimo, pues sin la gracia de Dios es imposible extirpar la codicia. "¡Oh hombre miserable que soy! ¿Quién me librará de este cuerpo de muerte?", exclama Pablo. Y ¿cuál es su respuesta? No dice: "el buen hábito", o "la repetición frecuente de ciertas obras", sino "la gracia de Dios por medio de Jesucristo"[26].

7. *Mediante el entendimiento correcto de ley y evangelio, Dios nos conduce al arrepentimiento, y finalmente a la victoria.*

Por cuanto el evangelio describe el pecado en toda su magnitud dando al mandamiento divino un sentido más amplio, de tal modo que nadie puede ser hallado justo y sin transgresión de la ley, siendo así que todos están pecando y han pecado— por tanto, salta a la vista que todos necesitan el bautismo del arrepentimiento antes de que puedan recibir el bautismo que confiere perdón de los pecados. Por esto la Escritura no dice simplemente que Juan predicó el bautismo del arrepentimiento, sino que añade: "para perdón de pecados"[27]. Esto quiere decir: por medio de ese bautismo son preparados para la gracia por virtud de la cual se efectúa el perdón de los pecados. Y este perdón a su vez lo reciben sólo aquellos que sienten un profundo disgusto hacia sus pecados; en otras palabras: los que se arrepienten. Pero ese disgusto lo sienten únicamente quienes conocen sus pecados; y sólo los conocen quienes tienen un claro entendimiento de lo que es la ley. Mas la ley nadie la puede entender ni explicar por sí mismo; es el evangelio el que nos la hace entender. De ahí la declaración de Pablo: "Por medio de la ley se produce el conocimiento del pecado"[28]; sin la ley, "el pecado estaba muerto". "Mas cuando vino la ley, el pecado revivió: porque yo no sabía que la codicia es pecado,

[26] Comp. Ro. 7:24, 25.
[27] Lc. 3:3.
[28] Ro. 3:20.

si la ley —es decir, la ley entendida en su sentido espiritual— no dijera: No codiciarás"[29].

Por lo tanto, la ley es algo excelente, porque pone en claro qué son obras malas, y nos lleva a conocer nuestra propia miseria, y de esta manera nos impulsa a buscar lo que es bueno. Pues el comienzo de la salud es conocer la enfermedad, y "el principio de la sabiduría es el temor de Dios"[30]. Pero esta misma ley infunde temor, para que el hombre sea curado de su orgullo al ver que no está guardando la ley como debiera hacerlo, acarreándose así el juicio de Dios. La gracia de Dios en cambio infunde amor, por el cual el hombre cobra nuevos ánimos al ver que nace y crece en él la voluntad de guardar la ley, y al ver además que sus deficiencias en el cumplimiento de la ley son remediadas por la plenitud de Cristo, que Dios acepta cual si fuera la del hombre, hasta que éste es llevado a la perfección plena en los cielos. Así pues, "gracias sean dadas a Dios, que nos ha dado la victoria por medio de Jesucristo"[31].

[29] Comp. Ro. 7:7 y sigs.

[30] Cap. 1, vers. 16 del *Eclesiástico* o *Sabiduría de Jesús Ben Sirá*, otro de los libros apócrifos del AT.

[31] 1 Co. 15:57.

LO QUE NOS MOTIVA A TEMER A DIOS Y AMAR LA JUSTICIA

Sermón para el Día de San Juan, Apóstol y Evangelista
Fecha: Año 1521/1522 [1]

Texto: Eclesiástico 15:1-6 [2]. El que teme a Dios, hará el bien, y el que se atiene a la justicia, la abrazará. Como una madre de honores, ella le saldrá al encuentro, y como esposa virgen le acogerá. Le alimentará con el pan de vida y de inteligencia, y le abrevará con el agua de salutífera sabiduría; cobrará firmeza en él, y no permitirá que sea doblegado. Le sostendrá de manera que no será confundido, y le exaltará ante sus prójimos. En medio de la asamblea le abrirá la boca; le llenará con el espíritu de sabiduría y de inteligencia, y le vestirá con el vestido de gloria. Alegría y gozo atesorará sobre él, y le dará en herencia un nombre eterno.

Introducción

Esta Epístola no tiene carácter de enseñanza, sino de alabanza: no nos dice qué es el bien ni cómo hay que hacerlo, sino que describe lo que sucede con los que hacen el bien. En otras palabras: nuestra Epístola es un estímulo y una exhortación a hacer el bien ya conocido de antemano. Esta diferencia entre enseñanza y exhortación la hace también San Pablo en Romanos 12 (v. 7, 8), donde divide todas las predicaciones

[1] Este sermón figura en la "Winterpostille", serie de sermones-modelo que Lutero escribió durante su permanencia en el castillo de Wartburg desde mayo de 1521 hasta fines de febrero de 1522. Véase lo dicho en la Introducción, últimos párrafos de la Parte I, respecto de las "postilas".

[2] Eclesiástico (Sabiduría de Jesús Ben Sirá) 15:1-6 era la Epístola para el Día de San Juan Evangelista. El texto que presentamos es traducción directa de la Vulgata, usada también por Lutero.

en dos grupos; a unas las llama enseñanza, y a las otras, exhortación. La enseñanza le comunica a uno lo que todavía no sabe; le "da" algo. La exhortación estimula, incita y despierta, a fin de que la enseñanza no acabe simplemente en un saber ocioso; además le brinda al hombre consuelo, para que siga adelante y no desfallezca. Por lo tanto, esta parte de la predicación, es decir, el exhortar, es más fácil que el enseñar; sin embargo, es muy necesario y de suma utilidad.

Ahora bien: el que quiera estimular, despertar, consolar y exhortar a una persona, tiene que presentarle algo que pueda servirle de motivo: tiene que mostrarle qué cosa más necesaria, útil, loable y honrosa es hacer tal y tal obra, y por el contrario, lo perjudicial y vergonzoso que es no hacerla. Y esto es precisamente lo que ocurre en nuestra Epístola: aquí se nos muestra cuán rica en frutos provechosos y honrosos es la vida de quienes temen a Dios y aman la justicia; y esto es lo que queremos ver a continuación.

Nuestro texto no se detiene en detallar qué es el temor de Dios y la justicia. Pero ya lo hemos explicado muchas veces, a saber: temer a Dios significa que el hombre no se basa en sí mismo ni en lo suyo; que no confía jactanciosamente en su honor, poder, riquezas, fuerza, renombre y saber, ni tampoco en sus buenas obras y su vida piadosa. Antes bien, en todas estas cosas, su empeño permanente es no cometer pecados. Y hay más: el que teme a Dios, lo hace porque sabe que si Dios quisiera aplicarle todo el rigor de su justo juicio, estaría mil veces perdido. Por esto se abstiene de todo engreimiento, no trata con desprecio ni siquiera al hombre de ínfima condición, sino que observa la debida modestia y deferencia en su conducta y en todo cuanto emprende; no ama la ostentación, no pretende tener siempre la última palabra, y gustosamente admite razones y correcciones. Y esa modestia y humildad hacen que todas sus obras sean buenas; pues San Pedro dice en su primera carta, capítulo 5 (v. 5): "Dios resiste a los soberbios y da su gracia a los humildes"; y lo que hace el que así goza de la gracia de Dios, está todo bien hecho.

Así pues, como hemos oído, la justicia no es otra cosa que la fe, cuya característica es la siguiente: En primer lugar, por cuanto nadie puede subsistir ante el juicio de Dios, y por cuanto el hombre, en todo lo que es y hace, tiene que vivir en permanente temor— por tanto, este temor le impulsa a buscar y hallar algo fuera de su propia esfera personal en que pueda depositar su confianza y con que pueda defenderse, y ese algo no puede ser sino la libre misericordia de Dios que nos es ofrecida y prometida en virtud de la obra de Cristo. Esa confianza, esa fe y esperanza es lo que hace al hombre justo y aceptable a los ojos de Dios, como dice San Pablo en Romanos capítulo 1 (v. 17): "El justo vive por su fe". Así, pues, por una parte el hombre se llena de temor cuando mira a lo suyo, y aparece ante el juicio de Dios como quien tiene en sí mismo nada más que pecados; pero por la otra parte se llena de consuelo al mirar a lo ajeno, es decir, la gracia de Dios, y aparece ante esta gracia como quien ha alcanzado justicia perfecta. Por consiguiente, estas dos cosas deben permanecer unidas una con la otra: el juicio y la gracia, el temor y la confianza. El juicio debe producir temor, la gracia debe producir confianza. El temor hace que desesperemos de nosotros mismos y de todo lo que es nuestro, a causa del juicio. La confianza en cambio hace que nos aferremos a Dios y a todo lo que es de Dios, de modo que no nos gloriemos de ningún bien nuestro, sino solamente de los bienes de Dios. Así se cumple entonces lo dicho en el Salmo 147 (v. 11): "Dios se complace en los que le temen, y en los que esperan en su misericordia".

Si esa fe es fe verdadera, hará al prójimo así como cree que Dios le ha hecho y sigue haciendo a ella. Es decir: el hombre que tiene esta fe verdadera, se guía por la gracia divina en todos los pasos que da. Gustosamente perdona a su prójimo. Le soporta con toda paciencia. Le saca de su existencia miserable y le hace partícipe de sus propios bienes. Le da a disfrutar todo cuanto él mismo posee, y no le niega nada. Le pone a disposición su cuerpo y su vida, su fortuna y su reputación, así como Dios se los pone a disposición a él. Pues el tal hombre cree que Dios le hace todo esto de pura gracia, sin tomar en cuenta su total indignidad— y en efecto, Dios actúa exactamente así como aquel hombre cree. Por ende: tal como Dios se brinda por entero al creyente y le inunda con sus bienes divinos, no reparando en la indignidad del hombre, así el creyente a su vez se brinda por entero a su prójimo y derrama sobre él todo cuanto posee, sin reparar en que ese prójimo quizás sea su enemigo o una persona que no se lo merece. El creyente tiene también la certeza de que jamás se vaciará del todo: cuanto más le llena la copa a su prójimo, tanto más le llena Dios la suya propia, y cuanto más colma a sus prójimos de sus bienes, tanto más se colma él mismo de los bienes divinos.

He aquí, ésta es la fe genuina y verdadera que hace al hombre justo ante los ojos de Dios; ésta es la justicia cristiana que recibe dones desde lo alto y que emana desde lo profundo como lo ejemplifica la Escritura en Jueces 1 (v. 13 y sigtes.); allí se nos dice que el venerable padre Caleb dio a su hija Acsa las fuentes de arriba y las fuentes de abajo, es decir, una tierra con manantiales en sus dos extremos, garantía de feracidad y abundantes cosechas. Esto, como ya queda dicho, es la fe, de la cual nunca se podrá predicar en demasía. "Acsa" significa en nuestra lengua "un adorno que se lleva en los zapatos"[3], y es la niñita Margarita con los zapatitos rojos, la hijita de Dios, el alma creyente que camina en hermosos zapatos rojos tachonados con oro, a lo cual alude San Pablo en Efesios capítulo 6 (v. 15) al decir: "Vuestros pies estén calzados" —¿con qué?— "con el apresto del evangelio de la paz". Así, pues, cuando el corazón anda en el evangelio y vive en esta palabra divina mediante la fe, entonces ese corazón es "Acsa", Margarita la de los zapatos hermosos, como dice también Salomón a la Novia en el Cantar de los Cantares capítulo 7: "¡Qué bien te queda tu andar en tus sandalias, oh tierna hija de príncipe!"[4].

Veamos ahora los motivos que sirven de impulso y estímulo para tal temor de Dios y justicia.

El primer motivo: Hacer el bien.

Todo el mundo habla de hacer el bien. Pero ¿quieres saber cómo hacerlo? Entonces escucha: no imites a los necios, que se fijan en las obras y tratan de evaluarlas para ver cuáles son buenas y cuáles no, estableciendo de esta manera una diferenciación entre una y otra. Con esta discriminación entre una obra y otra no llegarás a nada. Por lo tanto, no las clasifiques, sino tenlas a todas por iguales; y en cambio, teme a Dios y sé justo (en el sentido que acabo de indicar), y luego haz lo que tu oficio te demandare. Entonces, todo cuanto hicieres es "hacer el bien", aunque no fuera más que cargar estiércol sobre tu carro para abonar la tierra, o picanear burros. Nuestro texto dice con palabras claras e inequívocas: "El que teme a Dios, hará el bien", haga lo que hiciere. Sus obras son buenas, no por el valor que pudieran tener en sí mismas, sino por el temor a Dios de quien las hace. ¡Qué declaración más consoladora: si temes a Dios, te llenarás tan rápida y tan completamente de buenas obras, que tu vida entera será una vida buena! Comer, beber, caminar, detenerse, mirar, escuchar, dormir, estar despierto: todo está bien hecho. ¿Quién no habría de sentirse estimulado a temer a Dios al pensar en las tan provechosas consecuencias que trae? Los que temen a Dios, son como ovejitas del Señor en las cuales no hay nada inútil: aún su estiércol sirve de abono a la tierra. En cambio, los que hacen distinción entre las obras, los que se creen santos por virtud de sus obras de propia elección, no hacen buena obra alguna.

[3] La *Enciclopedia de la Biblia*, Ed. Garriga, Barcelona, traduce el nombre Acsa con "ajorca de tobillo" .

[4] Cnt. 7:1, tal como lo cita Lutero. Compárese la exégesis alegorizante y un tanto ingenua practicada en este párrafo por el joven Lutero, con el vigor y la sobriedad de sus sermones de años posteriores.

¿Por qué no? Porque no temen a Dios; porque tienen un concepto muy exagerado de lo que ellos mismos son y hacen; porque no confían en Dios. Por esto son malas aun aquellas obras suyas que ellos mismos consideran las más excelentes; pues sigue en vigencia la afirmación: "Si uno teme a Dios, sus obras son buenas; si uno no teme a Dios, sus obras no son buenas".

El segundo motivo: Abrazar la justicia.

Porque así dice el Eclesiástico: "El que se atiene a la justicia, la abrazará", lo que viene a ser lo mismo que lo expresado al comienzo, sólo en otras palabras. Atenerse a la justicia equivale a atenerse a la fe y perseverar en ella. El que persevera en la fe, abraza la justicia, de modo que la justicia llega a ser suya, con el resultado de que todo cuanto esta persona hace, todo su vivir, es justo. La justicia es ahora su posesión en la cual él habita como en una propiedad heredada. Por lo tanto: el que quiera practicar el bien y vivir una vida justa, tenga fe y aténgase a ella, y luego haga indiscriminadamente las obras que le vengan por delante en su quehacer cotidiano. Así tendrá la ventaja de no verse obligado a indagar y preguntar cómo estas obras llegan a ser justas: ya lo son en el instante mismo en que él las hace; y la justicia ya la tiene abrazada, sin larga búsqueda o elección o selección, por el solo hecho de que él se atiene a ella por medio de la fe.

Los incrédulos en cambio, por no atenerse a la fe, tampoco abrazan la justicia, y por consiguiente, no pueden evitar que la justicia huya de sus obras, por más que traten de atraparla, como huyen las moscas del perro que les da caza. Así les pasó a los judíos, como dice San Pablo en Romanos capítulo 10: "Israel va tras la justicia, mas no la alcanza"[5]. Como quien corre tras su propia sombra, así esa gente quiere cazar la justicia mediante sus obras. Pero la justicia se les escapa, no se deja atrapar, y eso porque ellos mismos no se dejaron atrapar antes por la fe ni se atuvieron de este modo a la justicia. Si lo hubieran hecho, habrían abrazado la justicia, y ésta habría adornado todas sus obras. En otras palabras: su sombra, en vez de escapárseles, les seguiría.

El tercer motivo: Como una madre de honores, ella le saldrá al encuentro.

¿Qué significará esto? Es una forma de hablar propia del idioma hebreo[6]. En hebreo suele decirse: éste es un hijo de

[5] Comp. Ro. 9:31.

sabiduría, aquéllos son hijos de maldad, o hijos de ira[7], o hijos de condenación. Análogamente se habla aquí de un "hijo de justicia". Y bien: el que es un hijo de pecado o un hijo de injusticia, tiene una "madre de ignominia". De una madre tal, el hijo no puede alegrarse; al contrario: tiene que avergonzarse de ella. En cambio, el que es un hijo de justicia, tiene una "madre de honores" en la cual bien puede gloriarse y deleitarse; pues también una madre carnal, si es una mujer irreprochable, es para su hijo una honra, una gloria y un consuelo. Y por otra parte, la madre es una deshonra para su hijo si es una mujer de mala fama, de modo que casi no existe afrenta más grave que cuando a uno se le echa en cara la ruindad de su madre y se lo tilda de hijo bastardo o mal nacido.

En nuestro texto, el sabio varón Sirá destaca que la justicia recibe a su hijo con la mayor amabilidad, como una madre recibe a su hijo a cuyo encuentro salió: por él, esa madre está dispuesta en todo momento a hacer de corazón cuanto esté al alcance de sus fuerzas. Con esto, el autor de nuestro texto quiere demostrar qué seguridad más grande, qué consuelo, paz, alegría y honra experimenta el corazón humano, también ante Dios, por medio de la fe. Pues una madre carnal acaricia y besa a su hijo, le toma en sus brazos, y no tiene mayor anhelo que salir siempre a su encuentro y anticiparse a sus deseos; en verdad, no hay afecto que iguale al que siente una madre por su hijo. Tal es el caso también con la justicia: ella abraza al hombre, le protege, sale a su encuentro y se pone a su disposición en todas las cosas, de modo que el hombre goza de seguridad y paz en su corazón, disfruta de altos honores, y se puede gloriar en ello delante de Dios, porque "la justicia es una madre de honores".

El cuarto motivo: Como esposa virgen le acogerá.

Y esto a su vez, ¿qué significará? Es una reiteración en otras palabras de lo antedicho, para recalcar la gran solicitud que la justicia tiene para con su hijo. A tal efecto, el autor compara el sentir de la justicia con el de una recién casada: lo que siente hacia su esposo la joven que acaba de iniciar su nueva vida de mujer— esto es lo que la justicia siente hacia su hijo. Lo que son los sentimientos que anidan en el pecho

[6] "El Eclesiástico forma parte de la Biblia griega, pero no figura en el canon judío. Sin embargo, fue compuesto en hebreo... Cerca de dos tercios de este texto hebreo fueron encontrados en 1896... La Iglesia (católica) sólo reconoce como canónico el texto griego." (Biblia de Jerusalén, ed. española, Desclée de Brouwer: *Eclesiástico: Introducción*).

[7] Este hebraísmo se encuentra p. ej. en Ef. 2:3.

de tal esposa, que lo digan quienes lo han experimentado [8]; además, se oye comentar a menudo que no hay amor y cuidado más fervoroso que el de una joven recién casada hacia su esposo. Las Sagradas Escrituras mismas abundan en alusiones al amor conyugal. Por esto, el Eclesiástico llama a la justicia "una esposa virgen" que acaba de entrar en el estado matrimonial sin haber conocido anteriormente amor de hombre; pues si una viuda vuelve a casarse, no tiene hacia su nuevo esposo el mismo sentir, porque la convivencia conyugal no es ya cosa desconocida para ella.

Uno se queda realmente admirado ante el acierto y la profundidad de lo que expone aquí el sabio Sirá. ¡Qué poderoso estímulo para la fe y el temor a Dios emana de sus palabras! ¿Qué ejemplos más convincentes que éstos podría haber presentado: el sentimiento de una buena madre para con su hijo, y el de una esposa virgen para con su esposo? Por su misma naturaleza, la mujer muestra mayor inclinación hacia el amor y el solícito afecto que el varón. De los ejemplos citados se desprende por lo tanto que ese favor, amor y cuidado que la justicia tiene para con nosotros, no lo podemos ganar con nuestras obras. Todo esto hay que sentirlo en el corazón. Así es entonces como la conciencia, fundada en la fe, encuentra en la justicia toda esa seguridad, gozo y amor que el niño puede hallar en su madre, y el esposo en su esposa virgen.

El quinto motivo: Le alimentará con el pan de vida y de inteligencia.

Esto equivale a decir: le alimentará con vida e inteligencia. Y el significado es el siguiente: Así como el pan de cada día no sólo da al cuerpo el sostén mínimo indispensable, sino que también le brinda alimento en abundancia de modo que crece y aumenta, se mantiene sano y con buen aspecto, y adquiere robustez y energía para el trabajo, así también la justicia nutre al hombre de manera que día a día crece espiritualmente y adquiere más y más entendimiento tanto en las cosas divinas como también en otras, gracias a las experiencias que va acumulando. Pues al que es falto de experiencia, todo le resulta ininteligible. No así al hombre alimentado por la justicia: todo lo que su vista percibe, le sirve para elevar su espíritu y ampliar su saber; no puede sino llenarse de vida y de inteligencia, máxime si se ocupa en las Escrituras.

De esta manera, Salomón adquirió multitud de conocimientos, como lo evidencian sus Proverbios y el Cantar de los

[8] Recuérdese que este sermón data de 1521/22. Lutero se casó el martes 13 de junio de 1525.

Cantares. Con justa razón, empero, nuestro texto asigna a la vida el primer lugar, y a la inteligencia el segundo. Pues la inteligencia sin vida carece de valor. Y a su vez, en la inteligencia que aquí se menciona no debemos ver el entendimiento en cosas terrenales, que nos lo pueden proveer también los gentiles y la razón natural, sino el entendimiento en cosas espirituales y divinas, que nos es provisto por la fe, esa fe que despierta nuestra alma para una nueva vida ante Dios, y le enseña lo que ha de saber para alcanzar la bienaventuranza eterna.

El sexto motivo: Y le abrevará con el agua de salutífera sabiduría.

Estas palabras son una continuación del tema que acabamos de tratar. También ellas hablan del crecimiento en el espíritu, con énfasis especial en la sabiduría salutífera, y con exclusión de la sabiduría del mundo y de los hombres, que no es salutífera. Lo que se dijo respecto del alimentar, puede decirse también respecto del abrevar: El hombre extrae sabiduría de todo cuanto le acontece; todo lo que hay en el cielo y en la tierra ha de ser para él como una pradera en que su espíritu se apacienta. Mas la pradera por excelencia es la Escritura; allí, sólo allí el hombre hallará la sabiduría salutífera y el alimento para su alma.

El séptimo motivo: Cobrará firmeza en él.

Hasta este punto, el Eclesiástico enumeró las utilidades y los frutos que la justicia le brinda al hombre en tiempos de paz y para su propia persona. Ahora pasa a relatar qué provecho le trae la justicia en tiempos de lucha y frente a sus adversarios. "Cobrará firmeza en él", dice; esto es: la justicia da al hombre vigor y firmeza, con lo que le capacita no sólo para *recibir* los bienes antes mencionados, sino también para salvaguardarlos y retenerlos en todos aquellos trances en que alguien o algo se los quiera arrebatar. Con esto, el sabio Sirá reconoce que quien teme a Dios y quiere vivir conforme a Su voluntad, tendrá que arrostrar duros trabajos, luchas y desventuras de toda índole. La cruz no habrá de estar ausente, como lo asevera también San Pablo en Hechos capítulo 14 (v. 22): "Es necesario que a través de muchas tribulaciones entremos en el reino de los cielos".

Con estas palabras, nuestro texto hace frente a los flojos y pusilánimes, que aceptan de buen grado tales estímulos y beneficios, pero se quejan amargamente de tener que empeñar en ello su fortuna y honor, su cuerpo y vida y todo lo que poseen. El sabio Sirá no niega esta realidad. Tampoco piensa en quitarla de en medio ni en ofrecer un consuelo dulzón. Antes bien, robustece el ánimo y le confiere un temple viril contra todas las dificultades. Su consuelo es que la justicia dará al hombre que se atiene a ella valor suficiente, firmeza y tenacidad, de modo que podrá soportar con ánimo sereno los trabajos, las luchas y las desventuras.

El octavo motivo: No permitirá que sea doblegado.

Esto es lo mismo que decir que "cobrará firmeza en él". Si adquieres una fortaleza tal que lo puedes superar todo, ¿qué más quieres? Los que basan su justicia en sus propias obras, no poseen esta fortaleza, no resisten; no hay en ellos nada de firmeza, sino sólo un débil inclinarse y sucumbir. ¿Por qué? Porque están demasiado apegados a lo suyo. Esto, sin embargo, les puede ser quitado; y quien se lo quita, se lo lleva junto a ellos mismos. Pero la justicia cristiana que proviene de la fe está apegada a la misericordia de Dios. Ésta no la puede quitar nadie. Y a los que están apegados a ella, tampoco los puede quitar nadie, aunque les arrebaten todo lo demás.

El noveno motivo: Le sostendrá.

Esto es: mantendrá en alto su buen nombre. Con esto, el sabio Sirá reconoce que el hombre creyente y temeroso de Dios no sólo tendrá que padecer muchos infortunios, sino que éstos le acarrearán, además, oprobio y vergüenza; pues la tribulación peculiar de los cristianos no es el tener que padecer males como los padecen también muchas otras personas, sino el sufrir afrentosa y vergonzosamente como los peores malhechores, como fue el caso también con la pasión de Cristo. Ese padecimiento —o esa cruz— del cristiano no afecta tanto el honor civil sino el honor que se debe tener en la propia conciencia y ante Dios. Así es como fueron muertos todos los mártires: no como si hubiesen incurrido en un delito ignominioso penado por la ley civil, sino como si hubieran sido enemigos y blasfemadores de Dios. Para que nadie quede aterrado ante esta realidad, el autor de nuestro texto aporta su consuelo y su estímulo, afirmando que quien tiene fe, será sostenido y guardará incólume su buen nombre ante Dios y el mundo.

El décimo motivo: La justicia no permitirá que sea confundido.

Con esto se repite y al mismo tiempo se clarifica lo antedicho: La justicia permite que el creyente sea atacado por oprobio y vergüenza, para que quede en evidencia el gran poder que la justicia tiene; pero no permitirá que el hombre permanezca por siempre en el oprobio, ni que sucumba a la vergüenza —siempre que se atenga a la justicia, como lo afirma también el Libro de la Sabiduría, capítulo 10: "La Sabiduría hace que el justo quede envuelto en un duro combate para enseñarle que la piedad contra todo prevalece"[9]. El justo *tiene* que ser sometido a pruebas; no puede eludir el oprobio, no puede evitar tampoco que la vergüenza le hiera dolorosamente el corazón infundiéndole temor y temblor, como si Dios hubiera retirado de él su mano protectora. Pero en tales momentos, la justicia[10] acude en auxilio del hombre creyente para que cobre una firme confianza, y de esta manera le sostiene de modo que puede hollar la vergüenza con sus pies, cosas todas que están muy lejos del alcance de quienes se creen justos ante Dios por virtud de sus propias obras y méritos.

El decimoprimer motivo: Le exaltará ante sus prójimos.

Esto quiere decir: tales pruebas y luchas hacen que el creyente llegue a ser tanto más conocido y renombrado entre la demás gente, hecho al que alude también San Pablo al recalcar que el surgimiento de sectas pone de manifiesto quiénes son los cristianos aprobados[11]. En efecto: las tribulaciones y tentaciones que el justo tiene que padecer, le confieren notoriedad y prestigio entre sus prójimos, de modo que se le exalta y estima. En cambio, los que se glorían en la perfección de sus obras, pasan desapercibidos; por ser un pueblo no probado, son también un pueblo inexperto. Sólo andan en lo suyo propio, de los bienes y de las obras de Dios no saben contar una palabra.

El decimosegundo motivo: En medio de la asamblea le abrirá la boca.

Esto es: el que teme a Dios y se atiene a la justicia, llegará a ser un buen predicador y maestro. Pues su fe le brinda un conocimiento correcto de todas las cosas, y las pruebas a que estuvo expuesto y lo está aún, le confieren experiencia. Habien-

[9] Sab. 10:12. El Libro de la Sabiduría, llamado simplemente *Liber Sapientiae* en la Vulgata, y en griego *Sabiduría de Salomón*, es otro de los libros apócrifos del AT.

[10] Esto es, el saberse justificado ante Dios por la fe en los méritos de Cristo.

[11] Comp. 1 Co. 11:19.

do adquirido así certeza para sí mismo, puede hablar también con plena convicción a otros e instruir a los demás. Bien dice al respecto Juan Tauler: "Un hombre creyente podría juzgar y enseñar al mundo entero"[12]. Sin tales pruebas y tentaciones, nadie se hará un buen predicador; no pasará de ser un charlatán, ignorando él mismo qué y para qué está hablando, como dice San Pablo en 1 Timoteo 1 (v. 7): "Quieren ser predicadores de las Escrituras, y no entienden ni lo que hablan ni lo que afirman" — en otras palabras: son unos parlanchines inútiles.

El decimotercer motivo: Le llenará con el espíritu de sabiduría y de inteligencia.

Un poco antes, el Eclesiástico había dicho: "Le alimentará con el pan de vida y de inteligencia, y le abrevará con el agua de salutífera sabiduría". Aquello se refiere al tiempo anterior a la tentación, cuando el hombre es un simple receptor de los dones divinos, sin haber experimentado aún personalmente todo el inmenso valor que estos dones tienen. Pero después de la tentación, cuando el hombre ha sido probado y aprobado, no sólo es llenado con los dones de sabiduría y de inteligencia, sino también con el Dador de dichos dones, el Espíritu Santo mismo, y es hecho enteramente perfecto. No que antes el Espíritu Santo no haya estado en él —pues donde están sus dones, allí está también él mismo en persona. Pero el hecho es que el hombre aún no experimentado todavía no ha llegado a una altura en que pueda discernir y sentir la presencia del Espíritu. Esta capacidad sólo la alcanza una vez que ha sido probado y aprobado. Entonces sí es llenado del Espíritu, Fuente de toda buena dádiva, de modo que de ahí en adelante, los dones no sólo le aprovechan a él mismo, como en el tiempo anterior a la tentación, sino que ahora él ya no hace otra cosa que traer provecho a los demás, con el resultado de que por su intermedio, ellos alcanzan la misma gracia divina que él alcanzó. Antes, como ya se dijo, este hombre fue de provecho *material* para sus prójimos, derramando sobre ellos sus bienes, impulsado por su fe y los dones que había recibido de Dios; pero con aquello todavía no hizo a sus prójimos un beneficio espiritual, sino meramente corporal. Ahora empero, después de la tentación, viene el Espíritu y hace que el hombre, expe-

[12] Juan Tauler, místico alemán nac. en Estrasburgo alrededor del año 1300 y m. en la misma ciudad el 15 de junio de 1361. Monje dominico desde 1315, desarrolló una notable actividad como predicador y guía espiritual en Estrasburgo, Colonia y Basilea. Lutero menciona a J. Tauler a menudo en términos elogiosos, citando y recomendando sus sermones.

rimentado ya, no sólo sea alimentado con el pan de sabiduría e inteligencia como antes, sino que a su vez abra su boca y alimente a otros con sabiduría e inteligencia, ayudándoles así espiritualmente. Esto lo vemos con toda claridad en los apóstoles: antes de la pasión de Cristo no eran más que huéspedes del Señor: comían y bebían de su divina sabiduría e inteligencia, y eran rectos en su vivir, pero todo ocurría dentro de su propio estrecho círculo. Después de la resurrección de Cristo en cambio, los huéspedes se convirtieron en hospedadores que dieron de comer a otros y los guiaban en la senda recta mediante el espíritu de sabiduría y de inteligencia de que fueron llenados después de que hubieron pasado por las pruebas.

El decimocuarto motivo: Le vestirá con el vestido de gloria.

Esto significa: la justicia conferirá al hombre temeroso de Dios una buena fama entre sus semejantes. En este sentido dice el Señor a David: "He engrandecido tu nombre"[13]. El justo gozará de la distinción de que todo el mundo piensa y habla de él como de un hombre de bien, a causa de su sabiduría e inteligencia. Pues esto es lo que quiere decir aquí el término "gloria": palabras de elogio y de alabanza por parte de los hombres. A esto lo llama Sirá "un vestido", porque luce más que cualquier joya y adorno.

El decimoquinto motivo: Alegría y gozo atesorará sobre él.

Hasta ahora, el sabio Sirá habló de los beneficios que el creyente obtiene en esta vida terrenal. En estas palabras finales menciona lo que le espera en el más allá: alegría y gozo eternos. He aquí la riqueza que la justicia atesora sobre el hombre que teme a Dios: una riqueza que nunca se acabará.

El decimosexto motivo: Le dará en herencia un nombre eterno.

Esto es: la memoria del justo no sólo se honrará en esta vida, sino que perdurará aún después de su muerte. A todo esto aspiran los que se jactan de sus propias buenas obras, mas no lo alcanzan, puesto que no temen a Dios ni se atienen a la justicia que proviene de la fe.

Considera, pues, cuán sublimes son estos frutos, y cuán grande su provecho. ¿Cómo no habrían de consolarnos y de exhortarnos a que perseveremos en la fe y en el temor de Dios?

[13] 2 S. 7:9.

No hice de ellos más que una reseña superficial; quien quisiera describirlos con la amplitud debida, tendría que dedicar un largo sermón a cada punto en particular. Tampoco debe entenderse lo dicho aquí en el sentido de que por causa de estas cosas se deba temer a Dios o creer en él, o que mediante la fe se tengan que buscar los frutos mencionados. Tal proceder sería del todo equivocado. Las palabras del Eclesiástico que acabo de comentar no fueron escritas para que busquemos o ansiemos lo que prometen, sino para enseñarnos que tales son los resultados que se manifiestan en la vida de los que temen a Dios. Y precisamente los que no buscan dichos resultados, son los únicos que los encuentran, o sea: a los que temen a Dios, no apegándose a lo suyo propio, sino ateniéndose exclusivamente a la gracia divina, a éstos los frutos de la justicia les seguirán sin que los hayan buscado, cosa que los que confían en sus propias obras no alcanzarán jamás, pese a su incansable correr.

Por otra parte, esta Epístola concuerda también a la perfección con el Evangelio[14]. En la Epístola se acaba de decirnos que la justicia recibirá al hombre como una madre de honores recibe a su hijo, y como una esposa virgen acoge a su esposo. En el Evangelio se nos relata cómo Cristo hizo recostar a Juan al lado suyo y le trató como "el discípulo a quien amaba". Ambos pasajes ensalzan la fe y nos muestran cuáles son sus propiedades.

[14] El Evangelio del Día de San Juan, que es Jn. 21:20-24.

LA BASE DE LA COMUNIÓN ECLESIÁSTICA

Sermón para el Día de San Pedro y San Pablo.
Fecha: 29 de junio de 1522 [1].

Texto: Mateo 16:13-19. Viniendo Jesús a la región de Cesarea de Filipo, preguntó a sus discípulos, diciendo: ¿Quién dicen los hombres que es el Hijo del Hombre? Ellos dijeron: Unos, Juan el Bautista; otros, Elías; y otros, Jeremías, o alguno de los profetas. Él les dijo: Y vosotros, ¿quién decís que soy yo? Respondiendo Simón Pedro, dijo: Tú eres el Cristo, el Hijo del Dios viviente. Entonces le respondió Jesús: Bienaventurado eres, Simón, hijo de Jonás, porque no te lo reveló carne ni sangre, sino mi Padre que está en los cielos. Y yo también te digo, que tú eres Pedro, y sobre esta roca edificaré mi Iglesia; y las puertas del infierno no prevalecerán contra ella. Y a ti te daré las llaves del reino de los cielos; y todo lo que atares en la tierra será atado en los cielos; y todo lo que desatares en la tierra será desatado en los cielos.

Introducción: La iglesia necesita un conocimiento sólido de las Escrituras

Este pasaje del Evangelio os es bien conocido. Se lo ha tratado durante tanto tiempo, en sermones y en otras formas, que ya prácticamente todo el mundo debiera estar familiarizado con él. Y en verdad, es por mucho el pasaje mejor y más

[1] A diferencia de los sermones de los años posteriores (a partir de 1523), para cuya reconstrucción contamos con los valiosísimos apuntes de primera mano de Rörer, los del año 1522 llegaron a nosotros sólo por tradición impresa. Del presente sermón sobre Mt. 16:13-19 apareció una versión impresa en Augsburgo, y otra en Nuremberg. Las divergencias entre una y otra son insignificantes.

importante de todo el relato que nos dejara el evangelista Mateo. Ya desde los albores de la iglesia cristiana se ha querido ver en este pasaje la distinción de una persona determinada[2]; y por otra parte, de ningún otro pasaje surgieron males de tan funestas consecuencias, cosa inevitable cuando las Escrituras caen en manos de hombres inescrupulosos. Éstos las someten a las interpretaciones más arbitrarias —como en efecto ocurrió—, y cuanto más sagrado el texto, tanto mayor es el peligro de que se lo explique y aplique de una manera errónea y abusiva. Conviene recordar, pues, a modo de regla general: si alguien deambula por las Escrituras sin rumbo fijo y sin seriedad, y sin un conocimiento sólido en que pueda hacer descansar su corazón, el tal hará mejor en abstenerse del todo de hacer intentos de interpretación. Pues si el diablo te atrapó con su horquilla, de modo que te falta la tan imprescindible base de una certeza inequívoca, te zarandeará de un lado para otro hasta que al final ya no sabrás qué dirección tomar. Por esto debes tener la necesaria certeza y esforzarte por llegar a una comprensión clara y específica.

Importa ver en Jesús no sólo al Santo, sino al Cristo.

Lo que se enfatiza en este Evangelio es la necesidad de saber qué es Cristo. Hay dos maneras de conocer a Cristo. La una consiste en fijar la atención en los detalles de su vida. En este sentido se dice aquí: "Unos dicen que tú eres Elías, otros dicen que eres Juan el Bautista, etc." Así ocurre donde habla solamente la razón natural humana, la "carne y sangre". La razón no puede tener de Cristo otro concepto que el de un hombre santo y justo que con su vida nos da un excelente ejemplo al que debemos seguir. A otra comprensión de Cristo, la razón no es capaz de llegar, aun cuando el Señor anduviera hoy mismo entre nosotros personalmente. Ahora bien: para el que acepta a Cristo de esta manera, como mero ejemplo de una vida en rectitud, para éste el cielo permanece aún cerrado. Un hombre tal todavía no entiende a Cristo ni le conoce; para él, Cristo es un santo varón como lo fue Elías. Por lo tanto, toma buena nota de esta regla: Donde el único criterio es el de la razón humana, se ve en Cristo nada más que a un maestro y hombre santo. Y este entendimiento persistirá hasta tanto que el Padre celestial mismo nos enseñe otra cosa.

La otra manera de conocer a Cristo es la que halla expresión en las palabras de San Pedro: "Tú eres un hombre muy especial. No eres ni Elías ni Juan etc.; no eres uno que se ofrece

[2] Se lo ha usado para dar pie a la tesis de la primacía y potestad del apóstol Pedro y sus sucesores, los obispos de Roma.

como ejemplo para los demás. El caso tuyo es muy distinto: tú eres Cristo, el santo Hijo de Dios". Tal cosa no se puede afirmar de ningún santo, ni de Juan, ni de Elías ni de Jeremías ni de otro alguno. Por lo tanto, si se le tiene a Cristo sólo por un hombre santo, la razón humana jamás saldrá de su incertidumbre; apuntará ora a uno, ora a otro, caerá de Elías en Jeremías. Aquí empero se le asigna a Cristo un lugar particular y se le considera como algo especial y bien definido, más allá de todos los santos. Pues si tengo de Cristo un concepto impreciso, mi conciencia jamás se aquietará, y mi corazón nunca hallará reposo. Por esto se hace aquí una diferencia entre la fe y las obras; Cristo mismo nos aclara cómo hemos de tomar posesión de él. No con obras propias. Con obras nadie se le puede acercar. Antes bien, las obras se irán produciendo una vez que nos hayamos acercado a él. En primer lugar, yo tengo que entrar en posesión de sus bienes, de modo que él sea mío, y yo sea suyo. A esto quiere alentarnos Pedro cuando dice: "Tú eres Cristo, el Hijo del Dios viviente etc." Y así lo reconoce Cristo mismo al replicar: "Bienaventurado eres, Simón, hijo de Jonás, porque no te lo reveló carne ni sangre, sino mi Padre que está en los cielos. Y yo también te digo, que tú eres Pedro, y eres una roca, y sobre esta roca edificaré mi iglesia; y las puertas del infierno no prevalecerán contra ella."

1. *La iglesia está basada en Cristo solo, como en una roca. La palabra acerca de Cristo es el único fundamento.*

Todo depende entonces de que se sepa qué es la roca, qué es la iglesia, y qué el edificar. Es preciso que exista una roca como fundamento sobre el cual pueda descansar la iglesia, según las propias palabras de Cristo: "Es sobre una roca que debe estar edificada mi iglesia etc." Y esta roca o fundamento es Cristo, o sea, la palabra acerca de Cristo. Pues a Cristo no se le puede conocer sino mediante su palabra; sin ésta, incluso la presencia física de Cristo carecería para mí de valor, aun cuando él se me apareciera en este mismo momento. Estas palabras empero — cuando se me dice: "Esto es Cristo, el Hijo del Dios viviente" — estas palabras me lo hacen conocer y me lo describen. En ellas me baso; y ellas son entonces para mí tan ciertas, tan verídicas, tan confirmadas, que ninguna roca puede ser tan segura y tan sólidamente fundada y fortificada.

Así, pues, lo que aquí se denomina "roca" no es otra cosa que la verdad cristiana y evangélica que me hace conocer a Cristo; porque a raíz de este conocimiento que ella me comunica, yo fundo mi conciencia sobre Cristo, y contra esta roca no prevalecerá poder alguno, ni aun las puertas del infierno, como dice también San Pablo en 1 Corintios 3 (v. 11): "Nadie puede poner otro fundamento que el que está puesto, el cual es Jesucristo". Lo mismo fue dicho también por Isaías, capítulo 28 (palabras a que se refiere Cristo en nuestro Evangelio de hoy): "He aquí que yo pondré en Sion por fundamento una piedra, piedra probada, piedra preciosa, de cimiento estable; el que en ella cree, no será avergonzado"[3]. Este texto lo emplean los apóstoles como argumento poderosísimo; lo hallamos citado también en 2 Pedro 2 (v. 6) y en Romanos 10 (v. 11). Aquí se os demuestra con toda claridad que Dios quiere poner una sola piedra fundamental, *una* piedra principal, *una* piedra preciosa, *una* piedra angular, y fuera de ella ninguna otra; y esta *una* piedra es Cristo y su evangelio. El que está fundado sobre esta piedra, no será avergonzado; tan firme será su posición, que todas las puertas del infierno no lograrán prevalecer contra él. Por consiguiente, Cristo solo es la piedra o roca; y donde se quiere poner otra roca por fundamento, apresúrate a hacerte cruces; porque allí con toda seguridad estará el diablo. En efecto, este texto no se puede aplicar sino a Cristo, como lo afirma también el apóstol Pablo[4]; el significado propio y correcto de la palabra "roca" es éste, y nadie lo podrá negar.

No es posible que además de Cristo, también Pedro sea el fundamento

Las altas escuelas[5] por su parte tampoco ponen en tela de juicio el pasaje en cuestión, ni tienen reparos en admitir que Cristo es la roca. Pero sostienen que además, también San Pedro es una roca, e intentan así colocar al lado de la piedra principal una piedra secundaria, y trazar junto al camino real una senda lateral que se pierde en los matorrales. Y esto no podemos ni queremos tolerarlo, pues cuanto más importante sea un texto, tanto más celosamente debemos preservarlo de tergiversaciones. Por lo que dicen Isaías y Pablo, no puede caber ninguna duda de que la piedra fundamental es Cristo y nadie más. Pues bien: la interpretación que hacen ellos es la siguiente: Cuando Cristo dice: "Tú eres Pedro, y sobre esta roca edificaré mi iglesia", ello significa, en opinión de ellos, que dicha roca es Pedro y todos los papas que le sucedieron. Consecuentemente, debe haber dos rocas, pero esto no puede ser. Pues en nuestro Evangelio, Pedro le asigna a Cristo un lugar aparte, único y especial; no quiere que ni Juan ni Jeremías le sean equiparados, ni tampoco que uno de estos santos varones sea la roca — y el papa

[3] Is. 28:16, en traducción directa de la versión que Lutero ofrece en su sermón.
[4] 1 Co. 3:11.
[5] Las facultades teológicas medievales, donde se enseñaba que el papa es el vicario de Cristo.

más de una vez ha sido no un santo varón sino un malvado, y en ningún caso llega a la altura de un San Juan o de un Elías u otro profeta. Y si no puedo basarme sobre Juan o sobre Jeremías etc., hombres tan santos, ¿cómo podría basarme entonces sobre un pecador poseído por el diablo? Además, en nuestro texto Cristo nos quita de los ojos, casi con violencia, a todos los santos, incluso a su propia madre[6]: él quiere que haya una sola roca, no dos como quieren los papistas. Y bien: entonces tienen que mentir ellos, o tienen que mentir las Escrituras. Y como las Escrituras no pueden mentir, llegamos a la conclusión de que todo el régimen papal está asentado en tierra pantanosa, sobre mentiras y palabras que son blasfemias contra Dios; y concluimos además que el papa es el archiblasfemador al aplicar a su propia persona un texto bíblico que debe aplicarse exclusivamente a Cristo. Él, el papa, quiere ser la roca, y quiere que la iglesia sea edificada sobre él — exactamente como Cristo lo predijo en Mateo 24 (v. 5): "Vendrán muchos en mi nombre, diciendo: Yo soy el Cristo". De esta manera, el papa se hace pasar por Cristo. No que quiera usurpar su nombre; no dice: "Yo soy el Cristo". Pero sí quiere usurpar el carácter y el oficio a que sólo Cristo tiene un derecho.

El corazón del creyente edifica sobre Cristo como el firme fundamento

Quedamos, pues, con que el significado de nuestro pasaje es sencillamente éste: Cristo es la piedra fundamental; sobre él debe estar edificada la iglesia, y ningún poder del mundo ha de prevalecer contra ella. Esta iglesia se asemeja a una casa bien construida que confía solamente en sus buenos cimientos, o a un castillo fundado sobre una roca. Un castillo de tal naturaleza da la impresión de que quisiera decirnos: "Yo tengo un fundamento sólido; en este fundamento confío". Lo mismo hace también el corazón cuya esperanza es Cristo. Este corazón dice: "Yo tengo al Cristo, el Hijo de Dios; sobre él me baso, en él confío como en una roca inamovible; nada podrá dañarme." Cuando en nuestro texto se habla de "edificar sobre la roca", ello no significa, pues, otra cosa que creer en Cristo y poner toda la confianza en él, con la firme convicción de que él es propiedad mía, junto con todos sus dones; porque yo estoy fundado o parado sobre todo lo que Cristo tiene y puede. Su pasión, su muerte, su justicia y todo lo que es suyo, es también mío. Sobre esto descanso, tal como una casa sobre una roca: esta casa descansa sobre todo lo que constituye el poder y la fortaleza de la roca. Si yo descanso en tal forma sobre Cristo,

[6] Comp. Mt. 12:46 y sigtes.; Lc. 11:27, 28.

y si sé que él es el Hijo de Dios, que su vida es más grande que todas las muertes, su honra más grande que todas las vergüenzas; que la dicha que él confiere es más grande que todas las desdichas, la justicia que de él emana más grande que todas las injusticias etc. — entonces nada podrá prevalecer contra mí, aun cuando se juntaran contra mí todas las puertas del infierno. En cambio si mi fundamento no es esta roca sino otra cosa, por ejemplo una obra (aun cuando fuesen mías las obras de todos los santos, incluso las de San Pedro, pero sin la fe de Pedro), entonces estoy en contra de Cristo. Pues contra la luz de Cristo, todo es obscuridad; contra su sabiduría, todo es insensatez; contra su justicia, todo es pecado. Y si permanezco sobre el fundamento que yo mismo me construí, es decir, si confío en mis obras, y luego me encuentro con Cristo en el juicio final, se me arrojaría a la condenación eterna. Mas si me apropié a Cristo y me baso en él, me apropio su justicia y todo lo que es suyo. Esto me hace estar en pie delante de él de modo que no seré avergonzado. ¿Y por qué no podré ser avergonzado? Porque estoy fundado sobre la justicia de Dios, que es Dios mismo. Esta justicia, Dios no la puede rechazar, pues ello significaría rechazarse a sí mismo. Ahí tenéis, explicado en palabras sencillas, el significado correcto de aquello del "fundamento". No os dejéis desviar de este entendimiento; de lo contrario seréis derribados de la roca, y condenados.

2. *Sólo Cristo puede otorgar a la iglesia el carácter de una roca. Pedro y los cristianos son sólo partículas de la Roca Cristo.*

Se me podrá objetar: "¿Acaso Cristo no dice aquí claramente: 'Tú eres Pedro, y sobre esta roca edificaré mi iglesia' etc.?" Así dice, en verdad; pero esto tenéis que entenderlo en este sentido: Si Pedro es llamado aquí una roca, y si también Cristo se llama una roca, entonces Cristo es la roca entera, y Pedro es un pedazo de la roca. En forma análoga, Jesús se llama el Cristo, y nosotros, según el nombre suyo, nos llamamos cristianos, por la comunión con él y la fe en él, por cuanto mediante dicha comunión y fe también nosotros adquirimos un carácter semejante al de Cristo. En efecto: por medio de la fe llegamos a ser de un mismo espíritu con Cristo, y recibimos su carácter; o sea: él es bueno, santo y justo — así también nosotros somos justos, por medio de él; y todo lo que él tiene y puede, de esto podemos gloriarnos también nosotros. La diferencia está en que Cristo posee todos sus bienes en virtud de su oficio y por derecho propio, nosotros en cambio los poseemos en virtud de su gracia y misericordia. En tal sentido Cristo llama aquí a Pedro una "roca" por cuanto ese Pedro está asentado sobre la roca Cristo, y por Cristo se convierte también él en una roca. De igual manera, también todos nosotros debiéramos llevar el nombre "Pedro", quiere decir, piedra o roca, porque conocemos a Cristo, la roca.

Puede ser que los teólogos papistas sigan insistiendo y me contesten: "De tu explicación, cada cual puede opinar lo que quiera. Yo por mi parte me atengo a las palabras del texto. Y este texto dice: 'Tú eres Pedro, y sobre esta roca edificaré mi iglesia'. De esto se desprende claramente que Pedro es la roca." A quienes os hablen de esta manera, citadles las palabras que siguen inmediatamente después: "Contra esta roca no podrán prevalecer todas las puertas del infierno". Sabemos sin embargo que Pedro no pudo resistir el embate de las puertas del infierno; porque no mucho después el Señor le llama "Satanás"[7]. Cuando el Señor habló a sus discípulos de que le era necesario ir a Jerusalén y padecer mucho de los judíos, y ser muerto, y resucitar al tercer día, Pedro tomó la palabra y le hizo reproches al Señor: "Lejos esté esto de ti; en ninguna manera te acontezca tal cosa". Entonces el Señor le respondió: "¡Quítate de delante de mí, Satanás, tentador!" En estos momentos, la roca se habría desplomado, y las puertas del infierno habrían prevalecido contra ella, si la iglesia hubiera estado edificada sobre Pedro; porque el Señor añade: "Pedro, lo que tú quieres, no coincide con lo que Dios quiere". ¿Viste, mi amado oyente? Aquí el Señor llama "Satanás" al mismo Pedro a quien poco antes había llamado santo y bienaventurado. ¿Por qué? Todo esto sucedió para que el Señor les tapara la boca a los charlatanes inútiles que quieren ver edificada la iglesia sobre Pedro y no sobre Cristo mismo. Además, Cristo quiso confirmarnos en nuestro entendimiento de la palabra para que sepamos que la iglesia no está edificada sobre un charco o sobre un estercolero sino que está fundada firmemente sobre Cristo, el cual es una piedra angular, una piedra fundamental de cimiento estable, como dice Isaías (28:16). Además, ¿qué pasó cuando la criada le acosó a Pedro con sus preguntas[8]? ¡El valiente Pedro negó a Cristo! Y bien: si Pedro cae, y yo tengo a Pedro por fundamento, ¿dónde quedaré yo? Si el diablo llegara a remover al papa, y yo hubiera hecho a éste el objeto de todas mis esperanzas, mi situación sería por cierto más que mala. Es por esto también que Cristo permitió que Pedro sufriera esa caída: fue para evitar que le consideráramos una roca y edificáramos sobre él. Pues es preciso que estemos edificados sobre aquel que puede hacer frente victoriosamente a todos los diablos; y éste es Cristo. Por lo tanto, no te dejes desviar

[7] Mt. 16:23.
[8] Mt. 26:69 y sigtes.

del correcto entendimiento del texto; pues bien entendido, te dice: contra éste, Cristo, no prevalecerán las puertas del infierno.

Sólo mediante el poder pétreo de Cristo, la iglesia puede resistir al diablo

La fe es algo todopoderoso, como Dios mismo es todopoderoso. Por esta razón, Dios quiere también que esa fe dé una demostración de su fuerza; quiere probarla. Y para este fin tiene que arremeter contra ella el diablo con todas sus fuerzas y todos sus recursos. No en vano dice Cristo en nuestro texto que "todas las puertas del infierno no prevalecerán contra ella[9]". Pues con "puertas" se designa en la Escritura una ciudad y su régimen, porque junto a las puertas[10] sentaban sus reales los que tenían que entender en los pleitos de los ciudadanos, tal como lo ordenaba la ley (Deuteronomio 16:18): "Jueces y oficiales pondrás en todas tus puertas[11]". Por consiguiente, con la expresión "*las puertas* del infierno" Cristo se refiere aquí al poderío pleno del diablo con todo su séquito, como lo son p. ej. los reyes y grandes señores junto con los sabios de esta tierra. Todos ellos tienen que lanzarse contra esta roca y fe. La roca se levanta en medio del mar; contra ella baten con furia las olas, la azotan con bramido ensordecedor, acompañado de rayos y truenos, como si quisieran derribarla. Pero la roca se mantiene en su posición, inmutable; porque está bien fundada. Así, pues, hay que contar intrépidamente con que el diablo pondrá en movimiento todas sus huestes y ensayará su fuerza en esta roca. Pero no logrará nada, tan poco como las olas en el mar; se alzan a amenazante altura, pero luego se desploman, y rebotan. Así podéis comprobarlo también en los momentos actuales; nuestros inclementes señores están airados[12], airados están también los grandes doctores y los santos de esta tierra. Pero esto no debe llamarte la atención, ni debe inquietarte. Todos ellos no son sino las puertas del infierno y las olas del mar que se lanzan contra esta roca.

[9] En esta frase de Lutero, 'ella' es la fe, no la iglesia como en Mt. 16:18 b.

[10] Se ha de pensar en los espaciosos edificios semejantes a torres que constituían la entrada a las ciudades amuralladas de aquel entonces.

[11] Lutero cita conforme al texto de la Vulgata: "... *in omnibus portis tuis*".

[12] Corre el año 1522: Lutero ha sido excomulgado por el papa, proscripto por el emperador.

La iglesia edificada sobre Cristo tiene el poder de las llaves

Cristo sigue diciendo: "A ti te daré las llaves del reino de los cielos etc." Así como anteriormente os habéis atenido al simple significado de las palabras, hacedlo también ahora. Las llaves se dan a aquel que mediante la fe está parado firmemente sobre la roca, a aquel a quien el Padre se lo ha conferido. Ahora bien: no es posible mencionar a una persona en particular que permanezca firme en la roca. El uno cae hoy, el otro cae mañana, como cayó también San Pedro. Por lo tanto, las llaves no han sido destinadas a una persona determinada, como si ésta tuviera un derecho a ellas, sino a la iglesia, vale decir, a los que se plantan sobre esta roca. La iglesia cristiana es la única depositaria de las llaves, y fuera de ella, nadie — si bien el papa y los obispos pueden usarlas como funcionarios a quienes la comunidad o congregación cristiana ha confiado este oficio. Un párroco ejerce el oficio de las llaves: bautiza, predica la palabra y administra el sacramento de la santa cena, no por impulso propio, sino por encargo de la congregación. Pues el párroco (aun en el caso de ser un malvado) es un servidor de la congregación entera a la cual le han sido dadas las llaves. Luego: cuando el párroco bautiza etc. por encargo y en lugar de la congregación, lo hace la iglesia; y si lo hace la iglesia, lo hace Dios. Está claro, por otra parte, que se necesita tal servidor; si toda la congregación quisiera acudir en tropel para bautizar a un niñito, posiblemente lo ahogarían en la pila bautismal. Centenares de manos se extenderían hacia la pobre criatura; pero no es así como se deben hacer las cosas. Por esto hay que tener un servidor que se encargue de tales funciones en lugar de la congregación.

Respecto de las llaves "para atar o para desatar" debe aclararse que esto se refiere no sólo a la autorización para otorgar al pecador arrepentido la absolución de sus pecados, sino también a la autorización para enseñar la palabra. Pues las llaves tienen que ver con todo aquello con que puedo ayudar a mi prójimo: con el consuelo que uno puede dar al otro, con la confesión pública y privada [13], con la absolución, pero en el sentido más general con la predicación. En efecto: cuando se predica: "el que creyere, será salvo" (Marcos 16:16) — esto significa abrir y desatar; en cambio cuando se predica: "el que no creyere, será condenado" — esto significa cerrar y atar. El atar empero viene antes del desatar [14]. Así, cuando yo le predico a uno: "Tal como vives actualmente, perteneces

[13] Lutero no estuvo en contra de la confesión auricular; sólo quiso impedir su abuso. Comp. su *Catecismo Mayor*, Obras de Lutero, Ed. Paidós, tomo V, pág. 150 y sigtes.: "Breve exhortación a la confesión".

[14] Comp. Mt. 16:19.

al reino de Satanás", ello significa que para el hombre en cuestión, el cielo está cerrado. Y si cuando él, aterrado, cae de rodillas y reconoce su pecado, yo le digo: "Cree en Cristo, y tus pecados te son perdonados" —ello significa que ahora el cielo está abierto para él. Así lo hizo Pedro, como leemos en el capítulo 2 del Libro de los Hechos. Y asimismo tenemos también todos nosotros la potestad cristiana de atar y desatar. Todo esto empero lo han tergiversado en el afán de motivar y respaldar los decretos papales. Atar, decían, significa hacer leyes, etc. De ese modo es como suelen proceder aquellos guías de ciegos. Vosotros empero ateneos al significado sencillo de la palabra.

¡A Dios sea la gloria!

III

EL CAMINO DE LA IGLESIA DE CRISTO

LA JUSTIFICACION POR LA FE

Lo que el Primer Mandamiento exige y lo que promete (a)
Deuteronomio 4:23-31.

Lo que el Primer Mandamiento exige y lo que promete (b)
Deuteronomio 6:4-13.

La lucha permanente del cristiano contra sí mismo
Romanos 12:3.

La santificación de la vida mediante el poder que otorga la fe
1 Tesalonicenses 4:1-8.

LO QUE EL PRIMER MANDAMIENTO EXIGE, Y LO QUE PROMETE [1]

Sermón vespertino para el domingo después del Día de San Juan.
Fecha: 27 de junio de 1529.

Texto: Deuteronomio 4:23-31. Guardaos, no os olvidéis del pacto del Señor vuestro Dios, que él estableció con vosotros, y no os hagáis escultura o imagen de ninguna cosa que el Señor tu Dios te ha prohibido. Porque el Señor tu Dios es fuego consumidor, Dios celoso. Cuando hayáis engendrado hijos y nietos, y hayáis envejecido en la tierra, si os corrompiereis e hiciereis escultura o imagen de cualquier cosa, e hiciereis lo malo ante los ojos de Jehová vuestro Dios, para enojarlo; yo pongo hoy por testigos al cielo y a la tierra, que pronto pereceréis totalmente de la tierra hacia la cual pasáis el Jordán para tomar posesión de ella; no estaréis en ella largos días sin que seáis destruidos. Y el Señor os esparcirá entre los pueblos, y quedaréis pocos en número entre las naciones a las cuales os llevará el Señor. Y serviréis allí a dioses hechos de manos de hombres, de madera y piedra, que no ven, ni oyen, ni comen, ni huelen. Mas si desde allí buscares al Señor tu Dios, lo hallarás, si lo buscares de todo tu corazón y de toda tu alma. Cuando

[1] Habiendo terminado, el 13 de diciembre de 1528, sus exposiciones sobre el libro de Números, Lutero inició el domingo 21 de febrero de 1529 un ciclo de sermones sobre el Deuteronomio. En 18 sermones vespertinos, predicados a intervalos (el último sermón data del 19 de diciembre de 1529) llegó hasta el capítulo 9. Diversas otras actividades produjeron una interrupción, y pese al pedido expreso del príncipe elector Juan de Sajonia, Lutero no logró continuar la serie.

Los 18 sermones existentes llegaron a nosotros en forma de los apuntes tomados por Rörer. Sólo uno fue publicado aún en vida de Lutero; la serie entera apareció en arreglo de Aurifaber, en el tomo I de la Edición de Eisleben, 1564.

estuvieres en angustia, y te alcanzaren todas estas cosas, si en los postreros días te volvieres al Señor tu Dios y oyeres su voz; porque Dios misericordioso es el Señor tu Dios; no te dejará, ni te destruirá, ni se olvidará del pacto que les juró a tus padres.

1. *La exigencia del Primer Mandamiento de honrar a Dios como Dios misericordioso*

El Deuteronomio no intenta ser otra cosa que una exposición del Decálogo, en la que Moisés se explaya acerca del alcance que debemos dar a los 10 Mandamientos. Ante todo insiste en el Primer Mandamiento, en el cual hace recaer el énfasis principal. A los demás mandamientos en cambio, más fáciles, no les dedica tanta atención; pues Moisés entiende que si una persona permanece en el Primer Mandamiento, vale decir, en esa fe por medio de la cual llega a conocer de veras al Dios verdadero, dicha persona no tardará en aprender también a honrar el nombre de Dios [2]. Por esto no ahorra palabras en inculcar este mandamiento, ya sea con amonestaciones de diversa índole, amenazas para los transgresores, o promesas para los que lo cumplen. De esto ya habéis oído hablar bastante detalladamente [3]. La mayor preocupación de Moisés es que la gente entienda el Primer Mandamiento correctamente y se atenga al mismo. En efecto, si leyeseis el Antiguo Testamento, notaríais que en resumidas cuentas, lo que quiere demostrarnos es esto: por cuanto se hizo caso omiso del Primer Mandamiento, fueron muertos los profetas, y se originaron en el pueblo de Israel todas esas guerras y carestías, toda esa miseria y derramamiento de sangre. Si este mandamiento es echado a un lado, todos los demás mandamientos pierden su significado, así como decimos los cristianos: "Si perdemos la doctrina básica de que Cristo es nuestro Salvador, y que la fe sola nos hace justos ante Dios, estamos perdidos." Quien cae de esta nave, se ahoga, aun cuando anteriormente esta nave le hubiera salvado miles de veces.

He aquí, pues, lo que el Primer Mandamiento demanda: Creed en el Señor, confiad en él, y dejad que él sea vuestro único Dios. La plaga más grande, y un mal que nos es innato, es el hecho de que no nos podemos deshacer de la idolatría.

[2] Es decir, el Segundo Mandamiento; e igualmente aprenderá a guardar todos los mandamientos restantes.

[3] En los sermones Nº 2 y 3 de este ciclo de 18, Lutero había comentado el pasaje Dt. 4:1-24. Al final del cuarto sermón había dicho: "Ya ves, pues, cuánto empeño pone el predicador Moisés en que la gente sea guardada en la obediencia al Primer Mandamiento y en la verdadera fe, a fin de que se abstengan de toda confianza en cosas creadas".

Todavía tenemos metidas en lo más profundo de nuestra médula las palabras: "Seréis como dioses" (Génesis 3:5). Pero mientras persista este estado de cosas, Satanás tiene acceso a nosotros. Por esto debe considerarse el Primer Mandamiento como uno de los puntos fundamentales. Pues en él radica toda la sabiduría; todo arte que pudiera nombrarse es insubstancial en comparación con este mandamiento: "Yo soy el Señor, tu Dios". Tres palabras nada más [4], pero tres palabras difíciles de entender. No en vano las inculca Moisés con tal despliegue de elocuencia; y no obstante, el éxito es escaso.

"El Señor tu Dios es fuego consumidor, Dios celoso." ¡Palabras terribles, por cierto, aquellas de que Dios es "fuego consumidor"! Él consume y destruye, y no hay quien pueda impedírselo; y lo hace y lo quiere hacer, porque es un "Dios celoso". A esto sigue: "Cuando hayáis engendrado hijos y nietos, y hayáis envejecido en la tierra, si os corrompiereis e hiciereis escultura o imagen de cualquier cosa, e hiciereis lo malo ante los ojos del Señor vuestro Dios, para enojarlo; yo pongo hoy por testigos al cielo y a la tierra, que pronto pereceréis totalmente de la tierra hacia la cual pasáis el Jordán para tomar posesión de ella; no estaréis en ella largos días sin que seáis destruidos." Si yo tuviera que resumir todo esto, no podría darle una formulación más cortante que ésta: "Si apostatáis de Dios, ya no hay más remedio". Invoca al cielo y a la tierra, es decir, a todo cuanto existe, a toda la creación animada e inanimada. No podría haber apelado a ningún testimonio más poderoso. Así lo hacemos también nosotros: también nosotros inculcamos a la gente el artículo supremo de que Dios es el Dios único de quien debemos aguardar toda clase de bienes. Si apostatamos de él, estamos irremisiblemente perdidos. Así también nosotros enseñamos a la gente que toda nuestra confianza la debemos depositar en la gracia divina [5].

Ahora bien: ningún otro artículo nos resulta más intolerable que precisamente éste, el que más falta nos hace. El uno inventa una orden [6], el otro inventa otra cosa; pero confiar en Dios solo y esperar en él como Dador de lo bueno, esto no lo quiere hacer nadie. Es exactamente como si yo, siendo rico, quisiera regalar a alguien unos campos y otros bienes y le dijera: "Todo esto te lo quiero dar de regalo", y la persona así favorecida rechazara mi ofrecimiento; o como si un hombre tuviera una hija y me la quisiera dar en matrimonio de pura bondad, y yo me opusiera a ello y le dijera: "Esta manera de hacer las cosas

[4] En el original hebreo, la frase "Yo soy el Señor, tu Dios" se reduce a sólo 3 palabras.

[5] Comp. 1 P. 1:13.

[6] Una orden monástica, cuyos miembros pretenden ofrecer a Dios una santidad especialmente meritoria.

no me gusta. Yo lo haré mejor. Quiero merecérmela, para no tener que recibirla de gracia sino por mérito y a base de un derecho." De la misma manera se intenta proceder después también con Dios. Se quiere obtener de nuestro Dios y Señor el cielo mediante una pretensión legal — y eso que él mismo hace pregonar desde la fundación del mundo: "Os lo daré todo de gracia". Esto mismo nos lo predica con insistencia también el Primer Mandamiento en nuestro texto de hoy, diciéndonos: "¡No empecéis con vuestras obras! Dejad que yo os muestre mi misericordia." Es verdaderamente vergonzoso que se nos tenga que reprochar nuestra actitud de que no queremos recibir nada de gracia, sino ganarlo por nuestros méritos. Estamos haciendo el papel de un mendigo que viene al palacio del rey y no quiere aceptar de éste una limosna gratis, sino al contrario, le quiere dar en cambio cuatro moneditas — o cuatro piojos. Así, el mundo quiere dar algo a aquel que lo dio todo. Y al prójimo, al que le debiera dar algo, en vez de darle sólo le quiere quitar. Si uno tiene casa y ganado, el otro piensa: "¡Por qué no tendré yo la casa de ese hombre, o su vaca!" Por esto dice Moisés: "Si no os importa el mandamiento de Dios, ¡cuidado! Dios es un Dios celoso y un fuego consumidor" — en buen romance: ¡os juro que Dios no os vendrá con regalos! Una vez que hemos perdido a Cristo por nuestra insensatez, nada de bueno seguirá. Nosotros, por cierto, vivimos muy despreocupadamente, como si Cristo fuese un tonto; pero al final ya veremos las consecuencias.

2. *La amenaza que el Primer Mandamiento dirige contra los que se apartan de Dios*

"Y el Señor os esparcirá entre los pueblos, y quedaréis pocos en número." Esto se refiere ahora también a la fe nuestra. Lo que les sucedió a los judíos, nos sucederá también a nosotros. Bajo el régimen del papa fuimos dispersados y perseguidos, el uno en una dirección, el otro en otra, así como los judíos fueron dispersados entre los pueblos paganos. Pero una vez que los judíos se habían radicado en tierra pagana, perdieron a su Dios y adoraron a los dioses de los gentiles, hasta que por fin los romanos los aniquilaron del todo. Así es como Dios se muestra como fuego consumidor. — En nuestros propios días se levantan ya los anabaptistas, ya otros grupos sectarios [7]. También

[7] "Anabaptistas" es el nombre con que Lutero y Melanchton designaron —con no mucha propiedad, sino más bien con fines polémicos, desde que "anabaptista" había llegado a ser sinónimo de "hereje"— a los integrantes del movimiento de los "Profetas de Zwickau" (1520 y años siguientes); véase Obras de Lutero, Edit. Paidós, Bs. As., tomo V, pág. 249 y sigtes. Después del ataque decisivo de Lutero contra el papado surgieron en Alemania diversos grupos religiosos que, interpretando mal

ellos son instrumentos del fuego consumidor de Dios. Se han echado en saco roto los mandamientos divinos, hemos desdeñado la misericordia de Dios en Cristo, cada cual quería crear algo particular. Por eso vinieron aquellos sectarios.

¡Cuán ardientemente desearía Moisés poder guardar a su pueblo en la fe exigida por el Primer Mandamiento! También nosotros predicamos acerca de la fe con el mismo apasionamiento con que Moisés lo centralizaba todo en la fe. El resultado es que se nos ríe en la cara.

Dice Moisés: Cuando los israelitas lleguen a tierras paganas y sean dispersados, perderán su autonomía y se convertirán en esclavos donde antes habían sido señores. Así nos pasó a nosotros: se nos convirtió en esclavos de la Santa Sede. Cualquier bellaco de provisor [8] o hermano lego [9] podía mediante un solo y mísero breve [10] imponer obligaciones a los príncipes; todos tenían que doblegarse bajo la autoridad eclesiástica. Hoy ni siquiera quisiéramos contratarlos como peones de patio; pero en aquel entonces ejercieron el dominio sobre nosotros. No obstante, está a la vista que la mayoría de la gente no reconoce este hecho, ni le da a Dios las gracias por ello. Semejante ingratitud bochornosa algún día acabará con nosotros. Las amenazas que Moisés profiere contra los judíos caerán sobre nuestra cabeza: vendrán tiempos en que seremos gobernados y tiranizados por rufianes que no son dignos de limpiarnos los zapatos. Idéntica ingratitud exhiben también los príncipes evangélicos. Si decimos que a un párroco de aldea se le debiera dar un salario de 30 florines, se nos llama avaros y se nos responde que hoy en día es imposible pagar una suma tan elevada. Pero llegará el día en que tendrán que pagar tanto como antes, días en que se los someterá nuevamente a la autoridad del provisor y del papa; y si yo pudiera reimplantar la potestad del papa sobre ese populacho, de seguro que no titubearía en hacerlo. Y no le quepa a nadie la

---

la "libertad cristiana" pregonada por Lutero, la entendieron como justificativo para desligarse de la palabra y del sacramento, y la usaron como pretexto en la consecución de sus propios fines, reñidos con la enseñanza evangélica. Tales grupos sectarios eran los "sacramentarios" como Karlstadt, los revolucionarios radicales como Tomás Müntzer, espiritualistas como Schwenkfeld, y diversos otros más.

[8] Juez diocesano señalado por el obispo y que posee potestad en causas eclesiásticas (Dicc. de la Lengua Española).

[9] El que no tiene opción a las sagradas órdenes, aun siendo profeso en los conventos de religiosos (Dicc. de la Lengua Esp.). Son de su incumbencia todos los trabajos corporales necesarios para la mantención del convento. Lutero estará pensando en servicios de mensajero a las órdenes de un abad.

[10] Documento pontificio, redactado con formas menos solemnes que las bulas, expedido por la Secretaría de Breves para llevar la correspondencia política del papa (Dicc. de la Lengua Esp.).

menor duda de que aquellos tiempos volverán; pues el texto bíblico no mentirá: "El Señor tu Dios es fuego consumidor, Dios celoso". Volverán a caer sobre ellos los tiranos, espirituales y seculares, que los exprimirán, y no obstante no les enseñarán nada de bueno. Pero de nosotros y de la enseñanza nuestra se ríen, como los judíos de antaño se reían de Moisés. [11]

3. *La transgresión del Primer Mandamiento por parte de los que confían en sus propias obras y en su iluminación por el Espíritu.*

"Y serviréis allí a dioses hechos de manos de hombres." Los profetas leyeron con gran diligencia lo escrito por Moisés, y con igual diligencia lo anunciaron al pueblo. No ignoraban por lo tanto los judíos que en este texto Moisés les dice: "Esto te sucederá: servirás a dioses que son llamados obras de manos de hombres. Esto será tu recompensa cuando reniegues de aquella fe y confíes en otra cosa en lugar de confiar en el Dios que te ofrece su misericordia; tendrás dioses que no serán más que piedra y madera, imágenes que no pueden oler ni comer los sacrificios que tú les presentas." "¡No!", dirás tú, "jamás sucederá que Satanás logre imponerme tal cosa". "Sí que te acontecerá", responde Moisés. Pues el que se aparta de este artículo supremo del Primer Mandamiento, en lo sucesivo no guardará otro artículo alguno, sea lo que fuere lo que se le ocurra observar y enseñar. ¿Cómo es posible? Escucha: Cuando confiábamos en lo que habían decretado los antiguos Padres, y en lo que ellos llamaban "buenas obras", ¿acaso esto no significaba adorar las obras de las manos? Pues todo lo que hay en los templos: los altares, los cálices — todo esto lo hemos donado para hacernos partícipes de los méritos de los santos [12] ¿No significa esto adorar piedras y madera? ¿O quieres decirme que un altar es un dios? ¿O que lo es la buena obra que haces, o la regla monástica que observas? Por cierto, la gracia y misericordia de Dios tiene que ser otra cosa que la obra y el mérito que el hombre hace en el convento o en algún otro lugar. Esto lo tendrá que admitir cualquiera. La misericordia y la gracia de Dios existían ya antes de que nosotros naciéramos; y no obstante, nosotros hemos hecho

[11] Las palabras proféticas expresadas por Lutero no tardaron en cumplirse: la paz religiosa de Augsburgo, 1555, otorgó a los estados imperiales el derecho de determinar la religión de sus súbditos (*ius reformandi*) conforme a la máxima: *Cuius regio, eius religio* (Quien es señor del país, lo es también de la religión). A consecuencia de ello, se restauró el catolicismo en muchas regiones antes protestantes.

[12] Las donaciones, como "buenas obras", tenían por objeto dar al donante participación en el tesoro de la gracia, alimentado con los méritos supererogatorios de los santos, administrado por el papa, y distribuido mediante las indulgencias.

caso omiso de esta misericordia, y hemos puesto nuestra confianza en obras, méritos, y cosas por el estilo. Esto es lo que Moisés quiere decir con las palabras: "Serviréis a dioses hechos de manos de hombres". Y esto lo debemos evitar. Pero quien falla en este artículo, inevitablemente llegará a ello. Por eso mismo Moisés nos exhorta con tantas palabras a que nos atengamos al Primer Mandamiento, y nos aterra con la amenaza de que "Dios es un Dios celoso", amenaza que vale en primer término para los que abominan de la voluntad divina. Moisés añadió al mandamiento de Dios tanto promesas como amenazas. Y también la predicación nuestra debe quedar dentro del marco de lo que dijo Moisés: "Si no quieres aceptar la gracia, tendrás la condenación y la ira". Esto, creo, lo pueden entender todos.

"Servirás a dioses hechos de manos de hombres" — esto significa que confiamos en algo que no es sino obra de manos. ¿Y qué hacen nuestros sectarios e iconoclastas [13] sino enseñar a los hombres a confiar en las obras? "Un cristiano verdadero", declaran, "no es aquel que confía solamente en la misericordia de Dios, sino aquel que destruye las imágenes idólatras". O ¿qué enseñan los anabaptistas? Dicen que el bautismo es una ceremonia vacía [14]. Muy elegantemente eliminan del bautismo la gracia. En el bautismo no hay gracia, opinan ellos, tampoco hay remisión de los pecados, sino que el bautismo es simplemente una señal que se te da si has demostrado ser una persona irreprensible, y por cuanto lo has demostrado. Desglosando así del bautismo la gracia, no queda más que una obra. De la misma manera han separado también del sacramento de la santa cena la promesa que allí se ofrece [15]; para ellos, cuando tomas la santa cena sólo comes pan y bebes vino. Con sólo confesar a Cristo en la santa cena, dicen, y con comer el pan y beber el vino, haces una buena obra; la gracia no es un ingrediente necesario. Esto es lo que resulta cuando uno se aleja del Primer Mandamiento: inmediatamente erige un ídolo y establece para sí una obra en la cual pone su confianza. Por esto dice Moisés: "Permaneced con Dios; de lo contrario, la consecuencia inevitable será que os levantéis un ídolo." A hombres tales los llamamos enton-

[13] *Iconoclastas*. Véase Sermón 6, Nota 33.

[14] Comp. lo que dice Lutero en cuanto al bautismo en su "Catecismo Mayor", *Obras de Lutero*, Edit. Paidós, Bs. As., tomo V, pág. 128 y sigtes. Para los "anabaptistas" (véase Nota 7), el bautismo no era un sacramento, sino un acto confesional humano.

[15] Los antagonistas teológicos de Lutero llamados por él "sacramentarios" (Zuinglio, Ecolampadio y otros) sostenían que en la santa cena, el pan y el vino son sólo metafóricamente el cuerpo y la sangre de Cristo, con lo que se le quita a la santa cena su verdadero carácter sacramental.

ces "herejes",[16] es decir, gente que se aparta del Primer Mandamiento y de la fe en el Dios verdadero. De esta manera, Moisés nos indica que si renegamos del Primer Mandamiento, nos resultará imposible eludir la idolatría.

También los presuntos "iluminados por el Espíritu" insisten en el Primer Mandamiento y afirman: "Nosotros anunciamos la gracia y misericordia de Dios por medio de Cristo Jesús, y no desechamos en modo alguno lo expresado en el Primer Mandamiento." Además se quejan de que yo difundo mentiras acerca de ellos. Pero ¡obsérvalos un poco más de cerca! Es verdad, ellos confiesan que Cristo murió en la cruz por nuestra salvación. Sin embargo, niegan aquello mediante lo cual llegamos a ser uno con Cristo, o sea, destruyen el medio, el camino, el puente, el acceso para acercarnos a Cristo y apropiarnos el beneficio de su obra salvadora[17]. También los turcos confiesan a Dios, pero niegan a Cristo como Mediador. Si yo predico a alguien: "Aquí tienes un tesoro", pero no le doy ese tesoro, ¿de qué le sirve? Con razón el hombre aquel me dirá: "¡Cómo! ¿Primero exhibes ante mis narices un tesoro, y luego te niegas a entregármelo?" Así, esos falsos maestros hablan mucho acerca del perdón de los pecados y de la gracia. Mas si pregunto: "¿Cómo puedo adquirir esta gracia, cómo llega hacia mí?", me contestan: "El Espíritu, únicamente el Espíritu es el que tiene que obrarlo todo"; y este engaño lo complementan diciéndome: "La palabra exterior, el bautismo y la santa cena no tienen ningún valor." Esto significa ponerme el tesoro ante las narices, pero quitarme la llave y el puente que me lleva a él; pues este tesoro nos es entregado únicamente por medio del bautismo, la santa cena y la palabra exterior. Esto lo digo porque el diablo con su acostumbrada prontitud confiesa todas estas palabras, pero al mismo tiempo niega los medios por los cuales recibimos lo que las palabras prometen. Quiere decir: no niegan el tesoro mismo, pero sí imposibilitan su uso; nos quitan la manera de llegar a él y de aprovecharlo. "Es preciso que tengas el Espíritu", me dicen; pero de la manera cómo puedo adquirir el Espíritu, de esto no me dicen nada.

En pocas palabras: toda secta que surja, irremediablemente arremeterá contra el Primer Mandamiento y contra Cristo Jesús; a este resultado final llegarán todos los herejes sin excepción. Quedémonos pues con este artículo: "No tengáis otro Dios" que el que llega a nosotros en la palabra y en los sacramentos. Tam-

[16] Hereje, del latín *haereticus*, y éste del verbo griego *hairéo* = elegir, optar; la "herejía" pasó luego a significar exclusivamente error voluntario y tenaz contra un dogma católico (Monlau, Dicc. Etimológico de la Lengua Castellana).

[17] Niegan la eficacia de la palabra exterior y los sacramentos como medios o vehículos de la gracia.

bién a los israelitas del Antiguo Testamento, Dios les indicó una manera cómo podían encontrarle: "Aquí me hallaréis", les dijo — aquí donde estaba el tabernáculo, el altar y el candelero [18]. Nunca se dejó hallar sin elementos intermediarios; siempre proveyó medios exteriores por los cuales habrían de encontrarle. Pero así como nuestros defensores actuales de una "iluminación directa" rehúyen estos medios, así los rehuían también los judíos de antaño. Pero si no he de asir a Dios por medio de factores exteriores, ¿cómo puedo asirle? Por ende, casi todos los herejes pecan contra el Primer Mandamiento.

"Mas si desde allí buscares al Señor tu Dios, le hallarás, si le buscares de todo tu corazón, y de toda tu alma. Cuando estuvieres en angustia, y te alcanzaren todas estas cosas, si en los postreros días te volvieres al Señor tu Dios y oyeres su voz; porque Dios misericordioso es el Señor tu Dios; no te dejará, ni te destruirá, ni se olvidará del pacto que les juró a tus padres." ¡Quisiera ver al que es tan erudito como para abrogar este texto — excepción hecha de los apóstoles! Es, en efecto, un texto que favorece poderosísimamente a los judíos con aquello de que "Cuando estuvieres en angustia, y te alcanzaren todas estas cosas, cuando hayas apostatado de Dios, clamarás a él, y él se acordará de ti". Ahí los judíos dicen, conforme a este texto: "Hemos pecado, y hemos apostatado de Dios; pero ahora le buscaremos de todo corazón, y él no nos abandonará". Y según parece, este texto poderosísimo se dirige contra todo el Nuevo Testamento.

Sin embargo, es un texto que nos atañe a todos, no sólo a los judíos. Para todos nosotros fueron dichas aquellas palabras de que Dios no quiere abandonar a los que han caído; incluso lo estáis viendo por propia experiencia. A pesar de que la transgresión de los mandamientos trae consigo castigos, no obstante la misericordia de Dios aparece siempre de nuevo. En resumen: cuando Moisés en este pasaje habla de que Dios es un fuego consumidor, lo hace para que nadie se entregue a una engañosa seguridad si Dios no envía al instante el castigo por los pecados; pues si no lo envía ahora mismo, con toda certeza lo enviará más tarde. Tampoco debes decir: "De todos modos, el Señor es un Dios misericordioso, como lo declara aquí el texto", y entretanto seguir pecando e ir tranquilamente por tu camino, como para hacer la prueba de si Dios es realmente un fuego consumidor. Por otra parte, si tú te has apartado de Dios y no puedes volver a la senda recta por tus propias fuerzas, Dios no te abandonará sino que vendrá en tu ayuda. Pues él es un Dios misericordioso; aun cuando aplica castigos, no aniquila del todo, como acostumbra hacerlo Sa-

[18] Dt. 12:5, 11 y otros.

tanás. Permite, sí, que nos azoten bestias feroces, pestes, carestías, guerras, y devasta un determinado reino o cierta ciudad; no obstante, reserva a uno o dos que puedan reedificar la ciudad, como ocurrió en el diluvio, donde dejó con vida a ocho personas[19], y en la destrucción de Sodoma, donde hizo que escaparan Lot y sus dos hijas[20]. La amenaza empero sigue en pie para aquellos que ya están sufriendo el castigo y pese a ello se resisten a creer; para los rectos de corazón en cambio siguen en pie las promesas. Vale, pues, para todos los hombres en general el dicho de que Dios, al aplicar sus castigos, tiene cuidado de no causar la destrucción completa del castigado.

Pero cuando los judíos citan este texto interpretándolo a su gusto[21], diles que aquí está escrito también: "Hallarás a Dios *si le buscares de todo tu corazón y de toda tu alma*". El apóstol Pablo emplea este texto en una de sus argumentaciones[22], y nadie sería capaz de resolver este enigma si no lo hubiese resuelto Pablo mismo. Dios no dice que dejará impunes a los malvados, como opinan los judíos; tampoco dice que recibirá a todos en su gracia. Sin embargo, después de haber castigado a los judíos, aceptó a muchos de ellos como cabezas de la cristiandad[23], y aún hoy son convertidos algunos de ellos.

Pero con la misma razón que los judíos, también los papistas podrían decir: "Dios no abandona a su iglesia". Por cierto, Cristo permanecerá con la iglesia hasta el fin del mundo. Esto no nos lo quitará nadie, puesto que él mismo lo dijo en Mateo 28 (v. 20). El papa y los suyos, en consecuencia, arguyen de esta manera: "Por lo tanto nosotros permaneceremos y no seremos derrotados jamás, porque nosotros somos la iglesia de Cristo". A esto habrá que responder: "Así será, en efecto, si la iglesia se vuelve al Señor su Dios de todo su corazón y de toda su alma". Así lo aclara Moisés: no a los que se le oponen deliberadamente los volverá Dios a levantar, sino a los que en su temor y angustia le buscan de todo corazón. No puedes decir, por lo tanto, que Dios haya prometido su misericordia a algún pueblo como tal, sea al pueblo judío o a un pueblo pagano; únicamente la prometió a quienes de corazón se vuelven a él, ya sea que pertenezcan a los judíos o a los

[19] Gn. 7:13.
[20] Gn. 19:12-30.
[21] Arreglo de Cruciger: "Cuando los judíos aplican este texto a su propia salvación, en el sentido de que aun después de la destrucción de Jerusalén a consecuencia del castigo divino, todavía les queda la esperanza de ver restaurado su reino..."
[22] Ro. cap. 9-11, en especial 11:25 y sigtes.
[23] Los doce apóstoles, que procedían todos del pueblo judío.

malos cristianos o a los obispos, con tal que revoquen con toda seriedad su anterior manera errada de vivir. Donde esto último no sucede, la misericordia no entra en efecto. Por ende, los judíos no tienen ningún motivo de vanagloriarse con que Dios los volverá a llamar a su lado; pues en lugar de implorar la misericordia divina, se jactan de sus obras humanas y de su procedencia según la carne. En consecuencia, este texto habla sólo en apariencia a favor de la afirmación de los judíos y los papistas de que "Dios no abandona a su pueblo, a su iglesia". Pues dime: ¿quién es su pueblo, y quién su iglesia? Son, como queda dicho, los que buscan al Señor su Dios de todo su corazón y de toda su alma, o sea, los que confían sola y únicamente en su divina misericordia y permanecen en lo que les enseña el Primer Mandamiento y desisten de la engañosa confianza en sus propias obras. Otros podrán llamarse iglesia e incluso ángeles. Todo esto no tiene valor alguno.

Este texto lo he querido tratar con tantos detalles a causa de los judíos y de nuestros papistas que lo llevan en la boca con harta frecuencia.

LO QUE EL PRIMER MANDAMIENTO EXIGE, Y LO QUE PROMETE [1]

Sermón vespertino para el décimoquinto Domingo después de Trinidad.
Fecha: 5 de setiembre de 1529.

Texto: Deuteronomio 6:4-13. Oye, Israel, Jehová nuestro Dios, Jehová uno es. Y amarás a Jehová tu Dios de todo tu corazón, y de toda tu alma, y con todas tus fuerzas. Y estas palabras que yo te mando hoy, estarán sobre tu corazón; y las repetirás a tus hijos, y hablarás de ellas estando en tu casa, y andando por el camino, y al acostarte, y cuando te levantes. Y las atarás como una señal en tu mano, y estarán como frontales entre tus ojos; y las escribirás en los postes de tu casa, y en tus puertas. Cuando Jehová tu Dios te haya introducido en la tierra que juró a tus padres Abraham, Isaac y Jacob que te daría, en ciudades grandes y buenas que tú no edificaste, y casas llenas de todo bien, que tú no llenaste, y cisternas cavadas que tú no cavaste, viñas y olivares que no plantaste, y luego que comas y te sacies, cuídate de no olvidarte de Jehová, que te sacó de la tierra de Egipto, de casa de servidumbre. A Jehová tu Dios temerás, y a él sólo servirás, y por su nombre jurarás.

1. *El Primer Mandamiento no es tan fácil de cumplir como parece. Sólo lo cumple aquel que ama a Dios y su palabra sobre todas las cosas.*

En los sermones sobre el cap. 5 [2] habéis oído hablar acerca

[1] Véase Serm. 18, Nota 1.
[2] Los domingos 15 y 29 de agosto de este año, Lutero había predicado sobre Dt. cap. 5.

del texto de los 10 Mandamientos. Aquí, en el capítulo 6, Moisés comienza a explicarlos. Su explicación del Primer Mandamiento— "Oye, Israel: el Señor [3] nuestro Dios es Un Señor solo"— es la siguiente: "Amarás al Señor tu Dios de todo tu corazón, y de toda tu alma, y con todas tus fuerzas" (v. 4, 5). Lo que esto significa, lo habéis oído ya muchas veces cuando se predicaba sobre los Evangelios — sin ir más lejos, hace apenas 14 días [4]. Este mandamiento parece bastante fácil de cumplir; sin embargo, no lo es, sino que es la suma de toda sabiduría y ciencia. "Amar al Señor nuestro Dios de todo corazón" no es una mera y fría obra externa, como se imaginaban los judíos: ellos creían que consistía en no doblar la rodilla ante un ídolo. Observado esto, pensaban que no tenían dioses ajenos. Y además, cuando cumplían con las disposiciones acerca de ayunos y vestimentas y ceremonias exteriores, se consideraban hombres santos. Así podemos hallar también hoy día a muchas personas que se tienen a sí mismas por justas gracias a su observancia de tales exterioridades.

Sin embargo, aquí se nos dice: Si quieres guardar el 1er. Mandamiento, escucha esto: el "amar a Dios de todo corazón" sólo lo cumples si a nada, absolutamente nada, le tienes tanto amor como a Dios, a su palabra y a su voluntad. En nuestros últimos dos sermones dominicales [5] habéis oído que no podemos asir a Dios sino por medio de su palabra. Sin la palabra no le podemos ver ni sentir. Si se adopta ante esa palabra la posición correcta, es decir, si la amamos de todo corazón, entonces amamos también a Dios, y obedeceremos sus preceptos tal como un hijo obedece a sus padres. Si la palabra y las ordenanzas de Dios te son más caras que todo cuanto existe además en la tierra, más caras que tu propio cuerpo y vida, entonces las cosas van bien; entonces honrarás también a tus padres, amarás a tu prójimo, no matarás, no cometerás adulterio, no dañarás con calumnias el buen nombre de tu prójimo, en fin, cumplirás en todo la voluntad divina.

Pero ¿dónde se puede encontrar a personas que obran así? Si intentáramos contarlas, veríamos que su número es por demás exiguo. Lo que nos enseña Moisés es *una* cosa; el diablo, el mundo y nuestra carne nos enseñan algo muy distinto. Por unos pocos pesos seríamos capaces de poner en juego todos los mandamientos de Dios, su palabra, e incluso a nuestro prójimo. ¿O acaso puede llamarse "cumplimiento del precepto di-

[3] Por YAHVEH (Jehová), Lutero usa invariablemente *Señor*.

[4] En los dos sermones dados el decimotercer domingo después de Trinidad (22 de agosto de 1529), Lutero había predicado sobre el Evangelio del Buen Samaritano, Lc. 10:23-37.

[5] En el del decimotercer domingo después de Trinidad (Lc. 10:23-37) y el del decimocuarto domingo después de Trinidad, sobre Dt. cap. 5 y 6.

vino" si hablas de tu prójimo en los peores términos, si deshonras a su mujer, si le engañas en los negocios, y si amas una miserable moneda más que a Dios? ¡No! ¡Todo lo contrario debería ser el caso! Si realmente te deleitaras en oír la palabra de Dios, renunciarías a todo antes de engañar a tu prójimo en un solo centavo, o de hablar mal de él. Pero como ya dije: si comienzas a contar, no hallarás a nadie que verdaderamente ame a Dios de todo corazón. Y por esto mismo se nos dice en el 1er. Mandamiento: "No tendrás dioses ajenos". Esto es: Escucha la palabra de Dios, y escúchala con gozo. Lo que ella te ordena y prohíbe, debe ser para ti lo más importante del mundo. Ni tu honor ni tus bienes ni nada de lo que tengas debes amarlo tanto como a la palabra de Dios. No obstante, por unas cuantas moneditas pasamos por alto todos los mandamientos que el Señor nos ha dado.

Moisés prosigue muy seriamente: "Estas palabras que yo te mando hoy, estarán sobre tu corazón, y las repetirás a tus hijos, y hablarás de ellas estando en tu casa, y andando por el camino, y al acostarte, y cuando te levantes" (v. 6, 7). ¡Cómo insiste Moisés en este 1er. Mandamiento: "Lo repetirás a tus hijos, se lo inculcarás en el ánimo"! Moisés emplea toda su maestría en la predicación y explicación de este mandamiento, pues no hay ningún otro que lo iguale en importancia. Lo que quiere decirnos con su advertencia es: "No te conformes con tener las palabras del Primer Mandamiento en los oídos y ante los ojos; antes bien, enciérralas en tu corazón, para pensar en ellas gozosamente, ya sea que estés durmiendo, o despierto."

2. *Los motivos que conducen al desprecio de este mandamiento. En su pretendida sabiduría, los hombres creen no necesitarlo*

¿Por qué habla Moisés en este tono? Porque sabe muy bien que hay tantos hombres en la tierra que, con haber oído alguna vez los 10 Mandamientos, ya creen conocerlos lo suficiente, y no les asignan mayor importancia que si oyeran alguna noticia acerca de los turcos o del rey de Francia[6]. Ni se les ocurre encerrarlos en su corazón y aplicarlos en su vida diaria. Creen que es suficiente haberlos oído y saber hablar de ellos, a la manera del que oyó alguna novedad y es capaz de repetírsela a otro. Así es como piensa la mayoría de la gente. Y esto es lo que tanto fastidia: esa rapidez con que pretenden estar en condiciones de saberlo y entenderlo todo. Apenas oyeron una cosa,

[6] En las primeras décadas del siglo XVI, los turcos, habiéndose apoderado de Hungría, llegaron hasta las mismas puertas de Viena (1529). Francisco I, rey de Francia desde 1515 hasta 1547, llenó la mayor parte de su reinado con guerras contra el imperio habsburgo de Carlos V.

ya piensan en otra; y si tienen a su alcance esta otra, corren tras una tercera, y esto lo repiten incesantemente. Lo dije muchas veces, y lo vuelvo a decir: si encuentro a alguien que conozca a fondo los 10 Mandamientos, y en especial el primero, con mucho gusto me sentaré a sus pies y le aceptaré como maestro. No tengo reparos en afirmar que me considero más instruido que aquellos predicadores y maestros que se creen iluminados directamente por el Espíritu; pues ellos no conocen los 10 Mandamientos, pero yo sí los conozco, porque los 10 Mandamientos son hasta hoy día mi Donato [7] y mi libro de primeras letras: respecto de ellos, siempre seguiré siendo escolar principiante, a pesar de haber leído un buen par de veces la Biblia entera. Pero aquellos grandes doctores, ni bien saben hacer un sermoncito, creen saberlo todo. Son hombres realmente odiosos, porque lo único que saben hacer con los 10 Mandamientos es oírlos como se oye cualquier otra cosa, y comentarlos interminablemente como si se tratara de un tema novedoso más. Pero con esto no basta. Lo importante es que demuestres en tu vida y con tus obras que estás firmemente resuelto a dejarlo todo, el hogar, la mujer, etcétera, antes de atentar contra uno solo de estos mandamientos. Llegamos pues a la conclusión de que no hay en toda la tierra un solo hombre capaz de guardar la ley de Dios en la forma como se la debiera guardar. Y precisamente aquellos espíritus tan esclarecidos no entienden de ella siquiera una sola letra. Esos fariseos quieren aprender en un día la ley y el evangelio enteros para poder charlar sobre estos temas. Pero cuando el asunto va en serio, cuando habría que pasar del dicho al hecho, todo queda en la nada.

En su censurable desidia, los hombres no aplican lo aprendido

A estos espíritus malignos, Moisés les sale al paso diciéndoles: "¡No os precipitéis tanto con adquirir sabiduría! ¡No penséis que, apenas oídos los 10 Mandamientos ya los habéis entendido también y asimilado! No me conformo con que tengas estas palabras sobre la lengua y las captes con los oídos y luego lo dejes todo en suspenso en tu mente. Muy al contrario, estas palabras deben "estar sobre tu corazón" (v. 6) y ser allí tu consuelo y tu más preciado tesoro. Además, "las repetirás a tus hijos" (v. 7). En primer término piensa en ti mismo y en la forma cómo debes aprender los mandamientos de Dios correctamente: no los confines en un libro, ni en el oído, sino en el corazón,

[7] Donato, gramático latino del siglo IV desp. de Cr., preceptor de S. Jerónimo, es autor de 2 gramáticas latinas de mucho uso en la Edad Media. Su nombre (el *Donato*) llegó a ser designación corriente para la Gramática latina elemental.

es decir, haz que tu corazón se llene de un ansia gozosa de seguir la voluntad del Señor. Y luego, una vez que tengas los mandamientos divinos en tu corazón, enséñalos también a tus hijos. Más exactamente, la expresión usada por Moisés es "incúlcalos", "aguza la mente" [8] de tus hijos para que los entiendan. No se trata, pues, de un mero enseñar y repetir. Antes bien, con esta expresión Moisés pone de manifiesto la clase de gente que somos. Es preciso insistir, sin aflojar nunca, porque nuestro corazón está embotado. Hay que volver siempre sobre lo mismo. De otra manera queremos ser maestros antes de haber sido alumnos. Por tanto, hay que repetir, inculcar y aguzar incansablemente. Yo mismo conozco a algunos que creen que no necesitan predicadores y párrocos. Especialmente los nobles y los campesinos alegan que poseemos libros suficientes sobre estos temas, cuya lectura nos trae el mismo provecho que si oímos predicar la palabra de Dios en la iglesia. ¡Sí, leyendo la palabra con este criterio, abrirás tu corazón al diablo que ya te tiene enceguecido! Si el Señor hubiese estado convencido de que esta forma de leer su palabra es suficiente, ¿qué necesidad habría tenido entonces de instituir el sacerdocio levítico, y qué necesidad habría tenido de exhortar a los padres tan encarecidamente a que "repitieran a sus hijos" las palabras por él mandadas? De esto se desprende por sí solo que si un día llegas a imaginarte que ya posees un conocimiento suficiente del evangelio y de la palabra de Dios, estarás perdido, y Satanás habrá ganado el juego. Pues cuando el corazón se siente hastiado de una doctrina, y cuando ésta nos repugna como las heces de un barril, el corazón apetece algo nuevo —así, en efecto, puede engañarnos el diablo— y nos sentimos inclinados a decir: ¡Esto ya lo he oído muchas veces; cuéntame algo nuevo! Por lo tanto, si el corazón ya no considera la palabra de Dios su bien supremo, entonces la casa está abierta atrás y adelante, y Satanás tiene libre entrada.

Así les pasó a los falsos profetas de nuestros días, al igual que a los de antaño: el evangelio y lo que la fe enseña acerca de Cristo ya no representaba para ellos su máximo tesoro. Aspiraban a algo nuevo — y ahora lo tienen. Cuando un enfermo siente un asco ante cualquier comida, ya no está muy lejos de la muerte. Así también aquel que siente un asco ante el alimento celestial de la palabra divina, ya no permanecerá por mucho tiempo. Nadie piense, pues, mientras viva en esta tierra, que terminará jamás de aprender este Primer Mandamiento; porque Dios mismo es de la opinión de que no podremos aprender ningún mandamiento que supere a éste en importancia. Si Moi-

[8] El vocablo correspondiente en los apuntes de Rörer es *Scherffen*, "afilar".

sés no se avergüenza de insistir siempre en lo mismo, tampoco nos avergoncemos nosotros de escucharlo. Yo sí debiera tener más motivos de avergonzarme por inculcar siempre lo mismo, que vosotros por escucharme. Dios en cambio no se cansa de repetir sus enseñanzas ¡y nosotros, estúpidos, sentimos hastío y desdén! ¡Dios nos guarde para que no pensemos también nosotros, como aquellos arrogantes iluminados, que ya lo sabemos todo! Sin duda, este pasaje Dios lo hizo poner aquí justamente para que nadie presuma de ser dueño ya de todo conocimiento.

"Hablarás de estas palabras estando en tu casa, y andando por el camino, y al acostarte, y cuando te levantes, ...y las escribirás en los postes de tu casa, y en tus puertas" (v. 7, 9). Para no hastiarte de la palabra de Dios, habla de ella, sea que estés en tu casa, o en el campo; en todas partes habla de estas hermosísimas palabras: "Amarás al Señor tu Dios de todo tu corazón, y de toda tu alma, y con todas tus fuerzas". De ellas, repito, debes hablar, ya cuando te levantes, y todavía cuando te acuestes a dormir. En tus manos debes pintarlas y en la puerta de tu casa debes escribirlas, para tenerlas a la vista dondequiera que estés. ¿Qué quiere decirnos Moisés con esto? Él quisiera que estampáramos estos mandamientos no sólo en nuestro corazón, sino sobre nuestra vida entera. De este texto deriva una costumbre que tenían los judíos, de la cual se nos habla en Mateo 23 (v. 5): [9] Así como nosotros recitamos, predicamos, leemos, cantamos, pintamos e imprimimos los 10 Mandamientos para tenerlos siempre presentes, ellos se ataban a la cabeza un pergamino en que estaba escrito el texto de estos mandamientos. En sí, aquella costumbre no era mala, pues demuestra que los judíos querían tener la palabra de Dios siempre ante sus ojos; por la misma razón ponían también inscripciones con textos bíblicos en todas partes, incluso en sus huertas. Y sin embargo eran unos malvados, como dice el refrán: el Padrenuestro a flor de labios, la desvergüenza en el corazón. Tener los 10 Mandamientos siempre a la vista es, por cierto, algo bueno. Pero dejarlos ahí y no llevarlos a la práctica, es una hipocresía. La intención de Moisés al decir "hablarás de ellas en tu casa" es, pues, la siguiente: cualquier cosa que hagas dentro o fuera de la casa, siempre debes tener ante los ojos la palabra de Dios para no contravenirla. En cualquier lugar en que te encuentres, debes pensar: "no voy a hacerle daño a mi prójimo, porque Dios me mandó no hurtar". Si este mandamiento halla tu aprobación, si eres un hijo obe-

[9] Las *filacterias* mencionadas en Mt. 23:5 eran cajitas cuadradas hechas de pieles de animales limpios, dentro de las cuales se guardaban cuatro pasajes de la ley escritos en pergaminos. Los judíos religiosos se las ataban al brazo y a la cabeza con tiras de cuero.

diente de Dios, y si amas a Dios de todo tu corazón, entonces no hurtarás, ni en tus negocios en el mercado, ni tampoco en el campo donde tienes tierras lindantes con las tierras de tu prójimo. Esto es lo que significa "hablar de la palabra de Dios": conformar la vida entera a lo que ella nos dice. Consecuentemente, si en tu casa "hablas" de la palabra de Dios, ya seas artesano, cervecero, zapatero, sastre o lo que fuere, pensarás: Así es como actuaré con mi prójimo: a nadie le cobraré demás ni le exigiré intereses de usurero ni le engañaré, porque Dios me ordenó en el Séptimo Mandamiento no hurtar ni andar con negocios ilícitos. Pero ¿dónde se encuentra a una persona tal? El fariseo lleva la palabra de Dios escrita en el sombrero. Pero el cristiano sincero dice: Quiero disponer mi vida de una manera tal que no peque contra mi Dios ni cometa injusticias contra mi prójimo. Quienes así inscriben los preceptos de Dios en su vida, son los que "los atan como una señal en su mano". Todo depende de que en cada una de tus palabras, en todas tus acciones y negocios, te propongas conscientemente temer a Dios y confiar en él, no causar daño a nadie, sino ser útil a todos. Comienza a vivir tu vida de esta manera, y al cabo de un año cuéntame lo que sabes acerca del Primer Mandamiento. Recuerda que no querías buscar tu propio provecho, que no querías engañar a tu prójimo, entonces verás qué significa amar a Dios, y verás también que todavía no aprendiste ni las primeras letras de este difícil arte. Si amaras a Dios de veras, no serías un adorador tan devoto del dinero. Por la manera como vives, los hombres hallan motivo para levantar contra ti la acusación de que no amas a Dios.

"En los postes de tu casa" escribirás las palabras de Dios (v. 9), esto es, debes pensar en ellas cuando salgas de tu casa o cuando entres en ella, al trabajar en tu hogar o al tratar con tu prójimo, a fin de que no hagas nada que contraríe la voluntad de tu Dios. Es ésta una exhortación muy necesaria que Moisés añade al 1er. Mandamiento por cuanto se da cuenta de que los hombres, ni bien oyeron la palabra de Dios, ya creen saberla toda. Por esto quiere llevarlos del simple percibir con los oídos al oír con el corazón y al practicar en la vida, para que vean que están dañando a su prójimo con palabras y con obras debido a que no piensan en otra cosa que en buscar lo suyo propio, no importa qué puede resultar de ello para el prójimo.

3. *Lo que más impide guardar el 1er. Mandamiento es el amor al dinero.*

Las lecciones más importantes empero, y las más difíciles de aprender, se presentan cuando Dios no sólo pone ante nuestros ojos sus preceptos que hemos tratado con tanto desdén, sino cuando nos envía plagas e infortunios. Ya verás entonces si en tales tribulaciones y aflicciones eres capaz de amar a Dios tal como lo hizo Job, y si puedes decir como él: "¿Recibiremos de Dios el bien, y el mal no lo recibiremos?" (Job 2:10). En tales circunstancias —aun cuando no hubieres hecho a tu prójimo mal alguno y en cambio hubieres guardado al menos en algo los 10 Mandamientos de Dios — te darás cuenta de que la voluntad de Dios, que en realidad debiera ser tu más fuerte consuelo, no te resulta nada agradable si los hombres lesionan tu honor y te cubren de ignominia. Pero no hablemos ahora de esto; sólo quiero repetir: no te conformes con captar aquellas palabras simplemente con los sentidos, sino antes cáptalas con el corazón y reténlas allí firmemente, procurando siempre de no transgredir los preceptos del Señor en toda tu vida, y de apreciarlos como tu más grande tesoro.

"Cuando el Señor tu Dios te haya introducido en la tierra que juró a tus padres Abraham, Isaac y Jacob que te daría, en ciudades grandes y buenas que tú no edificaste, y casas llenas de todo bien, que tú no llenaste, y cisternas cavadas que tú no cavaste, viñas y olivares que no plantaste, y luego que comas y te sacies, cuídate de no olvidarte del Señor, que te sacó de la tierra de Egipto, de casa de servidumbre" (v. 10-12). Después de haber explicado lo que significa guardar el 1er. Mandamiento, a saber, "amar a Dios de todo tu corazón", Moisés prosigue ahora con una exhortación a que permanezcamos fieles a la palabra, y a que no intentemos aprender otra cosa antes de conocer a fondo lo que Dios nos enseña. Acto seguido enumera diversos impedimentos que se oponen al cumplimiento de este precepto, a fin de que los removamos de nuestro camino y nos atengamos estrictamente a la voluntad divina expresada en estas palabras.

El principal de estos impedimentos, la principal piedra de tropiezo, es el Señor Dinero, como oísteis en el Evangelio de esta mañana[10]. Éste será el primero en desviarte de tu Dios, dirigiendo tus miradas hacia las casas hermosas, los olivares y otros bienes terrenales. Éstos llegarán a ser tu dios, pero al que es en verdad el Dios tuyo, le olvidarás, como ya lo dije esta mañana: el dios de este mundo es el dinero. Contra esto quiere advertirnos Moisés con las palabras que acabo de leer (v. 10-12): nada de cuanto allí se menciona debes amarlo tanto como a Dios, sino muy al contrario: a Dios debes amarle más que a todo esto. Ahora bien: "Amarás al Señor tu Dios" — esto

[10] En el sermón matutino del decimoquinto domingo después de Trinidad, sobre Mt. 6:24 y sigtes.

se dice muy fácilmente; ¡pero el aspecto que ofrece un montón de florines es tan bello! Tan bello que puede hacernos pensar: ¿Qué importancia tienen, al fin y al cabo, aquellas 5 palabras "Amarás al Señor tu Dios"? A causa de ellas no puedo dejar mi casa, descuidar mis bienes, o abandonar mis negocios. Por esto digo que el dinero es el primer factor que nos impide amar a Dios sobre todas las cosas, y que hace que nos olvidemos de Dios y le despreciemos. La culpa la tienen las casas llenas de todo bien, las cisternas, las viñas, los olivares de que habla nuestro texto. Por ende, tomadlo como advertencia, pues lo que allí se describe, la riqueza, es el primer diablo seductor que intenta desviarnos de Dios. Que no se ame a Dios, hay que achacárselo a los bienes terrenales. ¿O no es así como sucede generalmente en el mundo? Los padres educan a sus hijos, con los dolores y dificultades naturales que esto suele acarrear; y una vez que estos hijos llegan a adultos, comienzan a hacer distintas valoraciones en cuanto a los bienes y los padres. ¿Dónde están entonces los hijos que aman más a sus padres que a las riquezas? ¿Cuándo se acuerdan alguna vez del dolor, las penas y el duro trabajo que sus padres tuvieron durante los largos años en que los educaron? ¿Cómo les retribuyen el haber empeñado en ellos su honor, su vida y sus bienes? Adultos ya, estos mismos hijos desearían que sus padres estuviesen muertos para poder quedarse ellos con el patrimonio; más aún, hasta les disputan sus bienes en vida. ¿Dónde hay un solo hijo que diga: "Antes de pelearme contigo, padre, prefiero renunciar a todos los bienes"? Sin embargo, así es como debiera proceder un hijo piadoso.

Además se puede ver a menudo que a causa de unas cuantas posesiones, los hermanos se convierten en enemigos mortales. ¿Quién es el que destruyó allí el amor fraternal? Nadie más que el amor al dinero. Si reinase el amor al hermano, dirías: Antes de enemistarme contigo, preferiría que todos estos bienes se los tragara el río Elba. Y así se comporta un vecino con el otro, el hombre del campo con el hombre de la ciudad. ¿Quién domina el arte de infundir en los hijos el desprecio hacia sus padres? ¿Quién provoca esa discordia entre hermanos que se han cobijado bajo el corazón de una misma madre? ¡El dios Dinero! Él es el culpable de todas estas desgracias. Es el dinero el que desacredita los mandamientos de Dios de tal manera que ya no los respetan ni los hijos ni los hermanos, ni las hermanas, ni los vecinos, ni nadie. Es el dinero el que relega a un plano secundario a los padres, los hermanos y los amigos, como podemos observarlo en más de una partición de herencia, donde cada uno piensa: ¡Ojalá ya fuesen míos la casa y las tierras y los campos de pastoreo; que mis padres y hermanos se queden entonces donde puedan!

Ya ves qué poderoso caballero es Don Dinero: tan poderoso que desvirtúa todos los preceptos divinos. Contra este peligro nos advierte Moisés y nos dice: ¡Ten cuidado para que el dinero no se convierta en tu dueño y señor! Abre los ojos y permanece junto al único Dios verdadero, y piensa: "Aunque jamás tuviera bienes algunos, no obstante le tengo a Dios, que si quiere, puede dármelos", y confórtate con la certeza de que Dios vale para ti muchísimo más que todos los bienes de la tierra. Y si te dio casas, cisternas, viñas y olivares, confía en el que te dio todo esto, y no dudes de que tiene poder para darte también aquellas otras cosas de que ahora quizás carezcas. Por cierto, lo que recibiste de tus padres no lo conseguiste mediante los esfuerzos tuyos, sino que te lo dio Dios por intermedio de tus padres. Sin embargo, si consultas con el dios Dinero acerca de cuál de los dos es lo mejor, los padres o los bienes, él te dirá: los bienes. De ahí la amonestación de Moisés de que apreciemos a Dios y sus mandamientos más que todas las riquezas del mundo: aunque te fuese quitado todo, Dios seguirá siendo el Dios tuyo; si él quiere, te puede dar mucho más de lo que has perdido [11]. Si te atienes a su palabra, puedes tener la certeza de que Dios cumplirá con lo que te prometió.

Repito, por lo tanto: lo primero que nos hace tropezar en el cumplimiento del precepto de amar a Dios de todo corazón es el dinero; es un verdadero "dios ajeno". Así fue entre los judíos, y así es también entre nosotros: nos fijamos más en los bienes materiales que en Dios. Ésta es la funesta influencia de este dios ajeno. Pues si yo en verdad amara a mi Dios y sus mandamientos, no le haría oposición a él y al prójimo por causa del dinero. Mas si hago esta oposición, es una señal segura de que no amo a mi Dios, de lo contrario no me portaría de esta manera con él y con mi prójimo.

Todo esto empero no quedará impune, dice Moisés, porque "tu Dios es un Dios celoso; ten cuidado, pues, para que no se inflame el furor del Señor tu Dios contra ti, y te destruya de sobre la tierra" (v. 15). Ya ves, aquí no se trata de bromas; no tomes, pues, las palabras de Dios a la ligera. Hay quienes dicen: Si hoy no sirvo a Dios, tal vez se me ocurra servirle mañana. Si piensas así, algún día el Señor será para ti no ya el buen Dios, sino un fuego consumidor, como le llama Moisés en una oportunidad anterior [12], quiere decir, te exterminará de sobre la tierra, destruirá tu cuerpo y tu vida, y después también tu alma [13]. La experiencia lo está enseñando claramente.

[11] Comp. Job 42:10 y sigtes.
[12] Dt. 4:24.
[13] Comp. Mt. 10:28.

Quien mal anda, mal acaba; porque Dios es en verdad un fuego consumidor. Si los hombres roban y saquean con total desprecio de Dios, él también los despreciará a ellos y hará que sus riquezas les sean arrebatadas. En cambio, si hubiesen amado a Dios más que al dinero, habrían tenido lo suficiente para saciarse con buena conciencia. Tomemos pues en serio estas advertencias, y aprendamos siempre mejor a amar y estimar los mandamientos de Dios más que cualquier bien que la tierra pueda ofrecernos.

LA LUCHA PERMANENTE DEL CRISTIANO CONTRA SÍ MISMO

Sermón para el 2º Domingo después de Epifanía.
Fecha: 17 de enero de 1546 [1]

Texto: Romanos 12:3. Digo, pues, por la gracia que me es dada, a cada cual que está entre vosotros, que no tenga más alto concepto de sí que el que debe tener, sino que piense de sí con cordura, conforme a la medida de fe que Dios repartió a cada uno.

Introducción: La fe produce frutos: las buenas obras.

"Os digo por la gracia que me es dada." Como suele hacerlo también en sus demás escritos, Pablo nos da al comienzo de su carta a los Romanos una enseñanza respecto de las partes fundamentales de la doctrina cristiana, a saber: la ley, el pecado, la fe, y la manera cómo el hombre es justificado ante Dios y alcanza la vida perdurable [2]. Esto ya es cosa sabida para vosotros; lo habéis oído a menudo, y lo seguís oyendo a diario, hasta en este mismo momento. Hay, en efecto, dos cosas que se deben enseñar y predicar: en primer lugar debe ponerse empeño en predicar correctamente acerca de la fe, y en segundo lugar debe predicarse con igual empeño y corrección acerca de los frutos de la fe, y acerca de las buenas obras.

[1] En la WA (LI, 123 y sigtes.), los apuntes de Rörer, base de nuestra traducción, van acompañados de una nota en latín que dice: "Este fue el último sermón que el santo varón de Dios predicó en Wittenberg. Quédate con nosotros, oh Señor, porque se hace tarde". Después de este sermón en Wittenberg, Lutero predicó aún 5 sermones más: uno en Halle, el 26 de enero de 1546, y cuatro en Eisleben, los días 31 de enero, 2, 7 y 15 de febrero; este último no lo llegó a terminar por lo extremadamente débil que se sentía (Lutero falleció el 18 de febrero de 1546).

[2] Esta enseñanza la da Pablo en los capítulos 1 a 11 de Romanos.

El predicar acerca de la fe incluye demostrar claramente qué es el pecado, qué es la ley, qué es la muerte, y cuál su efecto; además, cómo podemos volver a la vida y permanecer en ella. Consecuentemente, Pablo comienza todas sus cartas con una enseñanza acerca de la fe, plantando de esta manera un "árbol bueno"; pues así como todo hombre deseoso de tener un huerto bueno tiene que plantar primero árboles buenos para que luego aparezcan frutos de buena calidad, así Pablo provee primeramente buena tierra y buenos árboles y nos enseña cómo nosotros llegaremos a ser árboles buenos, es decir, hombres que creen y que son salvos. Este tema lo trata hasta el capítulo 12. A partir de allí comienza a impartir enseñanzas acerca de los frutos de la fe, y estas enseñanzas continúan hasta el final de la carta. Con ello, Pablo quiere preservarnos de ser cristianos falsos, que sólo llevan el nombre de cristianos, sin ser creyentes de verdad. Ésta es la prédica de las buenas obras, obras mandadas por Dios ya en los primeros tres mandamientos del Decálogo, pero en especial en los siete mandamientos restantes. Pues una vez que hemos sido redimidos por la sangre y la muerte del Hijo de Dios, es preciso que pensemos en cómo vivir cristianamente como hombres pertenecientes no ya a esta vida pasajera, sino a la vida perdurable en los cielos. Habiendo llegado a la fe, no debemos volver a hacernos semejantes a este mundo, como advierte el apóstol poco antes (Romanos 12:2): "No os conforméis a este siglo, sino transformaos por medio de la renovación de vuestro entendimiento... Esto lo digo por la gracia que me es dada, a cada cual que está entre vosotros", es decir, entre los que son cristianos. A continuación, y hasta el final de la carta, el apóstol pasa revista a las buenas obras que los creyentes deben hacer. Comienza por los buenos frutos que los cristianos deben producir entre sí mismos, como si en el mundo entero no hubiera otro reino sino el reino de la iglesia cristiana al cual ingresamos por medio del bautismo. Sólo después, en el capítulo 13, habla de la autoridad secular, y en el capítulo 14 agrega una advertencia dirigida a los fuertes de recibir a los débiles en la fe.

1. *Con el bautismo contraemos el compromiso de luchar sin tregua contra el viejo Adán.*

Sin más dilación, pues, el apóstol pasa a enseñarnos cuáles son las obras de los que profesan la fe cristiana; ahora que somos creyentes —nos dice— hemos sido enriquecidos por medio de nuestro Señor Jesucristo, y hemos sido trasladados del dominio del diablo y del mundo al reino de Dios, o sea, a la iglesia: poseemos la palabra y los sacramentos, fuimos bautizados, somos hijos y herederos de Dios, hermanos y coherederos de Cristo, y nuestro destino es la vida eterna. Es preciso por lo tanto que pongamos máxima atención en aprovechar bien nuestro glorioso llamado y los dones que hemos recibido. Pues aun después del bautismo queda en nosotros un fuerte remanente del viejo Adán. Como ya fue dicho muchas veces: en el bautismo recibimos perdón total de nuestro pecado, pero todavía no estamos totalmente limpios. Pasa como en la parábola aquella del Buen Samaritano (Lucas 10:29 y sigs.), quien llevó a una posada a un hombre malherido por una banda de asaltantes: pese a los cuidados que le prodigó al pobre hombre, no le pudo curar en el acto; pero le vendó las heridas echándoles aceite y vino, etc. El hombre caído en manos de los ladrones sufrió un doble perjuicio: le despojaron de todo cuanto poseía, y además le golpearon hasta dejarle medio muerto; el hombre aquel habría fallecido si no hubiese venido el buen samaritano a socorrerle. De igual manera, Adán cayó en manos de ladrones y propagó el pecado a todos nosotros; habríamos estado perdidos si no hubiera venido Cristo como nuestro Buen Samaritano que nos vendó las heridas, nos lleva a la iglesia y cura el daño que traemos en nosotros. De este modo estamos ahora en manos del mejor de los médicos: nuestro pecado está totalmente perdonado; sin embargo, aún no desapareció del todo, aún no estamos enteramente limpios. Si el hombre no fuese gobernado por el Espíritu Santo, volvería a caer en su natural maldad. Estamos salvados, es cierto; no obstante, el Espíritu Santo tiene que limpiarnos a diario nuestras heridas.

Resulta pues que la vida en esta tierra es una especie de hospital: los pecados están perdonados, pero todavía no estamos sanos. Por esto hay que insistir en la predicación, y cada cual debe tener mucho cuidado de sí mismo, no sea que su razón le engañe. ¡Fíjate en lo que hacen los espíritus fanáticos [3]! No se puede negar que aceptaron la palabra de Dios y la fe. A pesar de ello están sumidos en el error. Pues al bautismo, ellos le agregan su propia inteligencia "superior"; ésta todavía no quedó aniquilada, y ahora se hace la entendida en cosas espirituales y quiere que ella con su sabiduría humana tenga la última palabra en materia de Sagradas Escrituras y fe. El resultado inevitable es el surgimiento de herejías. Si fuésemos enteramente limpios, bien podríamos prescindir del ministerio de la palabra. Si no tuviéramos mancha alguna, no sería menester que se nos amonestase, así como tampoco los ángeles en el cielo tienen necesidad de preceptores, sino que lo haríamos todo

[3] I.e. los que desdeñan la palabra predicada y los sacramentos como meras "señales exteriores" con las que ellos mismos, hombres "llenos del espíritu", ya no tienen nada que ver.

espontáneamente. Mas en las condiciones actuales sí que tenemos necesidad de amonestación, por cuanto todavía habitamos en este vil cuerpo mortal[4] al cual a su tiempo lo comerán los gusanos — y cosa aún mucho peor habría merecido, a saber, el ser echado para siempre al fuego del infierno.

Además: donde la gente se entrega a fornicación, vicios groseros, borracheras, adulterio —esto se nota sin ninguna dificultad. Pero si se hace presente la novia del diablo, la razón, esa ramera encantadora, pretendiendo ser sabia y creyendo que todo lo que ella dice, son palabras del Espíritu Santo: ¿quién tiene un remedio contra este mal? Nadie; ningún jurista ni médico, ningún rey ni emperador. La razón es sin duda la meretriz más seductora con que cuenta el diablo. Otros pecados groseros se reconocen como tales; pero a la razón no la puede juzgar nadie. Se cree invencible y propala descaradamente sus propias fantasías en cuanto al bautismo y a la santa cena, de modo que los que entronizan a la razón, opinan que todas sus ocurrencias y todo lo que el diablo infunde en sus corazones, es el "Espíritu". De ahí la advertencia de Pablo: "Como que también yo soy un apóstol, y también yo tengo el Espíritu de Dios, así os exhorto"[5]. Tú me replicarás: "¿Acaso yo no soy un cristiano?" Perfecto; pero no confíes demasiado en ti mismo; porque el pecado aún no ha sido sanado y expurgado por completo. Por esto tengo que decir, por ejemplo, a un joven o a una muchacha: "No es posible que no *sientas* la enfermedad de tu padre y de tu madre[6]. Pero si *das rienda suelta* a este deseo, caerás en fornicación y libertinaje". Ahí es donde el evangelio nos exhorta: "No lo hagas; no cedas a tu concupiscencia. Por cierto, el pecado está perdonado y expiado, pero sólo bajo la condición de que tú permanezcas en el estado de la gracia". De igual modo nos está perdonada la restante iniquidad que aún reside en nuestra carne, pero todavía no desapareció del todo, todavía queda bastante inmundicia por expulsar, como sucedió con las heridas del hombre caído en manos de ladrones. En este sentido es que tengo que hablar de la sensualidad, ese grave mal que todos los hombres sienten. Mas si un creyente hace caso omiso de la amonestación divina de resistir al diablo que le quiere hacer caer —éste no puede contar con el perdón de sus pecados.

[4] La expresión usada por Lutero es *Madensack*, "bolsa de gusanos".
[5] Comp. 1 Co. 7:40.
[6] Alusión al deseo sexual inherente en el ser humano.

2. *Particularmente aflictiva es la lucha contra la idolatría de la razón.*

Pero así como hablo del pecado de la sensualidad, cosa que todo el mundo entiende, así tengo que hablar también de la razón, porque ésta, en el terreno de lo espiritual, me arroja a ceguedad y oprobio frente a Dios como lo hace la sensualidad con mi cuerpo, de modo que la razón oculta en sus entrañas una impudicia mucho más bochornosa y una pasión mucho más baja que una prostituta. El idólatra de antaño corría tras un ídolo "debajo de todo árbol que tuviese buena sombra", a decir de los profetas[7], así como el alcahuete de hoy día corre tras una prostituta. La Escritura designa a la idolatría con el nombre de "fornicación", apuntando con ello precisamente a la santidad y sabiduría de la razón. ¡Qué lucha tremenda tuvieron los profetas con la idolatría, la bella ramera! Cual venado arisco, es muy difícil de atrapar. Se le puede perdonar a la razón su necedad, de la cual ella cree que es la justicia y sabiduría suprema; se la puede encubrir, se le pueden poner límites; no obstante, ella no puede dejar de creerse con autoridad para emitir juicios en asuntos que son de competencia exclusiva de Dios. Siendo así las cosas, debemos oponer enérgica resistencia a la razón, como los profetas que dijeron: "No sobre los montes ni en los valles ni debajo de árboles frondosos es donde debéis servir a Dios, sino en Jerusalén, allí donde está el lugar destinado por Dios mismo para la adoración, allí donde está su palabra"[8]. La razón por su parte objeta: "Yo sé que tengo un llamado, que recibí la circuncisión, que se me ha ordenado ir a Jerusalén; pero aquí hay una hermosa pradera, allá un majestuoso monte: si instalo aquí un lugar de adoración al Señor, sin duda podré contar con el beneplácito de Dios y de todos los ángeles del cielo. ¿O acaso Dios es un Dios tal que se siente atado exclusivamente a la ciudad de Jerusalén?" A esta sabiduría de la razón los profetas la llaman "fornicación", y lo mismo hace el apóstol Pablo.

Idéntica es la situación entre nosotros cuando predicamos el artículo de fe de que se debe adorar solamente al Dios que es el Padre de nuestro Señor Jesucristo, o como lo expresamos en el Credo: "Creo en Dios Padre, y en Jesucristo, su Hijo". Los que adoran a este Señor, son los que permanecen fieles al templo en Jerusalén[9]. Lo mismo vale para las palabras: "Éste es mi Hijo amado, a él oíd" (Mateo 17:5), o cuando se nos dice: "Hallaréis al niño acostado en un pesebre" (Lucas 2:12). Éste

[7] Especialmente el profeta Oseas; comp. Os. 4:12 y sigtes.
[8] Comp. Dt. 12:2 y sigtes.
[9] Comp. pasajes tales como Hch. 17:24 y 31, y por otra parte, Ef. 2:21; 1 Co. 3:16; 2 Co. 6:16.

es el único, otro no hay. Pero ¿qué nos interesa esto a nosotros? Nosotros decimos: "¿Por qué se habría de adorar solamente a Cristo? ¿Por qué no venerar a la santa madre de Cristo? ¿Acaso no es ella la mujer que aplastó la cabeza a la serpiente? [10]. Por eso, ¡óyenos, María santísima! Pues tu propio Hijo te tributa honor, y no te negará nada de lo que le pidas". Incluso San Bernardo se excedió un poco en su homilía sobre el texto 'El ángel Gabriel fue enviado . . . ' al decir: "Dios nos mandó honrar a los padres. Por esto invocaré a María; ella rogará por mí a su Hijo, y el Hijo rogará al Padre que escucha a su Hijo" [11]. El mismo pensamiento lo expresa el conocido cuadro en que aparece Dios Padre, lleno de ira, y Cristo en actitud de juez: a éste, su madre María le muestra sus pechos, y él a su vez muestra al Padre airado sus heridas [12]. ¡Así que María muestra a Cristo sus pechos! Ésta es una argumentación muy propia de esa linda novia, la sabiduría de la razón, que nos quiere hacer creer: "María es la madre de Cristo. Sin duda, él la escuchará. Cristo es el Juez inclemente; pero quizá puedo invocar a San Jorge o a San Cristóforo para que ellos intercedan por mí". ¡No! Nosotros fuimos bautizados en el nombre del Padre, y del Hijo, y del Espíritu Santo, así como los judíos fueron circuncidados por mandato de Dios. Pero así como los judíos crearon cultos de propia elección en todas partes del país, como si Jerusalén fuera un lugar demasiado estrecho para Dios, así lo hacemos también nosotros. Por consiguiente: así como el joven tiene que refrenar su sensualidad y el viejo su avaricia, así hay que ponerle un freno también a la razón, que por naturaleza es propensa a la fornicación, o sea, a la idolatría. Mas si la mantengo en sujeción, no me podrá causar daño.

Sin embargo, la razón es demasiado atrayente, y su brillo nos deslumbra. De ahí la necesidad de que haya predicadores que orienten a los hombres hacia el credo de los infantes[13] donde confesamos: "Creo en Jesucristo, que fue concebido por obra del Espíritu Santo y nació de la virgen María; en el Cordero de Dios que quita el pecado del mundo" (Juan 1:29). Nosotros, claro, quisiéramos añadir: "y creo en San Jorge y San Cristóforo". ¡No, de ninguna manera! Solamente con respecto a Cristo se dice: "A él oiréis" (Mateo 17:5), y solamente con respecto a él: "He aquí el Cordero de Dios, que quita el pecado del mundo" (Juan 1:29). Ni de María ni de los ángeles ni del arcángel

[10] Comp. Gn. 3:15. Lutero menciona aquí algunos argumentos esgrimidos por la iglesia católica para justificar su culto a María.

[11] Referencia a la *Homilia II super 'Missus est'* (Opera ed. Basil. 1566 fol. 17 ss.) de Bernardo de Claraval (1091-1153).

[12] Esta escena aparece con cierta frecuencia en cuadros medievales.

[13] El Credo apostólico que los niños aprenden en las clases de catecismo.

Gabriel se dice tal cosa. Por esto debo quedarme con mi sencillo credo aprendido de chico. Con él puedo defenderme contra todas las artimañas de la razón.

Algo similar ocurre cuando los anabaptistas [14] nos dicen: "El bautismo no es más que agua; ¿cómo puede el agua, que sirve de bebida incluso a puercos y vacas, hacer cosas tan grandes? ¡El Espíritu tiene que hacerlas!". ¿Lo oyes, ramera miserable y leprosa, santa razón? Escrito está: "A él oiréis". ¿Qué dijo ÉL? "Id y haced discípulos a todas las naciones bautizándolos; el que creyere y fuere bautizado, será salvo" [15]. No es el agua solamente; antes bien, el bautismo te fue dado en el nombre de la santa Trinidad. Por eso, ¡ten cuidado con la razón, ponle un freno! ¡No permitas que dé curso a sus elevadas ideas! ¡Tírale barro a la cara, para que quede cubierta de vergüenza! Y dile: "Olvidas que aquí estás hablando del misterio de la Trinidad y de la sangre de Jesucristo".

Lo mismo dicen los sacramentarios [16] a propósito de la santa cena: "¿De qué nos han de servir el pan y el vino? ¿Cómo puede el Dios omnipotente encerrar su cuerpo en el pan?" ¡Vaya una sabiduría! Tan sabios son que nadie es capaz de convencerlos de que son unos tontos. Si alguien pudiera meterlos en un mortero y triturarlos hasta reducirlos a polvo —ni aun así se apartaría de ellos su insensatez. La razón tiene que ser ahogada, y realmente *es* ahogada, en el bautismo; y toda su estúpida sabiduría no le podrá hacer daño con tal que preste oídos al Hijo amado de Dios que nos dice: "Tomad, comed; esto es mi cuerpo que por vosotros es dado. Sí, este pan que se te da en la boca, de éste yo digo que es mi cuerpo. Esta palabra mía debes oírla y aceptarla". Basándome en esto, yo echo por tierra la razón y su sabiduría y la pisoteo, y le digo: "¡Cállate, ramera maldita! Tú quieres seducirme a cometer fornicación con el diablo". Así, mediante la palabra del Hijo, la razón es purificada y liberada.

3. *La fe en la palabra de Cristo nos provee de armas para esta lucha.*

Ésta es la forma en que nosotros procedemos con los sectarios, así como los profetas procedían con los sabihondos, los

[14] Nombre colectivo que los reformadores aplicaban a quienes, como T. Müntzer y otros fanáticos, se preciaban de tener revelaciones desde lo alto, rechazaban el bautismo, se rebelaban contra las formas de gobierno existentes, y causaban disturbios y confusión por largos años en Alemania y otras partes de Europa.

[15] Mt. 28:19; Mr. 16:16.

[16] Otro nombre colectivo con que Lutero apodaba a sus antagonistas teológicos que impugnaban la realidad del "sacramento del altar" como verdadero cuerpo y verdadera sangre de Cristo.

idólatras fornicarios que quieren hacerlo todo mejor de lo que lo hace el propio Dios. A esa gente hay que decirle: "Yo tengo un esposo celestial, a él oiré. Tu sabiduría es la más grande tontería. La haré pedazos y la hollaré con mis pies". Esta lucha proseguirá hasta el día postrero. El deseo expresado por Pablo en nuestro texto es que sofoquemos no solamente los deseos vulgares, sino también los que se consideran elevados. Si te ataca el deseo de cometer fornicación, mátalo; y mátalo con tanto mayor energía si se trata de fornicación espiritual. Nada es tan halagüeño para el hombre que el deleitarse en la propia sabiduría. Los griegos tienen para esto la palabra "filaucía"[17]. La codicia de los avaros es una insignificancia comparada con ese vicio de que uno halla un placer tan íntimo en su propia vanidad. ¡Y como si esto fuera poco, hasta se atreven a introducir sus lúcidas ideas en las mismísimas Sagradas Escrituras! Esto es obra del diablo en persona. Verdad es que también este pecado me ha sido perdonado, pero aún permanece en mí hasta el día de hoy, pues todavía no quedó expurgado enteramente. Donde se le permite cobrar fuerzas, de seguro que no se tardará en perder la doctrina verdadera. Y, sin embargo, aquellos grandes sabios predican con el mayor de los gustos, y con mucho gusto se los escucha. A Cristo ya no le toman en cuenta para nada, sino que en la cumbre del alto monte caen de rodillas ante el diablo, como leemos en el capítulo 4 de Mateo (v. 8 y sigs.).

"Por la gracia que me es dada por Dios", dice Pablo, "os exhorto a que ninguno tenga más alto concepto de sí que el que debe tener". Esto significa: "Todavía hay en vosotros cierto engreimiento, además de otros vicios groseros. Por lo tanto, ¡cuidaos de vuestros propios pensamientos y de vuestra sagacidad! El diablo encenderá la luz de la razón y os apartará de la fe, como les pasó a los anabaptistas y a los sacramentarios. Todavía os esperan unos cuantos autores de herejías más."

Yo mismo tuve que habérmelas con más de treinta espíritus facciosos[18], y todos ellos querían ser mis maestros. Pero a todos los refuté con la palabra: "A él oiréis". Y mediante esta palabra, la gracia de Dios me ha mantenido firme hasta la hora actual. De lo contrario tendría que haber adoptado treinta credos distintos. Los herejes buscan sin cesar disputas y argucias, y quieren que nosotros siempre cedamos, retrocedamos y asintamos. Pero yo les digo: "No lo haremos; Dios nos ayude a ello". Entonces tenemos que aguantar su gritería: "Vosotros sois unos idiotas engreídos". No importa; prefiero sufrir paciente-

[17] 'Filaucía', de 'filos' = amante, y 'autós' = mismo; 'amor propio'.

[18] Lutero estará pensando en hombres como Karlstadt, T. Müntzer, Agricola, Osiander y demás; también Zuinglio tenía "otro espíritu que él".

mente todas sus injurias antes de apartarme una sola pulgada de la boca de aquel que dijo: "A él oíd". Ya lo estoy viendo: si Dios no nos da ministros fieles de su palabra, el diablo destrozará nuestra iglesia por medio de los sectarios, y no descansará hasta haber alcanzado su objetivo. Esto es, en breves palabras, su intención. Si no logra concretarlo mediante el Papa y el emperador, lo logrará mediante aquellos que por ahora todavía concuerdan con nosotros en materia de doctrina. Roguemos pues de todo corazón que Dios nos dé maestros fieles. Todavía nos sentimos seguros, y no vemos que el dios de este siglo se lanza contra nosotros con horrible furor valiéndose del Papa, del emperador [19] y de nuestros propios doctores en teología, que dicen [20]: "¿Qué perjuicio podría traernos el ceder un poco en este o aquel punto?". ¡Ni un palmo podemos ceder! Si quieren adoptar la posición nuestra, háganlo; si no, déjenlo. No de manos de ellos recibí yo lo que vengo enseñando, sino de Dios mismo por su gracia divina. Tengo mis experiencias, y sé muy bien cuáles son las intenciones del diablo. Por ende, rogad a Dios con toda seriedad que os conserve el don de su santa palabra, porque se avecinan tiempos difíciles. "Ah", dicen los juristas y los sabios de este mundo, "lo que pasa es que vosotros sois muy altivos, y de esta altivez y terquedad no puede resultar sino sedición y guerra". ¡Nuestro Dios y Señor nos asista para que nos defendamos valientemente contra tan peligrosa tentación!

Nadie te impide tener de ti mismo el buen concepto de haber sido distinguido con dones que otros no poseen, y harás muy bien en dar las gracias a Dios por ello. Pero no tengas de ti un concepto más alto que el que debes tener, sino limítate a pensar de ti lo que concuerde con la fe, "lo que sea conforme a la medida de la fe" (cap. 12:6). Si se te ocurre algún buen pensamiento, no lo desdeñaré, sino que lo apreciaré en su justo valor. Pero no le des demasiada importancia, dice Pablo; no te dejes seducir por tus ingeniosas ocurrencias.

¿Y cómo puedo saber hasta qué punto tiene validez mi propio pensamiento? "Que sea conforme a la medida de la fe" [21], responde Pablo. Lo que te cuadra es refrenar tu pensar vanidoso. Así como hay que frenar los malos deseos de la carne, así hay que frenar también la razón. La vanidad es el pecado que heredamos de Adán. Por tanto: deléitate en esta joven o en

[19] En el año 1546, el emperador Carlos V, secundado en su plan por el papa Pablo III, pensó seriamente en destruir la iglesia de la Reforma con la fuerza de las armas.

[20] Quizás Lutero esté pensando en las tentativas de reconciliación efectuadas por M. Buzer y F. Melanchton.

[21] Otra traducción de este pasaje Ro. 12:6 es "según la analogía de la fe".

aquella otra, pero en la medida correcta. ¿Y qué significa esto? Significa lo siguiente: Ama a esa muchacha (y tú, muchacha, ama a ese joven), pero de manera tal que no *la* (o que no *le*) desees sino para el matrimonio. Pues el Sexto Mandamiento prohíbe sólo el amor ilícito. La sensualidad es, por cierto, algo inherente en nuestra naturaleza. Pero si la refrenas de modo que asumes frente a la muchacha amada esta actitud: "Quiero amarla, no para cometer fornicación con ella, sino para unirme con ella en matrimonio", entonces el deseo tiene su medida, a saber, no es contrario al mandamiento de Dios. El Sexto Mandamiento sea la medida que te indica hasta dónde debe ir el deseo.

Del mismo modo debes proceder también con el deseo satánico y fornicario de tu propio pensar envanecido. Si te causa placer el pensamiento de que bajo el papado las cosas marchaban a las mil maravillas, si te alegra y te agrada este tu pensamiento, entonces ponle un freno; establécete una medida que tu pensamiento no debe sobrepasar. No le cedas el paso, sino permanece bajo la fe, que es el señor supremo sobre todos los dones que poseemos, no sólo sobre la imaginación. Todo debe estar sujeto a la fe, lo que quiere decir, en este caso particular, que el hermoso pensamiento no debe creerse más sabio que la fe. Examínalo para ver si concuerda con la fe; si no concuerda, corrígelo. Si oyes a un sectario o a un sacramentario decir: "En la santa cena no hay más que pan y vino", o si te pregunta: "¿Crees que por virtud de tus palabras, Dios descenderá del cielo y entrará en tu boca y estómago?", entonces respóndele: "Muy bien dicho; así me gusta; ¡qué novia más inteligente que tiene el diablo! Pero ¿qué me dices en cuanto a la palabra: 'Éste es mi Hijo amado, a *él* oíd'? Y él, el Hijo, afirma: 'Esto es mi cuerpo'. ¡Vete con tu presunción, con tu razón, retírate con ellos al excusado! ¡Cállate, maldita meretriz, que quieres ser maestra de la fe! Esta fe me dice que en la cena del Señor están presentes su verdadero cuerpo y su verdadera sangre, y que el bautismo no es simple agua, sino el agua del Padre, y del Hijo, y del Espíritu Santo. A esta fe, la razón tiene que sujetarse".

Y la misma respuesta debes dar a los que nos tienen por altivos y exigen que modifiquemos nuestra posición. ¿Qué normas habríamos de aplicar para evaluarnos a nosotros mismos? ¿Algún criterio material acaso? No; la única medida válida es la fe; porque escrito está que tu pensar debe agradarte "conforme a la medida de la fe". Y esta fe no la convertirás en esclava, ni derribarás a Cristo mismo de su trono celestial.

De esta manera, pues, el apóstol Pablo nos ha dado una seria advertencia de resistir a la sensualidad, la concupiscencia, los pensamientos vanidosos. Debemos "acollarar con la palabra de la fe" (sic) no sólo los deseos bajos y mezquinos, sino ante todo los de alto vuelo, y decir: "Eres muy sabia, oh razón. ¿Quieres conducirme al monte alto para que yo adore allí al diablo y atente contra el mandamiento de Dios? ¡Jamás! Jerusalén es el lugar donde adoraré. Que el pueblo adore en otra parte, no me importa. Lo que me importa es que Dios prohibió que le adoremos 'debajo de todo árbol de buena sombra'; por esto no lo haré. Sé muy bien que Dios podría ayudarnos también por medio de la madre de su Hijo. Pero el hecho es que *no quiere* ayudarnos sino por medio de su Hijo; por lo tanto debo depositar toda mi confianza y esperanza exclusivamente en el Hijo de Dios". Dios tendría plena libertad de decirnos: "Si rezas un Padrenuestro a tal o cual santo, serás salvo". Pero Dios no quiere que lo hagas; más aún: lo prohíbe terminantemente.

Éste es el grave mal a que se refiere Pablo en este texto: Debemos cuidarnos no solamente de la concupiscencia baja, grosera, sino también de los pensamientos altos, ambiciosos, que rompen la unidad de la fe y conducen a la fornicación, es decir, a la idolatría.

LA SANTIFICACIÓN DE LA VIDA MEDIANTE EL PODER QUE OTORGA LA FE

Sermón pronunciado en la iglesia del castillo en Wittenberg[1]
Fecha: 21 de marzo de 1538[2]

Texto: 1 Tesalonicenses 4:1-8. Por lo demás, hermanos, os rogamos y exhortamos en el Señor Jesús, que de la manera que aprendisteis de nosotros cómo os conviene conduciros y agradar a Dios, así abundéis más y más. Porque ya sabéis qué instrucciones os dimos por el Señor Jesús; pues la voluntad de Dios es vuestra santificación; que os apartéis de fornicación; que cada uno de vosotros sepa tener su propia esposa en santidad y honor; no en pasión de concupiscencia, como los gentiles que no conocen a Dios; que ninguno agravie ni engañe en nada a su hermano; porque el Señor es vengador de todo esto, como ya os hemos dicho y testificado. Pues no nos ha llamado Dios a inmundicia, sino a santificación. Así que, el que desecha esto, no desecha a hombre, sino a Dios, que también nos dio su Espíritu Santo.

[1] En aquellos días se hallaba en Wittenberg, de paso para Brunswig, el Elector Juan Federico de Sajonia, lo que dio motivo a que este sermón fuese pronunciado en la iglesia del castillo (la de las "95 Tesis"), como era costumbre cuando la ciudad albergaba en sus muros a una persona de tan elevado rango.

El sermón forma parte de una de las numerosas series de exposiciones sobre libros bíblicos (aquí, la 1ª Carta a los Tesalonicenses) que Lutero solía dar aparte de los sermones dominicales.

[2] En los apuntes de Rörer, WA 46, pág. 212, figura como indicación de la fecha: *Iovis post Gertrudis*, jueves después del día de Sta. Gertrudis (17 de marzo).

1. *Lo necesario que es ejercitarse en la santificación.*

Oimos aquí que la enseñanza de esta Epístola gira en torno de las buenas obras. Pablo no nos da, con estas palabras, una lección acerca de la fe —pues este tema ya lo trató ampliamente en otras oportunidades— sino que exhorta a sus lectores a que tengan una fe *activa,* no una fe debilitada por la modorra y la pereza. En tal sentido hemos oído predicar a menudo que somos hechos justos ante Dios por medio de la fe, con exclusión de toda obra y mérito propios; pero una vez que nuestra justificación ha llegado a ser una realidad, no debemos *vivir* sin hacer buenas obras. Y es muy necesario que esta doctrina se inculque siempre de nuevo. Pues el diablo no se queda dormido; no se resigna a vernos transitar por el camino real, sino que trata de desviarnos ya sea hacia la derecha, ya sea hacia la izquierda. Así, por ejemplo, cuando se predica acerca de las buenas obras, como lo hace Pablo en el pasaje recién leído, los oyentes corren el peligro de reincidir en la errónea creencia de que la salvación se puede adquirir mediante la justicia que radica en buenas obras, con el resultado de que creen innecesario atenerse a Cristo como único Salvador. Quieren lograrlo todo con sus propias fuerzas y con sus propias obras. Mas si se les predica acerca de la fe, y de que la fe sola es nuestra justificación, se van al extremo opuesto y dicen: "¿Qué necesidad hay entonces de que nos esforcemos tanto? No hace falta que nos estemos afanando constantemente en producir buenas obras". Por esto me temo que después de nuestros días o se insista demasiado en las buenas obras, o, por el contrario, los hombres caigan en un embrutecimiento total en cuanto a su manera de vivir.

Pablo en cambio se atiene al justo medio. "Ya que aprendisteis de nosotros cómo os conviene conduciros y agradar a Dios", les escribe a los creyentes en Tesalónica, "os exhorto a que abundéis más y más". Esto se refiere a la vida exterior vivida conforme a la fe. Pablo habla aquí no de la fe en sí, sino de la fe aplicada a nuestra vida, o sea, del comportamiento que corresponde al cristiano, y que consiste en que "abundemos más y más". En efecto: algo más adelante, el apóstol agrega: "Cuando Dios nos llamó por medio de la fe y del evangelio, no nos ha llamado a la inmundicia sino a santificación". ¿Qué clase de redención de pecados sería ésta, si ahora quisiéramos entregarnos tanto más a los pecados, y permanecer en ellos? Más que redimir del pecado, esto sería precipitar al pecado. No es tan fácil, por lo tanto, encontrar maestros del evangelio que enseñen al pueblo el camino correcto a seguir: o hablan de las obras de una manera excesivamente espiritual, o no enseñan absolutamente nada en cuanto a ellas. Como se ve, el diablo nos ataca en dos frentes a la vez; por esto debemos preguntar cuál es en realidad la voluntad de Dios, para abundar más y más en obras que sean de su agrado.

Siendo así las cosas, el apóstol Pablo quiere hacer ver a los creyentes en Tesalónica que mediante su fe, ellos habían dado, por cierto, los primeros pasos, pero que todavía les quedaba bastante camino por recorrer para llegar a la meta. Los monjes tenían de sí mismos la opinión de que ellos eran ya más que perfectos, porque habían aceptado los 12 consejos evangélicos[3]; creían que observando éstos, estaban produciendo un excedente de buenas obras. Abrigaban por lo tanto la errónea idea de que ellos habían hecho más de lo que toda la Escritura Sagrada exigía de ellos. Otros hay que llevan una vida en comunidad[4] para alcanzar de esta manera la perfección. Se guían por el siguiente pensamiento: "No se me ha dado ningún mandamiento de que tenga que llevar una cogulla; no obstante la llevaré con toda paciencia, para ser perfecto; asimismo, tampoco tenemos prescripciones en cuanto al comer y beber; pero para ser perfecto, me abstendré de tal o cual comida". Pero con esto tomaron por un camino del todo equivocado, y al fin de cuentas no hicieron absolutamente nada de lo que se exige en los mandamientos de Dios. Tales intentos no son suficientes; si nuestra santidad no fuere mayor que la de los monjes, estamos perdidos. Benjamín[5], por ejemplo, ayunaba 3, 4, 5 días seguidos; pero después comía tantos panes como apenas podría haber comido durante todos aquellos días de ayuno. Todo esto son esfuerzos de invención propia, hechos en la creencia de que de esta manera se logra presentar ante Dios una imagen mejor que los demás. ¡Grandísimo error! Vivir casta y honestamente — para esto no te bastará con alimentarte sólo de pan y agua y vestirte con el hábito gris de los monjes. Más de uno lleva

[3] A diferencia de los 10 Mandamientos, de observancia obligatoria para todos, existen según la enseñanza de la iglesia católica los 12 "consejos evangélicos", de observancia no obligatoria. Quien los sigue espontáneamente, hace más de lo que está obligado a hacer, acumulando así un excedente de buenas obras, las "obras de supererogación". Los 12 consejos, basados en pasajes de los Evangelios, son: 1. Pobreza, según Mt. 6:19; 19:21. 2. Obediencia a los superiores de la iglesia, según Mt. 16:24. 3. Abstinencia sexual, según Mt. 19:12. 4. Volver bien por mal, según Mt. 5:44. 5. No resistirse al mal, según Mt. 5:39. 6. Dar más de lo que se le exige a uno, según Lc. 6:29. 7. No jurar ni hablar palabras vanas, según Mt. 5:34 y 12:36. 8. Evitar la ocasión de pecar, según Mt. 18:8. 9. Obrar con cautela para no caer en hipocresía, según Mt. 6:1. 10. Atenerse a lo que uno mismo enseña, según Mt. 7:5. 11. No afanarse por el comer y beber, según Mt. 9:25 y sigtes. 12. La amonestación fraternal, según Mt. 18:15.

[4] Referencia a los "Hermanos de la Vida Común", movimiento originado en los Países Bajos en el siglo XIV. Intentaba concretar los antiguos ideales monásticos en una forma modernizada y menos rígida.

[5] Un ermitaño del que no poseemos mayores datos.

ropa lujosa, y a pesar de ello tiene el corazón lleno de tristeza. Es preciso, por lo tanto, que aprendamos a guiarnos por lo que Dios mismo nos ordena. Pablo nos muestra que todavía no somos perfectos, ni que hablar de esa perfección excedente con que sueñan los monjes. Ella es precisamente una de las causas por qué habría que echar abajo todos los monasterios; pues allí se cultiva un género de vida que pretende ser más perfecto que los mismos 10 Mandamientos; ¡y eso que ni los más grandes de los apóstoles tuvieron la osadía de querer hacer algo que excediera en perfección a los mandamientos de Dios! Ni siquiera el simple cumplirlos está al alcance de los hombres. Sólo esos mentecatos hacen como si fuera cosa fácil guardar los preceptos divinos.

Vosotros empero, que ya habéis recibido la fe, sabéis muy bien que todos los hombres hemos sido concebidos en pecados y merecemos la condenación eterna. Vosotros habéis conocido a Cristo, y por medio de él al Padre. La sangre de Cristo os bautizó, de modo que vuestros pecados están perdonados. Y una vez bautizados con la sangre de Cristo, habéis comenzado, por el poder que confiere el Espíritu Santo, a echar fuera el pecado y someter a disciplina el cuerpo entero. En ello perseverad. Así como el corazón ha sido renovado mediante la fe (a saber: por cuanto Dios no me condenará, a causa de Cristo), así también el cuerpo ha de ser purificado de toda inmundicia carnal. Antes nadie pensaba que la pureza estuviera basada en la fe, sino que se creía que consistía en una vida del tipo monacal. Mas ahora conocemos la verdad enseñada en el evangelio: la inmundicia ha desaparecido por virtud de la fe en la remisión. Ahora sé con toda certeza: Dios no mirará el hábito y la tonsura monacales, sino a su Hijo Jesucristo que ha borrado mis pecados.

Por esta razón, nuestra vida terrenal debe ser un constante ejercicio tendiente a eliminar de nuestro cuerpo el pecado, y a cumplir los mandamientos de Dios. El misericordioso Dios nos conceda que esta doctrina sea conservada entre nosotros, y que nunca nos falten maestros que enseñen al pueblo a permanecer en el camino del medio sin desviarse ni hacia la derecha ni hacia la izquierda. Hasta el día de hoy no has podido desprenderte del todo de tus pecados. No posees el Espíritu Santo en medida décuple, sino que sólo posees las primicias del Espíritu[6]. ¡Cree empero que Cristo está sentado en los cielos para bien tuyo, como tu Mediador, para que no te sean imputados tus pecados, y para que trates de avanzar siempre más en la senda del perfeccionamiento! ¡Cuídate mucho del falaz pensamiento: "Yo creo en Dios; por consiguiente, el pecado

[6] Ro. 8:23.

no puede dañarme". Así pensaron muchos, y entre tanto seguían entregados a su vida licenciosa. Pero esto no significa hallarse en un estado en que la vida se hace cuanto más larga, más perfecta.

2. *La fuente y la virtud de la santificación.*

"El reino de los cielos", dice Cristo, "es semejante a la levadura que tomó una mujer, y escondió en tres medidas de trigo" (Mateo 13:33). La mujer aquella "esconde" la levadura en la harina para que toda la masa sea leudada. En el momento en que la mujer mezcla la levadura con la harina, aún no está leudada la masa entera; antes bien, la mujer se va y espera hasta que el proceso del leudar haya llegado a su fin. En este sentido se dice que el evangelio es una levadura. Ahora bien: la levadura no debes dejarla sobre el banco; tienes que mezclarla bien con la masa, para que la penetre toda y le dé la necesaria esponjosidad. Si lo único que quiero hacer con el evangelio es echarle una mirada y hablar acerca de él, no me servirá de nada; para que me sirva de algo, tiene que entrar en el alma y en el cuerpo y penetrarlos íntegramente. Cuando esto ocurre, la razón ha encontrado, mediante la levadura del evangelio, un nuevo modo de pensar. Pero ahora deben seguirle también la voluntad, la mano, la boca y todos los demás miembros, a fin de que la fe pueda hacerse efectiva en ellos como una fuerza que penetra el cuerpo entero.

Si es que mi corazón cree la buena nueva de la remisión de los pecados, no es más que lógico que mi boca y mi lengua se abstengan a su vez de todo lo que sea pecaminoso, que no hablen palabras soeces, sino lo que dicta el recato y la santidad; que no se deleiten en ensalzar la fornicación y el adulterio, sino en cantar con gozo acerca de la palabra de Dios, en orar y alabar al Señor. Asimismo deben ser purificados los oídos, a fin de que yo no me complazca en oír palabras escabrosas e impúdicas, maldiciones y blasfemias, sino la palabra de Dios, y palabras que ponderen lo bueno que hay en el prójimo, para que de este modo también los oídos lleguen a ser libres de malicia, a semejanza de la fe que habita en el corazón. Y como dice aquí el apóstol, esta purificación debe hacerse extensiva también a mi vida matrimonial, de manera que desaparezca más y más la concupiscencia carnal dirigida hacia la mujer ajena, y el cuerpo quede sometido a disciplina para no abandonarse a la lujuria. Todo esto no comienza con que vistas un hábito monacal; sólo puede producirlo el poder del Espíritu Santo. Este Espíritu lo recibes cuando recibes la fe; él renueva tu corazón, y hace que pienses de esta manera: "Dios me perdonó mis pecados y me permitió conocer a Cristo; por consiguiente quiero hacer lo que a él le agrada".

Y si tu carne no te quiere hacer caso, vete a tu aposento o a la congregación de los fieles, y ora: "Señor, Dios mío, así como comencé a santificar tu nombre en mi corazón, así ayúdame a que pueda santificarlo ahora también en todo mi cuerpo". Por ejemplo: Empecé a vivir en forma casta y honesta; pero mi carne preferiría ir por otro camino. En tal caso, nada mejor que arrodillarse e implorar a Dios a que venga en nuestra ayuda. Con aquellos ejercicios exteriores es imposible expulsar semejantes tentaciones. Aunque fueras al mismísimo desierto, tu viejo Adán te acompañará. Y aunque vistieras una cogulla, no te servirá de nada; sólo encubrirás con ella a ese viejo malvado que llevas dentro de ti. ¿Acaso no es verdad que todas las confesiones hechas por los monjes en los conventos tenían que ver con lascivia, gula, envidia, ira, etc.? Vosotros empero habéis recibido nueva luz, habéis oído la voluntad del Señor: Él quiere que seáis salvos por medio de Cristo, y quiere además que seáis limpios como Él es limpio, y que guardéis sus mandamientos. Por lo tanto, si te sientes atacado por la lascivia u otra mala inclinación, exclama: "¡Ven, Padre, ayúdame, para que así como mi corazón empezó a creer en ti y a amarte, también la boca hable y las manos hagan lo que es de tu agrado!" La santificación debe proceder del interior, no del exterior. Sería una insensatez si quisieras echar agua al manantial; al contrario, el agua debe *brotar* del manantial. La triste verdad es que al malvado lo llevo dentro de mi propio corazón; va conmigo, duerme conmigo, y no hay medidas disciplinarias exteriores que lo puedan sofocar. La única medida que vale es ésta: Cree en Cristo, gracias al cual Dios es para ti un Dios misericordioso. El Padre es enemigo de los pecados, por esto nos envió a su Hijo Jesucristo para que él obtenga para mí el perdón de mis culpas. Y luego envió a mi corazón su Espíritu Santo para que yo también me convierta en enemigo de los pecados que habitan en mí. Mas si digo: "Yo creo en Dios", y luego voy y me comporto como un usurero, avaro, etc., tal fe no es en verdad un fermento; no ha penetrado en mi vida. Pero ¡*tienes* que hacerla penetrar en ella! ¡Mete la levadura del evangelio en tu cuerpo, húndela profundamente mediante la fe, para que se propague a todos tus miembros!

3. *Cómo se concreta la santificación dentro de nosotros mismos y con respecto al prójimo.*

"Porque ya sabéis qué instrucciones os dimos por el Señor, Jesús, a saber, que la voluntad de Dios es vuestra santificación"; y este Dios es, como Él mismo declara, "vengador de todo esto", o sea, no tolerará que su voluntad sea despreciada. Pablo pasa a detallar ahora lo que pertenece al comportamiento exterior del creyente. Quiere decirnos: "Vosotros habéis sido santificados por medio de la fe, y por haber llegado a la fe en el Hijo de Dios, vuestros pecados os han sido perdonados. Ahora, la voluntad de Dios es que avancéis en la santificación, que esa santificación producida por la fe muestre más y más su efecto en vuestro cuerpo". Pues por lo concupiscente e irascible que es nuestra naturaleza humana, mis deseos o se dirigen contra mi propio cuerpo, o resultan en perjuicio del cuerpo de mi prójimo. "Santificación" es cuando a un vaso se lo retira del servicio a lo profano y se lo destina al servicio de lo sagrado, como el mismo apóstol lo expone en Hebreos 6: "Así como, antes de haber llegado a la fe, presentasteis vuestros miembros para iniquidad para servir a la inmundicia, así retiradlos ahora del servicio a la injusticia y presentadlos para servir a la justicia"[7]. En mis años más jóvenes, Satanás causó daño por medio de mi lengua, haciendo que me gustara proferir palabras indecentes. De esta manera, la lengua llega a ser un arma de la injusticia, que induce a la injusticia también a los demás. Es preciso pues que mi lengua sea santificada, que pase del empleo pecaminoso al empleo santo, vale decir: yo mismo debo hablar decentemente y advertir a otros para que también ellos a su vez hablen con decencia y luchen contra toda impudicia. E igual santificación debe extenderse a todos mis miembros. Todos ellos estaban sumidos en vicios de diversa índole, en adulterio y otros pecados vergonzosos; y tan seguros nos sentíamos que hasta nos reíamos de nuestras fechorías detestables. Pero ahora debes usar tus miembros para servir a la pureza. Si no puedes permanecer célibe, toma una esposa, para que no te venzan la concupiscencia, los malos deseos y pensamientos. De esta manera sustraes tu cuerpo y todos tus miembros al *poder* de la concupiscencia, aun cuando las *manifestaciones* de la concupiscencia en tu cuerpo no terminen. Los que así proceden, son llamados "santos" también en su comportamiento exterior; así como son purificados en su interior por medio de la fe, que es el factor principal en todo esto, lo son también en sus actos visibles.

Éste ha de ser, pues, nuestro cometido: en primer lugar, que nos comportemos casta y disciplinadamente para con nuestro propio cuerpo. Ser santos significa: mantener vuestro cuerpo y vuestros miembros en castidad y pureza; pues a esto habéis sido llamados. El apóstol se explica a sí mismo respecto de lo que quiere decir con "inmundicia": inmundicia es cuando per-

[7] Si bien en He. 6:1 y sigtes. se trata el mismo tema, el pasaje citado aquí por Lutero es Ro. 6:19, con ligeras modificaciones.

mitimos al diablo usar nuestro cuerpo para la fornicación, etc. Muchos se burlan de esto y lo toman a risa, como los gentiles. Pero Dios dijo: Lo que habéis de practicar es decoro matrimonial, no fornicación. Por consiguiente debemos abstenernos de la deshonestidad, lo que no quiere decir que evites sólo exteriormente las acciones impúdicas, sino que mediante la oración y la lectura de la Sagrada Escritura trates de vencer más y más las inclinaciones impuras en tu interior. Donde no se hace esto, quiere decir, donde uno no quiere ejercitarse en esta santidad, Dios se presentará como vengador. Los adormecidos en una falsa seguridad no dan importancia a tales pecados, pero no escaparán impunes: el uno es acuchillado, el otro perece de otra manera. No cabe duda: "el Señor es vengador de todo esto", especialmente en el caso de los que quieren ser cristianos y no obstante quieren dar rienda suelta a su carne.

"Y cada uno de vosotros sepa tener su vaso [8] en santidad y honor, no en pasión de concupiscencia, como los gentiles que no conocen a Dios". Pablo habla aquí de la situación imperante entre los gentiles. Cada país tiene su vicio peculiar; los griegos eran muy dados a la fornicación, y el haber cometido adulterio lo festejaban como si fuera una hazaña reidera. En vivo contraste con esta práctica general, los creyentes en Tesalónica fueron llamados a una vida en castidad y pureza. Mas donde el mal ejemplo es tan fuerte que arrastra al vicio a grandes y chicos, el hombre fácilmente se siente inclinado a decir: "Si todos van por el mismo camino, ¿por qué yo habría de quedarme atrás?". Y en aquel tiempo, todos iban, efectivamente, por el mismo camino: la fornicación no se consideraba un pecado. Idéntica era la situación en Italia, donde "deshonraban entre sí sus propios cuerpos", como escribe el apóstol en el primer capítulo de su carta a los romanos (v. 24). Tal era el estilo de vida de los gentiles; y para colmo, se reían de su desvergonzado proceder como si hubiesen obrado bien. Y aun en la Italia de nuestros días se comete adulterio impunemente; los mismos obispos y cardenales lo hacen con la mayor despreocupación. Entre nosotros los alemanes, el cometer adulterio al menos no es motivo para gloriarse, sino para avergonzarse, puesto que al adúltero se le considera un miserable. Además, si en Italia uno engaña al otro, el engañado hasta tiene que cargar con las burlas de los demás: "¿por qué no fuiste más cauteloso?", lo dicen con sorna. Entre nosotros, el engaño por lo menos no cuenta con la aprobación general. El vicio nuestro es el excesivo

[8] En lugar de la expresión "su vaso", empleada por Lutero (y también por la Vulg. y la Antigua Versión de Reina-Valera), la Versión R.-V. Revisión de 1960 traduce "su propia esposa". La Biblia de Jerusalén tiene "su cuerpo" y lo explica así: 'El propio cuerpo de cada uno, o bien el de su mujer', sin duda la solución más aceptable.

comer y beber, una verdadera plaga en Alemania. Pero Dios no nos ha llamado para que vivamos como puercos, ni para que nos hagamos partícipes de la inmoralidad que va invadiendo más y más a los pueblos; al contrario: también nosotros debemos fijarnos con mucha atención en lo que el apóstol escribe a los tesalonicenses. ¿O acaso queréis imitar a la gente de Sodoma que cometía los pecados más execrables y aun se gloriaba en ellos? "Ateneos a Dios", dice Pablo a los tesalonicenses, "el cual os ha llamado para que abundéis más y más". Lo mismo rige también para nosotros. Si bien la depravación general se hace sentir también en torno nuestro, sin embargo, no debemos consentir en ella ni mucho menos imitarla, sino antes bien vivir conscientes de nuestro llamado a la santificación. Por desgracia, muchos se hallan tan sumergidos en la inmundicia como los habitantes de Sodoma y Gomorra, y ni siquiera se avergüenzan de ello ni lo consideran un pecado; son como los sibaritas [9], famosos en el mundo antiguo por su molicie. Pero cuando una ciudad ha llegado a tal extremo de lujuria y perversidad, de seguro que el fuego del infierno no está lejos. La Sagrada Escritura nos lo muestra claramente con el ejemplo de los benjamitas, que fueron erradicados de entre los hijos de Israel a causa de la abominación que habían cometido [10]. Si se produce el caso de que un hombre es engañado por el diablo e inducido a lo malo, el tal vuelva de su camino errado y ruegue al Padre que le perdone; por cierto, el Señor no le echará fuera (Juan 6:37). Pero si quieres vivir despreocupadamente, sin inquietarte por tus pecados, sino al contrario, gozándote y vanagloriándote en ellos, entonces no puedes esperar de Dios otra cosa que el juicio.

"Que cada uno de vosotros sepa tener su vaso en santidad y honor." "Su vaso" significa aquí "su propio cuerpo". El apóstol Pedro aplica el mismo término a las mujeres llamándolas "el vaso más débil" (1 Pedro 3:7). El hombre es el vaso e instrumento de Dios. Sus miembros y su cuerpo, incluidos los ojos, los oídos, etc., han de ser manejados de tal manera que el hombre entero sea un vaso sagrado que rechaza la inmundicia, y no un vaso entregado a la "pasión de concupiscencia", al servicio del diablo. "Cada uno sepa tener su vaso en *honor*", dice Pablo, y con esto alude a los griegos y romanos que deshonran sus propios cuerpos, no destinándolos al fin para el cual fueron creados, a saber, el esposo para la esposa y viceversa, sino cambiando el uso natural por el que es contra naturaleza (Romanos 1:26). Aquellos en cambio que se abstienen de tales perversida-

[9] Síbaris, colonia griega en el sur de Italia, destruida en 510 a. de J.C. La molicie de sus habitantes, los sibaritas, se ha hecho proverbial.

[10] Comp. Jue. cap. 20.

des y viven en fidelidad conyugal, "tienen su vaso en santidad y honor", porque andan en obediencia a Dios. Era muy necesario que Pablo dirigiera a los cristianos de Tesalónica esta advertencia, porque vivían en un ambiente en que reinaba el vicio y el desenfreno; y lo mismo sucedía en la Roma de aquel entonces, y sucede en la Roma actual. Por esto, si el pecado te tienta, es inútil que consultes con el papa o con los cardenales; ellos se han convertido en epicúreos tan licenciosos que ya no preguntan ni por Dios ni por su palabra. Por otra parte, si se opone uno aquí, otro allí a la Roma entera con toda su inmundicia, no logrará nada; el montón grande arrastra consigo al montón pequeño. Es pues preciso que el mismo Apóstol nos inculque que Dios nos ha llamado no a la fornicación, sino a que sofoquemos nuestros deseos impuros y permanezcamos castos y honestos, sea dentro del matrimonio o fuera de él; y a esto nos ayudará la fe, la palabra de Dios, y la oración, mas no la oración que se tiene sólo a flor de labios, sino la que brota del corazón.

La fe, por lo tanto, no se entrega al ocio. Es verdad: ella no nos hace enteramente justos [11]; pero se aferra a Cristo, y gracias a ello, nuestra santidad sólo imperfecta no redunda en nuestro perjuicio. Éste es el camino del medio del que ya hablamos antes; quien lo transita, no busca refugiarse en las buenas obras, pero tampoco las deja a un lado. Los cristianos son santos por cuanto creen en Cristo y se ejercitan en la santidad también en lo que a su cuerpo se refiere.

La segunda parte de nuestro texto habla de que no debo aprovecharme [12] de mi prójimo. Lamentablemente, hoy día este vicio ya no es tenido por vergonzoso. El mencionado en primer lugar, o sea, la fornicación, sigue teniendo mal olor, y sigue siendo considerado indecoroso, por lo menos entre los cristianos; pero el otro, que uno se aproveche del prójimo en asuntos de negocios, no. El mundo está lleno de avidez de dinero y de prácticas comerciales poco honestas. Los mismos príncipes y señores andan en eso [13]. Pablo empero nos dice: "Entre vosotros no ha de ser así; no se debe defraudar al prójimo; esto no condice con una vida en santidad". No debo buscar mi

[11] I.e.: Si bien por la fe recibimos el perdón completo de los pecados, no somos sin embargo perfectos en cuanto a nuestra manera presente de vivir.

[12] Según esta interpretación (no incorrecta!) de Lutero de la expresión griega pleonektéin en too prágmati como "aprovecharse en los negocios", en el v. 6 se inicia, en efecto, un nuevo tema. Otros, p. ej. la Biblia de Jerusalén, traducen "aprovecharse en este punto", relacionando también lo dicho en el v. 6 con el tema de la santificación del matrimonio.

[13] Comp. el escrito *Comercio y Usura*, Obras de Lutero, Ed. Paidós, Bs. As. tomo II, pág. 103 y sigtes.; en especial pág. 120.

propio provecho perjudicando al prójimo. En la parte final de nuestra Epístola, Pablo declara: Muchos desecharán mis advertencias, "mas el que desecha esto, no desecha a hombre sino a Dios" (v. 8). Hay innumerables personas que no hacen otra cosa que engañar a los demás con negocios fraudulentos; y, sin embargo, creen que lo que hacen está bien hecho. No se quiere admitir que la usura es un pecado vergonzoso. Toda prédica en tal sentido es recibida con desdén. Mas sepan estos despreciadores que al que desprecian no es a un hombre sino al Señor, y "el Señor es vengador de todo esto". Si el hombre del campo logra venderle gato por liebre al de la ciudad, se ríe; y se ríe el hombre de la ciudad si con sus astutas prácticas comerciales logra causarle el mayor daño posible al campesino. Y esto es malo. ¡Si por lo menos se lo tuviera por un hecho repudiable! Pero que todo el mundo considere ese aprovecharse como algo divertido, normal y hasta loable, y vea en ello un motivo para regocijarse y reírse, ¡esto acabará algún día con la paciencia de Dios!

Advertencia final: Dios juzgará todos los pecados.

La depravación ya sobrepasa toda medida. Siendo pues que los hombres entregan sus miembros enteramente a la avaricia, sucederá lo que Pablo anuncia, a saber, que el Señor aparecerá como vengador de todo esto. ¡Y quiero ver entonces quién se escapará cuando el Señor venga como Juez y haga rendir cuentas a los hombres acerca de los pecados que cometieron! ¡Echa una mirada a la historia, antigua o reciente, y verás que no hay pecado que no haya sido castigado con la mayor severidad! ¿No basta con que el Señor perdone los pecados, que cierre los ojos ante tus transgresiones y no las cuente como tales? ¿Habremos de llegar al extremo de que tomemos a risa nuestras maldades, las defendamos y las convirtamos en algo perfectamente lícito? He aquí el pecado de Satanás, quien no sólo atenta contra la voluntad de Dios y se rebela contra él, sino que para colmo quiere que se considere correcto su proceder; en tales circunstancias, Dios no puede hacer efectivo su perdón.

Es inevitable, por lo tanto, que Alemania reciba un castigo ejemplar, porque al pecado lo están tomando como ocasión para vanagloriarse. Dijo un filósofo pagano: "Cuando en una nación llegan a considerar virtudes lo que antes habían considerado vicios, la tal nación está perdida" [14]. ¡Si al menos llamasen al vicio, vicio, y al pecado, pecado! Entonces habría aún alguna esperanza. Pero como en Alemania se empeñan en pon-

[14] Séneca, epist. VI, 1. *Ubi, quae fuerant vitia, mores sunt, desinit esse remedio locus.*

derar como correcto lo que en realidad es incorrecto, toda tentativa de remediar las cosas está condenada al fracaso. Cuando una persona está enferma de muerte y no obstante afirma tercamente gozar de buena salud, el médico ya no puede hacer más que desahuciarlo. Esto nos lo inculca el apóstol con toda solicitud, para que temamos a Dios y no traspasemos sus mandamientos.

LA IGLESIA HERMANADA EN CRISTO

La unidad de la iglesia en Cristo
Juan 17:10-12

Las Sagradas Escrituras - el sostén de la iglesia
Romanos 15:2-4.

Es consolador para el cristiano que sufre saber que otros sufren con él
1 Pedro 5:9

LA UNIDAD DE LA IGLESIA EN CRISTO

Decimocuarto sermón de un ciclo de 34 sobre el Ev. según S. Juan [1]
Fecha: Sábado 26 de septiembre de 1528

Texto: Juan 17:10c-12. He sido glorificado en ellos. Y ya no estoy en el mundo; mas éstos están en el mundo, y yo voy a ti. Padre santo, a los que me has dado, guárdalos en tu nombre, para que sean uno, así como nosotros. Cuando estaba con ellos en el mundo, yo los guardaba en tu nombre; a los que me diste, yo los guardé, y ninguno de ellos se perdió, sino el hijo de perdición, para que la Escritura se cumpliese.

1. *La estrecha comunión de Cristo con su iglesia.*

Cristo es glorificado en los corazones de los creyentes mediante su palabra.

"Yo he sido clarificado [2] en ellos, y ya no estoy en el mundo." Habéis oído ya [3] qué quiere decir este "ser clarificado": Que

[1] En la congregación de Wittenberg se celebraban, además de los cultos dominicales, cultos regulares los sábados por la tarde. Como textos para los sermones servía invariablemente un pasaje del Ev. según San Juan. Durante los años 1528 y 1529, Lutero se hizo cargo de estos sermones en reemplazo de su colega ausente Bugenhagen quien por lo común solía darlos. Los basados en el cap. 17 fueron publicados, se supone a solicitud de la misma congregación de Wittenberg, en arreglo de Cruciger, a quien Lutero pidió encargarse de esta tarea por carecer personalmente del tiempo necesario para ello. Se ha dicho, y con razón, que el que quiera conocer la metodología homilética de Lutero, debe estudiar en especial sus sermones sobre el Ev. según S. Juan. Nuestra traducción sigue los apuntes de Rörer, con alguna que otra complementación a base del arreglo de Cruciger.

[2] Véase Sermón 7, Nota 4.

[3] En el sermón decimotercero de este mismo ciclo, predicado el sábado 12 de septiembre de 1528, sobre el texto Jn. 17:9-10.

Cristo fue clarificado en sus amados discípulos significa, como él mismo lo explica poco antes (Juan 17:6,8), que ellos guardaron su palabra y creyeron en su veracidad. Pues el que cree la palabra de Cristo, tiene en su corazón una claridad que le ilustra e instruye acerca de qué ha de pensar respecto de Cristo, y cómo le ha de glorificar. Este conocimiento depositado en el corazón lo llama aquí "claridad" por medio de la cual él es "clarificado" en nuestros corazones. En los demás, en los que no aceptan la palabra de Cristo, él no es clarificado; los tales no le conocen. Los papistas tienen en lugar de ella sus tradiciones [4], y los obispos sus cuatro votos [5].

Cristo ya no está en el mundo, es decir, ya no vive en él visiblemente.

Cristo habla de esta clarificación en términos inequívocos al decir: "Ya no estoy en el mundo". Allí él afirma que ya no está en el mundo, ¡y no obstante está aún sobre la tierra! Esto se ha de entender así: Cristo declara que ha muerto y que ha partido de este mundo, por lo cual ya no está en el mundo. Isaías lo predijo en su tiempo con las palabras: "Fue cortado de la tierra de los vivientes" (cap. 53:8), quiere decir, le expulsaron a la fuerza de esta vida, de modo que ya no vive en esta vida, sino en otra muy distinta, a saber, junto al Padre.

Alguien podría preguntarme: Si Cristo va al Padre, permanece no obstante en el mundo; porque nosotros creemos que Cristo está presente en todas partes como el Señor, conforme a lo que dice el Salmo (145: 18) en cuanto a su modo de estar entre los hombres: "Cercano está el Señor a todos los que le invocan". Incluso si uno está en la cárcel, el Señor está allí junto a él. ¿Por qué entonces dice Cristo que ya no está en el mundo, y que va al Padre, como si en este caso ya no estuviera entre nosotros? ¿No afirma acaso la Escritura que donde está el Padre, allí están también todas las criaturas? En efecto, en el Salmo (139: 7,8) leemos: "¿A dónde me iré de tu Espíritu? ¿Y a dónde huiré de tu presencia? Si subiere a los cielos, allí estás tú; y si en el Seol hiciere mi estrado, he aquí, allí tú estás". En verdad, Dios habita por doquier; así lo ha probado claramente, y lo sigue probando aún hoy día. Cuando los israelitas recibieron órdenes de pasar por el Mar Rojo, el Señor estaba allí y separó las aguas; porque donde le invocan, allí está.

[4] En muchos puntos decisivos, la palabra de Cristo había quedado desplazada por el derecho canónico y las tradiciones de la iglesia.

[5] Quizás Lutero esté pensando en obispos procedentes de alguna orden monástica, que a su promesa de presencia personal en su diócesis añadían los 3 votos monásticos de la pobreza, castidad y obediencia.

A esta pregunta se suele responder de dos maneras; primero, a la manera de los que en lugar de las Escrituras enfatizan su "iluminación interior" por el Espíritu. Ellos dicen[6]: Que Cristo ya no está en el mundo significa que está sentado arriba en el cielo, como si allá tuviera una especie de nido de golondrinas. La práctica de esa gente de ajustar el significado de las palabras a lo que pueden percibir con la vista, que sólo es capaz de posarse sobre *un* lugar a la vez, y no puede dirigirse simultáneamente al cielo *y* a la tierra — esa práctica, digo, los lleva a creer que así como todas las cosas las ven circunscritas por el espacio, así también Cristo debe hallarse en un lugar determinado. Consecuentemente, derivaron de este pasaje la tesis de que Cristo no puede estar presente en el sacramento de la santa cena ni en el bautismo, puesto que está con el Padre, vale decir, está sentado allá arriba en su nido de golondrinas.

Nosotros en cambio respondemos de esta otra manera: Estar en el mundo significa hallarse en esa existencia real que podemos percibir con nuestros sentidos, es decir, en la vida física que acostumbra llevar el mundo, como cuando tengo una esposa, criados, etc., usando así lo que este mundo ofrece. Todas estas cosas las tenemos a la vista. Luego, el "no estar en el mundo" vale para aquellos que están apartados de lo que acabo de enumerar, que no ven, que ya no andan aquí ni tienen aquí su morada. En este sentido, Isaías dice con mucho acierto que Cristo "fue cortado de la tierra de los vivientes" (53:8), quiere decir, fue llevado de la tierra en que habitan los que viven. Sin embargo, cortarlo a uno de esta vida no significa cortarlo o separarlo de todas las cosas; sólo significa que ahora Cristo ya no hace uso de los bienes de este mundo. Por lo tanto, aquellos presuntos iluminados por el Espíritu caen en vanas especulaciones metafísicas si afirman que "no estar en el mundo" significa partir del cielo y de la tierra hacia un lugar particular. Si el Señor está "ausente del mundo" en este sentido, entonces también está ausente para mí toda posible dicha. Estar dentro de la creación y en el ámbito de las cosas creadas, y estar en el mundo, son dos cosas distintas. "Estar en el mundo" significa vivir en él haciendo uso de sus bienes. Bien dice por lo tanto el Señor: "Ellos, mis discípulos, están en el mundo (Juan 17:11); ven, oyen, comen aquí en este mundo, hacen uso de sus cinco sentidos, de los cuatro elementos de la naturaleza, visten lo que comúnmente se viste; por eso,

[6] Cruciger presenta esta frase en la siguiente versión: "Cristo habla como el que dentro de muy breve tiempo ha de partir de este mundo y morir...", etcétera.

ellos están aún en el mundo, yo empero ya no estoy en el mundo".

Cristo está con el Padre; por ende está cerca de los suyos.

Por consiguiente, los que sostienen que Cristo se fue entera y definitivamente al cielo separándose del todo de nosotros, interpretan mal este pasaje. No hay tal separación; lo único que hay es que Cristo ya no tiene un modo de ser "mundano" o temporal. Estar en el mundo quiere decir estar en lo que es propio de este mundo donde usamos los dones que el mundo nos brinda para nuestra subsistencia. Los defensores de la iluminación interior directa dicen: "Cristo ya no está en el mundo; por lo tanto tampoco está en el sacramento de la santa cena, ni en el bautismo, ni en la palabra externa y escrita". De ser consecuentes, tendrían que agregar: "ni tampoco está en el corazón de los creyentes". Esto es precisamente lo que quiere Satanás: que de tal manera esquiven el verdadero sentido del texto. Vosotros empero permaneced firmes en esto: cuando Cristo con su cuerpo y su sangre es el sacramento de la santa cena, y cuando el Espíritu Santo está presente en el bautismo [7], no por ello Cristo está en el mundo, pues no come ni bebe ni necesita obra alguna de las que se hacen en el mundo. Por lo tanto: si él está en el sacramento, esto no implica que esté en el mundo. Tampoco se pone un vestido bautismal al estar presente en el bautismo [8]; no habla, no ve, no hace nada de lo que se practica en el mundo; de lo contrario este texto, en efecto, hablaría en contra de ello.

"Yo voy a ti", dice Cristo, o sea, "voy al Padre". ¿Dónde está el Padre? En todas partes. Entonces: Si Cristo va al Padre, también él tiene que estar en todas partes. El Padre está conmigo en la cárcel si allí le invoco, está en el fuego, en el agua. Por lo tanto también Cristo tiene que estar allí, pues según sus propias palabras, él va al Padre. Este texto los iluminados no lo toman en cuenta, porque no se presta para sus especulaciones. Por eso hay que decirles: Vosotros decís cosas que en los oídos vuestros quizá no suenen como afirmaciones de invención propia; sin embargo, nosotros necesitamos un conocimiento más fundado acerca de Cristo; la razón y la sabiduría humanas no saben nada de él.

[7] En arreglo de Cruciger: Cuando Cristo con su cuerpo y su sangre está *en* el sacramento... y cuando *con su* Espíritu Santo... está en el b.

[8] En tiempos de Lutero era costumbre que los niños, después de sumergidos en la pila bautismal, recibieran una camisa bautismal nueva.

2. *Cómo la iglesia es guardada en el nombre de Dios. Cristo intercede por los suyos ante el Solo Santo Dios y Padre.*

"Padre santo, guárdalos en tu nombre." Con estas palabras Cristo ora por sus discípulos y dice a su Padre: "Por cuanto ellos están aún en el mundo, te ruego que los guardes en tu nombre". Y al rogar así le llama "santo" a su Padre. ¿A qué se deberá? Esta palabra brota de un corazón ardiente. Cristo eleva sus ojos al Padre como al único santo en medio de un mundo lleno de impiedad, como si quisiera decir: "Oh, Padre, ¡qué cosas horribles veo: facciones, errores y seducciones, y además, cruel tiranía! Porque bajo tu nombre emprenderán toda suerte de obras satánicas. Por esto clamo a ti, porque tú solo eres santo. Así dice de ti el Salmo (22:3): "Tú eres santo, tú que habitas entre las alabanzas de Israel". Es como si Cristo quisiera decir: "Todos quieren ser santos y poseer el Espíritu Santo, pero lo único que logran con ello es que con su santidad seducen al mundo. Tú solo eres santo, todo lo demás es impío, es satánico. Por eso, por ser tú el único santo, guárdalos en tu nombre". Todos los herejes alardean con este nombre. Sin embargo, no están "en" el nombre de Dios ni lo hacen suyo. Eso sí, se jactan del nombre de Dios, y todo lo que dicen y hacen, presuntamente lo dijo e hizo Dios. De ahí el refrán: "Todo mal comienza en el nombre de Dios". Por este motivo, Cristo ruega: "Oh Padre santo, traigo a tu memoria tu santidad. Ya que habrá tanta impiedad en el mundo, guárdalos en tu nombre".

Cristo ruega por los suyos para que permanezcan en el nombre de Dios.

¿Qué significa este ruego? Significa: "Guárdalos para que permanezcan en tu nombre", o, más claramente aún: "Oh, Padre amado, te ruego que los guardes de todos los profetas falsos y los conserves en tu palabra pura a fin de que no se aparten de ella". Ciertamente, por medio de esta oración bien podremos ser guardados. De otra manera, ¿cómo podríamos vencer a los tantos sectarios? Satanás induce al error precisamente a los mejores, a los más eruditos, a los más rectos de la tierra; es para partírsele a uno el corazón. Ante esta triste realidad, bien puede decirse: "Oh Padre santo, guárdalos en medio de estos tan grandes peligros, para que sigan siendo tuyos en tu nombre". Si tengo la palabra de Dios en forma inadulterada, permanezco en su nombre, es decir: entonces creo que Dios envió a su Hijo para mi salvación. El que permanece en esta doctrina, éste tiene a Dios y es llamado Hijo de Dios. Pues tal como es la palabra de Dios. así es también Dios mismo; y así como es Dios mismo, así es también su nombre; de manera que el ruego de Cristo por los suyos significa: "Haz por tu gracia que el evangelio sea conservado puro entre los míos, a fin de que ellos puedan permanecer amparados bajo tu nombre".

Cristo considera a los suyos como propiedad que le fue dada por el Padre.

"A los que me has dado", ¡cuántas veces repite Cristo estas palabras para consolación nuestra![9] "Los que me has dado" son los que oyen su palabra. Él mismo ha sido puesto por Maestro sobre nosotros, nosotros empero fuimos hechos discípulos suyos. Por esto "le hemos sido dados". Por ende, él ruega ahora: "Por cuanto ellos me oyen, y fueron hechos mis discípulos, y han aceptado mi palabra, yo te ruego que los guardes, a fin de que no sean seducidos a enseñanzas erróneas sino que continúen siendo discípulos míos tal como han comenzado a serlo".

3. *La unidad de la iglesia como cuerpo de Cristo.*
Cristo ruega por los suyos para que permanezcan unidos mediante la fe en la palabra.

"Para que sean uno, así como nosotros." Aquí tenemos que habérnoslas nuevamente con los sectarios que destruyen la unidad de la iglesia. A los más claros y hermosos textos bíblicos de esta índole se los ha pasado por alto sin más ni más. Cristo, al decir esto, tenía la vista puesta en sus discípulos, en los que oyen su palabra y la aceptan con fe. Éstos pueden caer en el peligro de ser apartados de la palabra. Pues ni bien Cristo gana un discípulo, Satanás se enfurece como un loco y trata de desbaratar esta obra salvadora con todo su poder y astucia. Este peligro no se le escapó a Cristo: tan grande será, que más de uno de sus discípulos le será arrebatado, uno aquí, otro allí. De ahí su ruego de que sean uno.

Cristo nos presenta su propia unión con el Padre como modelo.

Los arrianos[10], que niegan la divinidad de Cristo, tergiversaron este texto para respaldar con él su falsa doctrina. "Los cristianos deben ser uno", decían, "así como el Padre y el Hijo

[9] Jn. 17:2, 6, 8, 9, 24.
[10] Véase Sermón 13, Nota 1.

son uno. Si la situación entre ellos es igual a la que debe imperar entre nosotros, tiene que haber entre ellos la misma relación que existe entre nosotros. Por consiguiente, el Padre y el Hijo no pueden tener la misma naturaleza, puesto que yo y tú tampoco tenemos la misma naturaleza; cada cual tiene una nariz distinta. El sentido de este texto es, pues: el Padre y el Hijo son de un mismo ánimo, así como dos hombres pueden concordar en sus afectos". Así es como los arrianos interpretan este texto. Pero Cristo no dice solamente que los cristianos tengan *una* voluntad y *una* mente. Por supuesto, también esto es verdad: que los cristianos deben ser de un mismo sentir y pensar, que deben tener todos el mismo amor, la misma fe, a pesar de las diferencias exteriores que existen entre ellos a raíz de sus diversas tareas y oficios. Sin embargo, con esto no basta. Cristo no habla aquí de este tipo de igualdad, sino que dice que sus discípulos deben ser *una sola cosa,* no sólo de un mismo ánimo, de un mismo sentir o de un mismo corazón. Pero ¿qué significa esto, "ser una sola cosa"? No lo podemos ver; antes bien, lo tenemos que creer. En su carta a los corintios, Pablo lo formula así: "Nosotros todos somos un solo cuerpo"[11]. Los cristianos están reunidos en una unidad, así como mi cuerpo es una unidad. Existe por cierto también una unidad de las almas, puesto que mi alma puede tener el mismo sentir que la de otra persona. Pero en mayor medida que esta comunión de las almas, mi cuerpo es algo muy estrechamente delimitado. Pues la igualdad que existe entre los miembros de tu cuerpo es mayor que la igualdad que puede existir entre los pensamientos tuyos y los de otra persona. De este modo, tu cuerpo es *una sola cosa.* Si a uno le cortasen, por ejemplo, las orejas, estas orejas cortadas serían un cuerpo aparte; pero si cuerpo y orejas permanecen juntos, constituyen un solo cuerpo. De este cuerpo único no se puede separar ningún miembro sin que de ello resulten dos cuerpos. Esto mismo se aplica también a la relación que en la Deidad existe entre el Padre y el Hijo. En este sentido, pues, ruega Cristo aquí que sus discípulos sean uno "así como nosotros, el Padre y yo"; pues no sólo tenemos un mismo ánimo y una misma voluntad, sino que *somos* uno. Así como los cristianos somos un solo cuerpo, así el Padre y el Hijo son un solo Dios. "Así como tú y yo somos una sola Deidad", dice Cristo, "y así como la Deidad es, por decirlo así, un solo cuerpo, así también los míos deben ser un solo cuerpo, partículas de una misma masa".

[11] 1 Co. 10:17; 13:12 y sigtes.

La unión de los cristianos con Cristo es la unión de un cuerpo.

¡En verdad, un texto admirable y muy consolador! Los arrianos, a base de su extemporánea filosofía, llegan mediante su propia razón, criterio y sabiduría a la siguiente conclusión: Cuando dos son de un mismo ánimo, "ser uno" significa en su caso "ser iguales en sus afectos". Sin embargo, los cristianos no sólo somos iguales en nuestros afectos, sino que somos *un* cuerpo. Esto nos da la certeza de que si creemos en Cristo y somos miembros suyos, tenemos en primer lugar esta ventaja: Lo que me atañe a mí, atañe también al cuerpo entero. No somos sólo iguales los unos a los otros, sino "uno". Hablamos de la *"comunión* de los santos", no de la *igualdad.* Si soy cristiano, puedo ofrecer resistencia a los ataques de Satanás diciendo: "No tiene que habérselas conmigo solamente, sino con el cuerpo entero, incluso con Dios mismo". Así lo podemos ver en nuestro propio cuerpo: si alguien me pisa el dedo chico del pie, se estremece todo el cuerpo, y todos los miembros sufren a una. Así hago *yo* cuando me pisan el dedo *mío.* Otra persona en cambio ni siquiera arrugará la nariz si me pisan a mí el dedo, a pesar de que ella tiene un miembro igual al mío; porque esta otra persona no sufre ni siente lo mismo que yo. Si ella fuese conmigo un solo cuerpo, como lo somos mi dedo chico y yo, sí que lo sentiría. Lo mismo ocurre en la cristiandad. Si Satanás ataca a *uno,* los ataca a todos. Si se arroja a la cárcel a *un* cristiano, todos los cristianos levantan un clamor, sean quienes fueren. Y Cristo escucha este clamor, porque Él es la cabeza del cuerpo; Él arruga la nariz, y tampoco el Padre permanece impasible, ya que el Hijo y el Padre son uno.

A esto alude Cristo cuando dice: "Yo les sirvo enseñándoles mi palabra; si se atienen a ésta, serán todos iguales en la fe y en el amor; y entonces deben ser y seguir siendo también un cuerpo sólo e indiviso". De ahí la declaración de Pablo: "Si un miembro padece, todos los miembros se duelen con él, y si un miembro recibe honra, todos los miembros con él se gozan" (1 Corintios 12:25). En suma: no puedes atacar a un cristiano solo; si atacas a uno, atacas al cuerpo entero. Al mundo, sin embargo, esto le interesa muy poco. Si mata a un cristiano individual, cree haber hecho lo mismo que hizo Pilatos cuando mató a Cristo para aplacar al pueblo. Nosotros empero tenemos este consuelo: Si alguien me ataca a mí, ataca también a Pedro, a Pablo, a María, a Isaías, a Cristo mismo. Mas si ataca a éste, ataca a todos los ángeles, a todas las criaturas, al Padre en persona.

Lo que se inflige a los cristianos, se le inflige a Cristo mismo.

Para esto tenemos el hermoso ejemplo de Pablo en el camino a Damasco, Hechos cap. 9, cuando éste también quería fracturar, por su parte, un dedillo del cuerpo de Cristo. En aquel momento, Cristo no le dice: "¿Por qué arrojas a la cárcel a los que creen en mí?", sino: "¿Por qué me persigues a mí?", como si Pablo le hubiese atacado a él personalmente. ¿Por qué? ¿Por qué dice Jesús esto? Porque Él es un solo cuerpo con los cristianos. Si es pisoteado uno solo de ellos, Cristo mismo es pisoteado. Si alguien te pisa el dedo chico, seguramente le dirás: "¿Por qué me estás pisando?", a pesar de que no te está pisando el cuerpo entero. Pero así es nuestra manera de hablar. Si me pinchas con un alfiler en una parte pequeñísima de mi cuerpo, te digo: "Ea, ¿por qué me pinchas?". ¿Por qué digo así? Porque el pinchazo lo siente el cuerpo entero. Por eso el hombre dice que *él* fue pinchado, a pesar de que lo fue sólo una pequeñísima parte de su cuerpo. ¿No es éste un mensaje hermosísimo: "Lo que le sucede a un cristiano individual, le sucede a todo el cuerpo de Cristo"? Ésta es la unidad a la que el Señor se refiere al decir que "somos uno".

"Ser uno", pues, no sólo significa que entre ellos hay un mismo sentir sino que son "una sola cosa". Aquí no se habla solamente de que sean concordes, unánimes. Por supuesto, el evangelista podría haberse expresado también de esta manera. Pero no lo hace, sino que dice: que sean uno, una sola cosa. Esto va más allá de una simple concordia o unanimidad de opinión. En nuestro hablar diario podemos decir: aquellas dos personas *uni*ficaron su criterio. Pero otra cosa distinta es decir que son uno; esto significa: una sola cosa, una sola masa, un solo cuerpo.

Así es como lo estoy interpretando en este contexto. No me refiero a que no deben estar desunidos, o que deben ser de un mismo parecer; esto no es lo que el texto quiere decirnos. Si lográis captar su significado verdadero, este texto es uno de los más bellos que hay, y que va mucho más allá de una mera concordia. Y por fallar en el entendimiento de este texto, los arrianos arribaron a esa conclusión de que la divinidad de Cristo es *concorde* con la del Padre, pero no de la misma naturaleza y esencia. Sin embargo, "ser uno" implica coherencia y excluye la diversidad de esencia. De esta manera son "uno" el Padre y el Hijo. Y cuando nosotros llegamos así a esta unidad por medio de la enseñanza de Cristo, el Padre te santifica y tú tienes la ventaja de que si Satanás te ataca, se quemará; porque toca un miembro del cuerpo de Cristo, y cuando esto sucede, la cristiandad entera levanta su voz gritando que la están atacando. Donde más claramente se te habla de esto es en los escritos de los profetas, por ejemplo, en Isaías y Jeremías, cuando éstos se refieren a la cristiandad como a una persona, y dicen: "Eres la cautiva hija de Sion, la mujer abandonada, la angustiada y desolada" [12]. El profeta habla de ella como si padeciesen todos, cuando en realidad sólo padecen unos cuantos. En tus propios padecimientos, pues, tienes el consuelo de que no padeces solo, sino que todos los demás miembros de la cristiandad padecen juntamente contigo, y tú con ella. ¡Toma muy en cuenta este texto! No en vano gasté en él tantas palabras, pues sé cuán livianamente se han pasado por alto textos tan preciosos y consoladores.

Cristo guarda junto a sí a los que oyen su palabra y la guardan.

"Cuando estaba con ellos en el mundo, yo los guardaba en tu nombre"; quiere decir: mientras podían oírme y verme, guardaban mi palabra, y yo los guardaba a ellos para que no se apartasen de mi palabra; pero como yo no estoy *siempre* en el mundo, guárdalos tú, oh Padre, para que permanezcan en la palabra y en tu nombre.

"Yo los he guardado", esto es, han perseverado en la palabra, de modo que no fueron seducidos ni engañados. "Y ninguno de ellos se perdió sino el hijo de perdición, porque éste no se aferró a mí." Judas fue un hombre que no aceptó ni creyó seriamente las palabras de Cristo. Por esto dije: el que abraza las palabras de Cristo con toda seriedad, dele las gracias a Dios por ello. Judas jamás se atuvo a la palabra con la seriedad debida. Consintió en ser elegido apóstol porque creyó que siguiendo al Señor podría enriquecerse. No pertenecía por lo tanto a los que "fueron dados" a Cristo por el Padre, o sea, no le fue dado a Cristo porque Cristo y el afán de riquezas son incompatibles el uno con el otro [13]. Hay en nuestros días muchas personas que se precian de evangélicas, y, sin embargo no buscan con ello más que la obtención de riquezas, favores y bienes. Conozco a no pocos que son de la misma laya que Judas. Con ellos, esta oración de Cristo no tiene nada que ver, sino solamente con nosotros, pobre gente que gustosamente lo perderíamos todo antes que perder el evangelio. Por tales personas se oró aquí; a ellas Dios las guardará. Por tanto podemos decir con Cristo el "Amén", para que por esta oración seamos guardados.

[12] Is. 52:2; 54:6, 11; 60:15; Lm. cap. 1.
[13] Mt. 5:24.

LAS SAGRADAS ESCRITURAS - EL SOSTÉN DE LA IGLESIA

Sermón para el segundo Domingo de Adviento
Fecha: 10 de diciembre de 1531

Texto[1]: Romanos 15 (4-13):2-4. Cada uno de nosotros agrade a su prójimo en lo que es bueno, para edificación. Porque ni aun Cristo se agradó a sí mismo; antes bien, como está escrito: Los vituperios de los que te vituperaban, cayeron sobre mí. Porque las cosas que se escribieron antes, para nuestra enseñanza se escribieron, a fin de que por la paciencia y la consolación de las Escrituras, tengamos esperanza.

Introducción: El sufrimiento paciente es una de las características de la iglesia.

Para dar también a esta hora vespertina lo que le corresponde, oigamos lo que Pablo nos enseña en el comienzo de la Epístola para el domingo de hoy. En las frases que le preceden, había dado una exhortación en el sentido de que debemos soportar las flaquezas de los débiles, y no agradarnos a nosotros mismos. Como ilustración, Pablo cita el ejemplo de Cristo, recalcando que "ni aun Cristo se agradó a sí mismo, sino que (se humilló) y soportó a todos los míseros pecadores y sus maldades, como está escrito: Los vituperios de los que te vituperaban, cayeron sobre mí" (Salmo 69:9).

[1] Rörer comienza con las palabras: *'Quaecunque scripta sunt' etc. 'spiritus sancti'. Finis.* = "Todas las cosas que se escribieron" etc. "del Espíritu Santo. Fin". Códice Nuremberguense: *Epistola Romanos 15. 'Quaecunque enim scripta sunt, propter nostram doctrinam'* = "Pues todas las cosas que se escribieron, para nuestra enseñanza". Se puede desprender de esto que el pasaje bíblico leído este día fue Ro. 15:4-13, Epístola para el 2º Domingo de Adviento. El sermón por su parte se basa en Ro. 15:4, y recurre en la introducción a los vers. 2 y 3.

Debemos cuidarnos del mal obrar, y del regocijarnos por el infortunio de los demás.

Esta enseñanza atañe sólo a la manada pequeña de los que son cristianos de verdad y toman el evangelio en serio. Ellos proceden tal como procedió Cristo, que no se lisonjeaba a sí mismo ni se reía maliciosamente como lo hace el mundo, que se regocija por el infortunio del prójimo y se ríe cuando a otro le va mal. Semejante proceder no es una virtud cristiana sino un vicio satánico. Si uno ve que en alguna cosa tiene una ventaja sobre otro, la aprovecha sin el menor escrúpulo; si él mismo es rico, influyente, etc., señala con el dedo al que no lo es, o si le ve a éste en la desgracia, se ríe de él. Gente de esta laya es la que el Evangelio retrata en la persona de aquel fariseo que dijo: "Yo no soy como los otros hombres, ladrones, injustos, adúlteros, ni aun como este publicano" (Lucas 18:11). El mayor gozo para ellos es ver que otros son inferiores a ellos. Es, por desgracia, un vicio muy general que uno se complazca en el daño del otro, cuando en realidad debiera hacer lo contrario, y compadecerse del que sufre el daño. Si Cristo hubiese querido practicar esta detestable virtud, podría haberlo hecho sin ninguna dificultad. Pues él era santo e irreprochable, nosotros en cambio somos todo lo contrario; de ahí que con pleno derecho podría habernos echado en cara: "Vosotros sois unos malévolos, pero yo soy libre de faltas". Nosotros no tenemos ningún derecho de hablar así, ¡y sin embargo, lo hacemos!

En la compasión con las debilidades de otros se revela el carácter cristiano.

Es necesario, por ende, que aprendamos de Cristo el arte de contristarnos al ver una falta en el prójimo, ante todo cuando se trata de faltas en cosas espirituales. En relación con esto dice San Agustín: "El indicio más claro para conocer si un hombre 'es del Espíritu' (Romanos 8:5), es cuando no se alegra por la desgracia ajena, y cuando no se pavonea ni se engríe al entrar en contacto con personas que han pecado y han sufrido una lamentable caída — personas, por supuesto, que no han pecado deliberadamente, y que después de caídas vuelven al buen camino. Antes bien, el comportamiento verdaderamente cristiano exige que uno sobrelleve con paciencia al otro, y que no le trate con displicencia aun cuando vea en él algo que le desagrada"[2]. Por desgracia, mayormente no se procede así. Resulta muy difícil para los cristianos. Sabemos que hay muchísimos que se

[2] No fue posible localizar en las obras de S. Agustín el pasaje citado aquí por Lutero. Respecto de S. Agustín véase Sermón 41, Nota 3.

ríen cuando ocurre una desgracia; incluso nuestros "evangélicos"[3] no podrían imaginarse un regocijo más grande que el vernos a nosotros pasando malos momentos. Nosotros empero, que queremos ser cristianos de verdad, no debemos gozarnos sino sentir compasión ante los defectos de otra persona. Así lo hizo Cristo. Él tomó muy en serio aquello de la compasión no sólo respecto de nuestros pecados menudos sino también respecto de casos graves e importantes que nos hacían perder el favor de Dios y nos acarreaban la condenación eterna en el infierno. Antes de permitir esto, Cristo prefirió cargar sobre sus propios hombros nuestra culpa. Si esto lo hizo él, que a pesar de ser completamente inocente nos socorrió en peligros tan enormes — ¿qué habremos de hacer nosotros en los casos de escasa importancia, nosotros que somos culpables, en tanto que él no lo era? ¡Y sin embargo, no lo hacemos!

I. *Las Escrituras como fuente de energía para la paciencia en los sufrimientos.*

El mundo desprecia el consuelo de las Escrituras.

"Las cosas que se escribieron antes, para nuestra enseñanza se escribieron, a fin de que por la paciencia y la consolación de las Escrituras, tengamos esperanza"[4]. Éste es el tema fundamental que el apóstol quiere presentarnos: El cristiano debe tener paciencia, no sólo para con los que nos persiguen, sino también para con nuestra propia gente. Debo sufrir con paciencia no sólo que nos persigan los reyes, el emperador y otros poderosos de esta tierra, sino que debo mostrar paciencia también para con mis hermanos si tienen algún defecto o hacen algo que me desagrada. El mundo dirá: "Mal consolador es aquel que no tiene otro consuelo que un simple 'ten paciencia'. Con esto pueden ir a consolar a los difuntos". Pablo por su parte insiste en su admonición: "Tened paciencia, y consolaos con las Escrituras". "¿Qué hacemos con esto?", pensarán muchos; "mejor consuelo sería recibir una bolsa repleta de florines, o al ver que un asunto no prospera, arreglar las cosas a puñetazos." Sin embargo, Pablo me manda estar tranquilo y tener confianza, y me remite para ello a las Escrituras. El mundo entre tanto alaba a aquel que tiene por su dios al Dinero y que confía en la sabiduría y en el poder, y nos pregunta: "¿Qué vale un consuelo que no nos ofrece otra cosa que unas cuantas palabras de la Escritura?" Así es como opina el mundo.

[3] Designación irónica para los fanáticos religiosos que presumían de poseer el verdadero "espíritu evangélico".

[4] Ro. 15:4. A partir de este párrafo, Lutero comienza a exponer realmente el texto escogido para este sermón.

En las Escrituras, el cristiano halla un consuelo seguro.

Pablo en cambio dice: "Si queréis ser cristianos, no podréis esperar otra cosa; conformaos con que tenéis que tener paciencia, y que no recibiréis otro consuelo que el que os dan las Escrituras". Posiblemente, esto sea el camino angosto y la senda estrecha que lleva a la vida [5]. Consuélate con esto, para que adquieras paciencia y puedas hacer frente al emperador, a los obispos y a todos los demás que quieran inquietarte. Pero ¿será cierto que mi mayor consuelo contra los sectarios, contra los malos vecinos, nobles, campesinos y conciudadanos, es tener paciencia y poseer las Escrituras? ¡Sin duda alguna! Es cierto: ellos hacen lo que se les antoja, cometen atropellos contra mí, pisotean mis derechos; tienen en su poder la administración de la justicia, tienen dinero, tierras, gente; y yo, ¿qué tengo? ¡Este libro! Con él debo defenderme, otra cosa para consolarme no tengo fuera de este libro de papel y tinta. Por ende, el cristiano ha de contentarse con que la Escritura es su único consuelo. ¿O me consolaré con el emperador? No me convence. Si me consuelo con el príncipe elector de Sajonia, con vosotros, los feligreses de Wittenberg, con mi dinero, con mi sagacidad, con la esperanza de que al fin lograré hacer las cosas tal como lo tenía planeado — entonces ya puedo dar el juego por perdido. ¿Dónde están los que en aquellas situaciones extremas, cuando Satanás los tienta al máximo, no tienen otra cosa en que apoyarse sino este bastón llamado Escritura? Dichosos ellos, pues así debe ser; de lo contrario podríamos pasarnos también al bando del papa y consolarnos con la sapiencia de éste. Quien quiera aprenderlo, aprenda pues de este texto qué es la Escritura, y qué es lo que hace decir a Pablo con tanta osadía: "Las cosas que se escribieron antes, para nuestra enseñanza se escribieron, a fin de que por la paciencia y la consolación de las Escrituras, tengamos esperanza". Esto no fue dicho solamente contra el mundo [6]. El mundo halla su consuelo en una bolsa henchida de dinero y en una bodega abarrotada de barriles con cerveza. Y en esto son iguales el campesino, el noble y el hombre de la ciudad: únicamente los consuela el saber que tienen suficiente provisión de dinero, alimento y bebida, etc. Pero ¿qué pasa si todo esto no surte el ansiado efecto en la hora de la muerte y del juicio? ¿O qué pasa si tu soberano está airado contigo, ciudadano, y tú tienes una bolsa llena de florines, o si el noble está enemistado contigo, campesino, y tú tienes una buena cantidad de bolsas de trigo? — ¿de qué te sirve entonces el dinero y el trigo, si te lo quitan? Lo que pasa es lo siguiente:

[5] Comp. Mt. 7:14.
[6] A los otros destinatarios de las palabras de Pablo, Lutero los menciona en la segunda parte de su sermón; son los sectarios, etc.

Cuando te ves en dificultades y tribulaciones, todas estas cosas no te brindan ningún consuelo, ninguna esperanza. Al fin tendrás que recurrir a las Escrituras para buscar en ellas tu consuelo.

II. *La Escritura es la palabra personal de estímulo que Dios nos dirige. Dios se opone al desprecio de su palabra que manifiestan los sectarios.*

Las palabras de Pablo tienen aún otro destinatario: también los sectarios hablan blasfemias de las Escrituras y dicen: "Son meras letras, impresas sobre papel; ¿qué consuelo le pueden dar a mi corazón?" Münzer[7] se burlaba de nosotros y nos llamaba escribas[8]; pero en el momento decisivo fracasó. Y bien: ¿en qué consisten las enseñanzas bíblicas sino en letras del alfabeto? Y sin embargo, no nos fracasan. Esto es precisamente lo peculiar de la palabra de Dios: está escrita en libros, y no obstante tiene el poder de infundir consuelo; y este consuelo que nos dan las letras ha de llamarse "Dios en los cielos". Por esta razón predicamos la palabra de la Escritura.

Dios da poder eficaz también a su palabra escrita.

Es verdad: la palabra predicada a viva voz tiene, comparativamente, algo más de vida que la letra de la Escritura. Dios dijo: Cuando el sacerdote aplica el bautismo, traslada al niño de la potestad del diablo al reino de Dios; y por medio de sus palabras, efectivamente lo libra del diablo. Y de la misma manera fueron librados del poder del diablo todos los santos[9] desde el tiempo de los apóstoles. Igualmente, si al confesar mis pecados oigo la palabra con que se me pronuncia el perdón: *esta* palabra me salva. Lo mismo ocurre cuando oigo las palabras, dichas en viva voz, de un sermón: son palabras como las que dice un campesino en la taberna; pero son palabras que tratan de Cristo, y por eso son palabras de salvación, de gracia y de vida, que salvan a todos los que creen en ellas.

Pero otro tanto ocurre también cuando *no* puedes ir a escuchar el sermón y lees las Escrituras en tu casa. Entonces Dios

[7] Tomás Münzer o Müntzer (1490-1525); partidario de Lutero primeramente, se convirtió luego en furioso antagonista al ver que la reforma propugnada por Lutero no era tan radical como él, Münzer, había esperado. Oponiéndose a las Escrituras, insistía en la iluminación interior y conducción directas por parte del Espíritu Santo; Lutero era para él un "esclavo de la letra". Derrotado en la Guerra de los Campesinos, en la cual actuó como uno de los principales cabecillas, fue decapitado. Se dice que en sus últimos momentos se retractó.

[8] "Scribae"; por ej. en su escrito "Protestation oder empietung".

[9] "Santos" en el sentido de Hch. 9:13, es decir, creyentes en Cristo.

te dice: "Este pasaje de la Escritura que estás leyendo, se compone de letras impresas; sin embargo, por cuanto esta Escritura te habla de aquel hombre llamado Cristo, tiene la virtud de darte la vida". Esto es en verdad un milagro sublime: que Dios descienda a tal profundidad y se sumerja en letras impresas y nos diga: "Aquí, un hombre ha hecho un retrato mío; a despecho del diablo, estas letras habrán de irradiar el poder de hacer salvos a los que creen lo que dicen". Por lo tanto, la Sagrada Escritura es una señal puesta por Dios; si la aceptas, eres bienaventurado, no porque sea una señal hecha con tinta y pluma sino porque señala hacia Cristo. Así ocurrió con el pueblo de Israel en el desierto: allí, Dios ordenó a Moisés [10]: "Levanta una asta y pon sobre ella una serpiente de bronce; cualquiera que fuere mordido por una serpiente y mirare a la serpiente de bronce, vivirá". Y ¿qué era aquello? Nada más que dos letras, madera de la cruz y serpiente, S y C [11], y no obstante, Díos añadió: "Cualquiera que mirare a la serpiente de bronce, vivirá", o sea: "Yo quiero que el remedio sean justamente una asta y una serpiente; y quiero que éstos tengan tal poder que quien los mirare, vivirá". Lo mismo tenemos aquí: La voluntad de Dios está oculta allá arriba en el cielo; no obstante, él nos dice: "Esta Escritura la hice escribir yo, y al que cree lo que ella dice, a éste le infundiré consuelo y confianza". Pero los sectarios, estos malvados, abrogan no solamente la palabra de Dios escrita sino también la palabra hablada, a pesar de que es ésta la que los condujo a ese "espíritu" del que hacen tanto alarde. ¿O acaso, para poseer el espíritu, no tuvieron que oír o leer primero la palabra? Yo al menos llegué al conocimiento de la justificación solamente por haber leído en las Escrituras y haber oído en la predicación oral que Cristo murió por mis pecados.

En las Escrituras, el Dios viviente nos fortalece mediante su consuelo.

Por esto Pablo quiere exhortarnos en nuestro texto, por orden de Cristo, a que tengamos en alta estima a las Escrituras, ya que ellas nos enseñan la paciencia que tanto necesitamos. "Me es imposible", dice, "predicaros otra cosa sino que el reino de Cristo es un reino de la paciencia y del sufrimiento" [12]. Si el mundo nos inflige ofensas y daños, y si Satanás nos atormenta — así es como debe ser. Cristo mismo lo predijo: "El mundo os aborrecerá" (Juan 15:19). Así que: el que nos aborrece, nos da lo que nos corresponde, puesto que nos corresponde ser odia-

[10] Nm. 21:8 y sigtes.
[11] S por "serpiente", C por "cruz".
[12] Comp. Hch. 14:22.

dos, ya que el reino de Cristo y la vida en Cristo ha de llamarse no una vida gloriosa, sino una vida de padecimientos. Por otra parte, aquellos impíos "evangélicos" que se tienen a sí mismos por buenos cristianos ciertamente no obran bien al perseguirnos con su odio, pues el que en verdad es cristiano, no trata de esta manera a su hermano en la fe. En cambio, de parte de los que no son cristianos, no podemos ni debemos esperar otra cosa que vejaciones; en lo que al trato con ellos se refiere, nuestra vida debe ser vivida bajo el signo de la paciencia. "Para azotes estoy hecho" (dice el Salmo 38:17) [13]. El que no quiera avenirse a esto asóciese al mundo; en el papa y en los grandes señores hallará amigos mejores que le colmarán de dinero y de bienes. Pero el que quiera ser cristiano, aténgase a la realidad; y la realidad nos impone tener paciencia, soportar que otro me cause perjuicios que afectan mis bienes y mi honor, mi cuerpo y vida, mi mujer e hijos. Pues así debe ser.

"¿Con qué me consuelo entonces?" — "Yo no te puedo ayudar; tendrás que sufrirlo con paciencia." — "Pero no puedo", me dices. — "Te daré un consuelo". — "¿Qué consuelo?" — "Las Escrituras". — "Pero con esto no me das más que palabras y letras. No quiero palabras. Son como tamo que el viento se lleva". — Si no quieres las Escrituras para consolarte, vete a los que tienen las muchas bolsas de trigo y el gran capital y la profunda sabiduría. Pero si penetras en las profundidades de las Escrituras — puede ser que lo que allí encuentras, te parezca tamo inservible, vacío, desmenuzado. Pero créeme: debajo de lo que te parece tamo, hay un poder como no te lo imaginas. Esta palabra que deposito en tu corazón, no te la derribará nadie, ni el emperador ni el mundo ni todos los tesoros de la tierra ni las bolsas de trigo ni los florines. Esta palabra, la débil pajita, se convertirá en un árbol, más aún, en una roca. El mundo arremeterá contra ella, pero en vano. Pues donde están las Escrituras, allí está Dios: ella es suya, es *su* señal, y si la aceptas, has aceptado a Dios. ¿Qué te parece ese vecino que se llama "Dios"? Con él a tu lado, ¿qué te puede hacer la muerte o el mundo? Es verdad: las Escrituras son tinta, papel y letras. Pero allí hay Uno que dice que estas Escrituras son suyas, y ese Uno es Dios, comparado con el cual el mundo entero es como "la gota de agua que cae del cubo" (Isaías 40:15). En los oídos del mundo, la exhortación de Pablo a la paciencia es un pobre consuelo; y suena a debilidad si recomiendo leer un pasaje bíblico y recitárselo al que está falto de consuelo. Sin embargo, en este pasaje bíblico, el hombre se encontrará con un Señor frente al cual el mundo es una nada. Todo depende de la fe. Si mides con la vara de la razón, lo que acabo de decir suena a tonte-

[13] La cita sigue el texto de la Vulgata: *"In flagella paratus sum"*.

rías, ya que según esto, "dar consuelo" de ninguna manera significa hartar a uno de bienes, honores y dinero. Pero ¿de qué te serviría todo esto? En cambio sí te servirá si tomas un pasaje de las Escrituras y te atienes firmemente a él, como está escrito: "Esforzaos todos vosotros los que esperáis en el Señor, y tome aliento vuestro corazón" (Salmo 31:24).

Resumen final: nuestra esperanza no será defraudada

Pablo refiere nuestro texto en primer lugar a ese vicio de que queremos agradarnos a nosotros mismos; en lugar de esto, uno debe sobrellevar al otro, como ya lo dije al comienzo de nuestro sermón de hoy. Nos cuesta tener que soportar tantas cosas; es grande la maldad que se practica en todos los sectores de la sociedad, y mucho de ello nos afecta personalmente. Más fácil sería defendernos contra los que nos molestan. Pero no; lo que nos cuadra es ser sufridos y pacientes. La paciencia engendrará en nosotros la esperanza [14]. Jamás aprenderemos a tener esperanza si no estamos agobiados y cansados. Así me pasa particularmente a mí: a menudo me pareció que casi no podía aguantar más; sin embargo, la esperanza me mantuvo en pie. A esta esperanza nos impelen nuestros adversarios al enseñarnos paciencia en las tribulaciones; y esta esperanza viene por la paciencia y por la Escritura. Y la esperanza que tenemos ahora, no será defraudada; de esto estoy completamente seguro. Pues en Romanos 5 (v. 5) leemos: "Lo que hemos predicado y creído, no nos hará pasar vergüenza".

[14] Comp. Ro. 5:3, 4, y el final de Ro. 6:4, donde el apóstol habla del "andar en vida nueva".

ES CONSOLADOR PARA EL CRISTIANO QUE SUFRE, SABER QUE OTROS SUFREN CON ÉL

Sermón para el sexto Domingo después de Trinidad.
Fecha: 13 de julio de 1539.

Texto: 1 Pedro 5:9 b. Sabed que los mismos padecimientos se van cumpliendo en vuestros hermanos en todo el mundo.

1. *Satanás somete a la iglesia a las más duras pruebas. Por su propia experiencia adquirida en las tribulaciones, Pedro puede brindar eficaz consuelo.*

El domingo pasado oísteis que el diablo es nuestro adversario que "anda alrededor" sin darse tregua, siempre pronto para el ataque [1]. Y las acechanzas que nos arma no son ninguna broma; antes bien, lo que está en juego es nuestra vida eterna — o nuestra muerte eterna. El blanco de sus ataques son ante todo los cristianos que han sido llamados al reino de Cristo y que se aferran a la Simiente prometida a nuestros primeros padres [2]. Es que el diablo quiere desplazar a Cristo por todos los medios a su alcance. Es evidente, pues, que los cristianos han sido llamados no a un estado en que pudieran sentirse tranquilos y seguros, sino a un estado en que importa ser sobrio y velar para que no decrezca jamás la fervorosa dedicación a la palabra de Dios, tanto escrita como predicada, y a la oración.

Y ahora, el apóstol prosigue: "Sabed que los mismos padecimientos se van cumpliendo en vuestros hermanos en todo el

[1] 1 P. 5:8. Desde el tercer hasta el sexto Domingo después de Trinidad del año 1539, Lutero predicó sobre la Epístola para el tercer Domingo después de Trinidad, 1 P. 5:6-11. Los cuatro sermones, fundidos en uno solo, fueron incluidos en la *Kirchenpostille*, Ed. Erlangen 2, 9, 54-94.

[2] Cristo, el descendiente ('Simiente') de la mujer, el cual según Gn. 3:15 aplastaría la cabeza a Satanás.

mundo". Por cierto, una verdad muy consoladora. Y no sólo una verdad que Pedro extrajo de las Sagradas Escrituras por vía de la reflexión, sino que él mismo experimentó personalmente. Esta experiencia la hizo en casa de Caifás, después de haber negado al Señor tres veces[3]. Tan grande fue en aquellos momentos la desesperación de Pedro, que con toda seguridad habría seguido el ejemplo de Judas si Cristo no hubiera dirigido hacia él su mirada. Por eso, una vez resucitado, Cristo ordena a María Magdalena dar aviso en primer lugar a Pedro, para consolarle[4]. Y ya antes, al instituir la Santa Cena, le advierte personalmente: "Pedro, tú sufrirás una horrorosa caída; pero cuando esto suceda, no des lugar a la desesperación, porque yo he rogado por ti, que tu fe no falte. Y tú, una vez vuelto, confirma a tus hermanos" (Lucas 22:32). Y esto es lo que el apóstol está haciendo de una manera muy especial en este pasaje de su carta: está confirmando a sus hermanos.

Las tribulaciones más duras son las de índole espiritual

"No quedaréis sin padecimientos", se dice aquí a los cristianos. En las tribulaciones relacionadas con la primera tabla de la ley, el padecimiento es en extremo grave; en cambio, en las que tienen que ver con la segunda tabla, el padecimiento es de menor intensidad[5]. Tribulaciones de este segundo tipo son p. ej. cuando le quitan a uno sus haberes, su casa, sus campos — sin embargo, esto solo ya es suficiente para hacerle perder el juicio a más de uno. Otro se ve en tribulaciones a causa de vehementes apetencias carnales. Satanás "busca devorar" a cada cual mediante una tribulación adecuada al caso: a los jóvenes mediante la voluptuosidad, a los viejos mediante la avaricia, etc. Pero todas estas tribulaciones encuadradas dentro del marco de la segunda tabla no son nada en comparación con la que menciona aquí el apóstol, que tiene que ver con la primera tabla. De aquellas otras tribulaciones los hombres se dan perfecta cuenta; saben muy bien de qué se trata. Por ejemplo: si una persona tiene una irresistible inclinación hacia la avaricia, la raíz de su mal es el excesivo amor al dinero. Todas éstas son tribulaciones y tentaciones concretas y palpables. Según las fuerzas que uno tenga, Dios le impone una cruz de mayor o menor peso. Un niño no puede manejar una espada; por lo tanto, tampoco lo enviarán a la guerra. Idéntico criterio se aplica también aquí:

[3] Lc. 22:54 y sigtes.

[4] Mr. 16:7; Jn. 20:17. El consuelo radicaba no sólo en el hecho de la resurrección en sí, sino también en el hecho de que Jesús llamó 'hermanos' a sus discípulos, a pesar del abandono y de la negación de que le habían hecho objeto.

[5] Véase Sermón 11, Nota 6.

cuales las personas, tales las tentaciones. Las tentaciones verdaderamente graves empero que le pueden sobrevenir a un cristiano son de tal magnitud que nadie las puede entender a menos que las haya experimentado en carne propia. Son las que le hacen a uno atentar contra el Primer Mandamiento. He oído hablar de ciertos monjes que deploraban el hecho de que en su convento no se sentían expuestos a tentaciones, motivo por el cual se pusieron a pedir a Dios que les enviara alguna. A uno de ellos realmente le fue concedido lo que había pedido: soñó con que estaba en Roma, en medio de un corro de bailarinas que excitaban su pasión. Horrorizado, deseó ser librado de esta tentación, y Dios se la cambió por otra contra la primera tabla, con el resultado de que el pobre monje hubiera preferido volver a la tentación anterior. Las tentaciones contra la primera tabla son de suma peligrosidad; a ellas pertenece el dudar de Dios, desconfiar de él y blasfemar contra él. Por consideración con los que carecen aún de experiencia, ni me atrevo a mencionarlas todas. El hombre así tentado cae en confusión, desfallece y se marchita. Aquellos de entre vosotros que algún día serán guías espirituales[6] observen cuidadosamente este texto; pues es muy común que ellos tengan que sufrir tales tentaciones. Pero tampoco las mujeres y las jóvenes están exentas de ellas; he visto a más de una mujer atormentada por tribulaciones de esta índole.

El mal se agrava por la creencia de que uno mismo es el único que lo padece.

"Sabed que los mismos padecimientos se van cumpliendo en vuestros hermanos en todo el mundo." ¿Por qué mencionará el apóstol a los hermanos en todo el mundo? Con esto quiere decirnos: "Aquí hay una enseñanza que debéis aprender. Acabo de hablaros del diablo, y de cómo éste anda alrededor buscando devorar a los cristianos. Esto mismo lo experimentaréis también vosotros. Mas cuando os aconteciere, no penséis que estáis solos en tan difícil trance, ni que sois los primeros que tienen que sufrir tales tormentos. Alegría es para los míseros hallar compañeros en la desgracia[7]. El apóstol nos consuela de una manera extraordinaria al recordarnos que no es uno solo el que tiene que sufrir los ataques del diablo, sino que este sufrimiento abarca a la cristiandad entera. Ya antes, en el capítulo 4 (v. 12), había escrito: "Amados, no os sorprendáis del fuego de prueba que os ha sobrevenido, como si alguna cosa extraña

[6] Entre quienes escuchaban los sermones de Lutero había numerosos estudiantes de teología, o sea, futuros pastores, venidos a Wittenberg desde todas las regiones de Alemania y aun del exterior.

[7] Cita de una fábula de Esopo.

os aconteciese". No digas, por lo tanto: "La cruz que yo tengo que llevar es una cruz peculiar, única, diferente de la que tienen que llevar otras personas". No es así, sino que vuestros hermanos experimentan tribulaciones similares; tanto en la India como en Francia[8] padecen lo mismo. A algunos, el diablo los ataca en una forma especial. No es que se vean afectados por la sensualidad u otras tentaciones carnales — a pesar de que también cosas como éstas les dan bastante que hacer. Pienso p. ej. en los jóvenes y en los hombres que son enviados al exilio, viéndose así separados violentamente de su patria y de su familia[9]. Pero esto no es lo peor; peor es cuando el diablo viene y te escoge a ti de entre muchos otros y te sugiere pensamientos blasfemos, y tú te imaginas entonces ser el único que tiene que sufrir semejante infortunio. En cambio, si eres consciente de no estar solo, el diablo no te puede atacar tan desvergonzadamente. No es bueno ni tolerable que un adolescente ya tenga sobre sus hombros y sea capaz de llevar la cruz de un Pedro o un Pablo. Mas cuando le toque sufrir las tentaciones que podríamos llamar grandes, no diga entonces ni piense que él solo es víctima de tentaciones que le llevan al borde de la desesperación y le hacen odiar a Dios, juzgar y condenar el proceder del Señor, y creer que el gobierno de Dios es en realidad el gobierno de Satanás. En tales circunstancias, el hombre fácilmente llega a pensar: "Padecimientos como los míos, ni Pedro ni Pablo los han tenido que soportar". Vi una vez a una muchacha que experimentó una terrible tentación nada menos que estando en la iglesia: al ser elevado el Sacramento, la joven pensó: "¡Qué embustero más grande es el que el sacerdote está elevando allí!", pensamiento sacrílego que la aterró de tal modo que se desplomó al suelo. Esta joven sí podría haber dicho en este momento: "Yo sola sufro tamaña tribulación". Ahí tenemos pues el motivo por qué Pedro ofrece consuelo a los así atribulados, fiel al encargo que recibiera de Cristo según Lucas 22 (v. 32). El papa aplica dicho pasaje a sí mismo para confirmar con él su potestad y dominio, convirtiéndose así en tirano de sus hermanos. Pedro en cambio consuela a sus hermanos, tal como Cristo se lo ordena; pues "Confirma a tus hermanos" no quiere decir "Ejerce el dominio sobre el orbe".

[8] Desde 1524 hubo también en Francia un movimiento "luterano", que en poco tiempo alcanzó considerable difusión. De 1538, en adelante, el rey Francisco I se esforzó decididamente en exterminarlo, procediendo con suma crueldad. A esto se referirá Lutero; a lo que apunta con su alusión a la "India", es imposible determinarlo con exactitud.

[9] Destino desgraciado bastante frecuente en la época de la Reforma. También en Wittenberg había tales exiliados y refugiados.

2. *Al que está en tribulación le fortalece el saberse unido y apoyado por la iglesia sufriente.*

Desde los tiempos de Adán, la iglesia entera sufre junto con el atribulado.

Nadie piense: "¡Qué tentaciones más grandes y horribles son las que me tocan justamente a mí!" Ni tampoco piense que lo suyo es algo especial, nuevo e inusitado. Antes bien diga así: "¡Alabado sea Dios! Yo no soy el único que tiene que afrontar tales padecimientos. El mismo Señor Jesucristo padeció siendo tentado, para socorrer a sus hermanos que son tentados, según Hebreos 2 (v. 18)". No os quepa la menor duda: los padecimientos les han de servir a los cristianos para hacerlos progresar en el perfeccionamiento. Los mártires fueron sometidos a pruebas no menos inauditas de lo que puedan ser las pruebas vuestras. Ningún corazón humano podrá imaginar ni explicar jamás lo que padeció Adán cuando el Señor le dijo: "Adán: ¿dónde estás?" Hasta el día de hoy, este padecimiento no ha sido descrito, ni lo será en lo futuro; ni jamás habrá quien pueda medirlo o comentarlo en todo su alcance. Te lo demuestra bien a las claras el hecho de que después de la caída, Adán y Eva no volvieron a hacer vida en común por espacio de por lo menos treinta años, ni tampoco habrían retornado a ella si no hubiera sido por la amonestación de un ángel [10]. Cuando en el postrer día Adán entre en discusión con nosotros, tendremos que confesar que nosotros no somos más que simples aprendices, él en cambio es el padre de cuantos atribulados existen en el mundo. Y lo mismo tendremos que confesar si nos comparamos con otros, con los profetas y patriarcas, etc. Sin embargo, el caso de Adán y Eva fue el más desconcertante de todos, porque ellos no contaron con ningún ejemplo anterior con que pudieran haberse consolado. Nadie diga por lo tanto: "¡Dios mío, lo que yo tengo que sufrir es demasiado horrible! ¡Jamás hombre alguno ha tenido que soportar una carga tan pesada como la que tengo que soportar yo!" No, amigo mío; si eres un cristiano, has de saber que no te encuentras en una situación tan fuera de lo común, sino que todos los hermanos tuyos padecen lo mismo; y no solamente los que murieron en la India (aunque también el de ellos es un ejemplo luminoso), sino todos los que aún están en vida contigo, puesto que todos ellos tienen como adversario al mismo diablo que persigue y odia a nuestro Señor Jesucristo por causa del cual aquéllos padecen tentaciones y otros males. Por lo tanto dí: "No soy yo solo el que sufre, sino que conmigo sufre la iglesia entera, que vive y vivirá hasta el fin de los siglos". En nuestros días actuales hay personas que

[10] Así lo relata un escrito judío del siglo II d.C. titulado "Los jubileos".

padecen las mismas cosas o cosas peores aún que tú y yo. Éste es nuestro más grande consuelo: que la iglesia entera sufre junto con nosotros. El diablo no me busca solamente a mí; así como me busca a mí, así busca también a los demás cristianos. Por eso hay que orar por todos los cristianos de la tierra, y brindarles consuelo. Y por eso es que el Señor le dice a Pedro: "Confirma a tus hermanos".

Quien permanece libre de tentaciones, ya ha sido derrotado por el diablo

En años pasados pensé que algún día, yo me pondría a discutir con San Pedro y San Pablo para ver cuál de nosotros tuvo que enfrentar las tentaciones más fuertes. Muchas veces me vi incapaz de refutarle al diablo sus argumentos; pero en tales casos le remití a Cristo y las palabras de éste. Si Cristo nos abandona, el diablo se hace demasiado fuerte para nosotros como para que podamos resistirle. Es tan poderoso y tan inteligente que a ningún cristiano le es posible desvirtuar sus objeciones, a menos que nos asista el Espíritu Santo y nos sugiera, para fortalecernos, este texto de Pedro o algún otro texto similar. El diablo desbarata todo mi saber, me arrebata la espada de la mano, y nos combate con nuestras propias armas.

Por esto, los sectarios y la gente que se siente tan segura de sí misma, son en realidad unos pobres idiotas. Habiendo leído algunos pensamientos de la Biblia, ya están convencidos de que entienden a Dios perfectamente. Y por no tener ninguna experiencia en materia de tentaciones, terminan por causar divisiones en la iglesia. Yo sé que no soy menos erudito que cualquier otro doctor en teología; sin embargo, tengo que darle a Satanás el testimonio de que si nos ponemos a discutir el uno con el otro, él sale vencedor. Y con aún mayor facilidad los vence a aquellos sectarios, a quienes no tarda en enturbiarles la vista, de modo que ya no son capaces de ver claramente y creen hallar confirmados en las Escrituras sus propios errores. Y entonces juran con imperturbable convicción: "Esto es palabra de Dios", y no quieren darse cuenta de que tienen un vidrio coloreado delante de sus ojos. Y el diablo, astuto como es, los hace sentirse muy cómodos, no les destruye sus falsas creencias, sino que se las confirma, para que se aferren a ellas con tanto mayor ahínco. Esto es una señal de que no conocen en absoluto al diablo. Müntzer [11] estaba tan firmemente convencido de sus propias ideas que hasta llegó a declarar: "Cristo no significaría nada para mí, si no hablara conmigo en espíritu". La firmeza de personas como Müntzer se debe a que el diablo los deja en paz.

[11] Véase Serm. 23 Nota 7.

Los cristianos verdaderos, por su parte, al ser acosados por tentaciones, se ven en las mayores dificultades, y los tortura el temor de no poder retener en sus manos la espada de la palabra. Hay quienes se glorían diciendo: "Ni el propio Dios me quitará la palabra de las Escrituras". Pero la realidad es muy distinta. Por esto, los que ostentan tal firmeza y se creen capaces de tragarse al diablo, son los primeros en caer. Si no te asiste el Espíritu Santo con su ayuda, el diablo te devorará infaliblemente. Los fieles de verdad, por lo tanto, son débiles, y confiesan con tristeza, como el apóstol Pablo, que "no hacen el bien que quieren" (Romanos 7:19). Los otros en cambio, los presuntos fuertes, creen haber hecho el bien ya hace mucho. Aprende pues el significado de esta exhortación, para que seas capaz de consolar a los que se sienten sin fuerzas.

Los confiados de sí mismos incluso se sienten unos mártires

Por supuesto: los que se tienen por iluminados directamente por el Espíritu, creen haber devorado al diablo ya hace tiempo, cuando en realidad ellos mismos ya han sido devorados siete veces por Satanás. Arrio [12] quien con su herejía produjo una confusión tal que apenas dos obispos permanecieron fieles a la doctrina correcta, se quejaba diciendo: "Yo tengo que sufrir, y tengo que compartir la suerte de los mártires, a causa de la verdad divina que todo lo vence". ¿Y por qué esta queja? Porque su obispo en Alejandría [13] había censurado el error de Arrio y había defendido en contra de él la tesis de que Cristo es no sólo una creación de Dios, sino el Creador mismo. Esto fue todo el padecimiento y martirio de Arrio: que no se le concedió el derecho de blasfemar contra Cristo. En efecto, el obispo no hizo más que decirle: "Haces mal en difundir entre la gente aquella blasfemia". Del mismo modo se creyó mártir Tomás Müntzer, porque nosotros rechazamos su falsa enseñanza, si bien ninguno de los nuestros le infligió el menor daño. Y así, un buen día llamarán mártires también a nuestros amigos los antinomistas [14] porque no les dejamos enseñar como ellos quisieran. También ellos han oído decir que la iglesia tiene que sufrir; pero ¿por qué tienen que sufrir *ellos*? Porque blasfeman de la palabra de Dios. El padecimiento de la iglesia

[12] Véase Serm. 13 Nota 1.

[13] En un sínodo celebrado en Alejandría, 320 después de Cristo, el obispo Alejandro condenó y destituyó a Arrio por motivo de su enseñanza herética respecto de la persona de Cristo.

[14] Del griego *anti* = contra, y *nomos* = ley: los que, como Juan Agricola, sostenían que la predicación de la ley era cosa de las autoridades seculares, no de la iglesia, ya que Cristo había abolido para los cristianos la vigencia de la ley.

cristiana es algo muy distinto del padecimiento de aquellos "mártires". La iglesia no sufre por difundir enseñanzas blasfemas, sino por defender la doctrina sana. Y los cristianos verdaderos tampoco son tan orgullosos y jactanciosos como los que se denominan a sí mismos "mártires"; pues conocen muy bien las artimañas del diablo. Aquellos sectarios en cambio no sienten las tentaciones del Maligno; por eso se muestran tan seguros. En una laudatoria para el duque Jorge [15] se afirma que éste padeció dura persecución por parte nuestra, a pesar de haber sido un príncipe tan cristiano y piadoso. ¿Cristiano y piadoso? ¡Justamente lo contrario! ¿Por qué llaman "mártires" a tales personas? Sólo porque no se les quiere permitir que maten a Cristo y sofoquen nuestra enseñanza. Con el mismo derecho se podría llamar a una mujer de mala vida una gran "mártir" porque no se le permite seducir libremente a otras jóvenes. También se puede decir que Kohlhaas [16] es un eximio mártir porque el príncipe elector le persigue y le quiere aplicar la pena capital. ¿No es una verdadera vergüenza que los que causan daño y seducen las almas, aún quieran llamarse mártires? ¡A los cristianos que a causa de los ataques de Satanás sufren un martirio verdadero, no se les ocurre gloriarse de ello!

Los cristianos en cambio necesitan el consuelo de sus compañeros en el sufrimiento.

Hace mucha falta, pues, que Pedro consuele a los que se ven atacados por tan grandes tentaciones. Hace falta que se les diga que tienen razón; porque ellos están en dudas acerca de si la tienen o no. No tienen esa terquedad de los sectarios que dicen: "Lo que yo afirmo es correcto, aunque vengan mil diablos a discutírmelo". Esta seguridad los piadosos no la conocen, sino que en las grandes tentaciones pierden a Dios y a Cristo y al Padrenuestro. En este caso, Cristo tiene que decir a Pedro: "Confirma a tus hermanos". Y Pedro por su parte tiene que decirte: "No eres un caso único por lo que te está sucediendo ahora. Si no lo quieres creer, echa un vistazo a la casa de Caifás [17]. Yo le había jurado a Cristo en aquel día [18]:

[15] El duque Jorge de Sajonia, partidario declarado de la iglesia romana y adversario igualmente declarado de la Reforma, murió en el mismo año 1539 en que Lutero predicó este sermón. Véase también Serm. 5. Nota 17.

[16] Hans (Juan) Kohlhaas o Kohlhase, comerciante berlinés, tuvo un pleito con un noble de Sajonia. Como el juzgado se pronunció injustamente en su contra, K. declaró y libró una especie de guerra privada contra el noble aquel y toda la Sajonia electoral, cometiendo una serie de desmanes. Capturado al fin, fue conducido a Berlín y condenado al suplicio de la rueda en marzo de 1540.

[17] Jn. 18:15 y sigtes.

[18] Mt. 26:30 y sigtes.

'Iré contigo a la cárcel y a la muerte misma'. Pero cuando se me acercó la criada y me dijo: 'Tú también eres uno de los discípulos de Jesús', yo le contesté: 'No conozco a este hombre'. Ya ves cuán fuerte era yo en estos momentos." Así, pues, los cristianos no son vanagloriosos ni orgullosos ni tercos, y no obstante permanecen firmemente en pie en estas tentaciones. Me refiero a las tentaciones de especial gravedad, y lo menciono pensando en los que algún día habrán de ser predicadores, y en varios otros de los que estáis sentados aquí, para que se le pueda decir a un alma atribulada: "¡No desesperes! ¡Aguanta y ten paciencia!" Tú dirás: "Nadie sufrió torturas como yo". Es que no has visto lo que tuvieron que sufrir nuestros primeros padres, y lo que tuvieron que sufrir todos los santos. San Pedro te llama la atención al hecho de que tú no eres el único que sufre, y que tus padecimientos no son nada nuevo; mas si te parecen nuevos y extraordinarios, ten presente que hay muchos otros que pasan angustias similares a las tuyas. Por algún tiempo, yo también pensaba que los apóstoles no estaban agobiados por tantos pensamientos torturantes como yo; pero la realidad es que Pedro pasó por una escuela mucho más severa que yo, y los demás cristianos tampoco ignoran tales tentaciones. Pablo dice que él ha venido a ser como la escoria del mundo (1 Corintios 4:13). Y en cuanto a Cristo, tal vez se me ocurriría afirmar que los padecimientos suyos no fueron de la misma intensidad que los de otros, pero en el 2º capítulo de la carta a los Hebreos leemos (v. 17) que él "debía ser en todo semejante a sus hermanos". Más aún: nadie sudó gotas de sangre como Cristo en el huerto de Getsemaní [19], ni siquiera un Pedro o un Pablo. Por esto, cuando vienen las grandes tentaciones y Satanás te quiere amedrentar, dile: "En lugar mío te responderá aquel que por mí sudó gotas de sangre". Claro: los que se creen iluminados, no sienten tales tentaciones: mientras se tenga delante de los ojos un vidrio coloreado, se ve todo color de rosa. Con todo, las tentaciones nuestras no pueden ser tan terribles como las que sufrieron los apóstoles, y ni remotamente se acercan a las que sufrió Cristo cuyo co-mártir eres. No dudes, pues, y dí a ti mismo: "Yo también soy de la misma compañía, por lo tanto yo también quiero poseer ese título de 'mártir'. Pero además quiero ser también una ayuda a mis hermanos en la obtención de la salud venidera". Así que, por grandes que sean los males que tengamos que padecer: tenemos por compañeros en el sufrimiento a Pedro, a Pablo, a todos los profetas y patriarcas, y ante todo a Cristo. Ellos nos consuelan y confirman y nos enseñan a esperar en la resurrección y en la gloria que ha de venir.

[19] Lc. 22:44.

LA LUCHA QUE LA IGLESIA TIENE QUE LIBRAR POR ORDEN DE DIOS

LA IGLESIA ES TENTADA POR SATANÁS

Sermón para el Domingo de Invocavit [1]
Fecha: 18 de febrero de 1537

Texto: Mateo 4:1-11. Entonces Jesús fue llevado por el Espíritu al desierto, para ser tentado por el diablo. Y después de haber ayunado cuarenta días y cuarenta noches, tuvo hambre. Y vino a él el tentador, y le dijo: Si eres Hijo de Dios, dí que estas piedras se conviertan en pan. Él respondió y dijo: Escrito está: No sólo de pan vivirá el hombre, sino de toda palabra que sale de la boca de Dios. Entonces el diablo le llevó a la santa ciudad, y le puso sobre el pináculo del templo, y le dijo: Si eres Hijo de Dios, échate abajo; porque escrito está: A sus ángeles mandará acerca de ti, y, en sus manos te sostendrán, para que no tropieces con tu pie en piedra. Jesús le dijo: Escrito está también: No tentarás al Señor tu Dios. Otra vez le llevó el diablo a un monte muy alto, y le mostró todos los reinos del mundo y la gloria de ellos, y le dijo: Todo esto te daré, si postrado me adorares. Entonces Jesús le dijo: Vete, Satanás, porque escrito está: Al Señor tu Dios adorarás, y a él sólo servirás. El diablo entonces le dejó; y he aquí vinieron ángeles y le servían.

[1] Este sermón fue pronunciado en la ciudad de Esmalcalda (Turingia), donde desde comienzos de 1537 se hallaban reunidos Lutero y varios de sus colaboradores para discutir, entre otras cosas, los 21 "Artículos de Esmalcalda" (véase Sermón 12, Nota 16).

El sermón se conservó en forma de un breve resumen en latín, con observaciones marginales de Rörer, quien a su vez lo publicó en alemán, considerablemente ampliado, como "Dos sermones". Nuestra traducción sigue el resumen en latín, al que para completarlo, le hemos incorporado ciertos pasajes del sermón ampliado colocados entre paréntesis.

Introducción: Lo que se tratará en este sermón no es el ayunar de Cristo.

Este Evangelio es leído hoy a causa del ayuno cuadragesimal que se suele observar[2]. Sin embargo, aquí no se trata de ese ayuno de propia elección, que en nuestro medio era realmente un ayuno bastante ridículo, ya que no estaba motivado por ninguna necesidad, ninguna tentación en particular, ningún mandato de Dios, y en cambio, estaba ligado estrechamente con una falsa confianza en la validez de nuestros propios actos de penitencia, y con un distanciamiento farisaico frente a otras personas, etcétera. Antes bien, aquí se trata de un ayuno que nos es impuesto como una necesidad. A este respecto escribe el apóstol Pablo (en 2 Corintios 6:4, 5): "Nos recomendamos en todo como ministros de Dios, en cárceles, en tumultos, en trabajos, en desvelos, en ayunos, etcétera"; y Cristo a su vez interpreta tal ayuno como un "tener luto" al decir en cierta oportunidad (Mateo 9:14, 15): "¿Acaso pueden los que están de bodas tener luto entre tanto que el esposo está con ellos? Pero vendrán días en que el esposo les será quitado, y entonces ayunarán". Cristo ayuna estando en el desierto —forzosamente, porque allí no hay nada que le pudiera servir de comida. Pero este paraje solitario no se lo eligió él mismo, ni tampoco fue al desierto por obedecer a alguna regla monástica[3], sino que fue el Espíritu Santo en persona el que le condujo a aquel lugar.

Tema del Evangelio y del sermón son las tentaciones de Cristo y de la iglesia.

No hay, pues, ninguna necesidad de usar este texto para un sermón sobre el ayuno. Lo que sí es necesario es usarlo para hablar de las tres tentaciones que Cristo rechazó con la palabra de Dios en bien nuestro para que también nosotros las rechacemos de igual manera. No nos referiremos sin embargo a las tentaciones a que están expuestos los cristianos individuales, sino a las tentaciones de la iglesia misma que se describen aquí con las características que les son propias.

[2] En el siglo V la iglesia introdujo el "ayuno cuadragesimal" desde el Miércoles de Ceniza hasta el Domingo de Pascua. Lutero lo abolió por considerarlo una tradición con que se confunde al pueblo cristiano.

[3] Las reglas monásticas contenían prescripciones muy rigurosas y detalladas en cuanto al ayuno.

1. *La tentación de la iglesia por parte del diablo "tenebroso". Las hostigaciones exteriores inducen a la iglesia a apartarse de la palabra de Dios.*

En el comienzo[4], la iglesia fue atormentada por el diablo en forma humana[5] por medio del "ayuno", es decir, por medio de persecuciones y toda clase de vejámenes físicos que le infligieron tanto los judíos como los gentiles. En esta persecución primera, el diablo no esgrime contra la iglesia ninguna palabra de Dios. Solamente la lleva a una situación en que se ve apremiada por necesidades inmediatas, y donde el único medio para mejorar su suerte parece ser la apostasía. Con esta intención, el diablo le dice a Cristo, que sentía hambre después de 40 días de ayuno: "Dí que estas piedras se conviertan en pan". (Éste es el diablo que sometió a tentaciones físicas a casi cada cristiano en particular, y luego también a toda la santa cristiandad en general, con hambre, sed y toda suerte de males, con aflicciones, miedo y penurias. Y con este ataque, el diablo obtuvo un éxito bastante amplio. Pues muchos cristianos, al verse hostigados a causa de su fe, y puestos ante la alternativa de apostatar de ella o de sufrir el martirio, dieron pasos atrás, renegando de su bautismo y de su fe. No obstante hubo también muchos que permanecieron firmes: antes que apostatar de su fe, prefirieron correr todos los riesgos y padecer todas las torturas, de modo que esta primera era de la cristiandad se llama con justa razón la "era de los santos mártires", ya que fueron muertos a millares con indecible crueldad.

La iglesia se defiende contra esta tentación aferrándose a la palabra divina.

El medio, empero, con que los santos mártires se defendieron contra los tiranos nos lo muestra nuestro texto, donde Cristo le responde a Satanás: "No sólo de pan vive el hombre, sino de toda palabra que sale de la boca de Dios". De esta respuesta se puede desprender que el ataque del diablo estuvo dirigido contra la vida misma de Cristo primero y de la iglesia cristiana después. No obstante, ellos no se empeñaron en conservar esta vida pasajera del presente. Antes bien, hicieron frente al diablo y a su séquito. Se opusieron a su tiranía, y dieron a entender con toda claridad que les importaba mucho

[4] Lutero tiene en vista los primeros tres siglos de la historia de la iglesia cristiana.

[5] Tentación en que Satanás se vale de violencia y tiranía humanas, siendo por lo tanto fácilmente identificable como "diablo tenebroso" (la expresión "diablo tenebroso", en alemán *schwarzer Teufel*, aparece en la edición ampliada de este sermón mencionada en la **Nota** 1).

más conservar la preciosísima palabra de Dios que conservar la vida temporal aquí en la tierra. Esta palabra no la querían perder y no querían renegar de ella por nada en el mundo. Tras largos años de sufrimientos, esta tentación desapareció; ello ocurrió cuando Constantino, después de su victoria sobre Licinio, prohibió las persecuciones contra la iglesia cristiana [6].

2. *La tentación de la iglesia por parte del diablo "luminoso". La doctrina falsa seduce a la iglesia a apostatar de la fe.*

Mas a la tentación física se agrega ahora la tentación espiritual: el diablo se presenta en forma de ángel y hace como si concordara plenamente con la palabra divina, pues cita las Escrituras para engañar a los cristianos. El que así habla, no es aquel diablo tenebroso, sino el diablo luminoso de los herejes. Éstos, en verdad, se habían dedicado ya antes a mancillar a la iglesia por medio del pobre Ebión [7], de Marción [8] y otros. Pero ahora obtienen el gobierno de la iglesia el heresiarca Arrio [9] y hombres semejantes. Al principio se intentó reprimirlos. Pero gracias al apoyo que les prestó Constancio, el hijo de Constantino, alcanzaron tal predominio que en toda la iglesia oriental apenas dos obispos permanecieron firmes en la doctrina verdadera [10]. Finalmente, Mahoma y su secta hicieron suyos los errores de esta herejía [11], convirtiendo a Cristo en un ser comprensible para la razón humana, y constituyéndose así en una horrenda amenaza para el cristianismo hasta nuestros días [12].

[6] Con esta victoria en el año 324 desp. de Cr., Constantino se convirtió en dueño único del imperio romano, lo que le permitió ejercer una influencia decisiva a favor de la iglesia.

[7] Lutero es de la errónea opinión de que la designación "ebionitas" deriva de un personaje de nombre Ebión. La secta judeo-cristiana de los ebionitas (del hebreo *ebion* - pobre) veía en Jesús a un profeta judío, y en el cristianismo, un judaísmo depurado.

[8] Marción, heresiarca del siglo II desp. de Cr., malinterpretó la antítesis paulina entre ley y evangelio como un dualismo al estilo gnóstico: el "demiurgo" judío del AT, a juicio de Marción, no podía ser el mismo que el Dios bondadoso revelado modalísticamente en el Jesús del NT. Consecuentemente, Marción rechazaba todo el AT y trató de "purgar" el NT de todo elemento judaizante.

[9] Véase Sermón 13, Nota 1.

[10] Bajo el emperador pro-arriano Constancio, el arrianismo condenado en Nicea (325 desp. de Cr.) se expandió con renovado vigor en el este del imperio romano, hasta que en el concilio de Constantinopla (381) fue eliminado definitivamente.

[11] Si bien no hay una relación directa entre el arrianismo y el mahometismo, ambos tienen en común la negación de la divinidad de Cristo. Jesús es equiparado por ellos con los profetas del AT.

[12] Respecto del peligro que significaba el avance del Islam para la Europa de aquel entonces véase Sermón 19, Nota 6; Sermón 34, Nota 3.

El pensamiento del diablo en este caso fue el siguiente: "Por muchos que sean los cristianos que a causa de las persecuciones reniegan de su fe, sin embargo, con esto mis planes no prosperan. La iglesia sigue creciendo. Tomaré pues por otro camino. Vosotros los cristianos lo sufrís todo por amor a la palabra. Muy bien, aquí está la palabra, escrita y todo: "A sus ángeles mandará acerca de ti", y "En sus manos te sostendrán, para que no tropieces con tu pie en piedra" (Salmo 91:11, 12). Yo no soy un diablo como aquel anterior; yo os llevo no a un lugar profano, sino a la santa ciudad, y al pináculo del templo"— al pináculo del templo sí, pero no al templo mismo. Y en este punto, el falsario e impostor omite las palabras: *"que te guarden en todos tus caminos"*, es decir, en los caminos de tu vocación a la que Dios te ha llamado [13]. El diablo quiere llevarnos a un modo de pensar que en apariencia concuerda con la palabra divina, pero que en realidad es opuesto a lo que esta palabra dice en verdad; quiere enseñarnos a "tentar a Dios", como lo expresa nuestro texto. Pues el volar por los aires, y el echarse a tierra desde el pináculo del templo, son caminos para palomas y gorriones, no para seres humanos.

La iglesia se defiende contra esta tentación examinando cuidadosamente la doctrina.

(Para defenderse contra esta tentación sutil de Satanás se necesita un arte que nuestra carne y sangre no domina, pues es el arte del Espíritu Santo: hay que examinar la palabra de Dios certera y adecuadamente, y ver si el que la emplea, la emplea en forma correcta o incorrecta. Pues también el diablo es ducho en el arte de hacer hablar a las Escrituras en favor suyo, y lo demuestra ante el Maestro supremo, ante Cristo en persona. Por esto, no te dejes aplastar tan rápidamente por el miedo si los espíritus facciosos y los herejes se te lanzan encima vociferando: "Aquí está la Escritura, aquí está la palabra de Dios, etcétera"; antes bien, enfrenta a la Escritura con la Escritura, como lo hace Cristo al ser tentado por Satanás. Pues precisamente los herejes, los más encarnizados enemigos de la palabra y sus más tenaces perseguidores, hacen como si quisieran ayudar a impulsar su propagación y protegerla. A éstos, cuando recurren a las Escrituras y tratan de corroborar y exornar con ellas sus mentiras, hay que responderles: "No, señor; no me basta con que me digas que tienes la palabra de Dios a tu favor; porque es preciso también que no tentemos al Señor nuestro Dios. Y aunque fuese en realidad

[13] Conforme a las palabras del Salmo, la promesa vale sólo para aquellos que permanecen obedientes en el camino que el Señor les ha señalado.

la palabra de Dios lo que tú aduces en tu apoyo, habría que ver también si no le quitaste o agregaste algo. Por esto, demuéstranos ante todo si lo que opinas tú concuerda con lo que quiere decir el Espíritu Santo, y si aplicas la palabra divina en forma válida. Por cierto, nuestro Señor no se enojará conmigo si yo me rehuso a aceptar su palabra sin más ni más tal como tú la citas e interpretas; pues si bien el diablo y todos los herejes usan la palabra con gran frecuencia, no obstante la usan incorrectamente.

Esto en cuanto al segundo período [14] cuando Satanás, disfrazado de ángel de luz, atacó a la cristiandad mediante diversas herejías, turbando y confundiendo bárbaramente a las pobres conciencias — lo cual, por otra parte, no ha de extrañarnos. Pues: ¿cómo habría de defenderse el hombre sencillo, que posee una instrucción sólo superficial en cosas referentes a la palabra de Dios, si oye expresiones tan elevadas como "palabra de Dios", "nombre de Dios", "honor de Dios", etcétera? En este caso, Dios tiene que prestarnos su ayuda especial por medio de predicadores piadosos y conscientes de su responsabilidad, o tiene que preservar a los suyos mediante una inspiración especial del Espíritu Santo. De lo contrario, no hay remedio que valga, y todo está perdido. Y sin embargo, la cristiandad aguantó y superó también este período lleno de perjuicios y peligros, de modo que subsiste hasta el día de hoy. Gracias a la palabra de Dios y al esfuerzo de predicadores fieles a ella, se conservó nuestra fe y confesión de que Jesucristo es verdadero Dios, engendrado del Padre en la eternidad, y también verdadero hombre, nacido de la Virgen María en el tiempo de este mundo.)

3. *La tentación de la iglesia por parte del diablo "divino". El poder y la gloria seducen a la iglesia a la desobediencia.*

Al fin, cuando el diablo ya no podía ocultarse detrás de esta máscara por resultar demasiado reconocible, apela en estos últimos tiempos a un medio extremo, robusteciendo, desde hace algunos siglos [15], la posición del anticristo y del imperio anticristiano. Así es como tenemos que interpretar sus palabras: "Todo esto te daré, si postrado me adorares". Con esto, Satanás llega al colmo de la presunción, arrogándose plenipotencia divina. Ya no se viene con palabras de Dios, las Escrituras ya no le interesan, sólo se dedica a echar mentiras como ésta: "Toda la gloria que ves, a mí me ha sido entregada" (Lucas 4:6). Lanza una promesa inaudita: "Todo esto te daré",

[14] Ese "segundo período" abarca más o menos los siglos IV a VI después de Cristo.

[15] A partir del siglo VII desp. de Cr.

pero con una condición: "si postrado me adorares". Sobre esto se basa ahora el gran prestigio y la paz de la iglesia con que tanto alardean. Aquí, el que habla ya no es el diablo en forma humana ni el diablo en forma de ángel de luz, sino lisa y llanamente el diablo divino, que quiere ser adorado. Se levanta por encima de Dios, es decir, contra la palabra de Dios y lo que es objeto de culto, como leemos en los escritos de Daniel y de Pablo [16].

La iglesia papal sucumbió completamente ante esta tentación.

Así, el diablo dispuso que se invocara a la Virgen María y a los santos, y los hizo nuestros intercesores. Niega por una parte que Cristo es el Único que nos justifica, y por otra parte hace del Cristo Mediador un Cristo Juez. Enseña a los hombres a confiar en una presunta justicia humana, en reglas monacales, en obras e indulgencias. Pervierte el evangelio y el uso de los sacramentos. Al perdón de los pecados lo hace un objeto de burlas, hasta el extremo de atreverse a afirmar que el mero hacerse sepultar envuelto en un hábito monacal, le asegura a uno la remisión de los pecados. Igualmente quiere hacer creer a la gente que la contrición, confesión y satisfacción que *ellos* deben hacer, es ya de por sí el perdón de los pecados, etcétera, ¡Y qué abominación más grande son las misas, etcétera! [17] Todo esto no sólo lo practican, cual si fuera lo más importante en materia de religión, en oposición a los preceptos de Dios y el evangelio de Cristo, sino que incluso lo enseñan al pueblo cristiano, sin respeto alguno hacia la santidad de Dios y lo que nos dice nuestra fe. ¿Cómo es posible todo esto? Es posible a causa de la promesa: "Todo esto te daré". Esto significa: Yo, Satanás, el señor del mundo, estaré también contigo y te daré el dominio sobre todos los bienes que el mundo puede ofrecer. La única condición que te pongo es: Enseña hipócritamente lo que es mentira, y deja a un lado la fe. Tu dios sea el vientre [18], y seas objeto de la más esplendorosa gloria. Haz decretos y estatutos y reglas monásticas que atentan contra los mandamientos de Dios, contra el evangelio y la fe, y di: "¡Esto es palabra de Dios y obediencia a la iglesia!". Afirma sin ningún escrúpulo: "Aquí está la iglesia", por más evidente que sea la condenación y persecución de que se hace objeto a la palabra e iglesia de Dios. Haz el intento de arrebatarle a Cristo su reino y su sacerdocio, y de arrogártelos tú mismo, para que bajo su

[16] Dn. 11:36; 2 Ts. 2:4.
[17] Comp. los *Artículos de Esmalcalda*, presentados en los días en que Lutero pronunció este sermón; en especial: II. Parte, Artículo 2 (Obras de Lutero, Ed. Paidós, Bs. As., tomo V, págs. 166 y sigtes.).
[18] Fil. 3:19.

nombre puedas seducir y oprimir a los cristianos. En esta forma me adorarás a mí, y yo te daré una magnífica recompensa: honores y riquezas, y supremacía sobre emperadores, reyes y toda otra potestad en la tierra, y además la fama de ser una iglesia llena de justicia y santidad, de modo que aun el último de tus monjes será temido por los personajes más sabios y poderosos. Aquellos a quienes tú les concedas el privilegio de admitirlos, habrán de prosperar, gozar de abundancia y ser tenidos por santos; en cambio habrán de perecer aquellos a quienes tú condenes. Escudado por tales baluartes me adorarás como al "dios de las fortalezas"[19], es decir, como a aquel que te protegerá contra todas las fortalezas que te ofrecen resistencia. Me rendirás empero piadoso culto adorando el oro y la plata, el poder y la magnificencia. Pues yo soy el dios de los bienes de esta índole, y estoy dispuesto a dártelos. Y una vez que yo sea el dios tuyo, ya no necesitarás la palabra de Dios, a no ser que quieras abusar de ella a favor del "dios de las fortalezas". ¡Ah, qué bien suena todo esto!

La iglesia se defiende contra esta tentación por medio del evangelio.

¡Hemos sufrido una caída verdaderamente espantosa! ¿O acaso no significa adorar a Satanás y apostatar de Dios si los hombres tienen al diablo por santo, si ensalzan y defienden las enseñanzas de los demonios, si atribuyen a estas enseñanzas el carácter de doctrinas concordantes con la doctrina de las Escrituras, si tratan de imponerlas con manejos hipócritas y por la fuerza de las armas, cuando estos mismos hombres en realidad corrompen la palabra de Dios, blasfeman de ella, la niegan y la persiguen? ¿No significa esto derribar a Dios de su trono y colocar a Satanás en su lugar? Pablo dice que "en los postreros tiempos algunos apostatarán de la fe, escuchando a espíritus engañadores y a doctrinas de demonios, por la hipocresía de mentirosos que tienen cauterizada la conciencia" (1 Timoteo 4: 1, 2). Este horror, nuestra madre la iglesia ha tenido que soportarlo; pero tenemos la esperanza de que lo dicho en nuestro Evangelio de hoy pondrá fin a este estado de cosas. Pues lo que Cristo dice al diablo: "Vete, Satanás", lo dice hoy también la iglesia por medio del evangelio, ahora que el carácter del reino de Satanás ha quedado al descubierto. En las reuniones donde se predica la palabra de Cristo es herido de muerte aquel "inicuo"[20] que se sienta no en las afueras del templo, sino "*en* el mismo templo de Dios"; lo mata el

[19] Dn. 11:38.
[20] 2 Ts. 2:3-8.

Señor "con el espíritu de la boca de Cristo", de modo que muy pronto será destruido del todo "con el resplandor de su venida". Mas ya ahora mismo, este evangelio lucha contra la adoración falsa y la falsa obediencia o culto de Dios; pues repite lo que dijo Cristo: "Al Señor tu Dios adorarás, y a él solo servirás". En este sentido profetiza también el Salmo (72:11) acerca de Cristo: "Todos los reyes le adorarán, todas las naciones le servirán". "Adoras" a Cristo en espíritu y en verdad cuando confías en él conforme a las promesas del evangelio, y crees que por Cristo solo, Dios es tu amoroso Padre. Le "sirves" empero cuando haces y procuras lo que Dios te mandó hacer según la vocación en la cual te ha puesto, y cuando lo haces no con intención de ser declarado hombre justo, sino para la gloria de Dios y el bien de los demás. Con tal predicación, necesariamente tiene que desvanecerse en nuestro corazón la doctrina anticristiana y la confianza en ella. Nuestra esperanza es, pues, que ahora nos asiste la fe, y que los ángeles que vinieron a Jesús, se acercarán también a nosotros, mientras que el reino de las tinieblas es arrojado a lo más profundo del infierno junto con toda la impiedad de los mahometanos y de los papistas y cualquiera otra impiedad que hubiere. Amén.

LA LUCHA Y LA VICTORIA DE LA FE CRISTIANA

Sermón para el 4º Domingo después de Epifanía.
Fecha: 30 de enero de 1530[1].

Texto: Mateo 8:23-26. Y entrando él en la barca, sus discípulos le siguieron. Y he aquí que se levantó en el mar una tempestad tan grande que las olas cubrían la barca; pero él dormía. Y vinieron sus discípulos y le despertaron, diciendo: ¡Señor, sálvanos, que perecemos! Él les dijo: ¿Por qué teméis, hombres de poca fe? Entonces, levantándose, reprendió a los vientos y al mar; y se hizo grande bonanza.

Introducción: La tempestad en el mar pone a prueba la fe de los discípulos.

En este Evangelio oímos cómo los queridos discípulos pasan por momentos de gran temor y angustia por seguir a su Señor cuando éste entra en una barca y se hace a la mar. Tenemos aquí un ejemplo particularmente claro para la doctrina de la fe tal como nosotros la enseñamos. Esta enseñanza va dirigida sólo a las almas piadosas, no a los impíos; porque "no es de todos la fe" (2 Tesalonicenses 3:2), y pocos son los que saben algo de ella. Vemos, pues, que los discípulos son sorprendidos por una fuerte tempestad; este acontecimiento pone a prueba su fe, para que se vea cuán fuerte es, o cuán

[1] Al final del sermón dado en Wittenberg el 1º de enero de 1530 —un severo llamado al arrepentimiento—, Lutero había anunciado su resolución de no predicar más en esta ciudad donde la palabra de Dios había llegado a ser objeto de burla y de desprecio. Y en efecto, interrumpió su actividad en su habitual púlpito de Wittenberg hasta el 30 de marzo de 1530, con la sola excepción del 23 y 30 de enero, días en que predicó cediendo al ruego expreso de su soberano, el príncipe elector Juan de Sajonia (WA 32, Introd. pág. XVII/XVIII).

débil es. Eso sí: ¡antes de entrar en la barca eran capaces de trasladar montes! Su corazón, su cuerpo entero estaba lleno de fe. De igual manera, todo el mundo está lleno de fe y lleno de confianza, por eso la gente también es tan terca y tan atrevida. Pero cuando empieza a levantarse el viento, y cuando las olas comienzan a cubrir la barca, se ve que esa fe tan fuerte no era más que una engañosa ilusión.

Y ¿qué dice el Señor a sus discípulos en estas circunstancias? No les dice que no tienen *ninguna* fe, sino que tienen una fe *débil*. Pues si su fe hubiera sido fuerte, no se habría inmutado ante las olas que cubrían la barca ni ante la tempestad que rugía: no habría visto más que vida, felicidad y bonanza. Una fe fuerte habría pensado: "Aun cuando la barca se fuese a perder en el fondo del mar, sin embargo se encuentra en ella Aquel que puede hacer de las aguas una bóveda, de modo que no habrán de aplastarnos. ¿Acaso no hizo de las aguas un muro cuando condujo a los israelitas a través del Mar Rojo[2]? Poco tiempo le llevará preparar los ladrillos y agregar la cal para fabricarnos de las aguas del mar un muro protector." Repito: si hubiesen tenido una fe fuerte, tales habrían sido sus pensamientos. Pero su fe era débil, porque claman: "¡Señor, sálvanos, que perecemos!" En su corazón no queda más que una pequeña centella de fe, una centellita que vive en su corazón y reconoce en Cristo a su Salvador. Pero contra esta centellita se levantan el viento y las olas, la muerte y la tempestad. Y como ves, esa centellita en el corazón tiene que hacer frente a la inmensidad del mar. Por cierto, los vientos y las olas bien pronto apagan el montoncito de brasas. Si el Señor no se hubiese levantado y no hubiese fortalecido esa pobre y débil fe, los discípulos habrían estado perdidos.

1. *El único auxilio en la tribulación es la fe en la palabra. Esa fe puesta a prueba, se asemeja mucho a la desesperación.*

De este *ejemplo* de la fe, los *alumnos* de la fe pueden aprender unas cuantas cosas. En primer lugar puedes observar lo siguiente: Cuando llega el momento en que la fe debe demostrar la fuerza que tiene, resulta ser la cosa más débil que existe. Pues entonces cunde la desesperación, y el creyente experimenta lo que experimentaron los discípulos en nuestro Evangelio: ellos *tienen fe*, y su fe *desempeña* también lo que es su obra y función específica, a saber: no desesperar, no dejar de confiar en el Señor. Pero luego cae sobre los discípulos una incapacidad tal de creer que ya no sienten en su corazón otra cosa que in-

[2] Éx. 14:22.

credulidad y desesperación. No obstante, por fuerte que parezca ser la desesperación, la fe *subsiste*, aunque se asemeja más bien a la incredulidad. A esto llamamos pues la "fuerza" y el "poder" de la fe: cuando es tan pequeña, y sin embargo da tan grandes resultados. Así ocurre también en las tentaciones y tribulaciones nuestras, cuando nos acosan el diablo y la muerte, y por cierto también el turco con sus fuerzas aterradoras [3]. Todos ellos se levantan cual verdaderos gigantes contra la débil centella de la fe que vive en nuestro corazón. Y no obstante, esa fe pequeña y débil, que es más bien incredulidad y desesperación, adquirirá una fuerza tal que derribará a aquel gigante. Así es como la fe alcanza la victoria, según lo demuestra el ejemplo de los discípulos de Cristo: ni bien vino el Señor y dio su orden a los vientos, la tempestad estaba vencida.

También la fe pequeña obtiene la victoria, si se ase de la palabra.

¿Qué factor es el que confiere a la fe tal fuerza, siendo que esa fe débil se parece más a incredulidad y desesperación? No hay otro factor que éste: que la fe, con todo lo débil que es, se ase del Señor y de su palabra. Los discípulos no empuñan los remos, no se ponen a achicar el agua que entró en la barca, ni hacen otro esfuerzo alguno; saben que todo sería en vano. No; simplemente se agarran de esta palabra que es expresión del poder divino, y exclaman: "¡Señor, ayúdanos!" Y aunque le llaman por este nombre, en el momento todavía no *ven* que él es el Ayudador, sino que solamente *han oído* que lo es. Creen, por lo tanto, conforme a lo que han oído. ¡Y éste es nuestro triunfo! De otra manera, no tendríamos la más remota posibilidad de vencer a Satanás, ni aun tratándose del pecado más leve. Pero por cuanto la fe se aferra a la palabra que ha oído —aunque fuese una fe pequeñísima, una centella nada más— el viento tiene que cesar, y el mar tiene que entrar en calma.

Lo mismo sucede cuando nos aprieta nuestro pecado: viene entonces Satanás y convierte el más pequeño desliz en una transgresión tremenda. Es capaz de infundirle a uno tanto miedo, de cargarle tanto la conciencia, de pintarle con colores tan horribles el infierno y el juicio, que uno cree tener que caer en desesperación. Y es imposible que el cristiano pueda hacer frente siquiera al pecado más pequeño. Lo sabemos por propia experiencia: antes, cuando al celebrar misa levantábamos el cáliz a la boca, y de pronto nos atragantábamos con una gota

[3] En 1529, los ejércitos turcos habían aparecido ante los muros de Viena. Lutero, como muchos otros, estaba profundamente alarmado por la posible suerte que correría Alemania.

de vino, ¡qué pecado enorme que era esto![4] Si llevábamos el cáliz a los labios, y en esto incurríamos en una falta de esa naturaleza, tan insignificante que no debiera haber pesado más que una partícula de polvo —¡sin embargo, con cosas así, Satanás le puede abrir a uno el infierno y cerrarle el cielo! Así lo hace también con otras faltas que en sí son nimiedades. Y nadie puede resistir con sus propias fuerzas a estas maquinaciones satánicas. Pero aunque la fe tiembla y se agita, se atiene no obstante a la palabra de Cristo de que él es nuestro Auxiliador. Una vez que la fe logró asirse de la palabra, el pecado tiene que darse por vencido, por virtud de la palabra. Es verdad, Satanás zarandea nuestra fe[5] y la quiere meter dentro de un tonel para sacudirla. Pero si la fe se toma fuertemente de la palabra, pronto cesan las sacudidas, porque viene Cristo y reprende a los vientos y al mar. Esta historia aplícala tranquilamente a todas las tentaciones y tribulaciones donde tu fe se ve expuesta a duras pruebas. Si nuestra conciencia nos dice: "Todo está perdido", el efecto será el mismo que si los discípulos aquellos hubiesen dicho unos a otros: "¿Para qué clamaremos al Señor? Aquí ya no hay nada que hacer." En este caso, seguramente se habrían ahogado todos, y no habría quedado más que Cristo solo; pues entonces, la desesperación de los discípulos se habría hecho completa, y ya no les habría quedado una centellita de fe, porque habrían dejado de aferrarse a la palabra. Por lo tanto: por más débiles que seamos, lo importante es que nos atengamos a la palabra; entonces ninguna tentación será tan fuerte que no la podamos vencer. Y a la inversa: si nos apartamos de la palabra y perdemos este arte que dominaban los discípulos, ningún pecado es tan fútil que no pueda hacernos caer, como dije hace unos momentos al hablar de un pecado que en realidad era una cosa de nada. ¿Qué será cuando vengan aquellos pecados realmente grandes, cuando la conciencia le acuse a uno: "Tú odias a Dios"[6]? Mas cuando uno se prende firmemente de la palabra y cree en el poder y la voluntad de Cristo de ayudarle y se atiene a él, entonces verá: sean los pecados de una enormidad tal que llenan el orbe, no obstante tendrán que desaparecer, y el mar tendrá que volver a la calma. Ésta es nuestra victoria, ahí brilla en todo su esplendor "la espada del Espíritu, que es la palabra de Dios" (Efesios 6:17). ¡Cuántos hay que temen que

[4] Lógica consecuencia del atragantamiento era un acceso de tos, a raíz del cual el sacerdote devolvía parte del vino que había ingerido. Esto se consideraba un grave pecado, pues mediante este acto "se derramaba la santa sangre del Señor".

[5] Lc. 22:31.

[6] Comp. p. ej. 1 Jn. 4:20.

el papa fulmine una excomunión contra ellos![7] Pero ahí está la palabra de Dios, el evangelio prometido, en que Dios mismo te asegura que te ayudará. Si has agarrado la palabra, tienes en tu mano una espada con que puedes repeler el pecado y la muerte, a Satanás y todos los males.

Sólo en la lucha, la fe revela lo que en verdad es.

Esto es el primer aspecto de la fe; y el que quiera crecer en ella, tómelo bien en cuenta, para que aprenda a fondo ese difícil arte. Es de notar que la fe tiene dos horas o tiempos distintos. Primero: un tiempo de paz; ahí le va bien, triunfa, domina la situación, no teme a nadie, y disfruta ese envidiable estado de cosas una vez que ha obtenido la victoria y los enemigos han desaparecido. En cambio, en el tiempo de guerra, la fe se parece a la incredulidad y a la desesperación; de modo que en el tiempo de guerra tienes que tomar conciencia de que en tales circunstancias no tienes esa fe que tenías antes, en tiempos de paz. "Ya no puedo creer", dices entonces. No digas así; antes bien, di: "Creo, pero débilmente; por el momento estoy en la segunda hora de la fe". Mientras estés en la primera hora, donde reina la seguridad, dale las gracias a Dios que te la concedió, y aprovéchala bien. En la segunda hora empero di: "Es verdad, siento que mi fe se parece mucho a la incredulidad; más aún, se comporta como si estuviese a punto de caer en desesperación. Pero en realidad, ahora está justamente desempeñando su función específica, que es la de arremeter y luchar contra la muerte, el pecado, la pobreza, contra Satanás y todos los infortunios". Si uno está en la guerra, no sabe de alegrías. Bailar es *una* cosa, y hacer la guerra, otra. Allá donde reina la paz, no hay señales de tristeza; pero acá, en la guerra, sucede lo contrario: ahí ruge la tempestad y se agita el corazón, y no obstante, no hay motivo para darse por perdido. Nadie desespere, por consiguiente, al sentir que su fe es tan exigua; piense que está en la guerra, y que Satanás y el pecado no le mezquinarán golpes. ¡Tenga los ojos puestos en la palabra, y no permita que nadie se la arrebate! Si persevera en la palabra, la desesperación y la incredulidad y la tempestad tendrán que abandonar el campo de batalla. Ésta es la segunda hora, la hora del duro batallar, la hora en que la fe tiene que entrar plenamente en acción, pues tiene que luchar con la muerte, con el pecado, con el infierno, y tiene que sentir

[7] La excomunión (mayor) consistía en la privación activa y pasiva de los sacramentos y sufragios comunes de los fieles. Ya desde 1521 pesaba sobre Lutero tanto la excomunión papal como el entredicho imperial (que le ponía fuera de la ley).

el terrible peso de todos ellos. ¿Qué habría ocurrido si los discípulos en su barca no hubiesen visto ni sentido ninguna tempestad? Su fe no habría luchado, ni tampoco habría vencido. Mas donde se pierde la palabra, sucumbe también la fe. Por el contrario: si la fe, por más débil que sea, se aferra a la palabra, ni la desesperación ni el desaliento ni la incredulidad podrán dañarnos.

La palabra de Dios es el arma de la fe.

Esto lo digo para que honréis y estiméis la palabra exterior[8] como es debido. Vosotros conocéis muy bien aquel arma filosa que llamamos "espada del Espíritu", y el diablo la teme como ninguna otra cosa. Pues innumerables veces fue herido por ella. Donde la ve, prefiere no acercarse. Por esto, su constante afán es arrebatarnos la palabra. Si le quitas al enemigo la espada, fácil es luchar contra él. Si el diablo nos quita la palabra, no somos capaces de vencer ni el más mínimo de los pecados. Esto es el motivo por qué hace surgir facciones en la iglesia del papa[9]; a nosotros mismos empero nos hace negligentes, perezosos y desagradecidos, hace que dejemos de leer y oír la palabra con asiduidad, a fin de que al menos logre desviarnos en lo posible de ella. Mas si la oímos de buena gana, si la grabamos en nuestro corazón y hacemos frecuente uso de esta espada, estamos bien protegidos. Si entonces Satanás nos ataca, es suficiente que vea la palabra divina a que recurrimos, y ya emprenderá la retirada. Pues ésta es la única manera como podemos obtener la victoria sobre Satanás: salirle al encuentro con la espada del Espíritu. Esto es imprescindible que lo aprendas. Pues has de saber que nuestro poder y nuestro valor estriban no en nuestras obras, sino en la fe — siempre por supuesto, que conectes tu fe a la palabra que es nuestra santidad y nuestra victoria.

2. *La fuerza de la fe radica en Cristo, no en los cristianos. La fe en la palabra, no en el propio sentir, hace que seamos cristianos.*

Por eso son unos insensatos los que en nuestros días hacen a los cristianos objeto de su crítica diciendo: "Antes, cuando

[8] La "palabra exterior" es la que nos llega desde fuera, o sea, la palabra de las Sagradas Escrituras y de la predicación, a diferencia de la "palabra interior", la "iluminación interior por parte del Espíritu Santo" de que tanto hablaban ciertos sectarios.

[9] Facciones = movimientos que mediante toda suerte de prácticas y actos especiales desvían al pueblo cristiano de la palabra de Dios expresada en las Escrituras.

estábamos todavía bajo el papa, vivíamos seguros y tranquilos. Cuando íbamos a misa o participábamos en una procesión, todo era paz; pero ahora todo es rebelión". ¿De esta manera los tontos aquellos se atreven a descubrir dónde están los cristianos? ¡Como si esto fuera algo que se puede juzgar con ojos terrenales! Ni que te pongas todos los anteojos del mundo lo verás. Por ahí llaman "cristiano" a uno que va vestido de un hábito gris como los monjes; y posiblemente creas que este tipo de cristianismo sería digno de que te esfuerces por emularlo. Así miden a los cristianos según sus obras y méritos y su coraje. Pero en realidad, el asunto es como aquí en esta barca; dime: ¿dónde ves allí a los cristianos? ¡Todos se llaman discípulos de Cristo, y en efecto lo son; sin embargo, ninguno es capaz de creer! Se necesitan, por lo tanto, otros ojos que los del mundo y todos sus sabios, para poder reconocer a un cristiano como tal. Confesamos: "*Creo* en la santa iglesia cristiana". Mas lo que se cree, no se ve, dice el apóstol Pablo [10]. En aquella barca, lo que menos parece haber es confianza, y el cristiano tiene todo el aspecto de un incrédulo; ¿o no ves cómo se desesperan los discípulos? Un cristiano no se da cuenta de que es cristiano. Por lo tanto, no te juzgues a ti mismo por lo que sientes o por lo que tu corazón te dice acerca de ti. Antes bien, reconócete como cristiano por haber aceptado la palabra que Dios pronunció. Cristiano eres si oyes con agrado la palabra de Dios y te atienes a ella en la hora de la lucha y del peligro. Tales "cristianos" son aquellos discípulos en la barca: están desanimados, no descubres en ellos nada de arrojo cristiano, sino todo lo contrario si los juzgas por la manera como se comportan. Si a pesar de esto se llaman cristianos, es porque claman: "¡Señor, ayúdanos!" Por eso son cristianos. En esto reside su santidad, su vida, su fortaleza. Todo esto el Señor lo concentró en su propia persona; *no debe* ser algo inherente *en nosotros*. Por consiguiente, es una grandísima tontería querer medir al cristiano por lo que aparenta ser por fuera. Es muy loable que observes un buen comportamiento. Sin embargo, dar a las personas una esmerada educación exterior es tarea de los padres y de las autoridades civiles. Pero por esa educación no se es cristiano; se es cristiano por asirse de la palabra. Y ese asirse de la palabra se hace sola y exclusivamente por medio de la fe. Por lo tanto, aunque los cristianos se vean perseguidos por dudas y temores, aunque tengan de sí mismos la impresión de ser incrédulos —no obstante, si se halla en ellos la disposición de prenderse de la palabra y no soltarla, no hay duda alguna de que son cristianos, y cristianos tanto mejores cuanto más se parecen al más desesperado

[10] Comp. Ro. 8:24; 2 Co. 5:7 (He. 11:1.).

de los mortales. Pues en esta su desesperación se aferran a la palabra por medio y a causa de su propia debilidad. Por esto dice también San Pablo: "De buena gana me gloriaré más bien en mis debilidades, para que repose sobre mí el poder de Cristo" (2 Corintios 12:9). Pues este poder de Cristo se manifiesta en nuestra debilidad.

La fortaleza del cristiano está escondida tras su debilidad.

Por consiguiente: la santidad de los cristianos está fundada no en ellos mismos, sino en algo fuera de ellos: en la palabra; nadie, por ende, puede ver que uno es cristiano a menos que él mismo lo sea. Ciertamente, no hay hombre en la tierra que pueda ver si una persona se aferra a la palabra. Podrá ver que estoy sacudido por mil temores, o que estoy lleno de alegría; pero mi agitación no le dice nada en cuanto a mi adhesión o no adhesión a la palabra. El ser un cristiano es, pues, algo invisible y oculto; lo pueden discernir sólo aquellos que tienen fe. Digo esto para que no caigáis en desesperación al notar que entre los cristianos se halla tanta debilidad. El ideal que quisieran ver realizado precisamente los mejores de entre los hombres es que la cristiandad viva en un estado de perfección tal que ya no se pueda descubrir en ella ningún vestigio de maldad. No; un hombre como tú te lo imaginas, no existe; no puede existir mientras pese sobre él Satanás, su propia carne y el mundo. Claro: poco te cuesta querer medir a la gente según lo que tú mismo haces y eres, si tú no tienes que padecer las tribulaciones y tentaciones que padecen otros. Así que: en lugar de mirar a los demás, trate cada cual de aprender personalmente el arte y oficio de la fe, para que sepa: aun cuando esté a punto de desesperar, la fe todavía no ha desaparecido del todo. Antes bien, aférrese entonces a la palabra de que Cristo es el Ayudador. La exclamación: "¡Perecemos!", esa palabra de la desesperación, no la podremos erradicar; pero tampoco estará ausente la palabra de la fe: "¡Ayudador, ayúdanos!" Así, con la primera palabra que dice, el cristiano habla como un incrédulo acobardado; pero también dice la segunda palabra: "¡Señor, ayúdame!" La dirá en gran debilidad, es cierto; pero tanto más fuertemente se adherirá a la promesa de ayuda. Así, pues, la palabra de Dios puede más que el diablo, el cual es el culpable de que el hombre caiga en desesperación. Lo que a juicio del mundo es lo más fuerte, tiene que irse al fondo, y lo que es más débil, tiene que ir arriba del todo. Ésta es una predicación para cristianos.

3. *La fe necesariamente está expuesta a conflictos. Donde está Cristo y su evangelio, aparecen disturbios.*

El segundo factor que debe llamar nuestra seria atención es el hecho de que la tempestad se levanta en el momento preciso en que Cristo y sus discípulos se hacen a la mar. Antes reinaba la calma. Quiere decir entonces que cuando Cristo entra en el mar, éste se embravece. Nuestros sabidillos afirman: "Desde que comenzó vuestra predicación del evangelio, comenzaron también los disturbios. Si pudiéramos restablecer el orden anterior, con mucho gusto lo haríamos[11]." ¡De modo que el evangelio tiene la culpa de que los hombres sean malos y de que haya tantos que se apartan de la palabra y confían en iluminaciones interiores! Nada mejor que la historia de la tempestad en el mar para desvirtuar tales infundios. Es verdad: antes, todo el mundo vivía tranquilo; pero cuando viene Cristo, comienza la tempestad. Luego: si nosotros nos retractáramos, todo el mundo volvería a vivir tranquilo. Pero el asunto es muy distinto: Cuando el evangelio penetra en el mundo, Satanás se opone a que sea oído, e instiga al papa y a todos los príncipes a combatirlo. ¿De quién es la culpa? Del evangelio, dicen. ¡Que el diablo te rompa la cabeza! Es justamente al revés: si aceptasen el evangelio, y nadie se le opusiese, seguiría reinando la paz. El evangelio no hace violencia a los hijos buenos, sólo censura a los malos. No esgrime la espada, sino que deja todas las cosas en la tierra en su lugar. Su ataque se dirige exclusivamente contra el Satanás que habita en tu corazón; y su deseo es instruirte en la verdad. Por consiguiente, la culpa de que estallen conflictos es tuya, y sin embargo se la achacan al evangelio. Quieras o no, tienes que admitir que el evangelio no te hace ningún daño. Con el mismo derecho podría decir también un ladrón: "¿Por qué me llevan a la horca? Si no fuera por el verdugo, yo podría seguir viviendo lo más tranquilo". Ah sí, amigo mío: si se te permitiera robar y cometer otras fechorías, y luego se prohibiera al juez y al verdugo atraparte, esto sí que te gustaría. "Si éstos no me hubiesen atrapado", dices, "yo no estaría ahora en la horca; así que la culpa la tienen ellos." No; la culpa la tienes tú cuando desobedeces a los padres y a las autoridades. Igualmente, cuando el evangelio censura tu incredulidad y quiere purificar tu corazón, y tú no quieres aceptar la censura y la purificación, la culpa es tuya. En contra de tales bocas blasfemadoras que atribuyen al evangelio la culpa por lo que

[11] El reproche de que el evangelio predicado por los reformadores era el causante de los graves conflictos surgidos en la iglesia era muy frecuente.

está sucediendo, Cristo dice por lo tanto una palabra que debes tomar muy a pechos. Ellos gritan: "El mar está en calma hasta que viene Cristo". Él en cambio declara: "No he venido para traer paz, sino espada y fuego"[12]. Cualquier bellaco quisiera que se pasen por alto sus acciones vituperables; pero entonces uno devoraría al otro. No es por lo tanto culpa de Cristo si se levanta el viento; al contrario: Cristo duerme, así que la furia del viento no se le debe atribuir a él; él ni siquiera mueve un dedo. El que levanta la tempestad es Satanás, enemigo de la barca y enemigo del que navega en ella.

El tumulto de la batalla va por cuenta del mundo, no de Cristo.

Podría objetarse además: "Y bien, ¿quién mandó a los discípulos a entrar en la barca?" Me dicen que hay marineros que no permiten a ninguno de los que van a bordo llevar consigo una reliquia o el Evangelio de San Juan; se lo quitan y lo tiran al mar. No quieren saber nada de objetos sagrados, porque temen que les puedan traer mala suerte. ¿Era esto lo que debían hacer en aquel momento los discípulos: al levantarse la tempestad, echarle la culpa al único justo que iba a bordo, y arrojarle a las aguas, como hicieron en su tiempo con Jonás[13]? Por lo tanto: que el mar esté tan enfurecido, no es culpa de Cristo ni de los discípulos; es tu odio y tu envidia los que causan tal fragor, por cuanto no quieres tolerar el evangelio y lo persigues. ¡Y a pesar de todo, le das la culpa a Cristo y a sus discípulos en vez de dársela a Satanás que te mueve a actuar como lo estás haciendo! Igualmente se dice hoy en día: "¡Cuánta desgracia causó el evangelio! Si no lo hubiesen predicado, todavía estaríamos viviendo en paz." ¡De ninguna manera! La culpa es de Satanás y tuya, no del evangelio. El evangelio de por sí es un mensaje de paz, que nos enseña todo lo bueno. Así podrías decir también a tu prójimo, cuando al robarle sus bienes eres sorprendido por él: "¿Por qué no te vas a dormir en vez de molestarme, y me dejas robarte en paz?" ¡Linda paz sería ésta! Apréndelo bien: es culpa de ellos mismos lo que los impíos le echan en cara al evangelio. ¿Te callas tú cuando viene un ladrón y violenta la cerradura del cajón de tu mesa y de tu cofre, y cuando te hace frente y te increpa porque sin culpa suya le estás armando un escándalo? El mar está en calma hasta que viene Cristo. Pero si se presenta la tempestad, con toda seguridad se presentará también Cristo sobre el mar. Y si él se presenta, la consecuencia infali-

[12] Mt. 10:34; comp. Lc. 12:49.
[13] Jon. 1:15.

ble es que los vientos y el mar le obedecen, aunque te vuelvas loco con tu boca blasfema. El evangelio perdurará y vencerá al viento y a la tempestad.

Conclusión y resumen.

De este modo has oído en primer lugar que no debes juzgar tu fe por lo que sientes dentro de ti, sino que debes asirte de la palabra. En segundo lugar, que nadie debe escandalizarse cuando la situación se torna turbulenta, como si esto pudiera evitarse ante la realidad del Cristo presente. La culpa no la tiene Cristo, sino el mundo; cuando el evangelio y Cristo entran en contacto con el mundo, el mar se embravece. Por otra parte, cuando Cristo se hace presente, y con él la tempestad, nosotros perdemos el ánimo, y no obtendremos la victoria a menos que nos aferremos a la palabra e invoquemos a Cristo como Señor y Ayudador.

EL CRISTIANO SE AFERRA A LA PALABRA DE DIOS

Sermón para el Domingo de Reminíscere.
Fecha: 25 de febrero de 1526.

Texto: Mateo 15:21-28. Saliendo Jesús de allí, se fue a la región de Tiro y Sidón. Y he aquí una mujer cananea que había salido de aquella región clamaba, diciéndole: ¡Señor, Hijo de David, ten misericordia de mí! Mi hija es gravemente atormentada por un demonio. Pero Jesús no le respondió palabra. Entonces acercándose sus discípulos, le rogaron, diciendo: Despídela, pues da voces tras nosotros. Él respondiendo, dijo: No soy enviado sino a las ovejas perdidas de la casa de Israel. Entonces ella vino y se postró ante él, diciendo: ¡Señor, socórreme! Respondiendo él, dijo: No está bien tomar el pan de los hijos, y echarlo a los perrillos. Y ella dijo: Sí, Señor; pero aun los perrillos comen de las migajas que caen de la mesa de sus amos. Entonces respondiendo Jesús, dijo: Oh mujer, grande es tu fe; hágase contigo como quieras. Y su hija fue sanada desde aquella hora.

"Bienaventurado el varón que soporta la tentación" (Santiago 1:12).

1. *La primera tentación: Cristo no responde al ruego de la mujer. La fe en su expresión máxima se aferra a la palabra y vence a Dios.*

El Evangelio de hoy se lee especialmente por lo que nos relata de la expulsión de un demonio. La iglesia de ahora y de todos los tiempos sólo puede subsistir si sus miembros luchan sin descanso contra el Tentador y Acusador, confesando humildemente sus pecados, permaneciendo fieles a la palabra que han oído, y viviendo conforme a ella.

La mujer de que se nos habla en el Evangelio tiene no sólo una fe común, sino una fe perfecta, verdaderamente heroica, una fe que obtiene la victoria hasta sobre Dios mismo. No cuesta mucho confiar en que Dios sea capaz de proveer a nuestras necesidades materiales. Tampoco merece el calificativo de "fuerte" la fe con que crees que tus pecados te son perdonados; en cambio, "fe suprema" es cuando Dios mismo se pone en contra de nosotros, y nosotros tenemos que trabarnos en lucha con él — cuando en estas circunstancias poseemos una fuerza tan grande que vencemos al propio Dios.

Una fe de esta naturaleza tenía el patriarca Jacob, como leemos (en Génesis 32:24 y sigtes.): "Cuando permaneció solo aquende el río entregado a la oración, vino un ángel y luchó con él y quiso quitarle la vida". (Este ángel tomó allí el lugar de Dios.) ¿Qué fuerzas tenía Jacob en comparación con el ángel? Y no obstante luchó con él hasta que rayaba el alba: y tan ardua fue la lucha que a Jacob le parecía que Dios mismo estaba luchando contra él. Se aferró entonces a la palabra que el Señor le había dicho: "Yo te haré bien, y tu descendencia será como la arena del mar" (Génesis 32:12), y no dejó a su contendedor hasta que éste le bendijo. Como la mujer cananea luchó con Cristo, así Jacob luchó en aquel día con Dios. Por esto el Señor le dio el nombre de "Israel", o sea "uno que lucha con Dios", como queriendo decir: "Si puedes vencer a Dios, ¡cuánto más podrás vencer a los hombres!" "Uno que lucha con Dios y obtiene la victoria" — ¡en verdad, un nombre excelso para un ser humano!

La mujer cree en la palabra oída, aunque todo parece estar en su contra.

Una lucha similar, digo, libró la mujer de que nos habla el Evangelio. Era una mujer cananea, no pertenecía al pueblo de Israel. La historia ocurre en circunstancias en que Cristo resuelve salir de las comarcas de Israel y pasar a territorio pagano, con la intención de permanecer oculto por cierto tiempo. En aquel día en que el Señor llega a la región de Tiro y Sidón, la mujer se arma de coraje y corre a encontrarse con él y le implora que la socorra. Marcos agrega [1] que la mujer había oído hablar de Jesús; quiere decir: en todas partes de Judea corría la voz de que este hombre prestaba su ayuda a cualquiera que se la solicitaba. En esta fama se encendió la fe de la mujer: ella confía en que Jesús puede ayudarle también a ella; de lo contrario, no habría corrido detrás de él. Animada por su fe grita tras él: no dudó de su poder y voluntad de so-

[1] Mr. 7:25.

correrla, ni se calló la boca hasta que el Señor accedió a su clamor. No fue poco atrevimiento venir a Cristo, ante todo si tenemos en cuenta que la mujer era una sirofenicia, o como dice Mateo, una cananea (ambas designaciones son correctas) [2]. Tanto más merece destacarse su valiente actitud de dirigirse sin más ni más a Cristo pidiendo que la socorra, a pesar de ser ella una mujer pagana.

Mas he aquí: Cristo reacciona de una manera muy diferente de lo que era de esperar a base de lo que se contaba de él. Hace malograr el intento de la mujer y no le responde palabra. No obstante, ella piensa: "A todos ayudó. ¿La culpa de quién me hace pagar? ¿Por qué me trata justamente a mí con tanta aspereza?" Fue sin duda un rudo golpe para su fe. Imaginaos: ¡precisamente aquel en quien ella confía, la rechaza en forma tan brusca! Menos penoso fue lo que le pasó a aquel ciego de que oímos hace dos semanas [3]: a aquél le habían tratado de acobardar los hombres que circunstancialmente se hallaban en derredor de él; pero aquí el que acobarda es Cristo, de quien se espera que consuele. ¿Qué haríamos nosotros si Dios contrariase de tal manera nuestros planes y deseos? Pero la mujer no se arredra por ello; hace como si no se hubiera dado cuenta, o como si ella fuese un yunque, hecho para recibir impasible los golpes. Pese a todo sigue ateniéndose a lo que, según Marcos, había oído decir acerca de Cristo. De esto no la saca nadie: "Este Jesús es un hombre bondadoso que no le niega su ayuda a ninguno". Tan lleno está su corazón de la buena fama que había oído, que no le viene la menor duda acerca de si Cristo es realmente así como cuenta la gente.

La fe verdadera se envuelve en la palabra y no la suelta.

Ésta es la doctrina de que ya os hemos hablado a menudo: que la fe se ase sola y exclusivamente de la palabra. Cierra los ojos y los oídos y todo y no quiere saber nada sino que Cristo es el Salvador. En estas palabras se envuelve, y no permite que nadie se las quite; antes tendrían que juntarse el cielo con la tierra. Si el diablo nos "desenvuelve" y nos hace pensar en algo distinto de la palabra, estamos perdidos; porque nuestro único remedio, nuestra única ayuda es la palabra. En Isaías (46:3) el Señor dice: "Oídme, todo el resto [4], vosotros sois traídos por

[2] Sirofenicio (término usado sólo por Mr.) = oriundo de Siria o Fenicia, región en que se hallaban ubicadas las ciudades de Tiro y Sidón; "cananeo" era originariamente el nombre del habitante de Fenicia.

[3] El 11 de febrero de 1526, Lutero había predicado sobre la curación del ciego de Jericó, Lc. 18:31-43 (Evangelio para el Domingo de Quincuagésima).

[4] En su sermón, Lutero traduce el original hebreo para "resto" en

mí desde el vientre". En el pasaje mencionado, el Señor llama a su palabra "vientre materno". En esta palabra yacemos, en ella somos preparados y formados como las criaturas en el seno de su madre. La misma figura la emplea Pablo al decir: "Yo os engendré por medio del evangelio" (1 Corintios 4:15), o sea: "El evangelio es mi seno materno por medio del cual os engendré". La cristiandad entera, por su parte, también tiene, como Pablo, la misión de criar y formar hijos para la vida eterna. Por ende no se debe despreciar la palabra, porque ésta lo encierra todo. De esta manera procede la mujer cananea: no permite que nada la aparte de la palabra. Ve que Cristo se calla, que le vuelve las espaldas, cosas todas que a cualquier otro le habrían hecho entrar en sospechas; en estos momentos decisivos, ella sola persevera en la palabra en la cual está envuelta.

2. *La segunda tentación: Cristo dice que vino a servir sólo a los de Israel.*
   La fe de la mujer no se aviene a renunciar a la ayuda del Señor.

La fe de la mujer es expuesta a una segunda prueba, más dura todavía que la primera. Intervienen los apóstoles, como intercesores, y le dicen a Jesús: "¿No querías permanecer oculto, Señor? ¡Buen método has elegido para ello!" Oigamos lo que relata Marcos: "Jesús no quiso que nadie supiese que él estaba allí; sin embargo, no pudo esconderse, porque una mujer había oído de su presencia"[5]. Pero en esta oportunidad, ni la intercesión de los apóstoles sirvió de algo. Es un fuerte consuelo saber que otros oran por nosotros, particularmente si estos "otros" son personas a quienes su fe les da la certeza de gozar del favor divino. Por la oración de una sola de tales personas, yo entregaría gustosamente todos los bienes y tesoros de esta tierra. Pues Jesús prometió a sus discípulos: "Todo cuanto pidiereis al Padre en mi nombre, os lo daré" (Juan 16:23). Pero aquí, ante la mujer cananea, el Señor deniega por segunda vez lo que se le estaba solicitando, en contra de su propia palabra y promesa. Su motivo es: "No soy enviado sino a las ovejas perdidas de la casa de Israel". Esa mujer, en cambio, no pertenece a la casa de Israel sino que es cananea. Con esto, Jesús aclara sin rodeos por qué no le quiere ayudar. En verdad, un golpe aplicado con maestría: "Es cierto, prometí escuchar oraciones; pero no es a ti a quien se lo prometí". Cuando a

---

forma muy bella, pero también muy libre con *Aschenbrödel*, "cenicientas", interpretando el "resto (de la casa de Israel)" como el pequeño y desdeñado grupo de fieles que aún quedaba en el pueblo.

[5] Mr. 7:24, 25.

uno le quitan esta esperanza, ya no le vale ninguna ayuda, ningún consejo; porque todos los que querían interceder por mí, se retirarán si Jesús dice que él es enviado con sus bienes y bendiciones a los de la casa de Israel, pero que yo no soy israelita. Esto significa rechazarlo a uno no sólo con gestos sino también con palabras. En efecto: Jesús afirma que la mujer no tiene nada que ver con su palabra. ¿O no es esto lo que expresa al decir: "Yo tengo que desempeñar la tarea para la cual fui enviado, a saber, para ser el Salvador de Israel"? Si la mujer cananea hubiese tenido una fe débil, habría desistido ahora de pedir socorro a Jesús; cien otros suplicantes habrían perdido el ánimo. Pero ella no se deja arrebatar *una* palabra por *otra*. Se prende de lo que había oído decir acerca de Cristo, aun cuando él mismo quiere arrebatarle su seguridad y confianza con sus gestos y sus palabras.

A la palabra de tentación, la fe opone la palabra de la promesa.

Dios tiene dos clases de palabras. Lo primero que dice lo dice en serio, a saber, cuando nos hace anunciar el perdón de los pecados por causa de Cristo. Este mensaje es la piedra angular sobre la cual ha de basarse la fe. Ahora bien: si Dios opusiese a esta primera palabra una segunda, también palabra de Dios, pero de sentido contrario a la primera, en tal caso yo debería decir: "Sus palabras son dobles. La primera palabra, la que Dios dijo en un principio, a ésta me atengo y me adhiero; porque allí habló en serio. Por esto persevero en ella. Si él hace lo contrario, no me importa. Aunque todos, incluso Dios mismo, dijesen otra palabra, contraria a la primera, sin embargo no me habré de apartar de la primera." La segunda palabra la dice Moisés [6], y lo hace para ponerte a prueba, para ver si realmente quieres atenerte con entera firmeza a la primera palabra. Aplicado al caso de la mujer cananea: esa mujer debiera haber tomado aquellas primeras palabras acerca de Cristo en otro sentido, y debiera haberse atenido a la segunda palabra, de que Cristo fue enviado sólo a los de la casa de Israel. Pero no; ella piensa: "Debo quedarme con la primera palabra, con aquella noticia que recibí acerca del buen Señor que está dispuesto a ayudar a todos. Si después de esta primera palabra hay otras, que las explique él mismo como le parezca bien; a mí no me importa. La segunda palabra no la dice tan en serio". Así debemos pensar también nosotros: "Lo

[6] Lutero pensará, en forma muy general, que esa "segunda palabra" plantea la pregunta de si en realidad somos dignos de la gracia de Dios. Esta palabra procede de "Moisés", es decir, de la "ley".

uno como lo otro es palabra de Dios, pero la primera palabra la dice en serio, la segunda no. Por supuesto, honraré también su segunda palabra como palabra de Dios; pero con todo, no la dice en serio". Al fin verás entonces que todo lo amargo se torna dulce. De este modo adhirió también Jacob a la palabra primera a pesar de que siguió una segunda [7].

Cuando a base de nuestro bautismo conocemos a Cristo como Salvador nuestro, y cuando sientes que las palabras que en aquella oportunidad hizo pronunciar sobre ti las dijo en serio, entonces debes dejar de lado, a causa de aquellas palabras, a todas las creaturas con sus dudas y objeciones, de lo contrario, tu bautismo no te sirve de nada. Si Cristo te dijera primeramente: "Tu bautismo tiene tal y tal poder", y luego dijera: "No te valdrá de nada", tendremos que perseverar en su primera palabra. Así es como hace la mujer cananea: se queda con lo que comentaba la gente [8], que Cristo es un Señor bondadoso, y piensa: "Por más que me diga que no fue enviado a mí, ¿qué me importa? Yo yazgo en la primera palabra como un niño en el vientre de su madre." De este modo la mujer rebate la palabra de Dios con la palabra de Dios; rechaza a Dios con Dios. ¡Esto sí que es un arte: desechar la palabra de Dios por causa de la palabra de Dios, desdeñar a Dios por causa de Dios!

3. *La tercera tentación: Cristo niega el pan a los "perros". La fe no se deja acobardar ni siquiera por las palabras despectivas de Cristo.*

Acto seguido, Cristo asesta a la mujer el tercer golpe. La fe en la primera palabra la impulsa a implorar al Señor por socorro; pero en este momento, él asume una actitud aún más extraña, y replica: "No está bien tomar el pan de los hijos, y echarlo a los perrillos". Esto significa lisa y llanamente: el que no es de la casa de Israel, es un perro. ¡Pero mira qué criterio más raro el de Jesús! Sin embargo la mujer, haciendo gala de una presencia de ánimo y de un coraje increíbles, recoge la propia palabra de Jesús y le responde: "Está bien, haz lo que dijiste, da el pan a los hijos. No obstante, no me privarás del derecho que tiene el perro: aunque no se le permite comer en la mesa, sin embargo come de las migajas que caen de la mesa de sus amos". A esta observación de la mujer, Cristo no puede contestar nada, pues ella no había hecho ninguna

[7] La "primera palabra" de Dios a Jacob es la promesa Gn. 28:13, 14, la "segunda", el hecho de que Dios mismo es el que sale a luchar con Jacob en el vado de Jaboc, Gn. 32:22 y sigtes.

[8] Mr. 7:25.

objeción a lo que él le acababa de decir. Al contrario: admite que ella pertenece a los perros, y dice: "Que los israelitas reciban todo el tesoro que trajiste para ellos; pero algo quedará también para nosotros los gentiles". La fe en el corazón de esta mujer es más fuerte que nunca: se ase de aquella palabra primera, y al mismo tiempo reconoce que todo lo que sale de la boca de Cristo, son palabras de Dios. Si Cristo hablara así contigo, caerías en la más profunda de las desesperaciones. La mujer cananea en cambio se atiene a la regla: "La primera palabra es la que debe quedar en pie. Todo lo demás no me puede afectar en mi corazón, porque éste se atiene a la primera palabra." De esta manera, la mujer obtiene la victoria por su adhesión incondicional a la palabra primera. Ahora ya no pertenece a la categoría de "perros", sino que Cristo le dice: "Hágase contigo como quieres". Se acabaron las palabras duras de unos momentos antes, y queda confirmada la verdad: La primera palabra es la que se debe aprender y saber; la segunda sólo sirve para probar la fortaleza de la fe.

Quien admite el juicio de Dios, puede buscar también la gracia de Dios.

Vemos, pues, que durante su vida terrenal, el cristiano es tentado no sólo por Satanás y por el mundo, sino también por Dios. Es necesario, por lo tanto, que también nosotros aprendamos el arte que aquella mujer cananea dominaba a la perfección: asentir a lo que Dios dice. Si pudiéramos dar nuestro Sí a toda palabra proveniente de la boca de Dios, seríamos salvos y eternamente bienaventurados. La mujer cananea admitió sin protesta alguna la sentencia: "Tú eres un pecador, sujeto a la muerte y al infierno". Este juicio pesa sobre todos los hombres, puesto que todos somos pecadores, y "la paga del pecado es muerte" (Romanos 6:23). Sin embargo, nosotros quisiéramos revertir dicha sentencia para no ser calificados de pecadores, mediante la práctica de lo que nosotros llamamos "buenas obras", "anulando así el acta que nos es contraria"[9]. Nuestra naturaleza humana queda aterrada por ese juicio. Corre de un lado a otro, afanosa de hacer buenas obras. Le resulta intolerable la ira divina, y quiere inventar un remedio contra ella. Pero lo único que te puede ayudar es decir "Sí" a la sentencia de Dios, como lo hizo aquella mujer. No creas empero que sea un arte desdeñable poder decir de todo corazón: "Es verdad, por mis pecados soy presa de Satanás". Si puedes decir esto, puedes decir también aquello otro: "Y bien, Señor, dame también el derecho que tiene el pecador, a saber, el derecho de

[9] Col. 2:14.

confiar en tu misericordia. Tú prometes a los pecadores pleno perdón de sus pecados; tú haces descender al infierno, y haces subir (1 Samuel 2:6). Así rezan tus propias palabras. Siendo pues yo un pecador condenado, a estar de lo que tú mismo dices, haz también conmigo conforme a tu promesa dada a los pecadores". De esta manera lo comprometo a Dios mediante sus propias palabras. En tal sentido confiesa David: "Contra ti solo he pecado, para que seas reconocido justo en tu palabra" (Salmo 51:4). Y Pablo observa al respecto: La justicia de Dios es una gran cosa en la cual debiera deleitarme con toda razón, vale decir: "Confieso sinceramente que tú pronunciaste un juicio veraz, a saber, que yo soy un hombre condenado; confieso también que no hago lo que debiera hacer, y que tú tienes razón en todo lo que haces" [10]. Si tributamos a Dios este honor, él a su vez nos enaltece, como leemos en 1 Samuel 2 (v. 7): "El Señor empobrece, y él enriquece; abate, y enaltece". Aprendamos esto, para no tener que temer el juicio de Dios, y confesemos que es veraz su veredicto de que somos pecadores condenados. Entonces con toda seguridad te "hará subir también a ti del infierno" [11].

[10] Comp. Ro. 3:4; 6:15.

[11] Sigue a esto un párrafo final (WA 20, 287:7 - 288:6) en que Lutero explica por qué Cristo tuvo que someter a la mujer cananea a tan dura prueba: Durante los años de su vida terrenal, su campo de acción era Israel sólo; desde que subió a la diestra del Padre, gobierna sobre el mundo entero y reparte sus bienes a todos. Como en este párrafo no se añade nada esencial respecto del tema del sermón en sí, lo omitimos.

LA ORACIÓN DE LOS CRISTIANOS EN EL NOMBRE DE JESÚS

Sermón para el Domingo de Rogate.
Fecha: 14 de mayo de 1531.

Texto[1]: Juan 16:23-30: De cierto, de cierto os digo, que todo cuanto pidiereis al Padre en mi nombre, os lo dará. Hasta ahora nada habéis pedido en mi nombre; pedid, y recibiréis, para que vuestro gozo sea cumplido. Estas cosas os he hablado en alegorías; la hora viene cuando ya no os hablaré por alegorías, sino que claramente os anunciaré acerca del Padre. En aquel día pediréis en mi nombre; y no os digo que yo rogaré al Padre por vosotros, pues el Padre mismo os ama, porque vosotros me habéis amado, y habéis creído que yo salí de Dios. Salí del Padre, y he venido al mundo; otra vez dejo el mundo, y voy al Padre. Le dijeron sus discípulos: He aquí ahora hablas claramente, y ninguna alegoría dices. Ahora entendemos que sabes todas las cosas, y no necesitas que nadie te pregunte; por esto creemos que has salido de Dios.

Introducción: Orar es la obra más difícil de un cristiano.

Este Evangelio consta de dos partes. La principal es aquella en que el Señor habla acerca de la oración. Le sigue en importancia la otra parte en que los discípulos dicen: "He aquí ahora hablas claramente, y ninguna alegoría dices" (Juan 16:29). Por cierto, una observación bastante tonta: ¡como si los discípulos ya hubiesen captado el sentido de lo que el Señor quería decirles! Esta segunda parte está relacionada con

[1] Rörer no tiene indicación de texto. En cambio, el Códice Nuremberguense antepone al sermón las palabras: *Joan. XVI. Amen amen dico vobis: quodcumque pecieritis* (sic!) *patrem meum* = "De cierto, de cierto os digo, que todo cuanto pidiereis a mi Padre".

todo el contexto precedente, donde Jesús describe a sus discípulos las persecuciones y los muchos otros padecimientos que tendrían que sufrir, y les anuncia además que el Padre les daría otro Consolador, el Espíritu Santo [2], etcétera. Allí no se habla, pues, de la oración. Pero es precisamente a ella a la que queremos dirigir ahora nuestra atención.

Oís hablar a menudo de lo necesario que es que oremos, y de cómo debemos orar, puesto que, en última instancia, la única obra de los cristianos es la de que oren con toda diligencia. Y bien: a pesar de que ya lo habéis oído muchas veces, es preciso que os lo inculque siempre de nuevo y os amoneste; porque entre las obras de los cristianos, la más difícil —en comparación con la fe— es el orar. Ya se os dijo con suficiente frecuencia cómo se ha de creer, y son muchos los que saben hablar muy elocuentemente de su fe. Pero si uno posee la misma capacidad para creer de corazón como la que posee para hablar con la boca — esto sólo se verá en su momento. De la misma manera, no lleva mucho tiempo oír cómo se debe orar, y cuesta poco entenderlo; pero pasar a los hechos y comenzar a orar, esto no es nada fácil. Entre los rezadores asiduos hubo quienes afirmaron que en cuanto a trabajoso, no hay nada que se pueda comparar con ese trabajo llamado "orar". Puede ser que con ello se hayan referido a la práctica exterior de la oración [3], que no sólo es cansadora sino además equivocada. Sea como fuere: poner todo su corazón en la oración es, en verdad, lo más difícil que hay.

I. *La oración debe basarse en el mandamiento y la promesa de Dios. Es la palabra de Dios la que nos da el derecho de orar, y no nuestra dignidad propia.*

En el extenso pasaje del Evangelio que acabo de leerles, Cristo nos da una brevísima instrucción acerca de cómo se debe orar, y cuál ha de ser nuestra actitud al respecto: "De cierto, de cierto os digo, que todo cuanto pidiereis al Padre en mi nombre, os lo dará." "Pedid, y recibiréis, para que vuestro gozo sea cumplido". Acto seguido agrega unos detalles más diciendo: "El Padre mismo os ama; por eso no os digo que yo rogaré al Padre por vosotros" [4]. Ahí tenemos los puntos esenciales referentes a la oración. Antes que nada debe existir una promesa de parte de Dios. Nadie, por lo tanto, debe atreverse a encarar a Dios con su propia devoción y dignidad,

[2] Comp. Juan cap. 14 a 16.
[3] Se ha de pensar ante todo en las oraciones prescriptas a los monjes y sacerdotes, como el breviario y las horas canónicas.
[4] Jn. 16:23, 24, 26, 27.

como lo hacían los monjes, y nosotros con ellos. Esto nos parecía una oración de buena ley, y la llamábamos una "ascensión de la mente a Dios". Mala definición es ésta para la oración; y quienes así decían, poco oraban. Antes bien, lo primordial es que al orar tengamos por fundamento la promesa de Dios, y su mandamiento de que oremos en la forma como está escrito aquí: "Pedid, y recibiréis". La promesa dice: lo que pedimos, se hará; el mandamiento dice: ¡hacedlo, pedid! Es muy importante que sepamos esto, a fin de que podamos discernir entre las oraciones auténticas y las que no lo son, y evitar estas últimas. Y además no te apartes de esta norma: si oras, olvídate de ti mismo, y da tu pleno asentimiento a lo que Dios disponga. Esto te servirá también como remedio contra una práctica viciosa que con frecuencia se halla en nosotros: mi oración parece que no hace progresos porque tengo ese afán de querer experimentar que Dios me escucha a causa de mi propia dignidad. Te costará no poco trabajo vencer esta inclinación de fijarte en tu propia dignidad y devoción, expresada supuestamente en lo interminables que son tus ruegos, y pensar: "Si oro, quiero hacerlo sólo con la fe puesta en la promesa, y en cambio quiero desistir de confiar en mi perfecta confesión de pecados, en mi arrepentimiento, etcétera." Las oraciones que el hombre hace no deben basarse, pues, en su propia piedad, devoción y fervor. Sin embargo, esta mancha e inmundicia aflora siempre de nuevo, y siempre resulta perniciosa para la oración. ¿Cómo puede orar uno que se halla en un apremio repentino, si es de la opinión de que previamente tiene que ser inmaculado y santo? Este pensamiento será para él un permanente estorbo. Lo que tiene que aprender es orar aun rodeado de sus pecados, saltar el cerco con que éstos le tienen acorralado, y decir a Dios: "No es mi devoción y mi santidad lo que me da el valor para orar; pido porque de la boca de tu Hijo me vino la promesa: 'El que pide, recibe'. Aunque en mi corazón no se encuentren el fervor y la devoción suficientes, me aferro a tu palabra." Esto es, pues, lo primero y lo más difícil: que el hombre se atenga a lo que Dios nos mandó, que dé a la promesa una importancia tan grande que ya no se deja detener por ningún impedimento, por más pecador que sea. A esto no puede llevarnos nuestra propia naturaleza, sino solamente la fe, el segundo punto, del que hablaremos luego.

El que espera el momento en que se sienta en buenas condiciones para orar, jamás orará.

La naturaleza humana ni quiere ni puede basarse en la promesa divina. Si la fe siente deseos de orar, la naturaleza le dice: "¿Por qué quieres orar precisamente ahora? Eres un pecador, eres indigno. En estos momentos tienes otras cosas que hacer; careces de la disposición necesaria." Así sucede que espero una hora, y después otra media hora más, y al fin y al cabo, sigo tan poco dispuesto como antes. Después de dos horas me veo ante otras dos tareas; y ¿dónde queda mi oración? Esto es obra de Adán [5], el malévolo oculto dentro de mí, que me desvía de la promesa. Pero no hay que hacerle caso, sino que hay que decir: "Si no me hallo en la disposición adecuada — bien, no lo puedo remediar; pero de todos modos oraré". Examínate si quieres; estoy seguro de que jamás te hallarás bien dispuesto. Mas los que se creen bien dispuestos, son los que más cerca de sí tienen al diablo, el cual hace que algunos hasta lloren de gozosa emoción y estén completamente sumergidos en sus sentimientos devotos; y a quienes no los transporta a ese estado, los insensibiliza del todo. Por consiguiente: si crees no estar bien dispuesto, ello no es motivo suficiente para que desistas de orar. Y si esperas hasta sentirte en una condición apropiada, haces que el daño sea el doble más grande; porque el que procede de esta manera, da a entender que no confía en la promesa, y que no necesita la ayuda del Señor, como aquel fariseo del que nos habla el Evangelio [6]. Por ende, el primer punto es éste: Si quieres orar, dí: "Padre mío, vengo a ti a raíz de tu palabra y de tu promesa de que quieres escucharnos. Me aferro a la palabra que salió de la boca de tu amado Hijo: 'De cierto, de cierto os digo, que todo cuanto pidiereis al Padre en mi nombre, os lo dará'. Abro mi boca ante ti y elevo a ti mis ruegos en virtud y por la dignidad de estas palabras, no en virtud o por la dignidad de mi propia devoción". Si pides así, la devoción ya vendrá por sí sola, y en medida suficiente; porque la palabra de Dios tiene precisamente esta virtud de hacer de tu corazón un corazón devoto y bien dispuesto. De otra manera, donde está ausente la palabra, se presentan distracciones que desvían nuestros pensamientos. Mas si te atienes a la palabra, y cruza por tu mente uno de esos pensamientos fugaces, la palabra te servirá como guía para reordenar tu oración.

II. *Debemos pedir en el nombre de Cristo.*
Pero el orar 'en su nombre' es más que una mera fórmula.

Pero esta promesa, dice el Señor, sólo tendrá validez como tal cuando "pidiereis al Padre en mi nombre". Además, es preciso reconocer que la condición bajo la cual el Padre me manda

[5] Adán, o Viejo Adán, el "viejo hombre" de Ro. 6:6
[6] Lc. 18:11 y sigtes.

orar y me promete escucharme, es que yo haga mi oración en el nombre de Cristo. No digas: "El Espíritu Santo me puso las palabras en la boca, por esto el Padre me prometió escucharme". Así lo hace también el turco; también él sabe formular oraciones. Pero aquí está escrito: "en mi nombre". Esta palabra nos ayuda a distinguir entre oración auténtica y oración mala. Se hizo costumbre en la iglesia concluir todas las oraciones con un "por medio de Cristo nuestro Señor". Y los que introdujeron esta práctica, hicieron bien. Pero más tarde ya nadie ponía atención en lo que estas palabras significan. No obstante, llegaron al extremo de vender sus oraciones, sus salmodias y productos similares[7], adornados, para colmo, con las hermosas palabras: "por Cristo, nuestro Señor". Lo único que subsiste es el sonido de las palabras; el sentido y la comprensión han desaparecido; más aún: se comete con estas palabras un grave abuso. ¡Y este abuso, según su afirmación, los habrá de salvar a ellos mismos y a otros! Maldita es la oración que no sabe de lo que es la fe, y no obstante usa esas palabras "en nombre de Cristo".

Sin Cristo no hay oración que sea escuchada.

¡Oye lo que Cristo nos dice aquí! Tú no eres quién para poder confiar en tus propias virtudes al orar; no eres tú el que debas venir en tu propio nombre y decir: "Señor, tú me has prometido escuchar mis oraciones". Antes bien, esta promesa la hizo Dios a uno solo, a Cristo; éste solo es el que ha de orar a Dios con la promesa de ser escuchado. Y él me ordena: "En mi nombre debéis pedir al Padre". Las peticiones hechas en el nombre de Cristo son las que valen, otras no. Por consiguiente, todas las oraciones, para ser válidas, están ligadas indisolublemente a Cristo. Ni en el nombre de María ni en el de Pedro ni en el de los monjes ni en el de los ángeles se debe orar, sino en el nombre de Cristo como único nombre. La oración del mundo entero debe hacerse en este nombre, y en ningún otro, como si Cristo fuera el que hace todas las oraciones. Si tú no oras en y por Cristo, y si él mismo no ora en ti, tu orar es en vano. Él solo ha de ser el piadoso, el que paga el rescate por el pecado, el que ora etc., él y nadie más. Él solo ha de ser el sacerdote que intercede y ruega por nosotros. No creas por lo tanto que eres tú la persona que ora, como lo hicimos en nuestra época de monjes cuando orábamos por nosotros y por el mundo entero. Dios te garantiza que recibirás con toda certeza lo que le

[7] Por una determinada suma de dinero se podía adquirir p. ej. la intercesión de una cofradía, o se podía hacer leer una misa en bien propio.

pides — con tal que lo pidas en el nombre de Cristo, o sea, en la fe en él; a él debes tomarle por mediador tuyo y presentar tu oración a través de él, diciendo: "Padre celestial, tú has prometido escucharme si dirijo a ti mis ruegos, siempre que lo haga en el nombre de tu Hijo. Acepta pues la oración en el nombre de él, pon tus ojos en la persona de él, no en la mía. Yo no soy digno de abrir mi boca, pero confío en que él es mi obispo y mi sacerdote, y sé que él es escuchado. Él me representa ante ti, por esto espero que por intermedio de él, yo sea oído". Así, pues, todo lo que yo pido, lo pido de tal manera como si fuese Cristo el que lo pide y recibe.

No hay acceso al Padre sino por Cristo.

Son, por lo tanto, predicadores muy peligrosos aquellos hombres que escribieron ese sinnúmero de libros acerca de la vida contemplativa, libros en cuyo estudio me enfrasqué casi hasta el agotamiento total. En ellos se explayaban sobre cómo el alma debe buscar la unión con Dios, y sobre la majestad divina, y afirmaban que no hay nadie que esté puesto como mediador entre Dios y los hombres [8]. De ahí vienen los tropezones y las caídas que pueden resultar mortales. Satanás no puede emplear un modo más eficaz para atraparte que haciéndote creer que tu persona es del agrado de Dios, y que no hay en ti más que puro espíritu. Y entre tanto ya no piensas en Cristo, el Mediador. Es verdad, hay diversos pasajes en las Escrituras en que se nos exhorta a hablar con nuestro Dios y Señor; pero todo está relacionado con el Mediador. Hay en las Escrituras también una gran cantidad de pasajes que hablan de las obras, pero todo está relacionado con la fe, Hebreos 11 (v. 1). Adán nunca oró sin incluir en su oración a la Simiente [9]. De la misma manera, también Abraham habrá hecho constantemente mención de Cristo [10]. Tú en cambio querrás señalarme unos cuantos pasajes donde se nos dice que debemos hablar con Dios mismo [11]; pero ¿por qué no prestas atención al Espíritu Santo? Él te dice que todo está comprendido en Cristo. Mas si prefieres hacer obras dejando a un lado la fe, y orar dejando a un lado a Cristo, no necesitas al Espíritu Santo que te enseñe; tú mismo

[8] Lutero se refiere a los teólogos místicos, para quienes la cima de la piedad es la "unión mística" del alma con Dios. En su período temprano, el propio Lutero tuvo en alta estima las obras de ciertos místicos como J. Tauler (1300-1361); también J. Staupitz, el amigo paternal de Lutero en sus años de monje agustino, fue un místico.

[9] Comp. Gn. 3:15.

[10] Comp. Ro. 4:16 y sigtes., He. 11:8 y sigtes., pasajes en que se habla de Abraham como del "padre de todos los que creen".

[11] Como ejemplos pueden citarse: Sal. 50:14, 15; 91:15; Jer. 29:12; Sof. 3:9.

eres tu propio maestro. Por lo tanto, aprended muy bien esto: que a la oración auténtica pertenece, además de la promesa, también el aceptar la promesa como si te hubiera sido dada por medio de Cristo y en él. "Si quieres orar de tal modo que yo te escuche", te dice el Padre, "aférrate a Cristo, para que él sea tu Mediador; de lo contrario, sin él, no lograrás nada." Por consiguiente: no os acerquéis a Dios a título personal, sino decidle: "Vengo a ti con mi petición no porque me hayas prometido algo a mi persona, sino porque creo en tu amado Hijo y me atengo a él, y sé que a causa de él me aceptarás"; porque Cristo debe ser el Mediador entre Dios y nosotros, y nadie vendrá al Padre sino por este Mediador. Si no se hacen de esta manera, aun las oraciones devotas son oraciones que sólo aumentan los pecados, no son más que pura equivocación; y a causa de tales oraciones equivocadas, los corazones de los hombres se endurecen aún más, como vemos en los sofistas[12] y papistas. "Yo soy el camino, y la verdad, y la vida; nadie viene al Padre, sino por mí", dice Cristo (Juan 14:6). Así que si buscas otro camino para venir a Dios, hallarás la puerta al cielo cerrada.

Éstos son, pues, dos puntos fundamentales que tenéis que observar al hacer vuestras oraciones: en primer lugar debéis pensar en lo que dice la palabra de Dios y en lo que nos promete, y luego, en segundo lugar, debéis acercaros a Dios por medio de Cristo, nuestro Mediador. "En mi propio nombre no debo decir una palabra" — he aquí una excelente instrucción acerca de cómo hemos de orar. Si siempre tienes en mente estos dos puntos, no te hace falta inquietarte por el modo como puedas crear en ti el debido estado de devoción. Si tienes la promesa, y además, el nombre de Cristo, estos dos ya te darán la suficiente elocuencia. Lo que a ti te falta, las palabras de la promesa y el nombre de Cristo lo suplirán abundantemente. Pero nadie se imagina con cuánta astucia Satanás nos quita estas dos cosas. Siempre hace que nuestra naturaleza humana piense: "No estás preparado".

III. *La oración debe tener un objetivo real.*

El que ora, debe presentar a Dios un deseo concreto.

Ahora vamos a la tercera parte, la oración misma, lo que se ha de pedir, es decir, que uno desearía algo de todo corazón: pan, casa, campo, mujer, hijos, etc. Y cuanto más intenso y profundo el deseo, tanto más vigorosa la oración. Si quieres orar en este sentido, no podrás limitarte a recitar mecánica-

[12] Con el término "sofistas", Lutero se refiere a los teólogos escolásticos medievales.

mente las palabras "Padre nuestro que estás en los cielos, etc."; sino que ahí tiene que haber un deseo, un anhelo. El corazón debe sentir que deseas algo de Dios, debes experimentar una necesidad real, como es el caso en los días presentes en que la apremiante carestía de los cereales despierta en nosotros el deseo de que los sembrados se desarrollen en forma favorable y Dios nos conceda un año próspero. Aquí hay un deseo y un anhelo concreto de que tal cosa suceda. De modo que en su esencia, la oración verdadera es un suspirar desde lo profundo del corazón y un vivo deseo de pedir algo de Dios. Una oración tal no necesita de muchas palabras. Tampoco se la dice sólo en el templo, sino también en el campo, en el taller, en la cocina, en el dormitorio. Repito: no se necesitan muchas palabras para la oración, pero esto sí: debe hacerse a menudo. En cualquier momento en que estés ocupado en alguna tarea, puedes orar más o menos en estos términos: "Oh amado Señor, concede y escucha a causa de Cristo la petición de que retrocedan los ejércitos de los turcos, que cese el hambre, que caiga el papado". Es muy importante que se tome bien en cuenta eso de la frecuencia de la oración, porque Satanás es un enemigo furiosísimo de esta obra.

El que ora, debe dejar en manos de Dios la forma de dar cumplimiento a la petición.

Existe, además, un grave abuso de la oración, que consiste en que uno se canse cuando una vez no consiguió de Dios lo que le había pedido. No nos incumbe a nosotros indicarle a Dios el tiempo, la fecha límite y el modo oportuno para su socorro, y la persona por quien debe hacernos llegar su ayuda; porque él es demasiado grande, y nuestra razón es demasiado débil, como para que yo pueda prescribirle cómo debe proceder. Pues como dice Pablo: "Dios es poderoso para hacer todas las cosas mucho más abundantemente de lo que pedimos o entendemos" (Efesios 3:20). Si le pido un pedazo de pan, me da un don mucho mayor: todo un montón de trigo. Por esto no debemos fijarle una meta o una fecha; sino pedir confiando en su promesa, y en el nombre de Cristo, y decirle: "Dame, oh Señor, lo que te pido, cuándo, dónde, y por medio de quien quieras; el cómo lo dejo enteramente en tus manos." Como vemos, también en este sentido se pueden cometer peligrosos abusos.

Esto nos lleva a considerar un tercer aspecto: cuando oramos, debe haber de por medio un deseo real, al que podamos dar expresión a menudo y en muy breves palabras, de modo que incluso se pueda convertir en un saludable hábito. Así, p.ej., podríamos orar a diario: "Oh Señor, santificado sea tu nombre, venga tu reino etc.", en lo íntimo de nuestro corazón, aun sin que físicamente nos demos cuenta de ello. Esto es lo que quería indicar también Cristo al hablar de la "necesidad de orar siempre" (Lucas 18:1). Y en efecto, así lo hacen las almas piadosas, sin descuidar, en su oportunidad, la oración de la boca.

IV. *La oración debe surgir del reconocimiento de nuestro estado angustioso.*

La angustia nos impele a orar; de lo contrario, nos olvidaríamos de hacerlo.

En cuarto lugar notamos que fue la angustia, la necesidad de los hombres, lo que indujo al Señor a darnos esta enseñanza acerca de la oración. A nuestro Evangelio de hoy le preceden las palabras: "Vosotros lloraréis y lamentaréis, y el mundo se alegrará"; "la mujer cuando da a luz, tiene dolor"; "también vosotros ahora tenéis tristeza" (Juan 16:20-22). Y luego, Cristo añade: "En el mundo tendréis aflicción" y "en mí tenéis paz" (Juan 16:33). Resumiendo: lo que Cristo dice es: "En el mundo no habrá para vosotros nada de bueno; os pondré como a ovejas en medio de lobos [13]. ¿En qué hallaréis consuelo? ¿De dónde sacaréis fuerzas para afrontar la situación? Yo no os doy otro consuelo, no os envío bienes ni dinero ni armas, y no obstante, tampoco os saco del mundo; siempre tendréis que luchar contra el diablo y vuestra propia carne que os atormentan. ¿Cómo remediar todo esto? Mi respuesta es: Al sentiros de tal manera acosados, recurrid a la oración."

El primer consuelo en las angustias que tengo que padecer es el mandato del Señor: "Pide, y recibirás". En segundo lugar se nos estimula a que oremos en el nombre de Jesús; en tercer lugar es preciso que haya un motivo real para que expresemos un ruego o un deseo; por lo tanto, y en cuarto lugar, la necesidad es el factor que quiere impulsarnos a hacer oraciones, así como el viento hace que los árboles y los cereales sean fecundados, y como el agua mueve la rueda del molino. Así, cuando Satanás nos angustia, aprendamos a orar. De lo contrario, si nadie nos apremia, nos olvidaremos de orar, y nos cansaremos de ello.

Sólo la oración puede librarnos de las angustias

Pero cuando nos sobreviene una tribulación, no hay otro remedio ni otra ayuda sino que me ponga a orar. ¿Os acordáis

[13] Mt. 10:16; comp. Jn. 15:18 y sigtes.

de lo que nos sucedió el año pasado en Augsburgo? [14] Nunca debemos olvidar este ejemplo de cómo Dios escucha nuestros ruegos. Todos querían quitarnos la vida; y nosotros no desenvainamos una espada ni tomamos otra medida alguna. Solamente oramos. Y ocurrió como dice en nuestro texto: hemos logrado la paz, aunque nuestros adversarios estaban completamente seguros de que sucumbiríamos. Así, el Señor guió las cosas de tal manera que nuestra oración resultó ser una fuerza a la que ellos no pueden oponer nada igual. Esto queda evidenciado también por el escrito con que intentaron hacernos frente [15]. Quien lo lea, tendrá que reconocer que el Señor hizo un milagro a favor nuestro. Si yo hubiese compuesto una obra tal y la hubiese presentado ante el emperador, me daría vergüenza. Por eso creo que fue escrita sólo para que todos los señores de la corte tuvieran algo de que burlarse. Pero si los autores de la obra pretenden haberla compuesto en serio, demuestran con ello a las claras que tienen la vista ofuscada. Ya veis: con todo su alardear y porfiar, el Señor los puso en ridículo. Y si así lo quiere Dios, la oración de los piadosos seguirá siendo una muralla que impedirá que venga sobre nosotros derramamiento de sangre y guerra.

Esto es lo que quiero decir respecto del punto cuarto. En verdad, la tribulación abunda por doquier. Si no te das cuenta de ello, no tienes más que mirar al espejo para ver si eres hombre de carne y hueso; entonces tendrás motivos más que suficientes para orar. Mas si eres un cristiano de verdad, Satanás, el mundo y toda suerte de males se lanzarán en persecución tuya. Además tenemos que cargar con nuestra parte de la angustia general que pesa sobre el mundo entero y que por ende nos afecta también a nosotros. Así, pues, tenemos motivo constante para orar contra Satanás, los turcos, el papa y la carestía. Si los piadosos no se dirigen a Dios en oración — el papa no apartaría estos males.

[14] En el año 1530, los evangélicos habían presentado en la Dieta de Augsburgo su "Confesión", a despecho de todas las amenazas recibidas previamente. Lutero se hallaba a la sazón en el castillo de Coburgo, por orden del príncipe elector Juan de Sajonia quien temía por su vida. Desde aquel refugio forzoso, Lutero abogó por la causa del evangelio mediante cartas dirigidas a sus partidarios, y ante todo mediante su ferviente oración.

[15] Los opositores católicos de la "Confesión de Augsburgo" publicaron una "Confutación" para refutar a los evangélicos. La primera redacción fue rechazada por el emperador Carlos V quien no ocultó su disgusto ante el producto. La segunda redacción fue leída públicamente, pero a causa de su pobre factura se prescindió de darle mayor difusión.

V. *El que ora, debe confiar firmemente en que Dios le escuchará.*

La quinta parte de la oración es el "Amén", que expresa la fe del que ora, es decir, con que expreso que confío de todo corazón, o comienzo a confiar, en esta promesa de Dios. Ésta es la lucha de que hablé al comienzo [16]: lo importante es que realmente creamos la promesa. Y esta fe es capaz de dar a la promesa una dimensión tal que el que ora no abrigará la menor duda al abrir la boca y pedir: "Oh Señor, quita de nosotros la carestía etc." — la fe, digo, es capaz de dar a la promesa una dimensión tal que la muerte y el hambre no tendrían en comparación con ella más peso que una pluma. Quien fuera capaz de esto, tendría un poder que dejaría muy atrás al de los turcos y del papa. ¿Qué son, en efecto, todos los poderíos contra aquella palabra "Amén"? La oración es una gran potencia, una fuerza divina cual no la poseen ni el papa ni Satanás ni los turcos. Más aún: el mundo entero es ante la palabra de Dios "como menudo polvo en las balanzas", al decir de Isaías, cap. 40 (v. 15). Tan deleznable cosa es el mundo y su tan mentada fortaleza. Por consiguiente, dí: "Yo confío en la promesa de Dios." ¿Cómo reza esta promesa? "Pedid, y recibiréis." Sobre esta palabra me fundo, porque esta palabra es llamada "poder de Dios" (Romanos 1:16) y es más fuerte y segura que todo cuanto hay en el mundo, y obtendrá la victoria sobre todos los turcos, papas y emperadores, aunque éstos caigan del cielo como la nieve y la lluvia. Todos ellos con la suma de su poder son como menudo polvo, y por eso podemos pedir sin temor alguno y con la plena certeza de que Dios hará lo que le pedimos. ¿Qué hizo Eliseo al verse rodeado de enemigos [17]? Su criado le dice: "¡Estamos irremisiblemente perdidos!", porque repara no en la promesa, sino en los cascos de hierro. Pero el profeta tuvo una visión distinta: no contó el número de los soldados sirios, sino que puso sus miradas en la palabra de Dios y rogó que a su criado le fueran abiertos los ojos. Entonces éste vio "que el monte estaba lleno de gente de a caballo y de carros de fuego alrededor de Eliseo".

El año pasado, Dios nos dejó también a nosotros en un serio apuro. La promesa parecía una burbuja de aire en el agua, y muchos creían que se nos aplastaría como a una mosca [18]. Pero no: nuestra causa cobró vigor aún mayor cuando vimos que Dios nos había escuchado. Si sólo nos aferramos a la promesa, podemos decir: "Ni el emperador ni los turcos nos ven-

[16] En los párrafos iniciales del presente sermón.

[17] 2 R. 6:15 y sigs.

[18] En 1529-30, los evangélicos temieron en serio que el emperador Carlos V intentaría sofocar por la fuerza el movimiento reformador.

cerán; antes bien, la promesa tendrá para mí más fuerza que todos ellos."

Conclusión

Ahí tenemos, pues, las características que debe poseer una oración para que sea genuina y bien fundada, y para que sea oída en el cielo. No es cuestión de usar vanas repeticiones (Mateo 6:7), ni tampoco depende la eficacia de la oración de los gestos exteriores o de determinados lugares de adoración (Juan 4:21), sino que la oración debe ser un anhelo profundo del alma dirigido al Padre por medio de Cristo. Debes tener la confianza de decirle: "Yo sé que no me mentirás; y aunque me parezca que todo está perdido, tu palabra no será palabra engañosa, porque es tan grande que el cielo y la tierra no bastan para contenerla. Por poderosos que sean el mundo, el pecado y el diablo, esta palabra es aún más poderosa. Por medio de ella espero conseguirlo todo, sea por conducto de hombres o de ángeles o de algún otro modo." El orar de esta manera es la obra más importante que los cristianos pueden y deben hacer, y también la más difícil, que Satanás trata de impedir donde puede; pues conoce muy bien este pasaje de la Escritura con su promesa. Conscientes, pues, de que esta obra no tiene igual, y de lo mucho que podemos lograr por medio de ella, tenemos también la obligación de orar diligentemente y de hacernos voceros tanto de las necesidades de los demás como de las nuestras propias. Y ante todo pidamos que Dios nos libere de los que se jactan de iluminaciones propias al margen de la palabra divina.

LA VIDA COTIDIANA DEL CRISTIANO EN SU VOCACION

La fe demuestra su vitalidad mediante obras de amor
Lucas 16:19-31

La fe hace que nuestra obediencia a Dios sea libre de ansiedades
1 Pedro 5:7, 8

Reconozcamos y agradezcamos con gozo la providencia divina
Marcos 7:31-37

El uso responsable de los bienes materiales
Lucas 16:1-9

La agradecida estimación del estado matrimonial
Juan 2:1-2

El cristiano sirve espontáneamente a sus autoridades
1 Pedro 2:11-20

La confusión de los reinos: Ley de Dios — ley de los hombres
Salmo 1

LA FE DEMUESTRA SU VITALIDAD MEDIANTE OBRAS DE AMOR

Sermón para el primer domingo después de Trinidad.
Fecha: 22 de junio de 1522[1].

Texto: Lucas 16:19-31. Había un hombre rico, que se vestía de púrpura y de lino fino, y hacía cada día banquete con esplendidez. Había también un mendigo llamado Lázaro, que estaba echado a la puerta de aquél, lleno de llagas, y ansiaba saciarse de las migajas que caían de

[1] Ya en el mismo año 1522, este sermón fue impreso 4 veces, en Augsburgo, Coburgo, Erfurt y Zwickau. La forma poco cuidadosa en que procedieron los impresores provocó el disgusto de Lutero, quien en la primera mitad del año siguiente hizo imprimir en Wittenberg una versión revisada por él mismo —que es la que aparece aquí en traducción al castellano— precedida del siguiente prólogo:

"Martín Lutero a los señores impresores: gracia y paz. A todos los que copian o redactan mis sermones, les ruego por amor de Cristo que se abstengan de imprimirlos y publicarlos, a menos que sean de mi propio puño y letra o que hayan sido impresos ya antes aquí en Wittenberg por orden mía. Pues de nada sirve dar a publicidad la palabra de Dios de una manera tan descuidada e inapropiada; solamente se da lugar a burlas y abominaciones. Yo había esperado que en lo sucesivo el público se dirigiera a las Sagradas Escrituras mismas y dejara a un lado los libros míos, una vez que cumplieron con su función de guiar los corazones hacia las Escrituras, lo que me motivó a escribirlos. ¿A qué viene el componer libros y más libros, si al fin de cuentas se persiste en hacer caso omiso del verdadero Libro principal? ¿Por qué no prefieres beber directamente del pozo en vez de conformarte con beber de los hilitos de agua que te condujeron hacia el pozo? Y si no puede ser de otra manera, al menos no se publique nada bajo mi nombre sin mi conocimiento y permiso. Quisiera Dios que yo pudiese retirar de la circulación la mayor parte de mis libros, en especial aquellos en que me quedaban por decir unas cuantas cosas más con respecto al papa, los concilios y temas semejantes. Dios nos conceda su gracia. Amén."

la mesa del rico; y aun los perros venían y le lamían las llagas. Aconteció que murió el mendigo, y fue llevado por los ángeles al seno de Abraham; y murió también el rico, y fue sepultado. Y en el Hades alzó sus ojos, estando en tormentos, y vio de lejos a Abraham, y a Lázaro en su seno. Entonces él, dando voces, dijo: Padre Abraham, ten misericordia de mí, y envía a Lázaro para que moje la punta de su dedo en agua, y refresque mi lengua; porque estoy atormentado en esta llama. Pero Abraham le dijo: Hijo, acuérdate que recibiste tus bienes en tu vida, y Lázaro también males; pero ahora éste es consolado aquí, y tú atormentado. Además de todo esto, una gran sima está puesta entre nosotros y vosotros, de manera que los que quisieran pasar de aquí a vosotros, no pueden, ni de allá pasar acá. Entonces le dijo: Te ruego, pues, padre, que le envíes a la casa de mi padre, porque tengo cinco hermanos, para que les testifique, a fin de que no vengan ellos también a este lugar de tormento. Y Abraham le dijo: A Moisés y a los profetas tienen; óiganlos. Él entonces dijo: No, padre Abraham; pero si alguno fuere a ellos de entre los muertos, se arrepentirán. Mas Abraham le dijo: Si no oyen a Moisés y a los profetas, tampoco se persuadirán aunque alguno se levantare de los muertos.

Introducción: El rico y el pobre como ejemplos de la incredulidad y de la fe.

Los Evangelios nos han ofrecido hasta ahora numerosos ejemplos de la fe y del amor, como que el propósito de *todos* los Evangelios es precisamente el de darnos una enseñanza acerca de estos dos temas fundamentales. Y sabéis de sobra —así lo espero al menos— que ningún hombre puede agradar a Dios a menos que tenga esa fe y ese amor. Aquí en cambio, en nuestro Evangelio de hoy, el Señor nos presenta el ejemplo de un hombre que vive en incredulidad e impiedad, para que este cuadro tan contrastante nos infunda repugnancia y nos haga adherir tanto más fervientemente a la fe y al amor. Pues en dicho cuadro vemos un juicio de Dios sobre los creyentes y los incrédulos que es a la vez aterrador y consolador: aterrador para los incrédulos, consolador para los creyentes. Para que lo comprendamos tanto mejor, tendremos que estudiar bien en detalle tanto al hombre rico como al pobre Lázaro. En el hombre rico veremos manifestadas las características de la incredulidad, y en el pobre Lázaro, las de la fe.

Primera parte

1. *A pesar de su vida aparentemente correcta, el hombre rico recibe un juicio condenatorio.*

Al hombre rico no debemos juzgarle por lo que aparentaba exteriormente en su modo de vivir, pues el hombre ese lleva vestido de oveja: su vida luce y resplandece en los colores más hermosos y encubre magistralmente al lobo que lleva en su interior[2]. Efectivamente, el Evangelio no acusa al hombre rico de haber cometido adulterio, asesinato, robo, sacrilegio o algún otro delito reprobable también ante el foro del mundo o de la razón humana. Al contrario, durante su vida terrenal, el hombre había sido no menos honorable que aquel fariseo que "ayunaba dos veces a la semana y no era como los otros hombres" (Lucas 18:11 y sigs.). Si en su comportamiento se hubiesen hallado faltas de tan grueso calibre, el Evangelio seguramente las habría señalado, ya que en su descripción va tan al detalle que incluso menciona el vestido de púrpura y los banquetes del hombre rico, cosas puramente exteriores que no influyen en el juicio que Dios hace de una persona. Es de suponer por lo tanto que el hombre aquel había observado en lo exterior una conducta intachable, y que en opinión de él mismo y de todos los demás había cumplido con cada uno de los mandamientos dados por Moisés. Por esto, al juzgar al hombre rico no hay que detenerse en la mera apariencia externa, sino que hay que escudriñar su corazón y juzgar su espíritu. Pues el Evangelio tiene una vista muy aguda y penetra con su mirada hasta el fondo mismo del corazón; censura también aquellas obras en que la razón no halla nada que censurar, y no se fija en los vestidos de oveja sino en los frutos que lleva el árbol, para juzgar a base de ellos si el árbol es bueno o malo, como nos enseña el Señor en Mateo 7 (v. 16-20). Así que si queremos examinar la vida de este hombre rico para ver si hay en ella frutos de la fe, encontraremos un corazón comparable a un árbol malo, un corazón al que le falta la fe. Pues en realidad es esto, la falta de fe, lo que el Evangelio critica en el hombre rico al decir que tenía banquetes espléndidos todos los días y amaba la vestimenta costosa. La razón no puede ver en esto un pecado de mayor importancia. Es más: los que confían en su propia perfección creen que disfrutar de esta manera los placeres de la vida es un derecho que les asiste y que tienen bien merecido con su vida impecable. No ven cómo se hacen culpables con este su comportamiento, a causa de su incredulidad.

[2] Comp. Mt. 7:15.

2. *El pecado del hombre rico es que con un corazón incrédulo se aferra a los bienes materiales.*

Pues a decir verdad, este hombre rico no es reprobado por haber pasado sus días en banquetes espléndidos, vistiendo la ropa más fina. Hay muchos ejemplos entre los santos, reyes y reinas de antaño que también llevaban vestidos suntuosos, como Salomón, Ester, David, Daniel, etc. Antes bien, se le enjuicia por el hecho de que hacía de tales cosas el objeto de sus más íntimos deseos, las buscaba con afán, se aferraba a ellas, las prefería a todo lo demás, hallaba en ellas todo su placer y alegría, y prácticamente las convertía en su ídolo. A esto se refiere Cristo con las palabras "cada día": el hombre rico se entregaba *cada día* a los placeres mencionados. Esto nos demuestra que había buscado y escogido deliberadamente dicho género de vida. No es que se le hubiera obligado a ello. Tampoco se hallaba en ese ambiente por casualidad, o en razón de su oficio, o para prestar un servicio a su prójimo, sino sólo para satisfacer sus deseos. Vivía exclusivamente para sí mismo, servía solamente a su propia persona.

Con esto queda al descubierto el pecado secreto de su corazón, su incredulidad [3], así como por el fruto malo se descubre que un árbol es malo. Pues donde hay fe, ésta no busca los vestidos de lujo ni las comidas exquisitas; más aún: no busca ningún bien, renombre, placer, rango, ni ninguna otra cosa que no sea Dios mismo. Lo único que ansía, lo único a que se aferra es Dios, el Bien supremo. Lo mismo le da comida selecta o comida de pobres, ropa de gala o ropa humilde. Pues aun en el caso de que los creyentes lleven ropa de alto precio, ejerzan gran poder u ocupen un elevado rango, no reparan en ninguna de estas cosas, sino que las aceptan como una obligación, o llegan a ellas por casualidad, o tienen que cargar con ellas como parte del servicio que tienen que prestar a otra persona. La reina Ester confiesa que el llevar su diadema real no le causa ningún placer [4]; no obstante, se vio en la necesidad de llevarla para complacer al rey. También David habría preferido ser un ciudadano como cualquier otro, pero por voluntad de Dios y del pueblo tuvo que ser rey. Y así proceden todos los creyentes: si llegan a adquirir poder, renombre y una posición brillante, es sólo por obligación. En su corazón se mantienen libres de estas cosas, y si se valen de ellas, es solamente como de recursos exteriores, para servir a su prójimo, como lo ex-

[3] La incredulidad consiste en que ellos creen tener un derecho, por mérito propio, al bienestar de que disfrutan.

[4] Libro de Ester, cap. 4, *Oración de Ester*, vers. 17 v (Biblia de Jerusalén).

presa también el Salmo: "Si se aumentan las riquezas, no pongáis el corazón en ellas" [5].

Mas donde reina la incredulidad, el hombre se lanza sobre estas cosas, pone su corazón en ellas, corre tras ellas y no descansa hasta haberlas alcanzado. Y una vez en posesión de ellas, se deleita y se revuelca en ellas como el cerdo en el barro. Parecería que no existiera para él felicidad mayor. Cuál es su relación con Dios, qué significa Dios para él, qué puede y debe esperar de parte de Dios, todo esto no le interesa. *Su* Dios es el vientre [6]. Y si no puede alcanzar lo que apetecía, cree que las cosas en este mundo no andan bien. Pero todos estos frutos horribles y malos de la incredulidad, nuestro hombre rico no los ve. Los encubre, se enceguece a sí mismo con el brillo de las muchas obras buenas de su vida farisaica, y endurece su corazón de tal modo que por último ya no le hace efecto ninguna enseñanza, exhortación, amenaza ni promesa. He aquí, éste es el pecado oculto que nuestro Evangelio somete a juicio y condena.

3. *Consecuencia de la incredulidad del rico es su falta de amor.*

De este pecado nace el otro: que el hombre rico se olvida del amor al prójimo; pues al pobre Lázaro le deja echado delante de su puerta, sin prestarle la menor ayuda. Y aunque no se hubiera querido molestar personalmente en ayudarle un poco, por lo menos podría haber dado una orden a sus servidores para que trasladaran al pobre mendigo a un establo y cuidaran de él. Esto es porque el hombre rico no tiene el menor entendimiento de Dios ni experimentó jamás cuán bueno es Dios. Pues el que siente la bondad de Dios, siente también la desgracia de su prójimo; mas el que no siente la bondad de Dios, tampoco siente la desgracia de su prójimo. Por lo tanto, así como permanece indiferente ante la bondad de Dios, permanece indiferente también ante la desgracia de su prójimo.

Pues la fe tiene la característica de que espera y confía en el solo Dios como dador de todos los bienes. De esta fe surge en el hombre el conocimiento de Dios: llega a darse cuenta de lo bueno y misericordioso que es el Señor. Y tal conocimiento a su vez produce en él un corazón blando, lleno de compasión, de modo que desea fervientemente hacer a todos sus semejantes el bien que él mismo ha experimentado de parte de Dios. Busca por lo tanto dar expresión a su amor, y sirve a su prójimo de todo corazón, con cuerpo y vida, bienes

[5] Salmo 62:10. En el original dice: Salmo 90.
[6] Comp. Fil. 3:19.

y honra, con alma y espíritu, y hace por él todo cuanto esté a su alcance, tal como Dios ha hecho con él. Consecuentemente, tampoco escoge como objetos de su actividad caritativa a las personas rebosantes de salud, a los encumbrados, fuertes, ricos, nobles y santos, que no tienen necesidad de él, sino a los enfermos, débiles, pobres, despreciados y cargados de pecados, a quienes puede ser de utilidad, en quienes puede ejercitar su corazón bondadoso, y a quienes puede hacer lo que Dios le hizo a él.

La característica de la incredulidad en cambio es que no espera de Dios nada de bueno. De esta incredulidad surge un enceguecimiento total del corazón, de modo que una persona tal no es capaz de darse cuenta de lo bueno y misericordioso que es el Señor; antes bien, "no para mientes en Dios", como dice el Salmo 14 (v. 2). Y tal enceguecimiento produce en él un corazón cada vez más duro e incompasivo, al extremo de que no tiene el más mínimo deseo de servir a hombre alguno, sino muy al contrario, el de causarles dolores y perjuicios a todos. Pues como no siente que Dios le haya hecho ningún bien, tampoco siente ganas de hacerle bien a su prójimo. En consecuencia, tampoco va en busca de personas enfermas, pobres y despreciadas a quienes podría ser de utilidad y a quienes podría y debería hacer bien, sino que mira en torno suyo para ver si descubre a personas encumbradas, ricas e influyentes de las cuales él mismo puede obtener utilidad, bienes, placeres y honores.

4. *La incredulidad y la falta de amor son inseparables una de otra.*

Vemos por lo tanto en el ejemplo de este hombre rico que no puede haber amor donde no hay fe, y que no puede haber fe donde no hay amor. Ambos quieren estar juntos, y tienen que estar juntos. Un hombre creyente ama a todos y sirve a todos. Un incrédulo en cambio tiene un corazón lleno de enemistad hacia todos y quiere que todo el mundo esté a su servicio. Y no obstante cubre este pecado horrible y perverso con el brillo barato de sus hipócritas buenas obras como con una piel de oveja. Se parece en esto al gigantesco avestruz, cuya insensatez es tan grande que al cubrirse el cuello con una rama, cree que está cubierto su cuerpo entero. Sí, mi amado oyente, en nuestro Evangelio ves que no hay nada más ciego e incompasivo que la incredulidad, pues los perros de que se nos habla aquí, que son los animales más rabiosos — estos perros se muestran más compasivos con el pobre Lázaro que aquel hombre rico. Se dan cuenta de la miseria del infeliz mendigo y le lamen las llagas, mientras que el hipócrita insensible y enceguecido se muestra tan duro que ni siquiera le permite comer las migajas que caen de su mesa.

Pues bien: estas características del rico hipócrita son las de todos los hombres carentes de fe. Su incredulidad los obliga a ser y a obrar tal cual los retrata y describe este hombre rico mediante su manera de vivir. Y en especial son los religiosos[7] los que responden a las características que aquí se ponen de manifiesto. Ellos jamás hacen obras genuinamente buenas. Sólo tratan de pasar una buena vida. No prestan servicios a nadie ni son de utilidad para nadie, sino que se hacen servir por todos: "¡Venga todo para acá; los demás que se las arreglen!" Y aunque algunos de ellos no tengan comida y ropa de primera, la voluntad de tenerla no les falta. Y a estos religiosos los imitan los ricos, los príncipes y señores: abundan en hipócritas "buenas obras", hacen grandes donaciones, construyen iglesias, todo para cubrir al gran malévolo, al lobo de la incredulidad. Y el resultado es que se tornan siempre más insensibles y duros y no contribuyen en nada al bien de sus semejantes.

Segunda parte

1. *Lo que hace a Lázaro agradable a Dios es su fe, no su pobreza.*

Al pobre Lázaro tampoco debemos juzgarlo solamente por su apariencia exterior, sus llagas, su pobreza y aflicción. Pues hay muchos hombres que como él, padecen las más diversas tribulaciones, sin que les aproveche para nada. El rey Herodes, por ejemplo, sufría de un mal gravísimo[8]; sin embargo, no por ello su situación frente a Dios mejoró en lo más mínimo. Debemos ser conscientes de que la pobreza y los sufrimientos no hacen a nadie persona grata ante Dios; antes bien, si uno ya es persona grata, entonces su pobreza y sus sufrimientos son cosa preciosa para Dios, como dice el Salmo 116 (v. 15): "Estimada es a los ojos del Señor la muerte de sus santos". Por lo tanto, también en el caso de Lázaro debemos escudriñar el corazón y buscar allí el tesoro que hizo tan estimadas sus llagas. Sin duda, este tesoro fue su fe y su amor; pues "sin fe es imposible agradar a Dios", como se declara en Hebreos 11 (v. 6). Hemos de pensar, pues, que Lázaro tenía un

[7] Religiosos: los monjes y prebendados, que por una parte se atribuían una mayor perfección, y por otra caían fácilmente en la tentación de entregarse al ocio y los placeres.

[8] Hch. 12:23.

corazón tan lleno de confianza filial en Dios, que aun en medio de tamaña pobreza y miseria esperaba de Dios todo lo bueno y se consolaba con la misericordia divina. Con esta bondad y misericordia de Dios se contentó tan completamente, y halló en ellas tantas satisfacciones, que con gusto habría padecido otros infortunios más si la voluntad de su Dios benigno lo hubiera dispuesto así. He aquí una fe verdadera, genuina, viva; esta fe de Lázaro, a la par que le hizo reconocer la bondad divina, produjo en él un corazón blando, de modo que nada de lo que hubiera tenido que padecer o hacer, además de lo que ya de por sí estaba padeciendo, le habría resultado demasiado, o demasiado gravoso. Así es cuando la fe experimenta la gracia de Dios: una fe tal dispone al corazón para acatar en todo la voluntad del Señor.

2. *Lázaro presta también los servicios del amor, al menos espiritualmente.*

De esta disposición del corazón de servir a Dios por amor, nace ahora la otra virtud, a saber, el amor al prójimo, que alienta en Lázaro la sincera voluntad de servir a todos. Pero como es tan pobre e inválido, no tiene nada con que pudiera hacer efectiva su voluntad. Por ende, su buena intención le es acreditada como buena acción. Pero esta deficiencia en el servir corporal la suple con creces por medio de un servicio espiritual. Pues ahora, después de su muerte, presta servicios al mundo entero precisamente con sus llagas, su hambre y su miseria. Su hambre física sacia nuestro hambre espiritual, sus desnudeces corporales visten nuestras desnudeces espirituales, sus llagas corporales sanan nuestras llagas espirituales. ¿Cómo lo hacen? ¡Con el ejemplo que él nos da, que nos sirve de lección y de consuelo! Lázaro nos enseña que Dios tiene su complacencia en nosotros, aun cuando en nuestra vida terrenal nos estemos debatiendo en la miseria — con tal que tengamos fe en él. Y Lázaro nos da también una advertencia: nos muestra que Dios está airado con nosotros, por más bien que nos vaya materialmente, si nuestra prosperidad va acompañada de incredulidad. La prueba la tenemos aquí: Dios miró con benevolencia a Lázaro en su miseria, pero al hombre rico lo miró con profundo disgusto.

Dime: ¿qué rey con toda su inmensa riqueza sería capaz de prestar al mundo entero un servicio como el que prestó este pobre Lázaro con sus llagas, su hambre y su indigencia? ¡Oh, cuán admirables son las obras y los juicios de Dios! ¡Con cuánta maestría conduce él al fracaso a la razón y sabiduría humana, que se cree tan prudente y que en realidad es tan tonta! Ah sí, a la razón le gusta mucho más ver el vestido purpúreo del hombre rico que las llagas del pobre Lázaro. Prefiere a una persona sana, de bella estampa; pero ante el hedor de las heridas del pobre Lázaro se tapa las narices, y aparta la vista de sus desnudeces. Entre tanto, Dios hace que esta grandísima tonta pase frente a aquel precioso tesoro sin verlo siquiera, y forma para sí mismo, en silencio, su juicio, y convierte al pobre hombre en un personaje tan elevado y estimado que a la postre, todos los reyes son indignos de servirle y de limpiarle sus heridas. Pues: ¿qué te parece? ¿qué rey no daría ahora con mil amores su salud, su manto real y su corona a cambio de las llagas, la pobreza y la miseria de ese Lázaro, si tal cosa fuera posible? ¿Y qué hombre hay que quisiera dar, en vista de todo esto, un solo centavo por los vestidos de púrpura y toda la fortuna del hombre rico?

3. *Lázaro nos muestra cuál es nuestro deber para con nuestro prójimo desvalido.*

Si este hombre rico no hubiese sido tan ciego, si hubiese sabido que delante de la puerta de su casa yace un tesoro tan grande, un hombre tan estimado a los ojos del Señor, ¿no crees que habría salido corriendo a socorrerle, que le habría limpiado y besado las llagas, y que le hubiera acostado en la mejor de sus camas? Toda su vestimenta de púrpura, toda su fortuna la habría puesto al servicio del pobre Lázaro. Pero al tiempo que Dios ya estaba elaborando su juicio, el hombre rico vivía con los ojos cerrados; cuando aún *podía* ayudar a Lázaro, no lo hizo. Entonces, Dios pensó: Siendo así las cosas, te considero indigno de que le sirvas. Pero luego, llegados ya a su término el juicio y la obra de Dios, la tan inteligente, mejor dicho tan tonta razón del hombre rico comienza a abrir los ojos: ahora que el hombre rico padece los tormentos del infierno, gustosamente daría su casa y toda su propiedad a aquel a quien anteriormente ni siquiera le había querido dar un bocado de pan. Y ahora solicita que Lázaro le refresque la lengua con la punta de su dedo, el mismo Lázaro al que antes ni le había querido tocar.

Con tales juicios y obras, mis amados oyentes, Dios llena aún hoy a diario el mundo entero; y nadie lo ve, y todos lo echan en saco roto. Ahí hay delante de nuestros ojos gente pobre y necesitada que Dios ha puesto allí como nuestro más precioso tesoro. Pero nosotros apartamos la vista de ellos, y no vemos qué hace Dios después con ellos. Sólo más tarde, una vez que Dios puso el punto final y nosotros perdimos el tesoro, venimos corriendo y ofrecemos nuestros servicios. Pero ya pasó la oportunidad. Y entonces comenzamos a convertir en objetos milagrosos los vestidos y zapatos de aquellos pobres tan poco estimados en vida, y los enseres que usaron, y organizamos peregrinaciones, y erigimos iglesias sobre el lugar donde yacen sepultados, y nos esforzamos grandemente con tales tonterías. Pero con esto no hacemos más que ponernos en ridículo: cuando esos santos estaban aún en vida, no hicimos nada para evitar que se los pisoteara y se los dejara perecer, y ahora, cuando ya no lo necesitan ni les aprovecha, veneramos sus vestidos. Ciertamente, a raíz de esto el Señor pronunciará sobre nosotros la sentencia de Mateo 23 (v. 29 y sigtes.): "¡Ay de vosotros, escribas, hipócritas! porque edificáis los sepulcros de los profetas, y los adornáis. Vuestros padres los mataron, y vosotros les construís monumentos fúnebres. Así que dais testimonio contra vosotros mismos, de que sois hijos de aquellos que mataron a los profetas; porque ellos los mataron, y vosotros edificáis sus sepulcros."

4. *Lázaro es la imagen de todos los creyentes, aun cuando su suerte sea distinta.*

De la naturaleza del pobre Lázaro son todos los creyentes. Todos ellos son "Lázaros" en la verdadera acepción de la palabra, porque todos son de la misma fe, del mismo pensar, de la misma voluntad que este Lázaro. Y quien no sea un Lázaro, con toda seguridad compartirá la suerte del rico comilón en el fuego del infierno. Pues como Lázaro, todos debemos confiar en Dios con fe sincera, entregarnos a él para que él haga con nosotros conforme a su voluntad y estar dispuestos a servir a cuantos necesiten de nuestros servicios. Y aunque no todos tenemos que padecer las mismas llagas que Lázaro, y la misma pobreza, sin embargo debe animarnos la misma voluntad y mentalidad que hubo en él, a saber, la de aceptar gustosos idénticas cargas, si plugiere al Señor imponérnoslas. Tal actitud de "pobreza espiritual"[9] muy bien puede coexistir con riqueza material, como lo demuestra el ejemplo de Job, David y Abraham, que fueron a un tiempo pobres y ricos. Así dice David en el Salmo 39 (v. 12): "Forastero soy para ti, y advenedizo, como todos mis padres". ¿Cómo se explica esto, siendo que David era rey y poseía vastos territorios y grandes ciudades? Es que su corazón no estaba apegado a su riqueza y poder, y los estimaba como nimiedades en comparación con lo que es un "bien" a los ojos de Dios. Seguramente, David habría dicho también respecto de su salud que ésta no le significaba nada comparada con la salud ante Dios; y sin duda habría sido capaz también de sobrellevar con paciencia llagas corporales y enfermedad.

[9] Comp. Mt. 5:3.

Lo mismo cabe decir de Abraham. Tampoco él estaba aquejado por pobreza y enfermedad como Lázaro; tenía sin embargo, al igual que éste, la buena voluntad de aceptarlas si hubiese sido la voluntad de Dios enviárselas. Pues los santos deben ser en su fuero interno de un mismo sentir y de un mismo ánimo, exteriormente empero no pueden desempeñar todos la misma función ni padecer los mismos males. Ésta es la razón por qué Abraham reconoce a Lázaro como a uno de los suyos y le recibe en su seno, cosa que no habría hecho si no fuera de un mismo ánimo con él y mirara complacido su pobreza y enfermedad.

Esto es, pues, lo que queremos destacar como tema principal y significado del Evangelio del hombre rico y el pobre Lázaro: siempre y en todas partes, la fe lleva a la salvación, y la incredulidad lleva a la condenación.

Tercera parte

Algunas preguntas en particular que nos plantea este Evangelio.

1. *El significado de la expresión: "el seno de Abraham".*

Nuestro Evangelio nos plantea además diversas preguntas. La primera es: ¿Cómo hemos de entender lo del "seno de Abraham", ya que no se puede tratar de un regazo corporal? Respuesta: Debemos saber que el alma o espíritu del hombre no tiene otro lugar donde pueda descansar o permanecer sino la palabra de Dios, hasta que en el día postrero llegue a la contemplación plena del Señor. Opinamos por lo tanto que el seno de Abraham no es otra cosa que la palabra de Dios mediante la cual le fue prometido a Abraham el Cristo, como leemos en Génesis 22 (v. 18): "En tu simiente serán benditas todas las naciones de la tierra". Esta promesa habla de Cristo como de aquel en quien "todas las naciones serán benditas", es decir, redimidas del pecado, de la muerte y del infierno; "en esta simiente serán benditas", se recalca, y en ningún otro ni mediante obra alguna. Todos aquellos, pues, que creyeron en esta promesa, creyeron en Cristo y fueron verdaderos cristianos; por su fe en estas palabras fueron librados de los pecados, de la muerte y del infierno.

Por consiguiente, todos los padres que vivieron antes del nacimiento de Cristo, fueron llevados al seno de Abraham; es decir, en su última hora se aferraron con firme fe a esta promesa, y en ella se durmieron, sostenidos y guardados como en un regazo, y allí siguen durmiendo aún, hasta el postrer día, excepto aquellos "santos que se levantaron junto con Cristo" de quienes habla Mateo en el cap. 27 (v. 52), si es que permanecieron en este estado [10]. Como aquellos padres debemos hacer también nosotros: cuando llegue nuestro fin, debemos encomendarnos con fe inquebrantable a lo que dijo Cristo: "El que cree en mí, aunque esté muerto, vivirá" (Juan 11:26) u otra palabra similar, y morir en esta fe. Entonces, también la muerte nuestra será un "dormir", y seremos llevados al seno de Cristo y guardados allí hasta el día postrero. Pues la palabra dicha a Abraham y la que fue dicha a nosotros son idénticas: ambas hablan de Cristo y dicen que de él solo nos viene la salvación. Aquella palabra de Génesis 22 empero es llamada "seno de Abraham" porque fue dicha a Abraham primero, y con él arranca.

Por otra parte, el "infierno" mencionado en nuestro Evangelio no puede ser el infierno propiamente dicho [11] cuyas puertas se abrirán el postrer día; porque es evidente que el cuerpo del hombre rico fue sepultado no en el infierno sino en el seno de la tierra. Tiene que ser, sin embargo, un lugar donde el alma puede morar, y a la vez carecer de reposo. Y ese lugar no puede ser un lugar físico. Consideramos por lo tanto que el infierno aquí mencionado es la mala conciencia que carece de la fe y de la palabra de Dios. En esta mala conciencia, el alma yace sepultada y retenida hasta el postrer día, en que el hombre será arrojado con cuerpo y alma en el infierno verdadero y real. Pues así como el seno de Abraham es la palabra de Dios en la cual, por virtud de la fe, los creyentes reposan, duermen y son guardados hasta el día postrero, así también el infierno tiene que ser algo donde la palabra de Dios *no* está, algo que sirve de confinamiento al cual son relegados los incrédulos, hasta el postrer día, a causa de su incredulidad. Y ese "algo" no puede ser sino una conciencia vacía, incrédula, pecaminosa, mala.

2. *La conversación entre Abraham y el hombre rico.*

La otra pregunta es: ¿Cómo hemos de imaginarnos la conversación entre Abraham y el hombre rico? Respuesta: De ninguna manera puede haber sido una conversación sostenida

[10] Con este agregado, Lutero insinúa, aunque sin afirmarlo directamente, que los "levantados junto con Cristo" se hallan aún ahora en estado despierto junto a Cristo, y no en el estado de dormición como los demás fieles difuntos.

[11] En efecto, la Versión Reina-Valera, la Biblia de Jerusalén y otros tienen, como el original griego de Lc. 16:23, la palabra *Hades* = mansión de los muertos; la Vulgata: *sepultus est in inferno*. Lutero emplea invariablemente el término *helle* (en alemán moderno *Hoelle*) = infierno.

mediante palabras como las que nosotros empleamos habitualmente. No olvidemos que tanto el cuerpo del hombre rico como el del pobre Lázaro yacen sepultados en la tierra. Por lo tanto, ni es corporal la lengua de cuya sequedad se queja el rico, ni lo son el dedo o el agua que pide de Lázaro. Toda esta conversación la hemos de situar en la conciencia, donde transcurre de la siguiente manera: Cuando en la hora de la muerte, o en horas de agonía, a la conciencia se le abren los ojos, se da cuenta de su incredulidad; y lo primero que ve es el seno de Abraham y los que están sentados allí, es decir, la palabra de Dios en que esa conciencia debiera haber creído y no lo hizo; y de ahí le vienen ahora indecibles tormentos y angustias, como los que se padecen en el infierno, y no halla socorro ni consuelo. Surgen entonces en la conciencia pensamientos que, si pudieran formularse en palabras, mantendrían entre sí un diálogo como el que el hombre rico mantiene aquí con Abraham. ¿Qué busca el hombre rico? Quiere ver si la palabra de Dios y todos los que creyeron en ella, están dispuestos a socorrerle. Y tan angustiosa es su solicitud, que ya se conformaría con un consuelo mínimo brindado por el más humilde de los bienaventurados. Y ni esto lo puede alcanzar. Pues Abraham le responde (o sea: su conciencia, aleccionada por la palabra de Dios, llega a comprender) que esto no puede ser; antes bien, él había recibido sus bienes en su vida, y ahora debía ser atormentado, y en cambio debían ser consolados aquellos a quienes él había despreciado.

Por último tiene que oír que entre él y los creyentes está puesta una gran sima, de manera que nadie puede juntarse con los que están al otro lado. Esto se refiere a la desesperación que cae sobre la conciencia del hombre que se da cuenta de que ha sido privado para siempre de la palabra de Dios, y que ya no puede contar con socorro alguno, por más que lo desee. En esta desesperación, los pensamientos de su conciencia se dirigen a otra cosa: quisieran que los que aún están en esta vida presente, supieran qué tormentos se padecen en los angustiosos momentos de la muerte; por esto solicitan que alguien fuera a avisarlos. Pero tampoco esta solicitud prospera; porque el hombre rico percibe en su conciencia la respuesta de que aquéllos tienen a Moisés y a los profetas: esto tenía que bastarles, en éstos debían creer, como también él mismo tendría que haberlo hecho. Todo esto ocurre entre una conciencia condenada y la palabra de Dios en la hora de la muerte o en las angustias de la muerte. Y ningún viviente puede conocer estas cosas en toda su extensión sino el que las está experimentando. Y el que las está experimentando quisiera que las supiesen sus allegados. Pero ya todo es en vano.

3. *El tiempo en que sucede esto, y su duración.*

Viene ahora la tercera pregunta: ¿Cuándo sucedió lo que se acaba de describir? ¿Continúan los tormentos del hombre rico aún ahora, diaria e ininterrumpidamente, hasta el juicio final? Es ésta una pregunta sutil, y es muy difícil contestársela a gente que carece del conocimiento necesario. En efecto: es preciso apartar de la mente el concepto "tiempo", y saber que en el mundo del más allá no hay ni tiempo ni hora, sino que todo es un solo momento eterno, como dice San Pedro en su segunda carta, capítulo 3 (v. 8): "Para con el Señor, un día es como mil años, y mil años como un día". Creo, pues, que mediante el ejemplo del hombre rico se nos muestra cómo les irá a todos los incrédulos cuando sus ojos sean abiertos en la muerte o en la agonía. Lo descrito aquí puede durar un instante, y luego cesar hasta que llegue el postrer día. Todo será como Dios lo disponga. No es posible establecer reglas fijas a base de los detalles que nos ofrece el Evangelio del hombre rico y el pobre Lázaro. Por lo tanto no me atrevo a afirmar que el hombre rico esté sufriendo en el tiempo actual de la misma manera como sufría en aquel entonces, pero tampoco me atrevo a negar que aún esté sufriendo así; porque tanto la continuidad de los tormentos como su cese dependen por entero de la voluntad divina. Para nosotros es suficiente que se nos muestre el ejemplo y comienzo de lo que habrán de padecer todos los incrédulos.

4. *La intercesión por los difuntos.*

Hay una cuarta pregunta: ¿Se puede o se debe hacer intercesión por los difuntos? Esta pregunta surge inevitablemente, ya que, por una parte, nuestro Evangelio no menciona nada en cuanto a la existencia de un estado intermedio entre el seno de Abraham y el infierno, y por otra parte, deja bien en claro que los sentados en el seno de Abraham no necesitan tal intercesión, mientras que los que se hallan en el infierno, no sacan ningún provecho de ella. Respuesta: No tenemos ningún mandamiento de Dios de hacer oraciones por los muertos. Por lo tanto, el *no* orar por ellos no puede considerarse un pecado. Pues nadie puede incurrir en pecado con algo que Dios no mandó ni prohibió. Sin embargo, por cuanto Dios no nos dio a conocer cuál es, en concreto, la situación de las almas de los difuntos, y como a raíz de ello no podemos saber con certeza en qué forma actúa Dios con ellas, no queremos ni debemos impedir que se ore por los muertos, ni tampoco queremos o podemos considerarlo un pecado. Dado que por lo relatado en el Evangelio [12] llegamos a la convicción de que fueron resucitados muchos muertos respecto de los cuales tenemos que admitir que aún no habían recibido su sentencia definitiva, tampoco estamos en condiciones de afirmar que la haya recibido ya algún otro de los que yacen aún en el sepulcro.

Ya que reina incertidumbre en torno de este punto, y ya que no sabemos si el alma ya está juzgada [13], no es un pecado que ores por ella, pero de un modo que respete esa incertidumbre. Puedes decir, por ejemplo: "Amado Padre, si el alma se halla en un estado en que todavía se la puede socorrer, te ruego tengas misericordia de ella." Y si has orado así una o dos veces, no te afanes más y encomienda aquel alma a Dios; porque él nos prometió prestar oídos a nuestros ruegos. Pero después de haber orado así a lo sumo tres veces, cree firmemente que tu oración fue escuchada, y no insistas más, porque esto ya sería tentar a Dios y desconfiar de él.

Pero todas aquellas prácticas de las misas en perpetua memoria, vigilias, oraciones recordatorias que se repiten mecánicamente cada año como si el año anterior Dios no nos hubiera escuchado, no son más que un funesto invento del diablo. De esta manera, la incredulidad hace burla de Dios, y tales oraciones en sufragio de las almas no son otra cosa que sacrilegios. Por ende, cuídate de ellas, y evítalas. Dios no pregunta por recordatorios anuales, sino por la oración que brota de un corazón devoto y creyente: ésta ayudará a las almas, si es que hay algo que les pueda ayudar. Las vigilias en cambio y misas por los difuntos aprovechan por cierto a los sacerdotes, monjes y monjas, pero a las almas no les aprovechan para nada, y además, son pura blasfemia.

Pero si en tu casa tienes un duende o fantasma que pretende que se lean misas para que no tenga que seguir penando, no dudes: el tal es un espíritu maligno. Desde que existe el mundo, jamás un alma volvió a aparecer a los vivientes, ni quiere el Señor que ello ocurra. En nuestro Evangelio ves que Abraham no accede al pedido del rico de que un muerto vaya a instruir a los vivientes, sino que los remite a la palabra de Dios en las Escrituras y dice: "A Moisés y a los profetas tienen; óiganlos". Con esto, Abraham llama nuestra atención al manda-

[12] Comp. Mt. 9:18 y sigs.: la hija de Jairo; Lc. 7:11 y sigs.: el joven de Naín; Jn. 11:38 y sigs.: Lázaro de Betania; también Mt. 27:52.

[13] Con la misma cautela se expresa Lutero en otros lugares donde toca el mismo tema; p. ej. en su extenso *Comentario sobre el Génesis* (25:7-10): "...*In quo autem statu sint, qui damnantur in novo testamento, nihil possum asserere; in medio relinquo*" = "Acerca de la situación de los condenados en los tiempos del Nuevo Testamento no puede decir nada seguro; por lo tanto me abstengo de hacer juicios." Ed. de Erlangen, tomo VI, pág. 124.

miento divino expresado en Deuteronomio 18, donde Dios dice: "No sea hallado en ti quien consulte a los muertos" (v. 10, 11). Por consiguiente, es claramente una obra del diablo cuando aquí y allá aparecen espíritus, por arte de encantamiento, y piden que se lean tantas y tantas misas o se hagan tales y tales peregrinaciones u otras obras, y luego aparecen de nuevo, con toda nitidez, y afirman que ahora están redimidos. Con esto, el diablo induce a los hombres al grave error de que se desvían de la fe hacia las obras y creen que las obras son en realidad capaces de lograr tales efectos. Se cumple así lo que predijo San Pablo en 2 Tesalonicenses cap. 2 (v. 11): "Por esto Dios les envía a los incrédulos un poderoso engaño".

Sé prudente, pues, y confórmate con que Dios no quiere que sepamos al detalle cuál es la situación de los difuntos, para que sobre toda inútil curiosidad prevalezca la fe alimentada por la palabra de Dios, la fe que cree que después de esta vida presente, Dios lleva a la bienaventuranza a los que permanecieron fieles, y arroja a la condenación a los incrédulos. Por tanto, si en algún momento se te apareciera un fantasma, no le des importancia; antes bien, ten la certeza de que es el demonio, y recházalo con este veredicto de Abraham: "A Moisés y a los profetas tienen" y con el mandamiento que Dios nos da en Deuteronomio 18: "No sea hallado en ti quien consulte a los muertos". Con esto, el fantasma se marchará. Y si no se marcha, déjalo que meta ruido hasta que se canse, y aguanta sus diabluras con firme fe en el Señor.

Y aun en el supuesto caso de que el duende fuese un alma o un espíritu bueno, no obstante no debes admitir de él ninguna información ni preguntarle nada, porque Dios lo prohibió. Pues para esto nos ha enviado a su propio Hijo, para que éste nos enseñara todo cuanto nos es necesario saber. Lo que el Hijo no nos ha enseñado, ignorémoslo gustosamente, y contentémonos con la doctrina de los santos apóstoles mediante la cual él nos predica [14].

[14] A modo de ilustración, Lutero agrega a su sermón dos casos, bastante parecidos en sus pormenores, ocurridos a sendos obispos, uno en Corinto, el otro en una región montañosa de Italia: En un viaje, el señor obispo llega al anochecer a un poblado donde desea pernoctar. A falta de otro albergue mejor se le ofrece una casona habitada, según dicen, por un fantasma. El obispo no se deja amedrentar, pasa allí la noche, ora con firme fe —y el fantasma desaparece para no volver nunca más. Palabras finales de Lutero: "He aquí, con tanta sencillez actúa la fe, pero también con tanta intrepidez, seguridad y potestad. Así haz también tú con tus trasgos."

LA FE HACE QUE NUESTRA OBEDIENCIA A DIOS SEA LIBRE DE ANSIEDADES

Sermón para el 4º Domingo después de Trinidad.
Fecha: 29 de junio de 1539.

Texto: 1 Pedro 5:7, 8. Echad toda vuestra ansiedad sobre él, porque él tiene cuidado de vosotros. Sed sobrios, y velad; porque vuestro adversario el diablo, como león rugiente, anda alrededor buscando a quien devorar.

Introducción: En lugar de posar nuestras miradas en las reliquias de los santos, debiéramos posarlas en su corazón. Esto podemos hacerlo si escuchamos el mensaje que ellos nos transmitieron.

Hace poco tratamos el pasaje de la 1ª carta de San Pedro en que el apóstol nos exhorta a humillarnos bajo la poderosa mano de Dios [1]. Según estas palabras, los cristianos deben ser humildes, y acordarse de que Dios resiste a los soberbios. Deben ser conscientes además de que sobre su cabeza se alza una mano poderosa que luchará contra ellos si se muestran orgullosos y presumidos, de modo que sus altivos planes no prosperarán. Después de aquella advertencia, el apóstol prosigue: "Echad toda vuestra ansiedad sobre él, porque él tiene cuidado de vosotros". Hoy es el día de San Pedro [2]. Es justo, pues, que honremos su memoria, así como también la de San Pablo, dado que estos dos son los principales de entre todos los apóstoles. Pero al hacerlo, cuidémonos de recurrir a leyendas, porque todas éstas han sido falsificadas por el papa. Antes bien, aten-

[1] 1 P. 5:5, 6. Véase Sermón 24, Nota 1.

[2] En el año 1539 en que Lutero predicó este sermón, el Día de San Pedro y San Pablo, 29 de junio, coincidió con el 4º Domingo después de Trinidad.

gámonos a lo que se nos dice en el Evangelio. Allí se establece como hecho cierto que tanto Pedro como Pablo fueron llamados al apostolado por Cristo mismo. Además, todos los libros de historia concuerdan en que Pedro fue crucificado en Roma, durante el reinado de Nerón, y Pablo, degollado [3]. En cambio, lo que el papa difunde con respecto a San Pedro son grandísimas mentiras. Hoy celebran en Roma la fiesta máxima de la iglesia; pero no para honrar a Pedro mismo, sino para ensalzar el hecho de que Pedro es, como dicen, la cabeza del orbe entero. Por eso el papa en persona canta hoy la misa y las vísperas. Hoy se exponen también a la vista del público las cabezas de Pedro y Pablo, de las cuales se afirma que son los cráneos auténticos de los dos apóstoles. Pero en realidad, los cráneos que muestran allá en Roma son de madera, y no son más auténticos que los que vemos pintados aquí en nuestro medio. El papa y los suyos saben muy bien que lo que ponen en exposición son calaveras de madera, y no obstante hacen creer a la gente que se trata de reliquias verdaderas. En ese virtuosismo de engañar al pueblo no hay quien supere al papa y su compañía. Los turcos y los tártaros [4] son sin duda gente malvada, pero ni siquiera a ellos se les ocurriría hacer pasar unos trozos de madera por calaveras de Pedro y Pablo. Pero así es como acostumbran proceder el papa y los suyos para embaucarnos a nosotros pobres cristianos. Sobrado motivo tenemos por lo tanto de dar gracias a Dios por haber salido de aquel error, y por no tener ya necesidad de venerar objetos sin valor como lo hacen en la iglesia romana. Yo mismo vi en Roma unas imágenes que atribuyen a Lucas y que gozan de grande estima [5]; mas aunque fueran auténticas, ¿de qué podrían servirnos? Nosotros no poseemos los cráneos de Pablo y Pedro ni otra reliquia de ellos, pero poseemos algo mucho más valioso; su espíritu y su alma, el mensaje que Dios puso en su corazón para que nos lo transmitieran. En lo que a sus restos mortales se refiere, la verdad es que los de Roma ignoran hasta el día de hoy dónde se hallan en realidad el cuerpo de Pedro y el de Pablo, por más que afirmen estar en posesión de ellos. Dios hizo con los apóstoles

[3] Por ej. Eusebio de Cesarea (267-340 d.C.), *Historia Eclesiástica*, libro II, cap. 25.

[4] Tártaros (más exactamente tátaros, del turco *tatar*), pueblos islamitas de raza predominantemente mogólica que a partir de los siglos XIII-XIV habitaban la cuenca del Volga, la Crimea y el oeste de Siberia. Lutero aplica el nombre de tártaros (*Tatern*) también a los gitanos.

[5] La leyenda afirma que el evangelista Lucas, además de médico, fue pintor, y le atribuye en especial algunos retratos de Cristo. Uno de estos "cuadros de Lucas" se hallaba en la capilla del convento agustino de Santa María del Popolo, donde se hospedaba Lutero durante su permanencia en Roma en 1510/11.

lo mismo que había hecho antes con Moisés, quien tuvo que morir en el desierto [6] para que los judíos no le adoraran; así también Dios hizo que los cuerpos de los apóstoles descansaran en lugares ocultos para no ser objeto de adoración. En Francia, dicen, tienen los cuerpos de seis apóstoles, en España cuatro, y aquí en Alemania, en Tréveris, tienen al apóstol Matías [7]. Nosotros en cambio, así como tenemos al Cristo viviente, tenemos también a Juan, Pedro y Pablo, no como reliquias, sino plenos de vida: su espíritu y su alma viven en nosotros y hablan con nosotros. Aunque yo poseyera todos los huesos de estos santos, depositados en un ataúd de oro, ninguno de ellos podría decirnos una palabra. Mas si ya no los oímos hablar con viva voz, ¿qué importa? ¿Acaso no tenemos su palabra escrita? Por esto dejemos que el papa y los suyos sigan hablando tonterías acerca de reliquias milagrosas que ellos mismos inventaron; nosotros nos atendremos a la enseñanza de los apóstoles, y a las cartas que nos han dejado. En lugar de venerar falsos relicarios, hagamos de nuestro corazón y nuestra mente una verdadera caja de tesoros, y depositemos en ella la sabiduría y los pensamientos de Pedro y de Pablo. ¿Qué hacemos con tener sus huesos guardados en un templo revestido de oro? Aquí empero, en sus cartas, podemos oírlos hablar cual si aún estuvieran con vida. ¿O acaso, estando vivos, nos dirían algo diferente de lo que escribieron en sus cartas? A través de éstas nos habla Cristo mismo; por eso son palabras llenas de espíritu y de vida.

Sean pues estas palabras apostólicas nuestras verdaderas reliquias, reliquias que en Roma no tienen. Entonces, cada día en que oímos los Evangelios y las Epístolas escritas por aquellos mensajeros de Dios, se convierte para nosotros en una fiesta de los apóstoles: los oímos tal cual los oyeron los que estaban sentados en derredor de ellos; y quienes los han oído, han oído palabras de vida eterna. Por lo tanto, ¡bienaventurados los que poseemos los escritos de los apóstoles! Si me dan a elegir entre el alma y espíritu de David y su cuerpo, prefiero mil veces su alma y espíritu. ¿Qué podría decirme su cuerpo? En cambio, si abro el Salterio, David habla conmigo como si estuviera delante mío. Y así, aceptando la predicación de Pedro y Pablo y honrándolos en espíritu, los enaltecemos mucho más que el papa con sus leyendas y ceremonias. No le rindes ningún honor a Pablo con encerrar sus huesos en un arca. Si quieres honrarle de veras, toma su carta a los Romanos y las demás que escribió, y léelas, para que aprendas a conocer a

[6] Dt. 34:6.

[7] En la iglesia de San Matías de Tréveris se muestra aún hoy el sarcófago del apóstol Matías.

Cristo, cuyo mensaje Pablo predicó, no para hacerse festejar como grande hombre sino para que se le pudiera dar el testimonio de haber predicado a Cristo[8]. Y como Pablo, hicieron también Pedro y todos los demás santos hombres de Dios[9]. También yo por mi parte deseo mucho más tener aceptación con la enseñanza que predico, que ser colocado después de muerto en un ataúd de oro. Incluso los poetas buscan aplauso no para su cuerpo sino para sus poemas. Por lo tanto, honramos a Pedro y a Pablo de veras cuando prestamos oídos a la voz de su corazón, a la doctrina que ellos nos comunican por medio del espíritu que habitaba en su alma. Allí, en su enseñanza, allí es donde debes brindarle la recepción a Pedro, allí tienes su espíritu, su alma, su corazón.

"Humillaos, pues, bajo la poderosa mano de Dios, para que él os exalte cuando fuere tiempo" (1 Pedro 5:6). Con esto, Pedro quiere decirnos: "Que te hayas aferrado a estas palabras, y que mediante mi predicación hayas conocido a tu Dios y Señor y sus pensamientos respecto de ti, esto es gloria para mí". Y ahora sigamos oyendo lo que San Pedro extrae del relicario de su corazón.

1. *La ansiedad es algo mundanal y no trae beneficios a nadie. Es propio del mundo estar ansioso de éxito y afanarse por el día de mañana.*

"Echad toda vuestra solicitud sobre él, porque él tiene cuidado de vosotros." ¡Verdaderamente, una hermosa predicación, que brota del corazón mismo de San Pedro! ¡Aprended lo que el apóstol os quiere enseñar con ella: que podéis arrojar sobre Dios todas vuestras cuitas, y tener la plena certeza de que él cuidará de vosotros! En otro pasaje, el apóstol dice de los cristianos que su vida no puede ser sino una vida de muchos padecimientos[10]. Todo lo que os oprime, ya sea que se refiera a la vida del cuerpo o a la vida del alma, encomendadlo tranquilamente a Dios, con alegría de corazón. No os pongáis a cavilar: ¿De dónde sacaré el dinero? ¿Cómo haré para conseguir una casa? ¿Dónde quedaré cuando sea viejo? ¿Cuándo habré de morir? Así piensa el mundo incrédulo, que no hace otra cosa que afanarse por el día de mañana. El mundo está ansioso de amasarse una fortuna, de conservarse en buen estado de salud, de asegurarse una vida lo más grata posible en esta tierra. Propio del hombre espiritual es ocuparse ansiosamente en conseguir un Dios misericordioso y una muerte bienaventu-

[8] Comp. 1 Co. 2:1 y sigtes.
[9] Comp. 2 P. 1:21.
[10] 1 P. 4:12 y sigtes.

rada. ¡Escucha —dice Pedro— lo que quiero enseñarte! Léete el Salmo 55 (v. 22): "Echa sobre el Señor tu carga", y haz lo que allí se dice: échala de ti, échala sobre el Señor, y dí: "Dios del cielo, tú me creaste. Y bien: si ahora las cosas no van como yo quisiera, gustosamente aceptaré de tu mano también lo otro, lo aparentemente adverso." Y el Señor por su parte te dice: "Vete y cumple con lo que tus ocupaciones demandan de ti, y deja lo demás a mi cargo." Ésta es la enseñanza a que hemos de ajustarnos los cristianos.

Quien como gobernante da lugar a la ansiedad, descuida su deber.

Dicha enseñanza no se halla en ningún otro lugar sino sólo en el corazón de San Pedro y otros apóstoles; y de allí pasó a su pluma como testimonio escrito para nuestro bien. Ningún gentil, ningún jurista es capaz de echar de sí la ansiedad. Al contrario: viven en perpetua y terrible zozobra, y cuando algo no les sale bien, casi pierden el seso. Fíjate en la existencia de cada uno de ellos, ante todo en la de los grandes de esta tierra: pasan sus días con planes y preocupaciones inútiles, y cuando sufren algún revés, caen en la desesperación. Mucho mejor es que sigas el consejo de Pedro y digas: "Yo cumpliré con mi deber como empleado; ¡que el príncipe cumpla con el suyo, que proteja a los ciudadanos pacíficos y castigue a los malos!" Pero no; la mayoría no piensa así, sino que preguntan, recelosos: "¡Cómo! ¿Así que yo tengo que imponer castigos, censurar con duras palabras? ¿Y si el así castigado o censurado me causa un daño?" Si quieres torturarte con ansiedades de esta índole, mejor será que renuncies a tu cargo. Los que se desempeñan en el gobierno, se complacen grandemente en oírse alabar por todos los sectores de la población; y no obstante, ninguno de ellos está dispuesto a cumplir con las obligaciones que su cargo le impone. Si se recurre a ellos en demanda de que como magistrado intervengan en determinado asunto, contestan: "Está muy bien; pero existe el peligro de que me ocurra esto o aquello." Pero no por eso hemos predicado acerca de la dignidad de la autoridad civil [11] para que tú luzcas ahora ropaje ostentoso, etcétera. No por eso hemos predicado acerca de la dignidad de las autoridades eclesiásticas e insistido en que el obispo es una persona que merece respeto, para que ese obispo se dé anora aires de príncipe. Muy al contrario: la obligación de las autoridades es salir de su cómoda reserva, adoptar una posi-

[11] Como ningún otro, Lutero se había esforzado en implantar y profundizar en el pueblo el respeto ante las autoridades. Véase por ejemplo el Sermón 34 de nuestra colección.

ción firme ante los malhechores, y castigarlos sin titubeos cuando sea necesario. Esto es lo que Dios quiere; el honor y respeto ya vendrán por sí solos. Nuestros gobernantes en cambio quieren ser tenidos en alta estima por ser de noble cuna, y quieren hacer uso del evangelio sólo donde su aplicación les otorga el prestigio de ser gente bondadosa y pacífica. ¡No! Cumple tú con tus obligaciones, y encomienda tus ansiedades al Señor.

Hay quienes me dicen: "No debes actuar y escribir contra los obispos en la forma como lo estás haciendo, pues fácilmente podrías provocar con ello el disgusto del de Maguncia [12]". Esto lo dejo al cuidado de Dios. A la inversa, si yo no procediera de este modo, con toda razón se me debiera preguntar: "¿Qué haces que todavía estás desempeñando este oficio? Deja que tu puesto lo ocupe otro que echa su ansiedad sobre Dios y cumple con su deber de predicador". En todos los órdenes de la sociedad hay fallas; pero donde más las hay es en el gobierno; nadie quiere ponerle el cascabel al gato. "Que las clases inferiores se gobiernen a sí mismas", proponen algunos. Con esto no se llega a nada, y Dios lo sabe muy bien. Por esto instituyó las autoridades. Por esto puso a los niños bajo la autoridad de sus padres, porque los niños son por naturaleza malos. La falla está en que la mayoría de los hombres no quieren hacer lo que les corresponde, y no quieren encomendar sus dudas y recelos a Dios. Dios cargó con el fardo más pesado: el cuidado por los hombres. Él tenía luz antes de haber creado el sol [13], y bien podría carecer de él — en efecto, para su propio uso no necesita sol alguno. También podría gobernar a la gente sin valerse de tus servicios de gobernante; podría castigar a todos los asesinos, sin necesidad de jueces ni de verdugos. Pero no quiere hacerlo todo solo; quiere utilizarte a ti para que tú, como autoridad, castigues a los malhechores, como leemos en Romanos 13 (v. 1 y sigtes.). Podría predicar con prescindencia de todos los apóstoles, consolar a los acongojados, reprender y castigar a los soberbios. Sin embargo, su voluntad es hacer todo esto por la mediación de hombres. Aquellos de entre sus encargados que no cumplen con sus obligaciones son "perros haraganes, que engordan echados sobre almohadones; apestan, comen los buenos bocaditos de su plato, y no quieren ladrar", como dice Isaías (56:10, 11). Si queréis ser cristianos, tenéis que confesar a Cristo; y entonces tendréis que hablar y vivir también de una manera que disgusta a la gente, y tendréis que

[12] En diciembre de 1538 Lutero había publicado un escrito enérgico contra Alberto, arzobispo de Maguncia y Magdeburgo-Halberstadt, a causa de una sentencia parcial que éste había pronunciado en un pleito. Este paso le había valido a Lutero una seria advertencia de parte de su soberano, el Príncipe Elector de Sajonia.

[13] Gn. 1:3 y sigtes., 14 y sigtes.

llamar los pecados por su nombre. "¡Adelante, pues!", nos dirán; "¡hacedlo, y ya veréis que todos los males caerán sobre vuestra cabeza!" Quizás sea así; pero no des lugar a la ansiedad sino prosigue en el camino de tu deber, impertérrito como un caballero bien armado. Si no fuéramos perros tan haraganes y voraces, Dios lograría grandes cosas por medio de nosotros. Los turcos son distintos; allí todo es persistencia y dedicación. Por esto, nuestro Señor permite que el enemigo tenga éxito en sus empresas. También el papa se muestra muy activo en la defensa de sus intereses. Sólo nosotros no nos movemos; todos queremos estar sentados sobre almohadones. Si temes las injurias de los hombres, eres un inservible y un pelele. Pero también tú que te jactas diciendo: "Yo ostento el poder y tengo las fuerzas para ejercerlo, y lo ejerceré de una manera tal que aprenderán a temerme" — precisamente tú eres en buena parte culpable del mal gobierno y de todos los demás males[14]. En todo caso, en mi cargo de predicador del evangelio debo guiarme por esta norma: así como fui puesto para señalar como culpables a los que en realidad lo son, así lo haré, aun cuando mi actuar disguste a la gente y despierte en muchos un rencor contra mi persona. Pensaré entonces: "¿Qué me importa tu disgusto o rencor? De todos modos, la tarea que emprendí, no la emprendí para cosechar tu aplauso".

2. *La despreocupación a que hemos sido llamados los cristianos trae muchas bendiciones.*

A nosotros nos corresponde el trabajo y el padecimiento; Dios se hace cargo del cuidado.

Suceda lo que Dios quiera: nosotros por nuestra parte debemos dedicarnos a nuestro quehacer y padecer lo que padecer nos tocare, y echar nuestra ansiedad sobre el Señor. Y de la misma manera debemos comportarnos en la enfermedad y en la muerte, si es que somos cristianos. Así nos lo enseña San Pedro en su palabra que nos legó cual reliquia sagrada. Dios me concede la vida por el tiempo que a él le place; y la experiencia enseña que la conservación de mi vida hasta el día de hoy no se debió, por cierto, a mi propio cuidado y previsión. Por esto mismo Dios nos ha dado a su Hijo; en él, pues, deberé morir cuando llegue mi hora, y decir confiadamente a mi alma: "Vete en paz, alma mía". De este modo, el Espíritu

[14] Es decir: así como la debilidad en el ejercicio del poder es un grave error que desvía al gobernante del encargo recibido de Dios, así lo es también el abuso del poder que conduce a la violencia y al despotismo.

Santo quiere llenar de paz y consuelo, mediante las palabras de Pedro, los corazones de los cristianos, a fin de que hagan y sufran todo, también lo que les cueste hacer y sufrir, y no obstante conserven un corazón alegre que lo encomienda todo a Dios y le dice: "Yo hago lo que se me encargó. Si esto me acarrea persecuciones, las soportaré hasta donde me alcancen las fuerzas. Y si he de morir, encomiendo mi alma al Señor, para que el cuidado quede totalmente en manos de aquel que asumió la responsabilidad de velar por mí." Pero nosotros invertimos los papeles; nos desgarramos y consumimos con nuestros temores y ansiedades, y nos preguntamos: "¿Cómo puedo hacer esto, y cómo lograr aquello?" Y en esto nos detenemos tanto que al fin y al cabo no hacemos ni logramos nada. El Predicador dice: "Cumple con tu deber, y no te inquietes con vanas preocupaciones" [15]. Aunque estemos ansiosos por largo tiempo de que llueva o de que brille el sol, no por eso el tiempo cambiará. Mucho mejor será que ares la tierra y ruegues: "Hágase tu voluntad, así en la tierra como en el cielo". Las eternas preocupaciones de los campesinos y de los nobles vienen directamente del diablo. Los cristianos hemos sido llamados a trabajar, y a sufrir. El que quiere desempeñar bien su oficio, tendrá que cargar también con diversos padecimientos. Hagamos pues estas dos cosas: trabajemos, y suframos; lo tercero, el preocuparse, encomendémoselo a Dios. El mundo hace lo contrario, y con esto se pone trabas a sí mismo: no quiere saber nada de padecimientos, y precisamente por eso se hunde más y más en sus preocupaciones. No puedes hacer cosa mejor que trabajar sin largas cavilaciones, y rogar que Dios bendiga la obra de tus manos. Y si después se os presentan adversidades, soportadlas con ánimo sereno. No por esto debes sentirte abandonado por Dios; sino que puedes decir con toda calma: "Oré, y encomendé las cosas al Señor; él ya lo llevará todo a feliz término".

Quien echa su ansiedad sobre Dios, puede vivir feliz y confiado.

Esta enseñanza la tenemos solamente los cristianos; el papa, los juristas y los turcos no la tienen. Los judíos *podrían* tenerla, si no blasfemasen contra Cristo. Pensemos siempre en esto: Dios es el Omnipotente que puede darnos todas las cosas; invoquémosle sin temor alguno como a nuestro Padre, y dejemos que él tenga cuidado de nosotros. Así es como a él le agrada. Y así es como podemos hacer para quedar libres de todas las preocupaciones. Él tiene hombros robustos, por eso

[15] Ecl. cap. 11.

echad sobre él todas vuestras cargas. "Porque él tiene cuidado de vosotros." ¡Cuán contentos nos pondríamos si esta seguridad de "cuidar de nosotros" nos la diera una persona con una inmensa fortuna; si nos la diera un hombre capaz de cuidar de nuestra vida y de nuestro sustento; si un príncipe pudiera hacer esto por nosotros! ¡Cuánto más debiéramos alegrarnos al oír predicar en este momento que esta seguridad nos la da Dios, el Veraz, el Omnipotente, tan veraz y omnipotente que tranquilamente podemos echar sobre él toda nuestra ansiedad! Si lo hiciéramos, viviríamos mitad en el paraíso. Si nos diéramos cuenta de que aquí se nos ofrece la liberación de todas las preocupaciones, nuestra vida sería verdaderamente feliz. ¡Cómo corríamos en otros tiempos a Roma y a otros lugares de peregrinación, anhelando poder librarnos de preocupaciones! Impulsado por este anhelo yo me hice monje, y si hubiera tenido que correr hasta los últimos confines de la tierra, de seguro que lo habría hecho. Y ahora Dios viene a nosotros sin que nos cueste un centavo. El Dios que te creó y que mantiene tu vida, él tiene cuidado de ti. Mientras tú mismo quieras tener cuidado de ti, habrá martirios más que suficientes. Pero cuando te dedicas a tu trabajo y soportas los males que se te presentan, Dios tiene cuidado de ti. Si las cosas no van como tú quisieras, no te inquietes: el Todopoderoso mismo tiene cuidado de ti. Si adoptáramos esta práctica, tendríamos medio reino celestial, medio paraíso sobre la tierra. ¡Imagínate lo precioso que es vivir tranquila y pacíficamente al amparo del Altísimo! Aun cuando el mundo esté lleno del mal francés [16] o de la peste, el que se sabe cuidado por el Señor puede mantenerse con ánimo bueno y alegre. De dónde viene la peste [17], no me interesa ni me importa; porque Dios es Señor también sobre ella. Para un hombre que lo encomienda todo a Dios, todos los males, aun los peores, se convertirían en un yugo suave. El que no lo hace, es incapaz para toda obra buena, incluso para el sufrimiento, y se torna más y más inservible — una verdadera vergüenza.

Quien se entrega a dudas y aprensiones se torna inservible.

Si deseas ver a Pedro —no su cráneo, sino su corazón— entonces escucha lo que te dice: "Echad vuestra ansiedad sobre Dios, no la llevéis a cuestas como una carga pesada." Y este "echar sobre Dios" debes hacerlo sin pensar dubitativamente:

[16] *Frantzosen* = mal francés, morbo gálico, o sea, la sífilis, flagelo que desde fines del siglo XV comenzó a difundirse en grande escala en Europa.

[17] En la década de 1530, Wittenberg fue azotada varias veces por la peste.

"¡Quién sabe si Dios se acuerda de mí!" Pues esta duda te resta capacidad tanto para el trabajo como para el padecimiento. Tampoco es el caso que al echar vuestra ansiedad sobre Dios, la tiráis simplemente en un rincón, como opinan los que quieren saberlo todo mejor; tan fácil no es desprenderse de las ansiedades. Por esto, Pedro te dice: No dudes de que Dios te ordenó echar *sobre él* lo que te preocupa, y echar sobre él *todo cuanto puedas*. Cuanto más echas sobre él, tanto más le agrada. Si procedes de esta manera, lograrás en un solo año más que otros en cien. Un soberano que anda con temores, no cumple con su deber. En cambio, el hombre que dice: "A ti, Señor, encomiendo mi plan o mi trabajo; en tu nombre me arriesgaré a emprenderlo; si me da mal resultado, lo soportaré con ánimo sereno" — el tal hombre puede hacer mucho bien; porque la gran piedra, a saber, su incredulidad, su ansiedad y sus lúgubres pensamientos, ha sido removida. Esta piedra está colgada ahora en el cuello de nuestro Señor y Dios; allí está en lugar seguro. En verdad, una máxima excelente, áurea, que todos debiéramos grabarnos en la memoria: "Ten la certeza de que el Señor tiene cuidado de ti". Satanás siembra la ansiedad en nuestro corazón; pero allí no es el lugar para ella, sino sobre las espaldas de nuestro Dios. Él nos dice: "Yo ya me ocuparé en velar por la marcha de tu trabajo, sea en tu casa o donde fuere". Si los hombres no se atienen a esto, se les llena el corazón de tristeza y preocupaciones; y en consecuencia, se vuelven malhumorados y desganados, temerosos ante el más insignificante obstáculo, incapaces de sufrir reveses. Y lo tienen bien merecido por su terquedad con que invierten las cosas: los que ocupan un cargo de responsabilidad, no quieren echar sobre Dios sus ansiedades, por esto los asaltan mil temores. Si tuviéramos personas capacitadas para ejercer el gobierno y fieles en el desempeño de sus obligaciones, no habría por qué temer fracasos. Pero de los consejeros, nobles, jueces y pastores, ninguno quiere molestarse. Ciertamente, si por entregarte a vanas preocupaciones descuidas tus tareas de gobernante, tendrás que rendir cuentas de ello ante Dios. Tú, príncipe, llevas una corona; tú, obispo, un rosario; los hombres te tributan respeto, os rinden honores, os invisten de poder, os confieren cargos en el gobierno, etcétera. Vosotros en cambio no cumplís con vuestros deberes, sólo queréis hacer vuestro agosto, y no ensuciaros los zapatos. ¿No véis cuán necesario es ejercer un buen gobierno, aplicar castigos a los que no acatan las leyes, encaminar bien a la juventud? Si todo esto se hiciera por sí solo, no habría ninguna necesidad de implantar instituciones y poderes. Pero la voluntad de Dios es valerse de *tus* servicios para ejecutar *su* obra; a través de nuestra debilidad, él quiere manifestar *su* majestad. En este sentido me aceptó a mí como predicador, a mí que no soy más que una mosca y una burbuja, a mí a quien él previamente creó de la nada. Y de la misma manera nos aceptó a todos, a pesar de que ante él no somos nada: hoy vivimos, mañana morimos. No obstante, Dios no enfrenta al diablo con su divina gloria y majestad como lo hará en el día postrero, sino que por ahora puede hacerlo también, y con éxito, mediante hombres que son pura debilidad e insensatez.

Hay que estar alerta, pues bajo la ansiedad se esconde el diablo con sus acechanzas.

Después de exhortarnos a echar nuestra ansiedad sobre Dios, Pedro nos habla del diablo (v. 8). Con esto te muestra claramente que el que provoca la ansiedad y causa todos los males, es el diablo. El diablo "anda alrededor como león rugiente". No fuimos sentados sobre cojines para pasar una buena vida. Antes bien, nos vemos enfrentados con un terrible adversario, el diablo. Si sólo tuviésemos que luchar contra sangre y carne, la lucha sería fácil. Lo grave es que nuestro enemigo es el *diablo*. Este enemigo está lleno de maldad, y es un enemigo poderoso. No tiene la intención de pelear contra piedras y árboles — si bien a veces se dedica también a esto — sino que el blanco de su furor sois vosotros los cristianos. No es un adversario que pasa el tiempo roncando sobre blandos almohadones, sino que anda alrededor día y noche, sin descanso. Y esto lo hace no simplemente para ver lo que estáis haciendo, sino para buscar cómo devoraros. Por lo tanto, no os sintáis tan seguros como si el diablo estuviera allende los mares. Él está aquí, en nuestra ciudad, en nuestro hogar, en nuestra propia carne y sangre, y tenemos a la vista los males que causa, los actos de violencia, la envidia, por no hablar de atrocidades más grandes aún, como asesinatos, etc. Sabemos p. ej. que cerca de Eilenburg, una mujer, enceguecida y poseída por el diablo, mató a su propio esposo porque otro hombre la había seducido. Tales casos el diablo los origina a menudo. Estemos atentos, pues, a lo que nos dice Pedro. Tenemos un adversario que no sólo entorpece las funciones del gobierno eclesiástico y civil, sino que además induce a los hombres a cometer los más detestables crímenes. Sólo aquí, en la palabra de Dios, oímos la verdad en cuanto al diablo, sólo aquí se nos enseña a comprender cuáles son sus intenciones. Pero los hombres no prestan atención a la palabra de Dios, y así llegan a ser después una fácil presa del diablo. Si ya a nosotros, que oímos la palabra de Dios a diario, nos cuesta tanto resistir al diablo, ¿cómo podrán defenderse de él los que actúan sin ningún conocimiento, fe y temor de Dios? Permanezcamos, pues, firmes en la palabra, y Dios tendrá cuidado de nosotros.

RECONOZCAMOS Y AGRADEZCAMOS CON GOZO LA PROVIDENCIA DIVINA

Sermón para el 12º Domingo después de Trinidad.
Fecha: 8 de septiembre de 1538.

Texto: Marcos 7:31-37. Volviendo a salir de la región de Tiro, vino por Sidón al mar de Galilea, pasando por la región de Decápolis. Y le trajeron un sordo y tartamudo, y le rogaron que le pusiera la mano encima. Y tomándole aparte de la gente, metió los dedos en las orejas de él, y escupiendo, tocó su lengua; y levantando los ojos al cielo, gimió, y le dijo: Efata, es decir: Sé abierto. Y al momento fueron abiertos sus oídos, y se desató la ligadura de su lengua, y hablaba bien. Y les mandó que no lo dijesen a nadie; pero cuanto más les mandaba, tanto más y más lo divulgaban. Y en gran manera se maravillaban, diciendo: Bien lo ha hecho todo; hace a los sordos oír, y a los mudos hablar.

1. *La creación entera nos invita a dar las gracias al Creador. Al maravillarnos de los milagros pequeños, no nos olvidemos de los milagros mayores.*

El Evangelio de hoy nos habla del milagro que Jesús hizo en un hombre que era sordo y además tartamudo, dos plagas que, como se sabe, siempre aparecen juntas. Como todos los demás milagros que hizo Jesús, también éste tiene una finalidad claramente definida: el Señor quiere llevar al hombre a una fe genuina, y apartarlo de la incredulidad. Comparado con los milagros que Dios obra todos los días, el de la curación del sordomudo es de relativamente poca importancia. En efecto: a diario nacen niños que carecen no sólo de la capacidad de escuchar y hablar, sino incluso de un alma racional, y en el transcurso de un año se los provee de todo esto: alma y cuerpo, capacidad de hablar y escuchar, etc. Por tratarse de un milagro tan común, ya no se le da importancia. No hay casi nadie en el mundo que le dé las gracias a Dios por el hecho de que su lengua, su oído y su vista estén en buen estado de funcionamiento. ¿Dónde están las personas que durante cincuenta años gozaron de una vista excelente, y que se lo hayan agradecido a Dios desde lo profundo del corazón? ¿Cuántos son los que se alegran de un milagro tan grande? Muchos se asombran del milagro de sanidad que Jesús hizo con el hombre aquel a quien le dio el oído y el habla. Pero de que ellos mismos tengan la facultad de oír y hablar — de esto no se asombran. Por medio de aquellos milagros menores, Cristo nos abre los ojos y el entendimiento para que podamos comprender sus milagros máximos; pues todo el mundo es sordo por cuanto no logra entender cuánto hay de verdaderamente milagroso en su derredor. Se dice que Pitágoras sostenía que los astros, al recorrer su órbita, producen un canto y una armonía tal que si uno tuviera órganos de percepción adecuados, escucharía una música de singular belleza [1]. Si el hombre no fuera tan ciego, vería en la bóveda celeste prodigios tales que le harían morir de puro gozo. De este modo, la creación entera canta en mil lenguas la gloria del Creador, y todo hombre tiene dos ojos para ver y dos orejas para oír.

La lengua, los oídos y los ojos deben alabar los dones de Dios.

Por todos estos dones debiéramos dar gracias a Dios con alegría. Pero así como los hombres no oyen aquellos sonidos de los astros, tampoco ven estos milagros cotidianos. Es por ello que nuestro Señor a veces no le concede a un hombre el don de la vista o del habla, para que se vea qué tesoro más precioso es poder hablar y oír; y así nos quiere despertar y estimular a la gratitud. Pero es en vano; por tenerlos a mano todos los días, los dones de Dios nos dejan indiferentes. Lo mismo ya lo hace notar San Agustín [2]. Todas las criaturas nos exhortan en alta voz a que estemos agradecidos a Dios y digamos: "Bien lo ha hecho todo", como leemos en la parte final de nuestro Evangelio. Nosotros, en verdad, tenemos un oído más noble y más excelente, y también una capacidad de hablar mucho más desarrollada que aquel hombre, pues nosotros poseemos estos dones ya desde el seno de nuestra madre. Esto debiera movernos

[1] Pitágoras, filósofo y matemático griego del siglo VI a. de Cr., enseñaba que el movimiento de los cuerpos celestes produce sonidos admirablemente armoniosos (la "armonía de las esferas") no perceptibles para el común de los mortales, pero sí para los "iniciados".

[2] Agustín: véase Sermón 41, Nota 3.

a la gratitud, y a decir: "Gracias te doy, oh Dios, porque me has dado oídos tan agudos y una lengua tan ágil". Pero por desgracia, nosotros no somos tan agradecidos como lo fue aquella gente que dijo: "Bien lo ha hecho todo". Antes bien, somos "como el mulo, sin entendimiento" (Salmo 32:9). Por otra parte, ¡para injuriar a Dios, y para blasfemar de él, para esto nuestra lengua no es nada perezosa, ni lo es para difamar al prójimo y causarle daño, para maldecir a Dios y condenarnos a nosotros mismos! ¿O acaso recibiste tus oídos para que el oír la palabra de la verdad te produzca hastío, y en lugar de ello prefieras escuchar a quienes la desacreditan? No, amigo mío, para esto no se te han dado oídos y lengua, sino para alabar a Dios como lo hicieron las personas de que nos habla el Evangelio. No blasfemar, sino cantar al Señor y darle gracias con gozo: esto es lo que la lengua debe hacer. Y los oídos por su parte han de servir con alegría al prójimo y a Dios. Quien usase de esta manera los órganos que le han sido dados, el tal experimentaría la verdadera "alegría en Dios"[3]. Sin embargo, el diablo impide todo esto, más aún, lo convierte justamente en lo contrario, de modo que en vez de usar los oídos y la lengua para la alabanza y el agradecimiento, abusamos de ellos para blasfemar contra Dios, para causar daño a nuestro prójimo, y para acarrearnos a nosotros mismos la condenación.

2. *La ingratitud del mundo hace caer sobre éste el juicio de Dios. Haciendo oídos sordos ante la bondad de Dios, el mundo deshonra los dones divinos.*

Es por esto que Cristo entona su "Efata", es decir: "¡Ábrete de una vez!" Si tuviéramos ojos para ver y oídos para oír, el trigo nos diría: "¡Regocíjate en el Señor, come, bebe, úsame para ti mismo y también para servir a tu prójimo! Yo te llenaré tus depósitos". Asimismo nos hablan las vacas cuando salen a los campos de pastoreo y luego vuelven al corral. Si yo no fuera sordo, las oiría decir: "Alegraos, porque nosotras os traemos manteca y queso; comed, bebed, y haced participar a los demás." También las gallinas con su cacarear nos exhortan: "¡Alegraos, que nosotras os proveeremos de huevos!" Y las aves cantan: "¡Alegraos, pronto tendremos pichoncitos!" Así también me alegro al oír el gruñido de los cerdos, que me hace pensar en la sabrosa carne y las salchichas que nos dan. Todas las criaturas de Dios hablan con nosotros. Por lo tanto, cada uno debiera pensar: "Disfrutaré lo que Dios me ha regalado, y lo compartiré también con otros; de todos modos, por darle algo a mi prójimo necesitado, no me moriré de hambre."

[3] Comp. Is. 61:10; Hab. 3:18; Fil. 4:4.

Pero el maldito Satanás no lo permite; de otra manera, la gente oiría cómo Dios les habla a través de sus criaturas. En lugar de esto, todos piensan en cómo conseguir más y más. Y esta avaricia tiene la culpa de que los dones divinos estén criando moho. Si pudiésemos vender a nuestro prójimo una mísera fanega de trigo a precio de oro, con mucho gusto lo haríamos. Así nos arruinamos a nosotros mismos la alegría con nuestro afán y nuestra avaricia, y deshonramos con ello a nuestro Dios, como si él no fuera capaz de darnos el sustento necesario. Los campesinos hacen como si estuvieran a punto de morirse de hambre. El regocijo por los dones de Dios es cosa desconocida para ellos; en cambio, se deleitan en perjudicar a sus prójimos, al igual que aquella gente de Jerusalén[4] a la que todos maldecían, y con justa razón, por su desvergonzado e impaciente afán de "achicar la medida y subir el precio". Lo mismo sucede hoy en día; no se piensa en otra cosa sino en causar daño a los demás, y en echar veneno y pestilencia sobre los dones de Dios.

Dios castiga al mundo privándolo de sus dones.

Con tal actitud, sin embargo, el mundo atrae sobre sí el juicio divino. La terrible peste porcina de estos días es una señal evidente de ello. Y no sería de extrañar en absoluto si nuestro Señor acabara con todo y no hiciera prosperar nada. Es únicamente su bondad insondable lo que le impide actuar en la forma como tu impío afán y tu avaricia lo merecerían. Si él te diera lo que mereces, ya verías a qué conduce la avaricia. En tiempos de Joram, cuando vivía Eliseo, hubo una época de hambre que duró siete años[5]. Murieron innumerables personas, y no quedaron más que cinco caballos[6]. Acabáronse entonces las oraciones de acción de gracias después de la comida. Madres hubo que devoraron a sus propios hijos[7]. Si tal desastre nos sobreviniera a nosotros, ¿qué haríamos? No cabe duda: lo tendríamos bien merecido. No somos dignos de oír trinar a un pájaro o gruñir a un cerdo. Somos como los ídolos de los paganos, de los cuales dice el Salmo (114:5 y sigs.): "Tienen boca, mas no hablan; tienen ojos, mas no ven; orejas tienen, mas no oyen". Los que se comportan como desagradecidos y avaros, son semejantes a aquellos ídolos, es decir, tienen ojos, mas no ven los dones divinos; tienen orejas, mas no oyen lo que las criaturas de Dios les dicen. Éste y no otro es el caso de los habitantes de las ciudades y de los campesinos de hoy

[4] Alusión a Am. 8:5 (donde, sin embargo, se describe la situación imperante no en Jerusalén, sino en el reino norteño de Israel).

[5] 2 R. 8:1; véase también 2 R. 4:38; 6:25.

[6] 2 R. 7:13.

[7] 2 R. 6:29.

día. No sirven a Dios, ni tampoco se sirven unos a otros, sino que sirven al oro, a la plata y al trigo que poseen. Pero estos ídolos, obra de manos de hombres, no oyen ni ven; el dios de ellos es, por lo tanto, un dios muerto. Si no existiera el Dios viviente que año tras año los colma de bienes, toda esa gente perecería. En pocas palabras: así como son ciegos sus bienes, así son ciegos también ellos mismos, ya que a pesar de tener orejas, no oyen lo que Dios les dice mediante sus criaturas. Si Dios proveyó ovejas que nos surten de lana, carne, queso, etc., y que nos anuncian en su nombre: "El año próximo haré otro tanto", no se abre una sola boca para darle las gracias, y no se extiende una sola mano para compartir con el prójimo los bienes recibidos. Y esto es precisamente el objetivo que quiere alcanzar el Evangelio del domingo de hoy: lograr que el ejemplo de aquel único hombre, curado por Cristo de su sordomudez, nos estimule a todos nosotros a convertirnos en hombres prontos para oír y para hablar. Mas por desgracia, no estamos dispuestos a oír, aun cuando el mundo entero y las criaturas todas nos llenan los oídos con su testimonio, y Dios mismo nos promete tener cuidado de nosotros. Pero el día que ocurra lo que con gran temor estamos vislumbrando, ¡piensa que lo tienes bien merecido!

3. *Los hijos agradecidos de Dios son sustentados por su divina misericordia.*

Al que tiene oídos abiertos, Dios le ampara en las angustias.

Lo que el impío teme, esto también le acontece. El justo en cambio no padecerá necesidad, pues en tiempos de hambre le sucederá como sucedió en los días de Elías: en aquel entonces, la gente también estaba llena de avaricia, adoraba a sus falsos dioses, y su máximo afán era juntar dinero, cuanto más, mejor; temían que si no lo hacían, se morirían de hambre. Y lo que temían, esto justamente les pasó: todo murió y se perdió [8]. A sus profetas empero, Dios los sustentó por medio de Abdías [9]. Y antes de permitir que Elías pereciera, Dios proveyó un cuervo para que le trajera alimentos [10]. Y una vez que el cuervo hubo cumplido con su misión, Elías llegó a la casa de la viuda de Sarepta [11] que de ahí en más se encargaría de mantenerlo. "Vete", le dice el profeta a la mujer, "prepárame algún bocado, que tengo hambre". "¿Qué quiere que le prepare, buen

[8] 1 R. 17:1; 18:5.
[9] 1 R. 18:4.
[10] 1 R. 17:2 y sigtes.
[11] 1 R. 17:8 y sigtes.

señor?" le replica la mujer, "no tengo pan cocido en casa; solamente un puñado de harina tengo en la tinaja, y un poco de aceite en una vasija". Mas Elías insiste: "Haz lo que te pedí; pues el Señor me dijo: Vete a Sarepta, allí hay una viuda a la cual le he dado orden de que te sustente". La viuda fue, y he aquí, sus pobres recursos fueron bendecidos de tal manera que el puñado de harina y el resto de aceite alcanzaron para mucho más de lo que ella podía haberse imaginado. Ahí se vio que la promesa de Dios de que "los justos no perecerán" se cumple sin falta [12]. Pero también se cumple lo que temen los injustos, a saber, que su pan se convierta en piedras y su agua en guijarros. Por otra parte, para el presente año se habían pronosticado diversas calamidades, y sin embargo resultó un año nada malo. Tú pues piensa de esta manera: "No quiero mostrarme avaro con mi prójimo ni quiero tener miedo de posibles carestías. El año que viene, Dios volverá a pasar por acá y ayudará a dar a la ciudad el alimento necesario. Por eso compartiré con mi prójimo lo que tengo; ¿acaso no lo he recibido como don de Dios?" ¡Qué alegría sería esto para Dios: alabanza y gratitud elevadas a él, ayuda llevada al prójimo! Pero ¿dónde ocurre esto? En nuestro Evangelio, no obstante, se nos predica en alta voz para que lo oigamos todos: "Las ovejas, las vacas, los árboles en flor os dicen: 'Efata'." No en vano fue pronunciada esta palabra; incluso el evangelista la puso aquí en idioma hebreo, para que la consideremos una palabra digna de ser tenida en cuenta, y de gran importancia. Su significado es: ¡Todas las criaturas te hacen llegar sus voces; por tanto, abre tus oídos! Y en efecto: siempre hay algunos que escuchan este llamado, como aquel sordomudo al que le fueron abiertos los oídos.

Quien tiene oídos para oír, gime juntamente con Cristo por la ingratitud del mundo.

Nuestro texto añade que Cristo "gimió". Hay quienes dicen que este gemido se debió a que Cristo preveía que el hombre sanado no tardaría en usar su lengua para pecar. No es por esto que el Señor gime, sino porque ve que el diablo tomó posesión tan completa de los hombres que ya nadie es capaz de oír y de dar gracias a Dios. Igualmente, a toda persona piadosa le duele que el mundo sea tan ciego, que todos le vuelvan las espaldas a Dios, le desprecien y deshonren, y que uno engañe al otro. Le duele, y lo considera una verdadera calamidad y martirio, tener que ver y oír cómo las ovejas tienen año tras año sus corderitos, cómo el campo produce año tras año su

[12] Comp. Pr. 10:3; 12:21; Sal. 37:17, 25 y otros.

fruto, cómo Dios hace ver a los hombres su despensa y su cocina repletas con que diariamente alimenta al mundo entero — y no obstante, nadie tiene una mirada, una palabra de agradecimiento para el cocinero y despensero. ¡Y eso que todos podríais regocijaros, libres de preocupaciones; sólo tendríais que *ver* lo que Dios os ofrece, y aceptarlo! Sin embargo, tenemos ojos, mas no vemos; orejas tenemos, mas no oímos. Es a causa de nosotros, pues, que el Señor prorrumpe en gemidos. *Nosotros* somos los que motivamos su gemir, por cuanto por obra de Satanás nos mostramos tan enceguecidos, malhumorados y enmudecidos. Y ¿cuál es el resultado? En lugar de la alabanza que le corresponde, Dios tiene que cosechar ingratitud, desprecio y blasfemias de parte de sus servidores. ¡Y luego nos llenamos de impaciencia cuando los que debieran vendernos el cereal, lo retienen [13]! ¿No veis que Dios castiga así la avidez del uno con la avidez del otro? Con tu codicia te amargas además tu propia vida. Aun cuando la cosecha fracasara tres, cuatro, cinco años seguidos, debiéramos pensar: no hemos merecido otra cosa.

Resumen final

Dios quiere abrirnos a todos los oídos. Ésta es, pues, la finalidad primordial del milagro, en sí pequeño, hecho en el hombre sordomudo: que sea divulgado ante todo aquel milagro grande de que todos los hombres reciben lenguas para agradecer al Señor, y oídos para escuchar su palabra. ¡Enmiéndese, por lo tanto, quien enmendarse quiera! Y tenlo por seguro: ¡lo que tratas de obtener mediante la avaricia, no lo obtendrás! Tú empero, que tienes la facultad de ver, quédate con tu alegría, y déjale al mundo su dolor [14]. Tú siempre recibirás lo suficiente.

[13] Para obtener más tarde mejores precios.

[14] Si el mundo no quiere cambiar de actitud y llegar a la alegría, hay que dejarlo que sufra las tristes consecuencias.

EL USO RESPONSABLE DE LOS BIENES MATERIALES

Sermón dado ante la corte del Elector Juan Federico de Sajonia.[1]

Fecha: Jueves 5 de septiembre de 1532.

Texto: Lucas 16:1-9. Dijo también a sus discípulos: Había un hombre rico que tenía un mayordomo, y éste fue acusado ante él como disipador de sus bienes. Entonces le llamó, y le dijo: ¿Qué es esto que oigo acerca de ti? Da cuenta de tu mayordomía, porque ya no podrás ser mayordomo. Entonces el mayordomo dijo para sí: ¿Qué haré? Porque mi amo me quita la mayordomía. Cavar, no puedo; mendigar, me da vergüenza. Ya sé lo que haré para que cuando se me quite de la mayordomía, me reciban en sus casas. Y llamando a cada uno de los deudores de su amo, dijo al primero: ¿Cuánto debes a mi amo? Él dijo: Cien barriles de aceite. Y le dijo: Toma tu cuenta, siéntate pronto, y escribe cincuenta. Después dijo a otro: Y tú, ¿cuánto debes? Y él dijo: Cien medidas de trigo. Él le dijo: Toma tu cuenta, y escribe ochenta. Y alabó el amo al mayordomo malo por haber hecho sagazmente; porque los hijos de este siglo son más sagaces en el trato con sus semejantes que los hijos de luz. Y yo os digo: Ganad amigos por medio de las riquezas injustas, para que cuando éstas falten, os reciban en las moradas eternas.

[1] La presencia en Wittenberg del Elector Juan Federico, sucesor de su padre Juan (fallecido el 16 de agosto de 1532) fue motivo para que Lutero iniciara una serie de sermones en que trató los caps. 15 y 16 del Evangelio según San Lucas. Los 5 sermones (23 y 24 de agosto, 4, 5 y 6 de septiembre) los dio en la iglesia palatina de Wittenberg.

Introducción: Cristo nos exhorta a hacer buen uso de nuestros bienes.

Presentemos a nuestro buen Dios un sacrificio en señal de alabanza y gratitud, escuchando su santa palabra, y luego viviendo también santamente conforme a ella, con las fuerzas que el Señor nos da. Oímos ayer[2] que Cristo mostró a sus oyentes al mayordomo infiel como un ejemplo para que imitemos su prudencia. Muy bien lo dispuso todo para escapar del hambre y de las penurias. Y aunque las medidas que tomó resultaron en perjuicio de su amo, sin embargo logró ganarse la aprobación de éste, y con esto su futuro quedó asegurado. Así haced también vosotros, a saber: "Ganad amigos por medio de las riquezas injustas". Aquel mayordomo, dice Cristo, al ver que se acercaban para él tiempos difíciles, tiempos de pobreza y miseria y hasta de hambre, se las arregló para ganar amigos con los bienes de su amo, robándole y engañándolo, para que tuviese dónde parar. Haced vosotros lo mismo: ganad amigos con vuestros bienes, para que cuando éstos falten, os reciban en el cielo.

1. *El mayordomo se hace culpable por usar incorrectamente los bienes de su amo.*

El excesivo amor a lo material es ingratitud hacia Dios.

Al comparar los bienes nuestros con los bienes mal habidos del mayordomo, diciendo con palabras expresas que son "riquezas injustas", Cristo nos imparte una lección muy dura. Nos trata como si todos fuésemos malos mayordomos y como si usáramos sus bienes en perjuicio de él; de sus palabras podría desprenderse que cuanto más uso hacemos de sus bienes, tanto más empeoramos. ¡Sin embargo, yo creía que los bienes que Dios nos da en la casa y en el campo, los poseíamos con su beneplácito y honradamente! ¿Cómo se puede decir que mi quinta, mi campo, mi casa, mi palacio, mi ducado y mi reino es un Mamón[3] robado, hurtado, injusto? Si fuera así, ya nadie podría atreverse a comer un bocado de pan; siempre tendría que pensar: "Soy un ladrón, soy un ladrón". Hay una buena explicación de este problema: el Mamón se llama "in-

[2] El 4 de septiembre, Lutero había predicado sobre el mismo texto, ante el mismo auditorio.

[3] Palabra de origen arameo que figura en el texto original griego de Mt. 6:24 y Lc. 16:9, 11-13 (*mam(m)onás*, Vulg. *mammona*) y que Lutero adoptó también en su versión alemana de la Biblia por "riquezas". Aun la Vers. Reina-Valera, Revisión 1960, trae "Mamón" como nota al pie de la página tanto en Mt. 6 como en Lc. 16.

justo" no porque fue adquirido con medios ilícitos, sino porque se lo pone al servicio de la injusticia. Como explicación se puede aceptar. Lo que pasa es que no se quiere ir al fondo de la cuestión. Así es que en el mundo gobierna la avaricia, y el Mamón es el dios que todos adoran. Lo tenemos a la vista, y sin embargo, no debiera ser así. Pablo dice en Romanos 8 (v. 20) que la creación fue sujetada a la vanidad o al abuso; y en verdad, el abuso que se hace de las riquezas es una completa vanidad, ya que nuestro Señor Jesucristo mismo, hablando del alto valor que tienen nuestros cinco sentidos y nuestro cuerpo, pone todo el oro y la plata a la altura de trastos viejos[4]. Pero ¿qué ocurre? ¡cuanto más dinero logra juntar un hombre, tanto más se le respeta, y el que blasfema del Dios altísimo, es el que mejor lo pasa! Sin embargo, ese dinero no lo junta para socorrer a las necesidades de su prójimo, sino exclusivamente para su uso personal. Y precisamente de ese mal uso se los quiere apartar a los hombres, y se los quiere inducir a que usen sus bienes en forma acorde con la voluntad de Dios. Ésta es también la opinión de Cristo al contarnos la parábola del mayordomo infiel: llama "injusto" al Mamón, o sea, a nuestras riquezas, para humillarnos a nosotros y a todos cuantos quieran aceptar su palabra. Pero la gran mayoría no la acepta. Ante esa mayoría bastará con que puedas aducir en favor tuyo: "Mis bienes y mi dinero los he adquirido en forma honrada y lícita, no tengo nada que ocultar ante nadie". Ante Dios empero no puedes jactarte de la adquisición honrada ni de un solo centavo. Puede que seas un poco mejor que aquel mayordomo del que nuestro texto dice que había robado. Pero si analizamos las cosas a fondo, todos somos hombres que han sido concebidos en pecados y que viven en pecados; no somos dignos de que nos lleve la tierra, ni de un bocado de pan ni de un sorbo de agua. Pues si Dios quisiera proceder con pleno rigor, tendría que decirnos: "Yo te di alma y cuerpo, ojos y oídos, mujer e hijos, y una bolsa llena de oro; ¿y qué hiciste tú por mí, de qué manera me lo agradeciste?" Si Dios nos hablara en tales términos, nuestra conciencia quedaría tan aterrada que desearíamos no haber comido jamás un bocado de pan ni haber mamado la leche materna. Y mucho más aterrados aún quedarán los que han cometido abierto abuso y se han negado a ayudar a su prójimo con los bienes que Dios les dio.

[4] Comp. Mt. 6:25.

Dejar padecer necesidad al prójimo también es una forma de ingratitud.

Nada diré por el momento de los que adquirieron su fortuna mediante el robo. Quiero hablar primeramente de los que suelen recalcar: "Lo que tengo es mío. Mi trigo y mi dinero, mi leche, queso y manteca, todo lo adquirí honradamente. Trata tú de adquirir lo tuyo en la misma forma". Ante el mundo podrán tener razón, en contraste con los que para hacerse de dinero recurren al robo, al hurto y a la usura. A ellos precisamente quiero referirme, a los que adquirieron lo suyo con medios lícitos y honrados, aprobados por Dios, pero que no dan ni prestan nada a nadie, pensando que todo es para ellos solos. Esto es *a los ojos de Dios* una ruindad. A tales personas, Dios les dice: "Yo te di estos bienes, y tú no dás nada a tu prójimo. ¿No debías haber ayudado a éste y a aquel otro que padece necesidad? ¿No sabes que todo lo que tienes es mío? Yo te di un cuerpo y una mente sanos para que ayudaras con ellos a tus semejantes. Tú empero no usaste mis dones para servir a tu prójimo, sino que los dejaste tirados en un rincón. ¿O cuándo me diste las gracias, cuándo te alegraste de que yo soy tu Dios que te ha dado todo lo que tienes?" Dios no necesita nuestros bienes materiales, pero lo que sí necesita es que reconozcamos: "Todo es tuyo; tú nos lo diste"; porque su divina voluntad es que en nuestro corazón habiten la reverencia y la humildad, y más amor a él que a los bienes materiales. Mas ¿dónde están los hombres con un corazón tal? Por esto, nadie puede responder a Dios a *una* cosa entre mil (Job 9:3), ni siquiera en lo que se refiere al servicio que debemos prestar a los hombres; del servicio a Dios ni hablemos. Tanta debiera ser mi piedad, que día y noche debiera alegrarme de que Dios me dio un cuerpo sano, el pan de cada día y todas las demás cosas. Pero esto no lo hace nadie; y si por acaso lo hacemos alguna vez en espíritu, seguramente no lo hacemos en la carne. Otra finalidad para la cual Dios me dio mis bienes es que yo parta mi pan con el hambriento (Isaías: 58:7). Entonces el Mamón ya no sería injusto sino justo, y yo sería un buen mayordomo y administraría los bienes del Señor en forma correcta. Pero lo que sucede es precisamente lo contrario. Por esto, el Mamón es injusto.

2. *La longanimidad del amo para con el mayordomo: Dios está dispuesto a perdonarnos nuestra ingratitud.*

El abuso más grosero lo cometen aquellos que roban descaradamente. Nosotros también cometemos abuso, pero de una manera sutil: no reconocemos que todo viene de Dios, y no le damos las gracias por ello. Por esto dice Cristo: El Mamón es injusto y seguirá siéndolo. Es Cristo el que dio al Mamón el nombre de "injusto", y no seré yo el que se lo quite. Pero no por esto el Señor quiere rechazarnos; de ahí su exhortación: "Ganad amigos por medio del Mamón injusto, para que os reciban en las moradas eternas". Cristo ubica las cosas en un nivel más bajo, más accesible para nosotros: no habla del amor a su propia persona, sino del amor al prójimo, como si quisiera decir: "Allí, ante vuestros propios ojos, tenéis a vuestro prójimo; éste os puede ayudar a entrar en las moradas eternas. Verdad es que todos vosotros sois unos malvados. Analizándolo con exactitud, os encuentro a todos vosotros como el amo aquel a su mayordomo. Pero os alabaré si hacéis como ese estafador." Había una mentalidad noble en aquel amo, que le hizo pensar: "¡No importa!" Con igual nobleza piensa también el Señor vuestro: "El daño, por cierto, es mío; me han quedado debiendo el honor que me corresponde, me han quedado debiendo también las gracias. Debo mencionar además que omitiste servir a tu prójimo. Todos mis bienes han sido despilfarrados. Pero sé de una reserva con que puedes ganar amigos; cuando hayas muerto, te crearé otros bienes y te daré otro trigo [5]. Por lo tanto, procurad evitar a tiempo vuestra ruina, mediante un sincero y activo amor al prójimo."

Saquemos pues las consecuencias adecuadas de lo que nos dice el Señor, y refugiémonos en el Perdón de los Pecados que confesamos en nuestro Credo. Mediante su parábola, Cristo nos hace saber: "Mi sincero propósito es perdonaros vuestra maldad, y pensar: Es una lástima, pero los hombres son así. Y bien: reconoced al menos que 'sois así', que sois mayordomos infieles, y que habéis contraído una deuda enorme. ¡Cuidado con el día de rendición de cuentas, u os quitaré de la mayordomía como lo hizo aquel amo. Por consiguiente, en lo sucesivo haced uso correcto de vuestros bienes, y desprendeos de todo lo que os da en mis ojos la imagen de malvados. Luchad contra vosotros mismos; porque mientras viva el viejo Adán con sus inclinaciones egoístas, vuestra gratitud nunca alcanzará un grado satisfactorio. Siempre figuraréis en mi lista de deudores. Acordaos por lo tanto de que vuestro trigo es trigo robado, y compartidlo con vuestro prójimo. Entonces 'os recibirán en las moradas eternas'."

[5] Comp. Lc. 16:7-9.

Dios exige empero que estemos dispuestos a servir al prójimo.

La lección que Cristo nos da, difiere mucho de la que aprendemos de los libros de jurisprudencia o de los dictados de la razón. Lo que expone Cristo es el juicio del evangelio. Un hombre rico jamás se considera a sí mismo un ladrón. Si es prudente y sagaz, sano y fuerte, su opinión es que no debe nada a nadie por ello. Y si alguien posee conocimientos o destreza especiales en cierto ramo, ya se cree todo un señor. Ante *Dios*, esto no es justo, aunque ante los hombres parezca serlo; ¿o fue acaso tu prójimo el que te creó, te dio los ojos y oídos y todo lo demás? Nada, absolutamente nada te dio. Por eso, ante mí, que también soy hombre, bien puedes mostrar altivez y desprecio, y yo tengo que callarme la boca. Pero ¡ten cuidado! el que está allá arriba, algún día te dirá: "Y bien, noble caballero: yo te di tus manos y tu trabajo. ¿Para qué fin te los di? ¿Acaso para que trates con desdén al que padece necesidad y no tiene con qué cubrirla? ¡Aprende del mayordomo infiel a obrar sagazmente! Él te dice otra cosa." En igual insensatez incurriría yo si, habiendo aprendido a predicar, me hiciera el terco y pensara: ¿Acaso yo tengo que darte un sermón cada vez que se te ocurra pedirme uno? Así yo también podría hacer alarde del don mío, como lo haces tú del tuyo. Mas si Dios me llama a dar cuenta de mi mayordomía, me dirá: "¿No te di yo tu inteligencia para que sea de utilidad a los demás? ¿Crees que eres obispo[6] sólo para cobrar intereses, arrellenarte en tu sillón y roncar? No. Como arma contra los sectarios te la di, para que estés alerta y veles sobre mi grey." Sólo un 'diablo'[7] podría responder: "No me siento aludido". ¡Pero a ese que se lo lleve el diablo! Ésta y no otra es la suerte que tendrán que correr los hijos de este siglo. Nosotros en cambio, los hijos de luz, tenemos que consolarnos con que el Señor es un Señor clemente y misericordioso, noble y bueno, que no descarga su ira sobre el mayordomo infiel por el daño y perjuicio que éste le ocasionó abusando de sus bienes, sino que nos cubre con su grande y amplio manto que se llama "perdón de los pecados". Este perdón, así lo quiere Dios, ha de ser la fuerte bóveda que nos protege contra su espantoso juicio, contra su ira y contra la deuda que hemos contraído con nuestras muchas faltas. Si yo no tengo conocimiento de que Dios quiere perdonarme mis pecados, tendré que ir a lo más profundo del infier-

[6] "Obispo" en el sentido del griego *epískopos*, supervisor, comp. 1 Ti. cap. 3.

[7] Diablo del griego *diábolos*, "acusador, calumniador"; aquí con el significado de seductor, que en lugar de velar por la sana doctrina, permite y hace que la grey se descarríe.

no con mi horrible saldo deudor. Dios es un excelente matemático; todos mis pecados los tiene bien contados. Por esto, lo primero debe ser que yo me deslice bajo su gran manto; de otra manera no podré soportar que al abrir mi cuenta, el Señor me diga: "En el cielo no puedes entrar, porque hasta ahora has malgastado tus bienes y has abusado de ellos del modo más irresponsable". Y lo segundo que debo hacer es decirle: "De aquí en adelante confiaré sólo en ti, y serviré a mi prójimo con mi dinero, mis dones y mis bienes y con todo lo que tengo, para que así pueda entrar en las moradas eternas, y para que los amigos que gané por medio de las riquezas injustas me presenten ante tu trono porque hice algo en favor de ellos". Ahora, cada uno ponga la mano sobre su corazón y vea en qué situación se halla.

3. *La seria exigencia dirigida a la fidelidad del mayordomo. El que desprecia el mandamiento de Dios, se acarrea el juicio divino.*

Veo que el evangelio lo explica todo muy claramente. Pero los hombres se sienten tan seguros que no le dan la menor importancia. Siendo así las cosas, preferiría ni siquiera mencionar el 'dar', y darme por satisfecho con que la gente de hoy día por lo menos se abstuviera de estafar, defraudar y cobrar intereses excesivos. Antes se "daba" a manos llenas, y se "ayudaba" con generosidad, cuando los beneficiarios eran las iglesias y los conventos. Hoy en cambio todos fingen ser pobres que no pueden dar ni ayudar a nadie. Por esto se cumplirá en nosotros el dicho: "Después del calor, la tormenta", quiere decir, vendrán incendios, derramamiento de sangre y pestilencias. Más de uno se lamenta: "¡Estamos pasando tiempos tan malos! Antes, bajo el papado, no había tanta hambre ni tanta peste como ahora." Yo digo: ya bajo el papado habríamos merecido rayos y truenos. Y ahora que gozamos de la libre predicación del evangelio, somos peores que entonces. Claro, a mí también me gustaría que el cielo hiciera llover bendiciones sin cesar, que no me tocara mal alguno, y que Dios me permitiera hacer lo que me da la gana. Pero no puede ser que Dios conceda a los hombres diez, treinta o cincuenta años de tranquilidad durante los cuales los deja vivir en paz y los colma de bienes — y esos hombres no saben hacer otra cosa que amontonar dinero con cualquier medio lícito o ilícito. Es inevitable por lo tanto que vengan tiempos de carestía y de guerra, que caiga sobre la humanidad una desgracia tras otra, y al fin el fuego del infierno: porque tú nunca pensabas sino en entregarte al ocio y disfrutar de tu fortuna despreocupadamente y sin una palabra de agradecimiento; nunca se te ocurrió reconocer los dones de Dios o usarlos en la forma debida; más aún, querías arrebatarlo todo para ti mismo, y creías poder convertir a Dios en tu ídolo [8]. Si todavía no tienes la peste encima, y yo tuviera el poder de mandártela, créeme que te la mandaría, o si no la peste, unos cuantos soldados para que te desplumen. Esto es lo que mereces si durante treinta años quieres gozar de tus bienes a tu libre antojo y usarlos sin pensar un momento en Dios y en tu prójimo. Por consiguiente: en días de peste y carestía como los actuales, dí: "Debo darle las gracias a Dios; lo que me pasa, lo tengo bien merecido. ¿Por qué no llevé una vida más piadosa cuando reinaban tiempos de paz?" Pero en lugar de reconocer que ellos mismos tienen la culpa, dicen ahora: la culpa la tiene el evangelio. El evangelio es para la gente de hoy el 'diablo', el autor de todo lo malo. Y así, nuestro Señor para colmo tiene que aguantar críticas y reproches por haber enviado el evangelio, y porque tú fuiste durante toda tu vida un hombre impío, egoísta y desagradecido. Ni bien Dios te hace sentir un poco su vara, te pones a gritar: "¡La culpa la tiene el evangelio!" Sí, por eso te hará gritar también: "¡Ay, cómo aumenta la carestía, cuántos estragos causa la peste!" Y no te escuchará. Soportará impasible tus lamentos. Enviará un azote tras otro, y dirá: "Antes eras tú el que se hacía el sordo; ahora yo tampoco quiero oír." Tú te pusiste testarudo, ahora se pone testarudo él. "Yo llamé, y no quisisteis oír; extendí mi mano, y no hubo quien atendiese, sino que desechasteis todo consejo mío y mi represión no quisisteis. También yo me reiré de vuestra calamidad, y me burlaré cuando os viniere lo que teméis", leemos en Proverbios 1 (v. 24-26). Y así lo hará. Aceptad pues con resignación lo inevitable; y especialmente el pueblo que no muestra interés alguno en el evangelio y hace como si fuera inocente, arrepiéntase y diga: "Sometámonos sin protesta bajo la mano de Dios; lo que él nos da es lo que hemos merecido." Dios es justo; a él sea toda la alabanza. Cuando se produzcan derramamientos de sangre, hambre, peste y otras plagas, es porque ha llegado el momento para ello. "Tiene que llegar el día", dice el Señor, "en que hagamos cuentas, por cuanto no queréis servirme ni darme las gracias". Corresponde, pues, que aceptemos el juicio de Dios *cuando* venga y *cómo* venga. Cuanto más tiempo transcurra, más caro te saldrá. Por tus murmuraciones y blasfemias, Dios no demorará demasiado; al contrario. Y en vano darás coces contra el aguijón.

[8] Convertimos a Dios en ídolo cuando esperamos que satisfaga todos nuestros deseos y cumpla en todo nuestra voluntad.

Dios quiere que demos a nuestro prójimo los intereses que nos producen los bienes que Él nos dio.

Esto es lo que el Señor quiere decirnos con las palabras: "Ganad amigos por medio de las riquezas injustas." "Todos estáis en deudas conmigo, tanto por vuestra falta de agradecimiento como por vuestra falta de amor. Todos sois mayordomos infieles, aun cuando os esforzáis en vivir cristianamente. Pero no quiero pedir cuentas con demasiada exactitud; antes bien, arrancaré de mis libros las hojas en que figura lo que me debéis. Cubriré vuestros pecados con la tapa de mi gracia [9] y los perdonaré, siempre que en lo sucesivo me sirváis con vuestros bienes, de modo que perseveréis en el reconocimiento de mi bondad, en el agradecimiento por la misma, y en el amor hacia el prójimo." ¿Qué mejor cosa puede hacer Dios que destruir su lista de deudores, romper su tarja [10] y prometeros plena gracia y misericordia, con tal que de ahora en adelante hagáis lo que es vuestro deber? Quien cree no poder aceptar esta promesa, proponga algo mejor. He aquí, pues, la lección contenida en este Evangelio: debemos aprender la sagacidad de aquel mayordomo infiel, y proceder como él: hacer que se nos encuentre ocupados en servir al prójimo. Y aunque este servicio todavía no sea todo lo puro y perfecto que debiera ser, sea perfecto al menos en el sentido de que elevemos el rostro hacia Dios como quienes harían con gusto el bien. Cada cual haga en su propio oficio y vocación lo que debe hacer, y no vuelva las espaldas a su prójimo diciendo: "Mi dinero es mío, no debo nada a nadie". Puede ser que en efecto, no debas nada a nadie; sin embargo, tus bienes en realidad no son tuyos, sino del que habita en los cielos y que te coloca frente a tus narices a tu prójimo que está en la miseria. Y te dice: "De lo que te di, pido intereses; ¡dáselos a tu prójimo!" Él no te quita lo que tienes; te lo deja. Pero quiere mantener su carácter de propietario; pues los intereses no se pagan para *enriquecer* al amo, sino como testimonio de que él es el propietario, para que los campesinos arrendatarios no puedan decir: "el campo es propiedad mía". Dios sólo quiere los intereses que le corresponden, y te envía con ellos a las personas que él considera pobres. ¿Y tú qué quieres? ¿Quedarte con el campo que en realidad es campo arrendado, y por añadidura negarte a pagar el interés, como ocurre entre campesinos y nobles? Vendrá el día en que los bienes te serán quitados, y en que irás a parar con cuerpo y vida al abismo del infierno; y

[9] Expresión con que Lutero alude al "propiciatorio" o tapa que cubría el arca del testimonio; respecto de su significado, etc., véase Éx. cap. 25; Lv. cap. 16; Ro. 3:25.

[10] Caña o palo donde se va marcando, haciendo muescas, lo que se compra fiado.

los que entonces tendrían que ser tus amigos, serán tus adversarios y acusadores. Todo esto es una verdad predicada ya muchas veces, pero siempre hay que tratarla de nuevo.

4. *La fe como fuente de poder para una mayordomía adecuada. El problema de "fe y obras" no es para preguntones ociosos.*

Queda por resolver una cuestión: ¿Por qué el Señor asigna aquí a las obras que hacemos en nuestra vida terrenal una importancia tan grande, de modo que nuestras obras y el Mamón injusto, según Cristo, lograrán que por causa de ellos, los mendigos nos harán entrar en el cielo? ¡Triste cielo ha de ser aquel al que me facilitan la entrada brazos tales como los de los míseros a quienes en esta tierra les puedo ayudar con mis "riquezas injustas"! Y eso que ni ellos mismos están ya en el cielo; pues Cristo habla de personas que aún viven, no de los que han fallecido ya. A Pedro y a Pablo no los menciona para nada. Esto suena como si pudiéramos ganarnos el cielo con nuestras propias obras, incluso con obras que ni siquiera son buenas, ya que Cristo habla de las riquezas *injustas*. ¿Dónde queda aquí Cristo y su mensaje de que somos salvados de pura misericordia? ¿Qué vale, al fin y al cabo: la fe, o las obras? Esta cuestión no la quiero resolver ahora. Quien quiera una respuesta para usarla en contra de los que enseñan doctrina falsa, la hallará en los libros [11]. Los otros, que sólo quieren discutir y mostrar lo mucho que saben, no necesitan respuesta; a éstos hay que decirles: Primero comenzad a hacer buenas obras; después, cuando sepáis algo al respecto por experiencia propia, volveremos a hablar. Pero tú no quieres más que pasar por erudito y hacer interesantes comparaciones de textos bíblicos, cuando en realidad eres un idiota que no sería capaz de dar un centavo a Dios ni a los ángeles ni a su prójimo; por esto no seguiremos comentando el asunto contigo, sino que a gente como tú les señalaremos aquel dicho del Salmo 50 [12]. Oíste que se deben hacer buenas obras; pues bien, comienza a hacerlas, y luego pregunta si *ellas* te ayudan para algo, o si solamente la fe te ayuda. Los que en verdad hacen tales obras, no pueden hacerlas sin antes tener fe; ellos entienden esta pregunta. Mas aquellos que no la entienden ni la toman a pechos, son como los papistas que predican y escriben extensamente acerca de las buenas obras, y sin embargo no saben de ellas más

[11] Comp. los libros del propio Lutero, p. ej. *Las Buenas Obras* (1520) en: Obras de Lutero, Ed. Paidós, Bs. As., tomo II, pág. 23 y sigtes.

[12] El dicho en sí no se menciona en el sermón. Quizás Lutero se refiera a los vv. 16 y 17: "Pero al malo dijo Dios: ¿Qué tienes tú que hablar de mis leyes, y que tomar mi pacto en tu boca? Pues tú aborreces la corrección, y echas a tu espalda mis palabras."

que el ciego de los colores. ¿Qué sentido tendría entonces que yo le diera un largo sermón acerca de la fe, la gracia y las obras a una persona tal, si no lo entiende o no lo quiere entender? Por esto, simplemente le digo: "Ve, y haz tú lo mismo", como dijo Cristo a aquel intérprete de la ley (Lucas 10:37). Estos necios quieren tener un conocimiento perfecto de esa ciencia de las buenas obras, y sin embargo no han hecho ninguna; por esto su conocimiento es nulo. Y aunque te mates estudiando, no sabrás nada, y no llegarás más lejos que los papistas que de buenas obras saben tanto como el ciego de los colores. Hablan y hablan, pero no son capaces de aplicar su conocimiento en la práctica; porque a todos les pasa lo mismo: cuando el asunto va en serio, y cuando viene el diablo y los ataca con textos bíblicos en cuanto a buenas obras, se les acaba la sabiduría extraída de los libros. Si no tienes las Escrituras Sagradas en tu corazón, y al menos un poco de experiencia propia, los demás libros no te servirán de nada. Te pasará como al monje Tomás: cuando ya no sabía qué decir, tomaba en su mano un libro y declaraba: creo lo que dice este libro. Había llenado el mundo de libros; si hubiera tenido en su corazón el libro de Dios, habría sido mucho mejor. Esto lo digo de otros; ¿y no soy yo también un doctor [13]? Sí, pero yo sé de qué es capaz el diablo cuando entra en discusión con uno. Puede extinguir completamente la confianza en Cristo, y luego hacernos naufragar con nuestras buenas obras. En cambio aquella gente tan sabia, y al mismo tiempo tan inexperta, no lo sabe; por esto, cuando tendrían que presentar batalla, se darán cuenta de que jamás entendieron una palabra de lo que es fe y de lo que son buenas obras.

Para comenzar, pues, reconoce de todo corazón que eres el más miserable de los pecadores [14]. Si no puedes, clama a Dios pidiendo que él te ayude a reconocerlo, y cobíjate bajo sus alas, bajo la bóveda de su gracia y misericordia. Luego —y esto te dirá si tu fe es una fe verdadera— toma tu Mamón injusto y hazte con él amigos, y trata de ver cómo puedes alabar y servir a Dios, y en qué puedes ser útil a tu prójimo. Entonces comprenderás por qué Cristo pone tanto énfasis en las obras. Si ni entonces lo comprendes, mi predicación fue en vano. Aquel empero que quisiere discutir este punto con los que sostienen ideas erradas, encontrará en los libros lo que necesita. Por lo pronto puede decirse: hasta que tengamos pruebas de que los adversarios toman la cuestión en serio, por cada doscientos que

[13] El 19-10-1512, Lutero se graduó de doctor en teología (mucho antes de haber hallado respuesta satisfactoria a su angustiosa pregunta: ¿cómo puedo comparecer con mis pecados ante el Santo Dios?).

[14] Comp. San Pablo en 1 Ti. 1:15.

sólo quieren criticar nuestra enseñanza, habrá uno solo que está dispuesto a jugarse la vida por ella.

Creo que con esto he dicho lo suficiente en cuanto a este Evangelio del mayordomo infiel. ¡Invoquemos a Dios que nos conceda su gracia para que podamos aprenderlo y practicarlo, a fin de ganarnos amigos por medio de las riquezas injustas!

LA AGRADECIDA ESTIMACIÓN DEL ESTADO MATRIMONIAL

Sermón para el primer Domingo después de Epifanía.
Fecha: 8 de enero de 1531.

Texto [1]: Juan 2:1-2: Al tercer día se hicieron unas bodas en Caná de Galilea; y estaba allí la madre de Jesús. Y fueron también invitados a las bodas Jesús y sus discípulos.

Introducción: el temario de la Fiesta de la Epifanía.

En el sermón que prediqué el Día de los 3 Reyes [2] oísteis que en esta fecha se conmemoran cuatro acontecimientos [3]. El tercero de ellos es que en ocasión de unas bodas en Caná, Cristo convirtió agua en vino. Ya que así lo quiere la costumbre [4], hablemos pues un poco acerca del estado matrimonial, a fin de que la doctrina del matrimonio no pierda su vigencia en la iglesia.

[1] El Códice Nuremberguense tiene como única indicación: *Nuptiae factae sunt in Chana Galileae,* "se hicieron unas nupcias en Caná de Galilea"; Rörer no menciona ningún texto, pero de una observación marginal se desprende que como texto del sermón se leyó el pasaje íntegro Jn. 2:1-10.

[2] La imaginación popular hizo de los "magos" de Mt. 2:1-12 tres reyes; de ahí la designación de la fiesta que la cristiandad celebra el 6 de enero.

[3] En la introducción a su sermón de la antevíspera, Lutero había mencionado como objetos de la conmemoración: 1. la aparición de la gloria de Dios en el bautizo de Jesús; 2. la aparición de la estrella de los magos de Oriente; 3. la aparición de la gloria de Jesús en ocasión de su primer milagro obrado en Caná, y 4. la aparición de la magnificencia terrenal de los "3 Reyes" ante el pesebre de Jesús.

[4] Contra su costumbre, Lutero no se atiene estrictamente al texto, sino que toma el relato de la presencia de Jesús en unas bodas como "pretexto" para predicar acerca del estado matrimonial.

I. *Alabanza del matrimonio, instituido por Dios, frente a quienes lo desprecian.*

El estado matrimonial ha sido galardonado con la propia palabra divina.

Bajo el papado se tenía en poca estima el estado matrimonial, y todos los encomios se volcaban sobre el celibato, en el cual insistió la casi totalidad de los teólogos. Pero está ahora también a la luz del día el castigo que Dios hizo caer sobre los difusores y practicantes de este error: se extinguió en ellos no sólo el amor al matrimonio, sino en forma general la pasión natural por la mujer [5]. Ésta es la merecida recompensa para tanta ingratitud. Por esto, aprendamos a honrar el estado matrimonial, y a considerarlo como un quehacer que Dios nos ha encomendado; para esto tomemos nota en primer lugar de que Cristo no desprecia este quehacer divino, sino que acepta ser invitado junto con su madre y sus discípulos, acude de buena gana, y honra estas bodas con el primero de sus milagros.

El primer honor que distingue al matrimonio es el hecho de tener a su favor la palabra de Dios, y de ser un quehacer de origen divino. Los antiguos decían que el estado matrimonial es de alabar por los beneficios corporales que reporta, si es en realidad un matrimonio cabal. Y Salomón declara: "Tres cosas hay que me agradan: concordia entre hermanos, amistad entre prójimos, y marido y mujer bien avenidos" [6], cosas que agradan también a Dios y a los hombres. Pues es en verdad algo maravilloso tener a su lado a una persona en quien puedes confiar en cualquier circunstancia. Así es como un marido puede confiar en su esposa: todos sus bienes, su dinero, su cuerpo y sus hijos puede encomendárselos a ella, con la seguridad de que estarán en buenas manos. Pero no nos detengamos en enumerar aquí este tipo de frutos que trae el estado matrimonial; mejor es dejarlo a la habilidad de los poetas.

Mas si se habla del matrimonio en términos cristianos y divinos, se lo distingue con los honores máximos por cuanto en el marido y en la esposa hallas inscrita la palabra de Dios. ¡Qué elogio más grande y sublime del matrimonio es el hecho de que tu esposa esté adornada con la joya de la palabra divina! Ninguna reina ni emperatriz debe lucir a tus ojos con tanto esplendor como tu esposa. Asimismo no debe ha-

[5] Alusión a la perversión mencionada en Ro. 1:26, que constituía un grave peligro especialmente para los monjes, sujetos al celibato obligatorio.

[6] La declaración no pertenece a Salomón, sino que figura en el capítulo 25:1 del "Eclesiástico", libro no canónico cuyo autor es Jesús Ben Sirá (Jesús Hijo de Sirac).

ber para ti, oh esposa, ningún hombre que te agrade tanto como tu marido; porque en él hallas inscrita la palabra de Dios. Dios mismo es el que te asigna la esposa, o el marido, y le place a Dios que ésta sea tu esposa, o que éste sea tu marido. No hay pues en el matrimonio ningún adorno que supere al adorno éste; pues si te atienes a la palabra de Dios que os unió, con buena conciencia puedes vivir con tu esposa, dormir con ella y engendrar hijos.

El perdón de los pecados se extiende también al estado matrimonial.

Es verdad: tampoco el estado matrimonial está exento de pecados. Pero ¡indícame un solo estado que esté exento de pecados! Si quieren juzgar las cosas desde este punto de vista, ya nunca más podré dar un sermón, ni nadie podrá ya cumplir con su deber [7]. Pero ¿dónde queda entonces nuestra confesión: "Creo el perdón de los pecados"? Los que hasta ahora hablaron de este tema, fueron personas que no saben hacer otra cosa que crear cargos de conciencia a los demás y dictar leyes; pero ellos mismos no quieren tocar ni aun con un dedo las cargas que imponen (Lucas 11:46). Ellos dicen: "Yo vivo en celibato; por lo tanto estoy sin pecado", y sin embargo, estás lleno de deseos impuros. Claro: estos deseos, en opinión de ellos, no son pecados; pero "un esposo y una esposa" —dicen—, "no es posible que vivan juntos sin pecar". Y bien: si quieres adjudicar pecados a *un* estado, tienes que adjudicárselos también a los demás estados, o de lo contrario, no adjudicárselos a ninguno. En mi vida no he predicado un solo sermón con la intención de anular el artículo del perdón de los pecados, y tampoco lo haré en lo futuro; ni tampoco habré de escribir una sola letra más si no me puedo consolar con la certeza del perdón. Admitimos, pues, que en el estado matrimonial se cometen pecados, sea en la educación de los hijos, sea en el gobierno de la casa; la carne hace lo que es propio de la carne. A veces, un hombre o una mujer se deja arrebatar por la ira; en este caso debemos confesar este pecado, y obtendremos el perdón. Pero comparado con esto, el perdón y la santificación que se obtienen en el estado matrimonial son mucho mayores y más gloriosos —siempre que yo no atente contra dicho estado—. Pues el estado matrimonial es santo en sí y tiene a su favor la palabra divina, que hace que yo pueda vivir en él con una conciencia limpia.

Ahora bien: lo que los papistas han enseñado en cuanto a

[7] La opinión de que no se debe vivir en un estado en que se cometen pecados, haría prácticamente imposible la existencia en esta tierra, incluso para un predicador del evangelio.

este punto de la doctrina cristiana, es tan erróneo como todas sus demás enseñanzas. Por lo tanto, no repares en lo que dicen ellos, sino fíjate en la palabra de Dios relacionada con tu esposa o con tu esposo, para que tú a tu vez puedas decir: "Esta esposa mía viste un ropaje dorado que brilla como el sol; pues Dios mismo la ha unido conmigo". Entonces alcanzarás la benevolencia del Señor (Proverbios 18:22), de modo que aprenderás a ver en el matrimonio no sólo lo que tiene de carne y sangre, sino la palabra de Dios, su más bello adorno, así como esta palabra es el más bello adorno también de todos los demás estados [8]. Y ningún novio, ninguna novia puede llevar un atavío que iguale en hermosura al atavío espiritual con que está adornado cualquier esposo y cualquier esposa, gracias a la palabra de Dios. Éste es el más alto honor que engalana al estado matrimonial; por lo tanto hemos de considerarlo un estado instituido por Dios y ratificado por su palabra.

II. *Cuídense los esposos de destruir su matrimonio mediante adulterio y fornicación.*

El adulterio es resultado del desprecio de la palabra de Dios.

¡Cuídense pues todos del adulterio y de la fornicación! ¡No toleremos en nuestro medio tales pecados! Al contrario: los combatiremos con la palabra de Dios; porque si llegamos a saber que una persona es un adúltero manifiesto, no le administraremos el sacramento, ni podrá tener parte en nuestro tesoro que es el evangelio, ni será admitido como padrino. Si uno quiere ser un cristiano, demuéstrelo también en su matrimonio. Exhorto por ende a las autoridades a que no descuiden este asunto. Asimismo exhorto a los fornicarios a fin de que se cuiden de este vicio. Así nos lo enseña también el evangelio [9]. Y no obstante, siempre de nuevo hay casos de adulterios; tan enceguecido estás. Dios te da una esposa propia y te la bendice con su palabra (Génesis 1:28). ¿Por qué no la tomas como

[8] Afirmaciones como ésta, de que la palabra de Dios es fundamento y adorno de todos los estados, son frecuentes en las obras de Lutero. P. ej.: "Un jefe de hogar, un ama de casa, un párroco, un maestro y otros estados semejantes son ordenados por Dios, en que servimos al Señor", *Comentario de Génesis cap. 24:34*. "Un criado, una sirvienta, un hijo, una hija, un esposo, una esposa, un señor, un súbdito, y todos los demás que viven con la debida consagración en uno de estos estados instituidos por Dios, se hallan ante los ojos de Dios tan bellamente adornados como una novia en su atavío nupcial", *Exposición del Salmo 111, v. 3.*

[9] He. 13:4, el texto en que Lutero solía basar sus pláticas de casamiento.

hermoso adorno y como joya preciosa, mejor que el sol y mejor que todo cuanto la tierra pueda ofrecerte? ¿Por qué no la aceptas? Aun cuando la vida matrimonial fuese una vida difícil —y en realidad lo es— no obstante deberías decir: "A esta mujer la quiero por esposa, a esta mujer a la cual Dios me la adorna con su palabra de una manera tal que ostenta una hermosura mayor que la naturaleza toda". ¿Por qué, pues, no aceptas semejante don en que descansa el beneplácito de Dios y de todas las criaturas y ángeles?

Ningún adúltero tiene de su lado la palabra y el beneplácito de Dios.

En lugar de esto te conviertes en raptor y quitas a otro su mujer. Tal acción está completamente al margen de la palabra de Dios. Y aunque aquella mujerzuela aventajase en belleza al sol, no obstante es más repugnante que si estuviese llena de pestilencia, morbo gálico, veneno, y todo otro mal que pueda haber en la tierra. Una mujer tal es una verdadera abominación; porque todo lo que no tiene de su lado la palabra de Dios, es llamado abominación. Y si tú incurres en adulterio o cometes fornicación, ello es una señal de que no tienes fe, de que no crees que Dios es veraz también en lo que dice respecto del matrimonio. De lo contrario pensarías de esta manera: "Aquella mujer no me pertenece a mí sino a mi prójimo; por eso me buscaré otra que pueda ser mía". Si cometes adulterio o fornicación con una mujer, no la puedes considerar como adornada con la palabra divina, sino que sólo la deseas como objeto de placer. Con la que más te gusta, con ésta vas. Pero a la larga, Dios no lo tolerará; porque le disgusta sobremanera, y también a sus santos ángeles, que tú desprecies su hermosa joya que él te ha dado. Esta actitud tuya es, pues, una señal de tu incredulidad.

III. *Consejos para solteros: se recomienda el matrimonio. Templanza y trabajo son buenos preparativos para el matrimonio.*

No queremos negarlo: los jóvenes de ambos sexos se sienten muy fuertemente atraídos los unos hacia los otros. Pero los tres años que tienes que esperar todavía hasta poder casarte, tendrás que vencerlos [10]. Por eso proponte firmemente: "En estos

[10] En tiempos de Lutero, el gremio de los artesanos exigía que el aspirante a "maestro" realizara una práctica de perfeccionamiento de varios años de duración como "menestral ambulante" antes de poder establecerse en una localidad y fundar un hogar.

tres años me esforzaré por soportar un poco esa ardiente pasión que siento". Esta pasión se hará sentir, es cierto; pero la lograrás dominar, siempre que tomes la resolución de que al cabo del tiempo señalado te casarás con la joven que te has elegido. Que se despierte en nosotros esta inclinación, es propio de nuestra naturaleza humana; de otra manera, si Dios no la hubiese implantado en nuestra carne y sangre, despreciaríamos del todo lo que Dios ha dicho respecto del matrimonio. Mas así él mismo creó en nosotros este ardiente deseo para dar a cada ser humano su propio esposo, su propia esposa.

Pero del esfuerzo por dominar la pasión forma parte también esto: un buen trabajo, cuanto más fuerte mejor, y ración reducida. Sí, también esto forma parte. Lo digo para que cada cual prepare su corazón para el estado matrimonial, y se cuide de la fornicación. Dios está dispuesto a darnos los medios para ello. Mi seria exhortación es, pues: ¡apártate de la vida en disoluciones y desenfreno sexual, no sea que Dios venga antes de tiempo y te castigue! Dios no tolera que uno eluda su cruz, sino que cada cual tenga su propio consorte. Y si no todo sale a pedir de boca, tened paciencia y esperad que las cosas mejoren. Y esta esperanza no es vana; la prueba e ilustración la tenemos en nuestro texto, donde el Señor hace un milagro y convierte agua en vino.

A pesar de todas las dificultades, el matrimonio es un estado hermoso.

Es verdad que en el estado matrimonial abundan las molestias y el trabajo. Satanás puede sembrar la discordia entre los cónyuges. Puede ocurrir que los vecinos sean malos, y la mujer, desobediente. En tales circunstancias, la vida matrimonial bien puede llegar a ser un "beber agua" (Juan 2:7). Sin embargo, no todo en el estado matrimonial son contrariedades; en general predominan el gozo y la alegría. Y así como no hay matrimonio sin contrariedades, tampoco lo hay que esté libre de pecados; pero lo mismo vale para cualquier otro estado. Pero si vamos al caso: los pecados que se cometen por parte de los que viven en celibato, por cierto no son menos numerosos. Con todo esto: ¿qué es aquel pecado en comparación con la gracia de que se disfruta en el estado matrimonial? ¡Todo un cielo lleno de gracia se alza allí sobre vuestras cabezas! De igual manera, las alegrías que te brinda la vida matrimonial sobrepasan en mucho las molestias que te trae. Piensa, pues: "¿En qué consiste, al fin y al cabo, lo molesto de mi estado matrimonial si soy un cristiano? ¡Dios se complace en ese estado junto con todas las criaturas y ángeles; por causa mía, la naturaleza entera está en crecimiento en derredor mío, por cuanto soy esposo [11]". Por cada molestia que el casado encuentra, encontrará mil alegrías. Por otra parte, si un esposo no ve más que contratiempos, es porque no repara en la palabra de Dios; y en estas condiciones no vería gozo alguno aun cuando estuviese sentado en medio del paraíso. ¿Qué mayor contento puede haber para tu corazón que el oír que la palabra de Dios te llama "esposo" y "esposa", y el saber: "Dios derrama sobre mí su gracia en ese estado que él mismo adorna y distingue con su palabra"?

Cuidémonos de Satanás que se esfuerza por denigrar el matrimonio.

Sin embargo, la débil carne y sangre humana y el astuto Satanás tratan de impedir que los cónyuges reconozcan esta palabra de Dios. En el paraíso, el Señor mandó a Adán y Eva comer de todo árbol del huerto (Génesis 2:16). En consecuencia, si Adán hubiese contemplado con fe los árboles cuyo fruto le estaba permitido comer, habría visto inscrita en ellos la palabra de Dios. Pero así no le gustó ninguno. En cambio, el árbol que no estaba incluido en el permiso expresado por la palabra de Dios, y que por lo tanto debiera haber sido para Adán el más aborrecible, ¡éste le pareció el más hermoso! Análogamente, tu propia esposa te parece la más fea de todas, y en cambio, te deslumbra la belleza de la mujer de otro. Sin embargo, es sólo *a tu propia mujer* a la que Dios engalanó para ti con honores y adornos. Y más de una esposa hay que mira con desdén a su marido, y en cambio le gusta el esposo de otra. Los frutos que Dios te prohibió, éstos te parecen apetecibles; el árbol del cual Dios no te permitió comer, te atrae más que cualquier otro. Esto es obra de Satanás. Habiéndolo reconocido, es preciso que venzamos tales inclinaciones recurriendo a la palabra de Dios y pensando: "Mi consorte es de todos el que ostenta las más hermosas galas". De esta manera, el estado matrimonial podría ser fuente de las más saludables fuerzas, con tal que uno supiera llevarlo como corresponde. Quien desprecia estas advertencias, cuídese muy bien para que no le dé alcance Satanás y le llene el corazón de pasiones prohibidas. Mas lo peor de todo es que no usas lo que Dios te ofrece, y no reconoces su don y su gracia. Te pasa como a los papistas: éstos al principio tampoco se entregaron al pecado de la fornicación, sino que despreciaron el matrimonio, despreciaron el estado que Dios instituyó y adornó con su palabra. Por esto,

[11] Comp. Gn. 1:29: Dios declara a la primera pareja humana dueña de "toda planta que da semilla... y todo árbol en que hay fruto".

Dios a su vez los entrega al oprobio de modo que "se encendieron en su lascivia unos con otros, cometiendo hechos vergonzosos, y recibiendo en sí mismos la retribución debida a su extravío", Romanos 1 (v. 27).

EL CRISTIANO SIRVE ESPONTÁNEAMENTE A SUS AUTORIDADES

Sermón para el Domingo de Jubilate.
Fecha: 26 de abril de 1545.

Texto[1]: 1 Pedro 2:11-20. Amados, yo os ruego como a extranjeros y peregrinos, que os abstengáis de los deseos carnales que batallan contra el alma, manteniendo buena vuestra manera de vivir entre los gentiles; para que en lo que murmuran de vosotros como de malhechores, glorifiquen a Dios en el día de la visitación, al considerar vuestras buenas obras. Por causa del Señor someteos a toda institución humana, ya sea al rey, como a superior, ya a los gobernadores, como por él enviados para castigo de los malhechores y alabanza de los que hacen bien. Porque esta es la voluntad de Dios: que haciendo bien, hagáis callar la ignorancia de los hombres insensatos; como libres, pero no como los que tienen la libertad como pretexto para hacer lo malo, sino como siervos de Dios. Honrad a todos. Amad a los hermanos. Temed a Dios. Honrad al rey. Criados, estad sujetos con todo respeto a vuestros amos; no solamente a los buenos y afables, sino también a los difíciles de soportar. Porque esto merece aprobación, si alguno a causa de la conciencia delante de Dios, sufre molestias padeciendo injustamente. Pues ¿qué gloria es, si pecando sois abofeteados, y lo soportáis? Mas si haciendo lo bueno sufrís, y lo soportáis, esto ciertamente es aprobado delante de Dios.

[1] Título del sermón en Rörer: Dominica Jubilate, 1 Pet. 3, lo cual es un evidente error del copista.

Introducción: La desobediencia es, por desgracia, un mal muy generalizado.

En la Epístola de hoy se habla de dos temas en especial. El primero es que debemos respetar debidamente a las autoridades, no despreciarlas ni obstruir su tarea, sino mostrarles amor y obediencia, y servirles. En segundo lugar se habla del gobierno de la casa: que los criados deben estar sujetos a sus amos, no solamente a los buenos sino también a los caprichosos y testarudos, porque tal actitud de un siervo es muy del agrado del Señor.

Ya se ha predicado bastante sobre estos temas. ¡Ojalá se pusiera en práctica lo oído! Es la expresa voluntad de Dios que nos sujetemos a los que están investidos de autoridad; así lo quiere él. También la servidumbre en la casa debe oír esta exhortación y obedecer a su amo o a su patrona; pues esto merece aprobación de parte de Dios y responde a su voluntad. Pero ¿dónde hay alguno que esté dispuesto a escuchar tal exhortación?, ¡de ponerla en práctica ni hablemos! ¡Que Dios nos envíe otro tema para sermones! Con ese de la obediencia y del servicio ya no se va a ninguna parte. Y si no, que nos envíe otra clase de gente; porque los siervos, las criadas y los obreros de hoy día hacen cada cual lo que le dé la gana. Hemos llegado al extremo de que el emperador es el súbdito de los príncipes, y por otra parte, el siervo es el señor. El amo ya no puede decir una palabra a su criado, y lo mismo ocurre con los obreros: si no les agrada lo que su patrón les ordena, no le hacen caso. No hay, pues, gente a quien se le pueda predicar sobre ese tema. Por esto, Dios tiene que mandarnos otros predicadores u otra predicación u otra gente. ¿Dónde está hoy día la autoridad de los príncipes? Nominalmente, ellos siguen siendo los que ejercen el mando. Pero pregunta a sus vasallos cómo son las cosas en realidad. Si los príncipes hacen lo que los vasallos quieren, se los tiene por buenos. Ni entre los paganos reina una situación tal; allí se da a César lo que es de César. Muy triste es en esta tierra —como escribe Salomón[2]— ver a los siervos a caballo, en tanto que los príncipes tienen que andar a pie. Y muy mal van las cosas en materia de autoridad si un amo da una orden a su criado, y a este criado por su parte no se le da un bledo de lo que le manda su señor. Y bien, si no queréis obedecer, dejadlo. Por lo visto, con nuestro predicar ya no se logra nada. Por eso repito: que Dios envíe otro tema para la predicación, u otro género de personas. Nadie quiere cumplir con lo que es su deber, desde el más encumbrado hasta el más humilde.

[2] Ecl. 10:7.

I. *Advertencia contra la desobediencia a las autoridades. Dios espera de nosotros una obediencia espontánea.*

Nuestro texto dice: "Por causa del Señor someteos a toda institución humana", y luego añade: "Porque ésta es la voluntad de Dios". Esto es, pues, lo que Dios quiere: que nos sometamos a toda institución humana; por esto hace llegar a los oyentes la advertencia de que lo hagan "por causa del Señor". En caso contrario, el resultado será que nuestro Dios y Señor hará surgir otro tipo de gente, gente que le obedezca y que cumpla con su divina voluntad. Por cierto, Dios no renunciará a su prerrogativa de ser el Señor Supremo. Él nos creó de la nada; por consiguiente quiere que le obedezcamos de buena voluntad y de todo corazón, máxime nosotros que somos cristianos. Si lo hicieron los paganos, ¡cuánto más debemos hacerlo nosotros, que llevamos el nombre de cristianos! Digamos, pues: Obedeceré no sólo porque lo quiere mi amo terrenal, sino por causa del Señor celestial que derramó su sangre en bien mío.

Dios utilizará a los turcos para castigar la desobediencia de los cristianos.

Pero ¿dónde están los que prestan atención a estas advertencias? Si se les dice una palabra, le vuelven a uno las espaldas. No quieren tolerar ningún tipo de obligación. Esto empero significa oponerse a Dios y tener en poco la sangre y la muerte de Cristo. No terminarán con sus murmuraciones hasta que el turco invada también las tierras nuestras[3]. Y entonces querrán murmurar contra los turcos. Pero con esto no tendrán éxito. Pues los turcos no vendrán por iniciativa propia; antes bien, vendrán porque Dios mismo se lo ordenó. Y ese turco es un maestro consumado en el arte de humillar a todo el mundo. Prohíbe a los nobles seguir ejerciendo su dominio y los obliga a servirle como boyeros, y en recompensa les arroja a los pies un pedazo de corteza de pan. A los príncipes, condes y demás señores los despoja de todo su poder y los hace trabajar de porquerizos. Y de la misma manera procede con las criadas y los siervos. En Turquía los lleva al mercado y los ofrece a la venta, un siervo por tres florines. La única comida que reciben es pan seco; en cambio, azotes hay en abundancia. Apenas se les permite cubrir sus desnudeces, y a las esclavas se les prohíbe llevar el cabello trenzado. Se los trata como a perros[4]. Por eso

[3] En tiempos de Lutero, el expansionismo de los turcos constituía el mayor peligro para Europa occidental. Grecia y Hungría ya habían caído en poder de las tropas invasoras.

[4] No se sabe a ciencia cierta de dónde obtuvo Lutero estos conoci-

tampoco existen condes y otros nobles en aquella región[5]. ¡He aquí, amigos míos, el turco está a la puerta y llama! Por esto decimos: "¡Arrepentíos, y someteos a las autoridades instituidas! Hacedlo por amor a Dios y por amor a Cristo que por vosotros derramó su santa sangre". No seas comilón; no digas: "Lo único que quiero es comer y beber mucho y bien". Si pese a todo, nuestra situación no mejora, la culpa no la tenemos los predicadores; porque nosotros os advertimos con toda claridad: "Someteos por causa del Señor". Si no por causa del Señor, hacedlo en nombre de todos los demonios. Entonces *tendréis* que hacerlo, no por amor a Dios, sino por temor a caer bajo un gobierno extraño. Y si no lo haces, el turco te lleva al mercado y te vende a otro en dos florines, cuando antes valías tres. Y si tu nuevo amo está de mal humor, te azota aún más que tu amo anterior: "¡Apaciéntame las vacas!" te gritará, "¡pero de tal manera que den leche!" Y si esto no ocurre, te golpeará de nuevo. Pero parece que esto es lo que buscamos a toda costa. Hemos quedado prácticamente sin gobierno. No hay ordenanza que se cumpla. Cada cual hace lo que quiere. Pero si uno hace lo que quiere, algún día tendrá que soportar lo que no quiere. Por lo tanto, ¡haced lo que es vuestra obligación hacer, y obedeced! Dios os lo enseña por medio de nosotros los predicadores. Entonces tendréis paz, y nadie os echará de vuestras tierras. "No queremos", dices tú. Pero Dios te responderá: "Y bien, en este caso yo tampoco quiero seguir gobernándote con mi palabra. Haré que caiga sobre ti el turco, éste te enseñará a ser obediente". Y allí, entre los turcos, levantaréis entonces vuestra voz y gritaréis: "¡Oh, si estuviera de vuelta en Wittenberg o en Leipzig donde aún se predica la palabra de Dios!" Pero esto se acabó para ti; en esto no puedes ni pensar. No sólo estarás privado de la libertad de que disfrutas ahora, sino que incluso estarás privado de la palabra y del sacramento[6]. Si los predicadores perecemos juntamente con vosotros, al menos tenemos la excusa de haber cumplido con nuestro deber. Los griegos y los húngaros tuvieron en sus tiempos autoridades excelentes y gozaron de paz y prosperidad. Sin embargo eran pueblos revoltosos, nadie podía gobernarlos. Ahora están reducidos a la impotencia. Y eso que se los amonestaba acerca de lo que era su deber. Pero como no querían escuchar, cayeron bajo la férula de los turcos. Esto es lo que los húngaros querían, y por lo visto, nosotros queremos ansiosamente lo mismo.

---

mientos detallados acerca de la condición de los esclavos cristianos entre los turcos.

[5] Porque el despotismo del sultán no tolera súbditos poderosos.

[6] Con "el sacramento", en singular, Lutero se refiere habitualmente a la Santa Cena.

II. *Tildar a los cristianos de rebeldes es una calumnia.*

Los paganos no comprenden la actitud de los cristianos.

En primer lugar, Pedro exhorta a los cristianos en general a que se sometan a las autoridades seculares, y luego amonesta a la servidumbre en particular a que tengan en cuenta que fueron bautizados, y que han sido redimidos por medio de la sangre de Cristo. Estas son las palabras con que comienza la exhortación: "Amados hermanos, yo os ruego como a extranjeros y peregrinos". Pero con anterioridad, Pedro había dicho: "Vosotros sois linaje escogido, real sacerdocio" (I Pedro 2:9). Esta declaración ha tenido que sufrir el infortunio de ser tildada de sediciosa por parte de los paganos; pues no olvidemos que Pedro predica aquí a cristianos, pero a cristianos que vivían en un medio ambiente pagano y bajo autoridades paganas, que no entendían el significado de las palabras de Pedro. Nosotros aquí en Wittenberg tenemos un gobernante cristiano, es cierto [7]. Pero Fernando y todos los demás príncipes son en verdad unos paganos [8], y también lo son sus obispos. No podemos remediarlo: hasta que llegue el postrer día, jamás estaremos sin paganos. El emperador Teodosio fue un fiel cristiano, y lo mismo vale para Arcadio y Honorio [9]. Pero después de su reinado, las herejías volvieron a causar estragos en la iglesia. Es una gracia muy grande si los reyes y los emperadores se hacen cristianos. Hoy día ya no tenemos gobernantes tales. Esto fue ya entonces lo que les acarreó tanta inquina a los cristianos: predicaban acerca del rey Cristo, el Hijo de Dios, y de su reino, y se gloriaban de ser reyes junto con él, como dice Pedro. Por esta razón, los paganos los llamaban gente alborotadora, como leemos en Hechos 16 (v. 20) y 17 (v. 18). Que Cristo era rey, no lo querían admitir de ninguna manera, y tampoco querían saber nada de su reino. Si los cristianos decían: "Nosotros somos un real sacerdocio", los paganos lo tomaban como una ofensa contra el César y los ejecutaban por sediciosos. De la misma manera fue crucificado Cristo como "rey de los judíos", a pesar

[7] Juan Federico el Magnánimo, elector de Sajonia desde 1532 hasta 1547, fomentó la organización de la iglesia luterana en Sajonia.

[8] El rey Fernando de Austria, hermano y lugarteniente de Carlos V, mantenía una alianza con el papa por razones políticas. También los demás príncipes alemanes colocaban sus propios intereses políticos por encima de la causa del evangelio; de ahí el duro juicio de Lutero.

[9] El emperador Teodosio I gobernó en Oriente de 379 a 395; Arcadio, su sucesor, desde 395 hasta 408. Honorio fue emperador de Occidente de 395 a 423. Los tres pusieron el poder estatal a disposición de la iglesia para la erradicación del paganismo y la herejía. Sin embargo, si Lutero hubiese tenido un conocimiento más detallado de estos tres personajes, difícilmente los habría llamado "fieles cristianos".

de que había declarado expresamente: "Mi reino no es de este mundo" (Juan 18:36).

El gobierno secular a menudo se arroga autoridad en asuntos espirituales.

Una vez que Satanás ha tomado posesión de esa clase de gente impía, siempre tratan de combinar sus ideas idólatras con la autoridad secular. Si predicamos: "Vuestra dignidad real es una ordenación divina", esto no les basta; tampoco si digo: "Me comprometo a prestar la debida obediencia, con mi persona y con mis bienes". Sino que el rey comienza a decirme: "Tienes que profesar la fe que profeso yo" [10]. Así entrelazan y mezclan su falsa creencia con su majestad real, y me tildan de sedicioso si no quiero aceptar el credo a que adhieren ellos. Lo estamos viendo con nuestros propios ojos. Y si pudiesen ejecutarnos a todos, sin duda lo harían. No les interesa para nada si les decimos: "Estamos dispuestos a obedeceros en todo aquello en que os debemos obediencia". Es que ellos por su parte no están dispuestos a mantener separadas su majestad imperial y su idolatría. Si en lo concerniente a asuntos espirituales no hacemos así como ellos, en seguida levantan el grito: "¡No habéis respetado al emperador, sino que sois unos rebeldes!" Pues el papa con sus decretales llenó de idolatría el mundo entero, e incluso supo ganarse la complicidad del mismo emperador.

Los cristianos en cambio distinguen claramente entre fe y autoridad secular.

Los reyes quieren que pensemos y creamos como ellos piensan y creen. Esto no lo podemos hacer bajo ningún concepto. Antes bien, hacemos una clara distinción entre lo que atañe a la fe y la autoridad secular. Decimos: "En todas nuestras obligaciones para con vuestra majestad imperial. conforme a las leyes del país, en todo esto os obedecemos. Pero que se nos obligue a creer lo que vosotros creéis, esto no lo podemos admitir, porque nosotros entendemos que la fe y la majestad imperial son dos cosas que deben quedar separadas. Para nosotros, tu majestad imperial no está por encima de Dios, sino por debajo de Dios y de Cristo. Cristo no quita a la majestad su

[10] La antigua máxima del *"Cuius regio, eius religio"* (el que ejerce el gobierno, impone la religión) sancionada en la Paz Religiosa de Augsburgo en 1555, en la práctica se aplicaba ya anteriormente. El arreglo a que se llegó en Augsburgo otorgaba al gobernante la facultad de determinar la religión de los gobernados (*ius reformandi*). A los súbditos que se negaban a aceptar la religión de su soberano, se los podía obligar a abandonar el país.

cetro; al contrario: nos ordena temerla y honrarla, como lo expresa aquí el apóstol. Pero tú debes adorar al mismo Cristo al que nosotros adoramos. Si haces esto, difícilmente hallarás en mí motivo alguno para quejas, sino que te serviré con mayor fidelidad que todos los demás". Sin embargo, ellos no desisten de su intento de mezclar la autoridad con la fe. La autoridad tiene que ver con lo relativo a la vida terrenal: todas estas cosas tienen que ser investigadas y planeadas para luego poder ser encaradas convenientemente. La fe en cambio tiene que ver con la obediencia ante Dios; por esto dice el Salmo 2 (v. 10): "Ahora, pues, oh reyes, sed prudentes y admitid amonestación". ¿Tendrá el Espíritu Santo, Creador del cielo y de la tierra, el poder de decir a un emperador: "Sé mi alumno, admite mi amonestación"? Yo afirmo que sí. Por eso nos atrevemos también a decir al emperador, a reyes y a obispos: "Quienesquiera que fuereis —la posición en que os halláis es legítima, y la aprobamos plenamente. Pero rogamos que admitáis al Espíritu Santo como Maestro también de vosotros y que no hagáis imposiciones en materia de fe para que no perezcáis" (Salmo 2:12). Sin embargo, las advertencias de los predicadores en este sentido siempre cayeron en saco roto. Pues se insistió en llamar sediciosos a los cristianos por cuanto no quisieron apartarse de su camino manteniéndose en cambio firmes en su posición: "Si queréis adornar vuestra majestad con una idolatría nos es necesario obedecer a Dios antes que a vosotros, Hechos 5:29". Los apóstoles se negaron a aceptar la fe de los paganos y a adorar sus ídolos. Y ¿cuál fue el resultado? "Esto no será tolerado de ninguna manera", se les decía; "si no adoras la imagen del dios, te mataremos".

Los cristianos, como ciudadanos de un reino eterno, soportan también las persecuciones.

El apóstol por su parte dice: "Lo único que pido es que se me permita continuar en mi propia fe. Os ruego, pues, que os abstengáis de los deseos carnales que batallan contra el alma". El "deseo carnal" de que habla el apóstol en este pasaje es no solamente —o no tanto— la impudicia, sino el deseo, cargado de pensamientos de ira y de venganza, de sublevarse contra la autoridad; pues nos duele cuando los reyes y príncipes no quieren oír que yo estoy dispuesto a obedecerles, y cuando se resisten a que se haga una diferenciación entre su majestad y las imágenes idólatras. Ante esta situación, el apóstol dice: "No deis curso a vuestros pensamientos encolerizados, porque batallan contra el alma. Antes bien, tened en cuenta que sois peregrinos y extranjeros. Dejad que los insensatos reyes, príncipes y señores hagan lo que quieran. La actitud vuestra sea: soportarlo". ¡Con lo mismo consolaos también vosotros! Por cuanto sois creyentes, sois peregrinos y extranjeros [11]; por lo demás, en lo que no concierne a mi existencia física y a mis bienes, no le debo obediencia al rey. Según la fe somos extranjeros; quiere decir, nuestro reino es un reino basado en la fe; y por esa fe soy rey en la vida eterna, soy un príncipe, y soy más poderoso que el diablo, la muerte y el pecado. Cualquier dominio terrenal está sujeto al diablo, a la muerte y al pecado. Allá, en el reino de la fe, yo soy un verdadero aristócrata. Por esta razón, mi reino es incomparablemente superior a cualquier dominio sobre esta tierra, por cuanto ésta es un lugar que sólo sirve de albergue para una noche. Así, tú eres, por medio del Hijo de Dios, un señor sobre el pecado y la muerte; el emperador en cambio no pasa de ser un señor sobre bienes terrenales. Y aun cuando yo muera, ¿qué importa? De todos modos, mi vida en esta tierra no fue más que la estadía en un albergue. Si tú me das muerte, yo iré a la vida eterna, y tú irás al infierno. El que nos mata, no tiene ninguna ventaja sobre nosotros. La muerte les llega con la misma seguridad con que nos llega a nosotros. Por esto, vosotros sois peregrinos en la tierra — si es que queréis reconocerlo. Ellos en cambio buscan aquí la satisfacción de sus deseos. Mas algún día, todos tendrán que partir de aquí; tendrán que dejar atrás el mundo, e irán a su lugar, el infierno. Por consiguiente: aunque es inevitable que los grandes señores os persigan, tened cuidado de que no os dejéis arrebatar por la ira; pues por medio de la fe, vosotros sois reyes y sacerdotes.

Quedará en evidencia que los cristianos son los súbditos más fieles.

Lo que es el emperador, cristiano o no cristiano, no lo sé. Pero Fernando [12] es un pagano, y los obispos son peores que los paganos, son verdaderos diablos. Tanto más nos corresponde a nosotros mantener buena nuestra manera de vivir para que ellos vean el fracaso de sus intenciones. Algún día saldrá a luz cuál fue la verdad en cuanto a nosotros los cristianos y nuestro comportamiento frente a las autoridades; y entonces se verán obligados a confesar: "Estos cristianos son gente pacífica". Por esto mismo debemos adoptar también ante la triste suerte de nuestros hermanos asesinados en los Países Bajos por los adversarios [13] una actitud adecuada: no clamar por

[11] Es decir: Como cristianos, sois extranjeros en este mundo y no tenéis el derecho de rebelaros contra injusticias que se cometen contra vosotros a causa de vuestra fe; tales injusticias hay que soportarlas.

[12] Véase Nota 8.

[13] Entre los "hermanos asesinados" puede mencionarse, entre otros, a Leonard Kaiser (o Kaeser), vicario en Waizenkirchen, quemado vivo en

venganza sino soportar con paciencia la furia de los tiranos. Entonces, los emperadores y reyes no pueden hacer otra cosa que darnos el testimonio de que en cuanto a nuestro comportamiento como súbditos buscamos la paz y cumplimos con nuestras obligaciones. Cuando llegue la hora de la verdad, no podrán menos que admitir: "Es cierto: se ha obrado injustamente para con los cristianos; son pacíficos y respetuosos de las leyes; y nadie puede culparlos por no creer como nosotros; al contrario: es su derecho". Es por esto que el apóstol dice: "No seáis revoltosos. Honrad a las majestades. Pues vosotros sois los señores sobre un reino que es nueve veces más grande que cien mundos, a saber, sobre el pecado, la muerte y el diablo. Con esto confórmate cuando los idólatras te atormentan". De esta manera consoló Pedro a los cristianos de aquel entonces, y el mismo consuelo lo necesitamos también los cristianos de ahora.

III. *Exhortación a los cristianos a mostrarse como buenos ciudadanos.*

Los cristianos reconocen a la autoridad secular como institución necesaria.

Pedro detalla ahora qué es la "buena manera de vivir" (v. 12) y la serena obediencia: "Por causa del Señor someteos a toda institución humana" (v. 13). Dado que sois reyes y señores, libraos de todos los males, haceos súbditos por causa del Señor del cielo. "Institución humana" es la expresión con que traducimos el término "criatura" del texto original [14]. Esto le creó no poca confusión al papa en sus decretos. Pero el papa es un burro, y seguirá siéndolo [15]. Lo que el apóstol llama "criatura" es la institución, elaborada por los hombres, de que haya emperadores, reyes, súbditos, gobernantes, servidumbre, obreros, artesanos. Estas instituciones son imprescindibles para el mundo en que vivimos. *Tiene* que haber personas constituidas en autoridad, y así son necesarios también determinados estados [16] y cargos. No todos son siervos y criadas, no todos son señores

---

la hoguera en agosto de 1525 y a Heinrich von Zütphen, monje agustino, más tarde predicador en Amberes y Bremen, quemado por aldeanos fanáticos. El propio Lutero escribió una "Historia del hermano H. von Z.", Erl. II 26, pág. 409 y sigtes.

[14] La palabra del original griego es ktisis = fundación, creación, cosa creada.

[15] En el año en que Lutero predicó este sermón (1545), publicó también sus escritos más violentos contra el papa, en que a menudo aparecen invectivas como "Papstesel", papa-burro.

[16] En alemán *Stände.* Otros conceptos más o menos sinónimos son: posición o condición social, rango, clase social.

y predicadores, sino que tiene que haber ciertas diferencias en el orden social y laboral. Es preciso que tengamos agricultores, artesanos, etc., es decir, cargos y estados sin los cuales la vida en comunidad no es posible. Todo esto lo incluye Pedro con su término "institución".

Los cristianos asumen de buen grado las obligaciones domésticas y públicas.

Si Pedro dice: "Honrad al rey" (v. 17), se refiere con ello al emperador romano, pues otros reyes no había en aquella época. La antigua España, Francia, Inglaterra — todas ellas habían dejado de existir [17]. Pero ya sea que vivan bajo el gobierno del emperador, o bajo el dominio de otros reyes: los cristianos deben prestar la obediencia debida, para que los insensatos no tengan motivo para gritar: "Vosotros no cumplís con vuestras obligaciones de ciudadanos".

Lo mismo rige para vosotros, siervos y criadas: no os debéis crear la fama de ser desobedientes, ni deben hacerlo otros como los artesanos, etc. No debéis dar ocasión a que se aplique también a vosotros la queja que hoy día es tan general: "Ya no hay forma de tratar con la servidumbre; por una parte exigen un salario tan elevado, y por otra parte no quieren hacer nada, o solamente los trabajos que les agradan". ¿No crees que es un robo si trabajando en la construcción o en el campo ocasionas un daño intencional? Si yo te doy un pago semanal, y tú trabajas apenas dos días por semana, me has hurtado mi dinero; más aún, me lo has robado públicamente. Otro es negligente en el cuidado de las vacas y ovejas. ¿No es esto lo mismo que robar? ¡Y para colmo, aun recibes un salario! ¿Y a esto lo llamas "someterse por causa del Señor y de Cristo"? ¡El turco ya te enseñará qué es ser obediente! Bien dice la gente del campo: "Mejor es un perezoso ladrón que un perezoso peón". Un ladrón perezoso no se llevará gran cosa. Pero un peón perezoso, y una criada haragana, roban día a día. Son descuidados en sus obligaciones, y no obstante quieren ser cristianos. ¿Un cristiano quieres ser? ¡Un diablo, esto es lo que eres, un ladrón in fraganti! Lo que un ladrón hace al hurtar, esto mismo haces tú al trabajar con tanta pereza. Por eso es mejor un ladrón haragan que una criada haragana.

Es obligación de las autoridades castigar a los malos. Ésta es la función que Dios asignó a la autoridad secular; ella lleva la espada (Romanos 13:4) y corta la cabeza, sin miramientos, a los que hacen lo malo. Igualmente, es obligación del patrón de la casa castigar a la servidumbre si ésta se muestra desobe-

[17] Habían sido incorporadas en el Imperio Romano.

diente. Pues así lo ha dispuesto Dios. Son unos tontos los que llaman "sediciosos" a los que predican acerca del nuevo rey y su reino; porque si ven vuestra obediencia y lealtad, tendrán que callarse la boca. Cumpla por lo tanto cada uno con sus obligaciones; de esta manera contribuirá a aumentar el prestigio de la palabra de Dios, y quitará al mundo el motivo para decir que los cristianos somos sediciosos.

Al someterse a las instituciones humanas, los cristianos lo hacen espontáneamente.

"Vosotros sois libres", dice el apóstol (v. 16); libres del diablo, de la muerte, del infierno, de los pecados, de la idolatría, de tradiciones humanas [18]. Pero esta libertad no debéis interpretarla en el sentido de que ahora podáis decir: "¿Qué me importa mi patrón y mi patrona?" Esa no es la liberación de que habla el apóstol; ser desobediente y perjudicar a otros es algo que no vale entre cristianos. Pues una libertad entendida en esta forma es "un pretexto para hacer lo malo" y un velo para encubrir acciones vergonzosas. Tú me dirás: "Si soy libre del pecado y de la muerte, ¿por qué no habría de ser libre también del emperador y de mi amo?" No, amigo mío; Dios no tiene el propósito de destruir la institución humana, sino de sustentarla: él quiere que sirvas a tus autoridades con tu persona y con tu vida, para que puedan ser protegidos los buenos y castigados los malos. Demos pues a todo nuestro servir el carácter de un servir a Dios, es decir: sirvamos por causa del Señor, no por causa del turco ni por causa de Carlos V, sino porque a Dios le agrada si sirvo con fidelidad. Entonces, al proceder de este modo, no sirvo al rey sino a Dios. Vosotros sois siervos y criados de Dios. Todo cuanto hacéis para vuestro patrón humano, lo hacéis para Dios que os ruega y amonesta.

"Honrad a todos", no sólo a los reyes, sino también a vuestro prójimo; y ante todo, "sed constantes en el amor a los hermanos". Si así haces, ello es señal de que temes a Dios, y él a su vez te honrará.

El apóstol termina su enseñanza diciendo: Una cosa más haced: "Temed a Dios, honrad al rey" — al rey, no a sus pretensiones idólatras. Esta advertencia la agrega por causa de Cristo, el cual derramó su sangre para que sirvamos a Dios, que tiene la potestad suprema sobre nosotros.

[18] "Tradiciones" en el sentido de Mt. 15:2 y Mr. 7:3, disposiciones humanas, adicionales y a menudo contrarias a las leyes divinas.

LA CONFUSIÓN DE LOS REINOS

(Ley de Dios — ley de los hombres)

Sermón para una ocasión especial [1].
Fecha: abril de 1541 (¿o 1540?).

Texto: Salmo 1.

I. (Primer sermón). Salmo 1:1, 2: Bienaventurado el varón que no anduvo en consejo de malos, ni estuvo en camino de pecadores, ni en silla de escarnecedores se ha sentado; sino que en la ley del Señor está su delicia, y en su ley medita de día y de noche.

La palabra humana merece grandes honores, pero mezclarla con la palabra divina resulta funesto.

Ocurre algo muy particular con la Sagrada Escritura: cuando uno cree haber terminado ya de aprender sus enseñanzas, justamente entonces ha llegado el momento de comenzar el estudio en serio. Pues como dije ayer [2]: al evaluar una obra hay que fijarse no sólo en la obra en sí, sino en la importancia y en el rango de su autor. Así es como se han de considerar las palabras de las Sagradas Escrituras, por cuanto no son palabras de hombres, sino palabras de Dios, y por cuanto él nos ordena hacer una clara distinción entre la palabra suya

[1] Se trata, en realidad, de dos sermones sucesivos que Lutero predicó sobre el Salmo 1 y que llegaron a nosotros en los apuntes de Rörer, folio 44-51 del Ms. de Jena. Por lo extenso del texto original (10 págs. en la Edición de Weimar, con frecuentes repeticiones) ofrecemos aquí una traducción con diversos cortes, especialmente en las páginas finales.

[2] A base de esta observación, la WA deduce que este "sermón de ayer" puede haber sido el del 2 de abril de 1540 dado en la ciudad de Dessau, donde, según una nota final en los apuntes de Rörer, fueron predicados también estos dos sermones sobre el Salmo 1. El primero de ellos dataría entonces del 3 de abril de 1540.

y cualquier otra enseñanza. Pues él es y quiere ser el Diferente, el Uno que lo es Todo, por ser el Increado. Nosotros en cambio somos seres creados y mortales. Y esto es precisamente el gran error que comete el mundo: el equiparar la palabra de Dios con la del hombre, y viceversa. Pero de esta manera es imposible observar aquella distinción, y es imposible asimismo conferir a la palabra de Dios la dignidad que se merece.

Grande es el honor de que goza la palabra humana: sometió bajo el dominio del hombre a la creación entera, produjo médicos y jurisperitos, es la fuente de todas las artes, e hizo que los hombres tengamos abundancia de poderío y saber para manejar los asuntos políticos y la administración de la casa. No obstante, ante la palabra de Dios la palabra humana debe guardar la debida distancia. Sin embargo, malos dialécticos que somos, no atinamos a mantener separadas una palabra de la otra, sino que lo mezclamos todo en uno. Lo que dispone el emperador, y lo que halla la aprobación de los eruditos, esto se considera como algo que incluso Dios mismo tiene que aprobar, y se lo recomienda para la práctica general entre los hombres. Pero con esto no solamente no logramos nada, sino que nos hacemos culpables de la osadía de querer elevar la palabra humana al cielo. Una cosa es la palabra de Dios, otra cosa muy distinta es la palabra del hombre. Ésta, como dije, sometió a la creación entera a la ley secular y al hombre, instituyó a los padres, reyes, emperadores y súbditos. Todo esto lo hizo la palabra humana. Pero aquel sublime honor que tributamos a la palabra humana nos lleva a la idea errónea de que cuanto los hombres dicen y piensan, es similar a la palabra de Dios. Un buen dialéctico es aquel que sabe hacer *divisiones* correctas; un tal tampoco tendrá dificultades en hacer *definiciones* correctas. Si se distinguen correctamente las partes de un todo, y se coloca cada parte en su debida relación y orden, se producirá por sí sola la armonía del conjunto. Cuando el siervo se atiene a lo que es de su oficio, hará lo correcto. Pero cuando se quiere erigir en señor, creará una permanente confusión. Por esto se le llama al diablo "rey y señor de la confusión"[3]: todo lo mezcla y confunde, al punto de que ya nadie sabe quién es cocinero, y quién mayordomo. De igual manera mezcló el papa la palabra suya con la de Dios, y su autoridad con la autoridad divina. Y esta confusión seguirá por tiempo indefinido. El mundo es incapaz de aprender aquella dialéctica. Durante veinte largos años he venido insistiendo en que se haga una

[3] Comp. p. ej. Jn. 8:44; Lc. 8:12; Hch. 10:38; 1 Co. 10:20; Ef. 6:11; 1 P. 5:8; Ap. 20:10 y otros. La palabra griega diábolos (adj.) significa "que desune, que encona los ánimos"; (sust.) acusador, calumniador (Dicc. Griego-Español de Fl. Yarza).

separación limpia entre régimen secular y régimen espiritual, y alertando para que no se convierta todo en una Babel; ¿y cuál ha sido el resultado?

Una misma persona puede desempeñar cargos de distinta naturaleza, pero debe distinguir cuidadosamente entre uno y otro.

El que desempeña el cargo de predicador, quiere desempeñar también el cargo de gobernante. Es verdad, una misma persona puede desempeñar dos oficios. Pero éstos deben pertenecer a regímenes totalmente diferentes. La palabra que imparte órdenes en la administración del municipio tiene que ser otra que la que manda en la iglesia. El obispo de Wurtzburgo ejerce un régimen doble[4]; si mezcla el uno con el otro, lo que resulta es un caos. El duque Jorge[5] por su parte exigía sumisión a las autoridades superiores[6], y lo aplicaba al régimen espiritual en el sentido de que se debía enseñar y creer lo que mandaban las autoridades municipales. No es así como se debe actuar, sino de esta otra manera: el obispo de Wurtzburgo puede decir: Yo soy el obispo de Wurtzburgo, y la ley civil me confiere el derecho de prohibirte el hurto, so pena de ser ahorcado. Al predicador en cambio le puede dar la orden de abstenerse de enseñanzas heréticas, y de desempeñar fielmente su cargo — este derecho se lo confiere la ley eclesiástica. Así, una y la misma persona puede desempeñar dos oficios. Yo mismo digo en mi casa a mi criado: haz este o aquel trabajo; te lo ordeno como jefe del hogar. Pero como predicador le digo: ¡Cree en Dios! Si quieres ser mi criado, debes creer, orar, aprender a vivir cristianamente. Si en todo se observasen estas distinciones, la división y diferenciación de actividades vendría por sí sola. Pero el diablo odia la gramática, la dialéctica y todas las demás artes. Esforcémonos pues y roguemos a Dios que él mantenga en pie la distinción entre su palabra y la palabra humana, distinción ésta que no se mantendrá si se toma la palabra divina en el sentido en que la toma la gran mayoría. Tanto más necesario es que los que no pertenecemos a la gran mayoría, velemos y peleemos sin desmayo. Recordemos siempre

[4] Como muchos dignatarios eclesiásticos de aquel entonces, el obispo de Wurtzburgo (Baviera) ejercía la jurisdicción espiritual y a la vez la jurisdicción civil en su diócesis.

[5] Jorge, regente del ducado de Sajonia (no del electorado de Sajonia donde vivía Lutero) desde 1500 hasta su muerte en 1539. Al comienzo se mostró abierto a una reforma eclesiástica, pero a partir de la Disputación en Leipzig en 1519 se dirigió con gran rigor contra los partidarios de Lutero.

[6] Comp. Ro. 13:1.

que estamos en un frente de batalla. Si ya hoy día tenemos una piedra, digo: un espíritu turbulento[7] en el camino — o si hemos apartado del camino a dos de ellos, — mañana seguramente vendrán cuatro a ocupar el lugar de aquéllos, porque como ya dije, el diablo es el rey de la confusión, que mezcla la palabra divina con la humana, y lo hace con tanta sutileza que los más de los hombres caen en su trampa. Por más que insistamos en la imperiosa necesidad de mantener esa distinción — a la mayoría de la gente no les entra en la cabeza. No obstante: debe hacerse una distinción entre lo celestial y lo terrenal, entre lo espiritual y lo material. Dios es el Creador del cielo y de la tierra, que asignó su propia y particular jurisdicción tanto al cielo como a la tierra. "Los cielos son del Señor del cielo", dice la Escritura[8]. Se ve que los profetas supieron observar esta diferencia. "Yo también lo sé hacer", dice el hombre de mente carnal. Pero si tiene que demostrarlo en la práctica, pone al descubierto su ignorancia y confunde lo celestial con lo terrenal. Cuando digo: "Los cielos son del Señor del cielo", no me refiero al cielo como lugar distinto de la tierra, sino al régimen que tiene que ver con lo espiritual, celestial. Y tal como el cielo es un ámbito peculiar con su propio régimen, así lo es también la tierra. No podemos impedir que los hombres mezclen lo uno con lo otro; en cambio, lo que podemos y debemos hacer es luchar contra esa tendencia, y servir a Dios que creó el cielo y la tierra, a despecho del diablo, el rey de la confusión, y que quiere que haya un orden firme: aquí el cielo, lo espiritual, celestial, allí la tierra, lo carnal, terrenal.

Confundir el espíritu con la letra es característica de los impíos.

En este sentido, y sobre esta base teológica, el Salmo comienza diciendo: "Bienaventurado el varón que no anduvo en consejo de malos, ni estuvo en camino de pecadores, ni en silla de escarnecedores se ha sentado", el varón que no habita en esa Babilonia llena de confusiones. Hay dos tipos de enseñanza, destaca el Salmo: la de los impíos, que mezclan la doctrina divina con la humana, y la otra que las mantiene separadas. Y esta última es la correcta. Aquellos otros empero, los que hacen la mezcla, son los "malos", los "pecadores", los "escarnecedores". Enseñan una justicia basada en la ley o en la caridad y en las propias obras, como lo hacen los monjes y

[7] En alemán *Schwärmer*, iluso, hombre con ideas confusas y fantásticas especialmente en el terreno de lo religioso.
[8] Comp. Dt. 10:14.

demás partidarios del papado. Pero, dice el Salmo, hay un solo maestro de la ley del Señor que la explica correcta y apropiadamente, y este maestro es la doctrina divina. Lo que debéis enseñar con respecto a la primera tabla de la ley[9] es que la fe se aferra a este Dios único, etc. Pero en lugar de esto hacéis de vuestro cumplimiento de estos mandamientos un derecho que se puede exhibir ante Dios. Por eso, por haber enseñado la ley, la caridad y las buenas obras a la manera como lo hacen los monjes, no has enseñado lo que mandó Dios, sino lo que opina el hombre; pero esto es mezclar el cielo y la tierra. Por el contrario, cada uno debe enseñar las cosas en su debido orden, y diferenciar correctamente, desde lo más importante hasta los detalles más mínimos. En Jeremías 7[10], el Señor dice: "Yo os he dado la carne para alimento del cuerpo, para que reconozcáis que yo soy el que os da en abundancia todas estas cosas, y para que me deis las gracias por ello." Pero el hombre no quiere aceptar esta interpretación, sino que dice: "Yo anduve en una cogulla monacal, me abstuve de comer carne, ¡ahora dame el reino de los cielos!" ¡Sí, el fuego del infierno te dará! Aquí no hay derecho que valga ¿Cómo dice el Señor a Jeremías? "Añadid vuestros holocaustos sobre vuestros sacrificios; porque nada les mandé a vuestros padres de sacrificios el día que los saqué de la tierra de Egipto, sino que esto les mandé: "Escuchad mi voz." "¿Pero acaso no nos mandaste, Señor, que te presentemos sacrificios?", replican. "Sí", responde el Señor, "pero como tú quieres hacer de los sacrificios un camino al cielo, y quieres que por tus sacrificios yo te dé el reino celestial, no lo recibirás." He aquí otra clara palabra en cuanto a lo que rige en el reino de los cielos; y como ésta hay muchas otras, y se insiste en ellas con frecuencia. Sin embargo, no logramos que la gente las retenga. Es que son todos unos malhechores, que mezclan la justicia que vale en el reino de Dios con la justicia de este mundo.

La palabra divina nos habla de una doble justicia que hay en este mundo: la primera, que es un profundo amor dirigido enteramente hacia el prójimo; con esta justicia, nadie se merece la vida eterna, porque nadie es capaz de producirla. La otra es una justicia pobre y débil, a saber, la de la ley; y sin embargo, dice Dios, no la desecho — vosotros en cambio os queréis respaldar en ella. Pero hay otra justicia más, diferente de las dos anteriores: Cree en Cristo mi Hijo, a quien envié para que os redimiera de los pecados y os libertara de la muerte eterna. Aquellos mezcladores en cambio, los que "andan en

[9] Los primeros tres mandamientos del Decálogo, relacionados con la persona, el nombre y la palabra de Dios.

[10] Jer. 7:21 y sigtes.

consejo de malos", enseñan así: "El que presenta sacrificios, el que es circuncidado, el que guarda los Diez Mandamientos, el que se ejercita en la caridad y demás obras de la ley, éste es salvado." Así enseñan los fariseos, los turcos, los judíos, los apóstoles falsos del tiempo de Pablo, Hechos 15 (v. 1), y también el papa. Aun con sus mejores logros pertenecen al "consejo de los malos" porque hacen de la justicia que vale en la tierra una justicia que tiene valor en el cielo.

No basta con poseer la Escritura; hay que interpretarla correctamente.

Los tales "están sentados en la cátedra de Moisés" (Mateo 23:2). Son capaces de dar un buen consejo, pues tienen las Sagradas Escrituras con sus excelentes enseñanzas. Pero a estas enseñanzas les agregan la exhortación: "Si vives en conformidad con ellas, serás salvo". Y esto significa predicar la ley de Dios incorrectamente. Lo que enseñan es en sí correcto, pero la forma como lo interpretan es falsa, como en el caso de aquel fariseo que, puesto en pie en el templo, oraba consigo de esta manera: "Dios, te doy gracias porque no soy como los otros hombres" (Lucas 18:11). Mediante la interpretación es muy fácil engañar a los demás. El texto es el mismo, y uno solo es su significado. Se lo puede explicar correctamente, pero también se puede dar una explicación que induce al error. A los que hacen esto último, Cristo los llama hipócritas. No sólo viven conforme al mal consejo y la interpretación falsa y persisten en ello persiguiendo a muerte a quienes no comparten su error, sino que incluso enseñan dicha interpretación a los demás y le dan la más amplia difusión. Este es el grado máximo de la impiedad, cuando uno no sólo se condena a sí mismo por la forma en que anda y por el camino en que está, sino cuando además, cual peste, contagia a otros. "En la silla de los escarnecedores" [11] está sentado aquel que da consejos y orientaciones falsos. Si una persona tal llega a ocupar una posición influyente, resulta ser una verdadera peste. Por cierto, ninguna enfermedad es tan nociva como un predicador de este tipo: como una peste asola un país, así el que predica falsedades asola a la iglesia entera. En este sentido, el papa y los obispos son maestros "pestilentes": sentados en la silla de los escarnecedores, se erigen en autoridad y administran una enseñanza que en primer lugar los lleva a la perdición a ellos mismos, y después también a todo el orbe. Donde debieran dar el trigo de la doc-

[11] La expresión del original es *Cathedra pestilentiae*, como figura también en la Vulgata; trad. "banco de la pestilencia".

trina verdadera, dan la cizaña de sus falsas tradiciones, quiere decir: veneno en lugar de azúcar, muerte en lugar de vida.

La confusión se ha anidado en el seno de la iglesia misma. Luchemos contra ella mediante un ferviente amor a la palabra divina.

Por eso es de imaginar que David haya compuesto este Salmo en medio de profundos suspiros: "¡Ay, bienaventurado el varón...!" ¿Habrá pensado en los sacerdotes de su tiempo? Sería extraño. No se lee nada de que en su época haya abundado la idolatría, ya que él mismo había organizado el culto a Dios de una manera bellísima. Por esto sería asombroso que sus palabras revelaran experiencias propias hechas con falsos sacerdotes. En cambio, no le habrá ido a David mejor que a Moisés quien dice en su cántico, Deuteronomio 32 (v. 15 y sigs.), que el pueblo "abandonó al Dios que los hizo, y menospreció la Roca de su salvación". Justamente lo contrario afirma Balaam[12]. Esteban empero, citando al profeta Amós, exclama: "Llevasteis el tabernáculo de Moloc, y la estrella de vuestro dios Renfán, figuras que os hicisteis para adorarlas. Os transportaré, pues, más allá de Babilonia", Hechos 7 (v. 43). Esta contradicción sin embargo es sólo aparente; queda solucionada si aplicamos el recurso de tomar una parte por el todo: la iglesia en sí es santa, aunque en su seno se halle también, mezclada con los fieles, esa gavilla de inicuos. ¡No nos entreguemos al ocio, pues! Ahorremos el reposo para la otra vida, y mientras estemos aquí en la tierra, luchemos para que no andemos también nosotros en consejo de los malos ni estemos en camino de pecadores ni nos sentemos en silla de escarnecedores. Aunque sean pocos los que nos oyen, algún puñado del gran montón lograremos rescatar.

¡Oh Señor Dios, cuán grande cosa es una iglesia en la cual se practica correctamente la distinción entre doctrina falsa y doctrina sana! ¿Cuál es esta iglesia? Es la que posee la doctrina verdadera; es "el hombre bienaventurado que no anduvo en consejo de malos"; son aquellos "cuya delicia está en la ley del Señor" (v. 2). Los hipócritas dicen: "¿Acaso no tenemos también nosotros nuestro deleite en ella? ¿No la enseñamos con toda seriedad y gran deleite?" ¡Ah, si no fuera por la reputación ante los hombres, ellos despotricarían contra la doctrina falsa aun más que nosotros! Estos son los escarnecedores, que se

[12] Balaam, adivino (¿o profeta?) contratado por Balac, rey de Moab, para maldecir a Israel; contrariando la orden recibida profetizó acerca del presente y futuro glorioso del pueblo escogido, "libre de iniquidad". Comp. Nm. cap. 23:7-10; 18-24; cap. 24:3-9; 15-19.

dan la apariencia de que su delicia está en la ley del Señor. Esos impíos tienen enseñanzas correctas[13], pero su corazón está lleno de avaricia y sed de gloria, y no buscan más que su propio provecho. Y conste que Jesús no habla de los fariseos aferrados sólo a tradiciones, sino de los mejores de entre ellos, como nosotros podríamos referirnos a la época de Gregorio[14], cuando los papas aún eran personas piadosas. En cambio, lo que es preciso es que ames la palabra de Dios de todo corazón, que te aferres a ella sola, que la separes de otra palabra cualquiera, que tu delicia esté en ella. En continua meditación en la palabra verdadera y pura debes poner tu atención en la vida y salvación genuinas y ni por un momento depositar tu confianza en otra cosa, es decir, en las obras de justificación recomendadas por los que predican la ley falsamente. Ni cogullas ni tonsuras, ni la circuncisión ni los sacrificios tienen que ver lo más mínimo con el reino de Dios. Si pudiéramos ponernos de acuerdo con el emperador en el sentido de que él hiciera una distinción entre la palabra de Dios y su propia palabra, tendríamos el juego ganado. Así es como lo hacemos nosotros: contribuimos a consolidar el gobierno civil y otras instituciones de esta naturaleza, no para que sigan a nuestra palabra humana, sino a la palabra de Dios. Pero el emperador y su corte de justicia quieren juzgarnos como a herejes a base del derecho civil y sus decretos. Sin embargo, tal juicio habría que hacerlo únicamente a base de la ley del Señor. La ley civil nada tiene que ver con el reino de los cielos, si no quiere atenerse a la palabra divina. Mas así es como proceden ellos: "iglesia verdadera" y "herejes" han de ser no los que nosotros denominamos así a base de la palabra divina, sino los que lo son a los ojos de ellos. De esta manera, nosotros llevamos las de perder. ¿Por qué no se aplica en cada caso la ley pertinente? Si yo le dijera al emperador: "El que te corta la cabeza, no es de ninguna manera un hombre sedicioso", seguramente me replicaría: "Esto lo dice el diablo que tú tienes en tu cuerpo." ¿Qué diablo es entonces el que os hace invadir el ámbito del régimen espiritual y tildar a una persona de hereje simplemente porque así se os antoja? En fin, no se podrá mantener una correcta discriminación de atribuciones a menos que se observe la norma de que la ley del Señor es *una* cosa, y la ley de los hombres otra. Por esto es preciso ver qué enseña Dios respecto del reino de los cielos, y qué respecto del reino de este mundo.

[13] Evidentemente una referencia a los escribas y fariseos de Mt. 23:2, que "se sientan en la cátedra de Moisés".

[14] Gregorio Magno, papa de 590 a 604, una de las personalidades más destacadas en la lista de los pontífices romanos. Fue el primero en titularse *"servus servorum Christi"*.

Dios quiere p.ej. que obedezcas a los padres y superiores. ¡Pero no trates de arrebatarle el reino de los cielos mediante tu obediencia! Los mandamientos de la primera tabla conciernen al reino de los cielos, los de la segunda tabla [15] al reino de la tierra — y no obstante se los confunde y se los mezcla. Por esto, cristianos, poned empeño en aprender de las Sagradas Escrituras qué nos dice la primera tabla y qué la segunda; entonces, una vez que hayáis aprendido a hacer la correcta separación y definición, lo de la ley de Dios y la ley del mundo se resolverá por sí solo.

II. (Segundo sermón) Salmo 1:3-6. Será como árbol plantado junto a corrientes de aguas, que da su fruto en su tiempo, y su hoja no cae; y todo lo que hace, prosperará. No así los malos, que son como el tamo que arrebata el viento. Por tanto, no se levantarán los malos en el juicio, ni los pecadores en la congregación de los justos. Porque el Señor conoce el camino de los justos; mas la senda de los malos perecerá.

La palabra de Dios produce una separación de los espíritus. Los malos no permanecen, pero los que se aferran a la palabra de Dios recibirán siempre nuevas fuerzas.

...Y entonces, dice el Salmo, seréis "como árbol plantado junto a corrientes de aguas". El justo tiene a su disposición una corriente de agua viva que refresca sus raíces y en la misma medida también sus hojas, a saber: el Espíritu Santo. Allí donde está el Espíritu Santo con sus dones, surgen también las palabras y las obras, alegre y lozanamente, y surge una larga paciencia en los días aciagos, como dice Pablo en Romanos 5 (v. 3): "Nos gloriamos en las tribulaciones, sabiendo que la tribulación produce paciencia". Un árbol plantado junto a corrientes de aguas no teme el sol ni en lo más ardoroso del calor estival. Cuanto más aprieta el sol, tanto más absorbe él el agua y se refresca con ella. De la misma manera, el corazón que se aferra estrechamente a la palabra de Dios cobra tanto más valor cuanto más arrecian las aflicciones y tentaciones. Cuanto más se lo oprime, tanto más se eleva a las alturas.

"No así los malos, que son como el tamo que arrebata el viento. Por lo tanto, no permanecen" [16]. Cuando se predica la

[15] Los mandamientos del Decálogo a partir del 4º, "Honra a tu padre y a tu madre", etc., que hablan del amor al prójimo. Véase también Nota 9.

[16] Sal. 1:5 en la trad. al alemán hecha por Lutero: *Darum bleiben die Gottlosen nicht im Gericht*..., "Por eso los malos no permanecen en pie en el juicio..."

palabra de Dios, se produce una separación entre los hombres. Así fue en tiempos de Cristo: los fariseos y saduceos huían la presencia del Señor y se negaban a aceptar su palabra, y no sólo esto, sino que persiguieron y mataron a Cristo y a los apóstoles. Y aún hoy vemos que la predicación de la palabra divina trae como consecuencia que los espíritus se separen por sí solos. Los unos no "permanecen" en la diferenciación entre palabra de Dios y palabra de hombres. El deseo de los corazones impíos va hacia *un* lado, y a la palabra de Dios la dejan en otro lado. No permanecen sentados en la silla de la doctrina salutífera, sino que se sientan en la "silla de los escarnecedores" y hasta obligan a otros a permanecer en la impiedad. Nosotros no ahuyentamos a nadie de nuestras iglesias; antes bien, nuestro deseo es que todos permanezcan en nuestra doctrina. Pero aquéllos no tienen el Espíritu Santo. Si se les predica el evangelio nuevo [17], los arrebata el viento, es decir, el diablo. No están, pues, en la "congregación de los justos": por su doctrina impía, contraria a la palabra de Dios, ellos mismos se han separado de la iglesia. Por eso no pueden permanecer en pie cuando sobrevenga el juicio.

Esto es, al fin, nuestro consuelo: "El Señor conoce el camino de los justos". Quien predica la palabra divina sin adulteraciones, y esta palabra sola, sin dirigir sus deseos hacia el consejo de malos, ni hallar su deleite en él, goza del beneplácito de Dios, aunque los malos le hagan objeto de persecuciones y blasfemias. A esto nos exhorta, pues, nuestro Salmo: a que nos empeñemos en amar la ley de Dios, entonces él quiere amarnos también a nosotros. Si aún no fuéremos capaces de creer con entera firmeza, prediquemos no obstante la ley divina, y esforcémonos por aprenderla siempre mejor. Los enemigos de Dios no tienen su beneplácito, sino todo lo contrario. Por esto, "la senda de los malos perecerá". Quiera Dios que esto suceda cuanto antes. Amén.

[17] El evangelio en su forma renovada, limpiada de los aditamentos con que los hombres lo habían adulterado y desvirtuado.

LA ESPERANZA DE LA IGLESIA

El juicio de Dios sobre el mundo.
Mateo 25:31-46.

Dios manifiesta a los cristianos su divina gloria.
Tito 2:11-14.

La promesa de Dios para la creación que gime.
Romanos 8:18-23.

EL JUICIO DE DIOS SOBRE EL MUNDO

Sermón para el 26º Domingo después de Trinidad.
Fecha: 25 de noviembre de 1537.

Texto: Mateo 25:31-46. Cuando el Hijo del Hombre venga en su gloria, y todos los santos ángeles con él, entonces se sentará en su trono de gloria, y serán reunidas delante de él todas las naciones; y apartará los unos de los otros, como aparta el pastor las ovejas de los cabritos. Y pondrá las ovejas a su derecha, y los cabritos a su izquierda. Entonces el Rey dirá a los de su derecha: Venid, benditos de mi Padre, heredad el reino preparado para vosotros desde la fundación del mundo. Porque tuve hambre, y me disteis de comer; tuve sed, y me disteis de beber; fui forastero, y me recogisteis; estuve desnudo, y me cubristeis; enfermo, y me visitasteis; en la cárcel, y vinisteis a mí. Entonces los justos le responderán diciendo: Señor, ¿cuándo te vimos hambriento, y te sustentamos, o sediento, y te dimos de beber? ¿Y cuándo te vimos forastero, y te recogimos, o desnudo, y te cubrimos? ¿O cuándo te vimos enfermo, o en la cárcel, y vinimos a ti? Y respondiendo el Rey, les dirá: De cierto os digo que en cuanto lo hicisteis a uno de estos mis hermanos más pequeños, a mí lo hicisteis. Entonces dirá también a los de la izquierda: Apartaos de mí, malditos, al fuego eterno preparado para el diablo y sus ángeles. Porque tuve hambre, y no me disteis de comer; tuve sed, y no me disteis de beber; fui forastero, y no me recogisteis; estuve desnudo, y no me cubristeis; enfermo, y en la cárcel, y no me visitasteis. Entonces también ellos le responderán diciendo: Señor, ¿cuándo te vimos hambriento, sediento, forastero, desnudo, enfermo, o en la cárcel, y no te servimos? Entonces les responderá diciendo: De cierto os digo que en cuanto no lo hicisteis a uno de estos más pequeños, tampoco a mí lo hicisteis. E irán éstos al castigo eterno, y los justos a la vida eterna.

Introducción: En este Evangelio se enfoca el tema de las buenas obras.

En el calendario eclesiástico de este año figura un 26º domingo después de Trinidad. Como no existe un Evangelio propio para este día, decidí predicar sobre el pasaje de Mateo que acabo de leerles [1]. A través de todo el año oís hablar siempre de nuevo acerca de la fe y de las obras, y de que somos salvados exclusivamente por la pasión de Cristo. Es que como no resulta conveniente ni posible exponer todos los puntos de la doctrina cristiana en un solo sermón, hay que repartirlos sobre la serie entera de domingos y días festivos.

El pasaje evangélico en cuestión tiene por único tema las obras, porque lo de las buenas obras también es uno de los puntos sobre los cuales es preciso predicar. Y lo que ese Evangelio dice al respecto, lo dice con pocas palabras, pero con mucha claridad. Hay otros Evangelios que hablan solamente de la fe. La verdad es que en nuestros sermones tenemos que tratar tanto el tema de la fe como el tema de las obras. Y bien, el Evangelio de hoy es una enérgica e insistente exhortación al bien obrar. Si uno no se siente incitado fuertemente por dicha exhortación, no sé qué podría incitarle.

1. *Cristo vendrá para juzgar a todos los hombres, y para apartar a los unos de los otros.*

La palabra de Cristo da certeza acerca del juicio que seguirá a la muerte.

En nuestro texto, Cristo dice que el Hijo del Hombre vendrá para el juicio. Si no se nos hubiera dado esta información, tendríamos grandes deseos de saber qué habrá después de esta vida. Ahora oímos de la boca de Cristo y tenemos ante los ojos lo que nos espera, a saber, vida eterna o muerte eterna. Nadie escapará al juicio, porque todos tendremos que pasar por la muerte. Y es cosa segura que después de la muerte, los hechos

[1] El año eclesiástico tiene un número variable (mínimo 22, máximo 27) de domingos después de Trinidad, según la fecha en que cae la Pascua de Resurrección. El sistema de perícopes adoptado por los reformadores no preveía textos epistolares ni evangélicos propios para el 26º y 27º domingo después de Trinidad. Sin embargo, el Evangelio usado hoy día en la iglesia luterana para el 26º domingo después de Trinidad es precisamente Mt. 25:31-46.

se desarrollarán en la forma que aquí se describe: vendrá el Señor, y se hará el juicio; y ante este juicio comparecerán todos los hombres, los buenos y los malos. "Todos compareceremos ante el tribunal de Cristo, para que cada uno reciba según lo que haya hecho mientras estaba en el cuerpo, sea bueno o sea malo" (2 Corintios 5:10). Esto es lo que se nos ha anunciado. La muerte la vemos, el juicio no; pero estamos notificados de que todo sucederá tal como aquí se detalla.

Con toda razón, el juicio que nos espera nos infunde miedo.

En el día postrero, Cristo descenderá del cielo con grande e impresionante majestad y gloria, acompañado de todo el ejército de los ángeles; en las nubes será su asiento, y todos le verán. Nadie podrá ocultarse para huir de su rostro, sino que todos tendrán que hacerse presentes. Verdaderamente glorioso será el juicio aquel, e inefable la majestad, cuando todos los ángeles estén sentados en derredor, y Cristo en medio de ellos. Si hoy o mañana se nos apareciera siquiera un sólo ángel, no sabríamos qué hacer de puro miedo. Un ladrón y malhechor se siente sumamente molesto cuando le llevan ante un tribunal humano; se avergüenza de su hurto y de su asesinato, y a la persona que le juzga, a pesar de que ésta es un mortal como cualquier otro, le tiene una profunda aversión. Un juez no es más que un ser humano; no obstante, cualquiera se llena de horror al oír que le citan para estrados. ¡Qué será ante aquella majestad y gloria, donde vendrán no sólo tres o cuatro ángeles a juzgarnos, sino las huestes celestiales en su totalidad, y el Señor de los ángeles junto con ellos! Sería bueno que tuviéramos muy en cuenta todo esto, para que cuando llegue ese solemne momento, lo podamos enfrentar con honor y alegría.

El juicio de Cristo significa una separación radical.

"Y pondrá las ovejas a su derecha, y los cabritos a su izquierda." Los que reciben su asiento a la derecha de Cristo, no tienen por qué asustarse ni abrigar temores. En cambio, entre los sentados a su izquierda reinará el espanto y la desesperación. "Entonces se sentará en su trono de gloria, y serán reunidas delante de él todas las naciones; y apartará a los unos de los otros." Todos vendrán, desde los cuatro vientos, y él les ordenará con fuerte voz: "¡Los cabritos para allá, las ovejas para acá!" Los llamados "cabritos" son los que omitieron hacer obras buenas, "ovejas" en cambio llama Jesús a los que hicieron el bien.

"Entonces el Rey dirá a los de su derecha: Venid, y a los de la izquierda: Apartaos de mí." Aquí se nos describe cómo será el procedimiento que Cristo empleará en el juicio final, y cuál será la sentencia. "Apártate, vete al castigo eterno, tú que hiciste lo malo; vosotros empero que hicisteis lo bueno, entrad en la vida eterna. Pues lo que hicisteis, a mí lo hicisteis. Vosotros en cambio, los que estáis a mi izquierda, a vosotros os digo: Lo que omitisteis, en perjuicio mío lo omitisteis." Mas todo este procedimiento, también las réplicas de los buenos y de los malos, será cosa de un solo momento; pues en aquel día serán revelados los corazones de todos los hombres [2]. Aquí se predican y se explican estos acontecimientos; allá se hará pública la sentencia.

2. *Los elementos de juicio de Cristo serán las obras de misericordia.*

Estas obras tienen para él un carácter ejemplificador.

Podríamos preguntarnos por qué Cristo menciona precisamente estas 6 obras de misericordia y las otras 6 que son frutos de un corazón inmisericorde. Pues en última instancia, todas ellas están dentro de lo que se nos prescribe en el 5º Mandamiento. "No matar", "no enojarse contra el hermano" significa, conforme a la explicación de Cristo [3]: "Ayuda a tu prójimo con toda amabilidad, con hechos y con buenos consejos; si tu enemigo tuviere sed, dale de beber; si uno necesita una túnica, dale también la capa [4]. Si no lo haces a él, tampoco a mí lo hiciste." El ser bondadosos y misericordiosos unos con otros, y en especial para con aquellos que nos dieron ocasión para airarnos, — todo esto son obras prescritas en el 5º Mandamiento. Podríamos llamar "obras de misericordia" también el dar a la mujer, a los hijos y a la criada de nuestro prójimo el honor que les corresponde, el no robarle sus bienes. El hecho es que Cristo menciona la misericordia, y las 6 obras relacionadas con ella, sólo como un ejemplo. En su enumeración faltan las obras requeridas por el 1º, 2º, 3º y 4º Mandamiento, tampoco hace referencia al 6º Mandamiento que condena a los fornicarios y adúlteros y toda impudicia. Además, hay otro pasaje en el Evangelio según San Mateo donde el Señor usa expresiones mucho más severas, asegurando que en el día del juicio los hombres tendrán que dar cuenta de toda palabra ociosa que hayan hablado [5]. Otros puntos pasados por alto son: la disciplina a que debemos someter nuestro cuerpo, así como también la oración y el oír la palabra de Dios de que se habla en el 2º Mandamiento. El único mandamiento que se toca es el 5º, y aun de éste no se especifican más que

[2] Comp. Lc. 2:35.
[3] Comp. Mt. 5:21, 22.
[4] Comp. Ro. 12:20; Mt. 5:40.
[5] Mt. 12:36.

unas cuantas obras; las relacionadas con el 7º, 8º, 9º y 10º Mandamiento no aparecen para nada en esta lista.

En cuanto a obras de misericordia, los evangélicos quedan bastante mal parados.

¿Por qué será que Cristo emite un juicio tan severo en cuanto a obras que hacen también los turcos y los gentiles? Un turco trata al otro como si fuera su hermano; si uno cae prisionero y otro tiene algo que comer, sin más lo comparte con el necesitado. No cabe duda: todas estas obras mencionadas aquí por Cristo, los turcos las practican con más asiduidad que nosotros. También los griegos y los romanos por su parte crearon fondos para socorrer a los indigentes. ¿Por qué Cristo habla con palabras tan elogiosas de tales obras? Tal vez quiera decir con ello que después de la revelación del evangelio[6], los cristianos se están tornando peores de lo que eran antes los paganos. En verdad, mucho me temo que sea ésta su opinión. ¿No había dicho Jesús ya en una oportunidad anterior, en el mismo Evangelio según San Mateo (19:30): "Muchos primeros serán postreros, y postreros, primeros"? Lo mismo hay que decir también ahora: los que debieran ser los mejores, serán los peores. La gente es hoy más mala, menos dadivosa y menos misericordiosa que antes. Bajo el papado, y en tiempos en que se practicaba un culto falso, hubo más disposición para las obras de caridad que actualmente. En el papado había que hacer fuertes donaciones para la edificación de templos y conventos. Asimismo, se podía recurrir confiadamente a cualquier príncipe en Alemania: allí se recibía de beber, de comer, y muchas cosas más. Pero hoy día, lo único que saben es desollarlo a uno, y arañar cuanto dinero puedan; cada cual hace como si el otro fuera su enemigo. ¡Y esto sucede después de que el evangelio ha salido nuevamente a la luz! Fíjate en toda esa gente, y luego dime: ¿dónde hay una ciudad que hace los esfuerzos suficientes como para reunir el dinero que demanda la mantención del pastor, de su ayudante, y de la escuela? Si las ciudades y aldeas no tuvieran algunos fondos de reserva de tiempos anteriores, el evangelio ya habría desaparecido. Una ciudad entera no sería capaz de dar alojamiento y mantención a un solo pastor. Pero esto no es todo: los nobles señores incluso se apoderan por la fuerza de los bienes de la iglesia, de modo que no nos queda con qué pagar a los predicadores y maestros[7]. Resulta pues que ahora, con el evangelio

[6] La "revelación del evangelio" en que piensa Lutero será ante todo el redescubrimiento del evangelio en tiempos de la Reforma. Para gran pesar y decepción de Lutero, la transformación de los corazones que él esperaba, no se produjo.

[7] Respecto de los "bienes de la iglesia y el modo de pagar a los pre-

nuevamente a su alcance, los hombres son peores que antes. Tan vergonzoso es el comportamiento de la gente, tan inmisericordes son, que hasta parece que quisieran matar de hambre al evangelio. ¡Saca la cuenta, si quieres, de lo que se aporta aquí en Wittenberg! Vosotros, sí, vosotros pertenecéis a los que no quieren dar de comer a Cristo; quiere decir, no sustentáis a vuestros predicadores, estudiantes y mendigos. ¿Qué le responderéis a Cristo en el postrer día? ¿Acaso no oísteis sus palabras: "Tuve sed, y no me disteis de beber"? Mas lo que no hiciste a los que necesitaban tu ayuda, tampoco a Cristo lo hiciste. Y si entonces quieres responderle a Cristo diciendo: "Señor, no te vi" — ¡al diablo con esta desvergonzada excusa! ¿No hubo aquí predicadores que os enseñaron y explicaron la palabra de Dios con toda claridad?

A los cristianos incompasivos los alcanzará el riguroso juicio de Cristo.

Y conste que no soy yo el iniciador de todo esto [8]; lo trajo consigo el desarrollo de los acontecimientos. Por eso, los mejores príncipes en tiempos anteriores fueron aquellos que fundaron parroquias, escuelas y hospitales para los enfermos. Así fue en los primeros años de la iglesia, como leemos en el libro de los Hechos [9]. Y la misma práctica se siguió también más tarde: que la congregación debe mantener a los que están a su servicio. Pero en la actualidad, esta práctica ya no da resultado. De ahí que si de nosotros dependiera, el evangelio ya habría vuelto a desaparecer. Si aquellos que ahora yacen en los sepulcros, no hubiesen echado las bases, hoy día no tendríamos ni parroquias ni escuelas ni nada. Con su sórdida avaricia, los campesinos y los nobles habrían acabado con el evangelio ya hace mucho. Si no fuera por la intervención del príncipe [10], no sólo ya habríamos perecido de hambre, sino que incluso habríamos sido asesinados por los campesinos, los nobles y los habitan-

---

dicadores y maestros" resulta muy interesante leer el *Reglamento para una caja comunitaria*, publicado en 1523 (Obras de Lutero, Ed. Aurora, Bs. As., tomo VII, pág. 111).

[8] Lutero rechaza la acusación bastante común de que la predicación del evangelio tal como la practicaban los reformadores, fue la causa del relajamiento de la moral *civil*, etcétera: el factor disolvente fue el hecho de que la "libertad del cristiano" promulgada por Lutero (comp. Obras de Lutero, Ed. Paidós, Bs. As., tomo I, pág. 149 y sigtes.) fue interpretada por muchos como invitación al libertinaje.

[9] P. ej. Hch. 2:45.

[10] Juan Federico el Magnánimo, príncipe elector de Sajonia desde 1525 hasta 1547. Consolidó la iglesia luterana territorial en Sajonia, prestó su decidido apoyo a la universidad de Wittenberg, y fundó la de Jena.

tes de la ciudad. Y eso que la gente de hoy ya no es tan pobre como la de antes; prueba de ello es el hecho de que en la actualidad es prácticamente imposible conseguir mano de obra. Esto lo digo por cuanto todas estas cosas son obras de la misericordia exigida por Cristo, y por cuanto en el postrer día, los cristianos seremos hallados, en lo que a tales obras se refiere, en condiciones muy inferiores a las de aquella gente, a pesar de que fue su idolatría lo que los impulsó a hacer más que nosotros. Por otra parte, si son condenados los que omitieron hacer dichas obras de misericordia — ¿dónde quedarán aquellos otros que conscientemente obligan a los hermanos de Cristo a padecer hambre, los arrojan a la cárcel, y los matan? [11] Con toda seguridad, Cristo no habrá olvidado a esos asesinos. Pues si tienen que sufrir la sentencia condenatoria los que no hicieron obras de misericordia: ¿qué decir de los que arrebataron a la iglesia lo que los emperadores y reyes le han donado? Así, en efecto, lo hacen los obispos, los abades y canónigos: disipan el patrimonio de la iglesia con sus comilonas y sus juegos, y matan a la gente; entre tanto, los templos se hallan en un estado de lamentable abandono, y el pueblo cristiano se ve privado del evangelio. Si nosotros, que no damos ni ayudamos en la medida como debiéramos, somos condenados, ¡a cuánto mayor profundidad del infierno serán arrojados los que arrebatan el pan a aquellos a quienes la iglesia debiera proveer el alimento! Tan horrendo es esto, que alguno de esos obispos o monjes rapaces debieran preferir haber muerto en el seno de su madre, o haberse ahogado la primera vez que le bañaron. Son todos unos asaltantes, no de los ricachones, sino de los pobres, a quienes les quitan la última camisa y les sacan el bocado de entre los dientes, a saber, a las pobres iglesias parroquiales, a las escuelas y los hospitales. Ladrones patentes son, a quienes habría que desterrarlos al último confín de la tierra. No es necesario que preguntes si vale la pena estar bajo el papa; míralos a ellos: viven en la mayor tranquilidad, y como si esto no fuera suficiente, cometen asaltos y robos, les quitan a los pobres el pan cotidiano y se entregan a todos los lujos y placeres. Estos ejemplos son en verdad horribles: tienen la muerte ante sus ojos, el juicio ya los está esperando, y todo sucederá tal como el Evangelio nos lo describe. En ese Evangelio, Cristo nos muestra que si los cristianos, habiendo recibido la gracia, procedemos como los perros y los puercos mencionados en 2 Pedro

[11] Después de haber denunciado el fracaso de los círculos evangélicos frente a las necesidades materiales de la incipiente iglesia de la Reforma, Lutero se dirige ahora con su crítica contra la persecución de los predicadores evangélicos por parte de los adherentes a la iglesia tradicional, y también contra el abuso que muchos jerarcas de la iglesia cometían con el patrimonio eclesiástico.

(2:20-22), los cuales, después de lavados, se vuelven a revolcar en el cieno, somos en realidad mucho peores que los gentiles. Un cristiano, cuando comienza a ser cristiano, es un "primero"; pero en el momento menos pensado puede convertirse en "último", en "puerco". Y a la inversa, "los postreros serán los primeros", es decir, aquellos de quienes no se lo esperaba, se hacen cristianos.

3. *Precisamente de los cristianos, Cristo puede esperar obras de misericordia.*

Siguiendo el ejemplo de Cristo, los cristianos deben ser misericordiosos.

En segundo lugar: el motivo por qué Cristo menciona aquí obras de piedad y de impiedad relacionadas con el 5º Mandamiento, es el hecho de que los cristianos *hemos recibido misericordia.* Pues nuestro amado Señor Jesucristo nos ha redimido de la ira divina, del pecado también contra el 5º Mandamiento, y de la muerte eterna. En efecto: somos ahora objeto de la misericordia. La ira eterna de Dios ha sido aplacada por Cristo. Gracias a él, el Padre tiene para con nosotros pensamientos de amor y bondad, nos hace mil favores y nos colma de bienes espirituales y corporales. Ya que Cristo calma la ira del Padre y nos granjea su favor, justo es que sigamos este ejemplo. Cristo obró nuestra salvación; pero además de esto, también ha querido darnos un ejemplo. Si su bondad es tan grande que le impulsó a agotar todos los recursos para darnos un alimento que nos deja satisfechos por siempre jamás, ello debe impulsarme a mí a no seguir pecando contra el 5º Mandamiento, sino a mostrar misericordia, afabilidad, amor y bondad, de modo que el móvil para mi actuar debe ser no sólo el temor al juicio que sobrevendrá, sino en medida mayor aún el ejemplo de Cristo. Es verdad: la mayoría de la gente va de mal en peor; no obstante, siempre habrá algunos en quienes el buen ejemplo tuyo surtirá efecto. No todos van por el camino del constante deterioro. Un cierto número está entre los "primeros" y permanecerá también en este grupo; pues Cristo habla de dos partidos. Trata tú de estar en el grupo a su derecha; entonces puedes esperar la llegada del día postrero con ánimo alegre. No tienes por qué temer la sentencia del Señor, ya que estás a su lado derecho, esperando su juicio favorable. Por lo tanto: ¡si quieres prepararte para la vida venidera, empieza ahora, sigue ya ahora el ejemplo de Cristo! Mas si eres un cristiano malo, escaparás al juicio tan poco como escapará el gentil malo. El buen cristiano empero suspira por el advenimiento del Cristo rodeado de su gloria para aquel juicio glorioso, para poder oír de su boca la invitación: "Venid, benditos de mi Padre, heredad el reino preparado para vosotros desde la fundación del mundo".

Los cristianos aguardan el juicio con alegría.

Este juicio lo esperamos con corazones ansiosos. En primer lugar, porque tenemos que habérnoslas constantemente con nuestro adversario el diablo que nos oprime. En segundo lugar nos oprime nuestra propia carne que no quiere tolerar que creamos en Dios. Además nos oprimen también los gobiernos tiránicos, los obispos, luego los vecinos del campo y de la ciudad, y los nobles. Tan grande es la miseria y el malestar que tenemos ante los ojos a diario, que no podemos menos que cansarnos y exclamar: "¡Señor, ven y libéranos!" Por ende, es seguro que no faltarán personas que obtendrán esta gracia; éstas, que ahora padecen tribulaciones, esperarán aquel día con gozo y buena conciencia. Y estas mismas personas serán halladas también como creyentes verdaderos; y siendo tales, harán también aquellas obras de misericordia. Pues el que cree que por Cristo ha sido liberado de la ira divina, comparte con gusto sus bienes con otros, y tiene un corazón bondadoso incluso para con sus adversarios, de modo que si los ve padecer hambre y sed, no titubea en socorrerlos en todo lo que pueda. El que responde a este cuadro, el que nota en sí mismo las señales de la fe en Cristo, el que es hallado en esta senda, el tal se llene de gozo; pues a él le espera la gozosa sentencia: "Ven a mí; tú eres uno de estos mis hermanos más pequeños, tú has tenido sed por causa mía, o has hecho un bien a otros, y te has ejercitado en obras de caridad; tú eres un cristiano genuino."

Los demás, los que quieren ignorar el juicio, tienen sobrados motivos para temerlo.

Para esto, el Hijo del Hombre vendrá acompañado de todos los santos ángeles; pero también para juzgar a los que se comportan con altanería como si para ellos no existiera la muerte. Si creyeran y pensaran que algún día habrán de morir como todos los demás, se cuidarían muy bien de hacer aun el más insignificante mal, y no cometerían adulterio. Tan ciega y tan empedernida es la carne: ven que todos los hombres de épocas anteriores han muerto, y sin embargo cierran sus ojos ante esta realidad para no ver lo que *tienen* que ver. Además, un hombre tal oye que tiene que comparecer ante el tribunal de Cristo y recibir su sentencia por no haber hecho lo que se manda aquí en nuestro Evangelio, sino justamente lo contrario: Si tiene un enemigo, no descansa hasta haberse vengado en él. Más aún: si su amigo tiene hambre, esto no le conmueve en lo más mínimo, sino que si le puede infligir algún daño, lo hace. ¿No te importa nada la muerte ni el tribunal ante el cual tendrás que comparecer? Pues bien: allá ya está dictada tu sentencia: "Apartaos de mí, malditos, al fuego eterno preparado para el diablo y sus ángeles. Porque tuve hambre, y no me disteis de comer; tuve sed, y no me disteis de beber". Imagínate el momento en que resucites de entre los muertos y levantes la tapa de tu ataúd: entonces verás que tienes motivos más que suficientes para asustarte aun ante el juicio más benigno, y desearás que no venga jamás el Juez aquel que tiene la potestad para dictar esta sentencia. Entonces quedarás cubierto de vergüenza ante los ojos de todos, como el hombre que no hace las obras de misericordia y no obstante se viene con excusas tardías. Un hombre tal tiene de cristiano nada más que el nombre, y se ha convertido de uno de los "primeros" en uno de los "últimos" [12].

En vista del juicio de Cristo urge orar y velar.

Los otros en cambio recibirán una sentencia que sonará dulcemente en sus oídos: "Venid, benditos de mi Padre, heredad el reino preparado para vosotros desde la fundación del mundo. Porque tuve hambre, y me disteis de comer, etcétera". Aquí en esta vida terrenal tienen que padecer opresión y diversas otras contrariedades. Y aun en momentos en que no los afecta ningún dolor en particular, sienten no obstante en su corazón la malicia del diablo y de los muchos tiranos que hay en el mundo. Hartos de todo ello, su anhelo cotidiano es ver aquel día postrero. Los otros en cambio, los "malditos", anhelan justamente lo contrario: que este día tarde lo más posible en llegar, para que ellos puedan seguir dedicándose a la vida disoluta, a la violencia, al robo. Pero aquí se te dice: tú, como cualquier otro, tienes delante de ti la muerte y el juicio. La muerte te muestra su rostro amenazante y te impedirá continuar con tus fechorías; el juicio te dará la recompensa merecida por las maldades que cometiste. Y esto no es un invento nuestro; son palabras del Señor. Allí ya no habrá escapatoria; indefectiblemente tendrás que presentarte ante Dios, sus ángeles y todos los santos. Por lo tanto vuélvete de la dureza de tu corazón, acepta con fe la palabra de tu Dios, eleva a él tu voz en oración sincera, y aprende a ser bondadoso, misericordioso y afable para con tu prójimo. Y empieza con ello ahora mismo que todavía tienes tiempo, para que en aquel

[12] Comp. Mt. 19:30.

día seas hallado entre los que están a la derecha del Señor. En Lucas 21 (v. 34, 35) leemos: "Mirad por vosotros mismos, que vuestros corazones no se carguen de glotonería y embriaguez y de los afanes de esta vida, y venga de repente sobre vosotros aquel día. Porque como un lazo vendrá sobre todos los que habitan sobre la faz de toda la tierra". En vista de que todo esto sucederá inexorablemente, es preciso que oréis y veléis para que podáis comparecer ante el Hijo del Hombre. Actuemos de una manera tal que en aquel día tengamos un corazón alegre, libre de aprensiones; porque de todos modos, no podremos eludir el encuentro con nuestro Juez. Hagamos pues obras buenas y oremos, para que podamos aguardar su juicio confiadamente, y para que puedas oír de su boca las palabras: "Tú perteneces a los que están a mi derecha".

4. *Sólo las obras verdaderamente buenas tienen validez ante el juicio de Cristo.*

"Buenas" son las obras hechas en bien de Cristo y de los suyos.

Pero ¿qué obras son buenas? También esto lo enseña Cristo en nuestro Evangelio. Él quiere que se haga una diferencia entre las obras verdaderamente buenas, y las obras de los turcos y los gentiles. Obras buenas, conforme a la interpretación de Cristo, son las que se hacen "a él". Ahí es donde los impíos quieren que se los excuse por el hecho de que ellos no tuvieron la oportunidad de ver al Señor. Pero él aplica el 5º Mandamiento a su propia persona y dice: "A los pobres siempre los tendréis con vosotros" (Juan 12:8), y "lo que hicisteis a uno de estos mis hermanos más pequeños, a mí lo hicisteis". Esto se valorará como la obra más grande: si hacemos un bien a un "hermano de Cristo", es decir, a un cristiano. Y a la inversa, la obra más detestable será hacer un mal a un cristiano, como es costumbre entre nuestros obispos, nobles, ciudadanos y campesinos, culpables no sólo por no dar de comer a los pobres y a los predicadores, sino también por arrebatar a la iglesia lo que otros han aportado para el sostén de la misma. Por eso, si en aquel día quieres estar a la derecha de Cristo, tienes que pertenecer a los que parten su pan con el pobre y contribuyen en el nombre de Cristo al mantenimiento de la parroquia y de la escuela. El párroco y el maestro no ejercen cargos pertenecientes a la autoridad secular [13]. Por esto tampoco poseen bienes propios. Si nadie se muestra dispuesto a darles el sustento, por amor de Dios y de Cristo, carecen totalmente de recursos. Ellos no

[13] Lutero siempre se opuso a que se recurriera a las autoridades y leyes seculares para satisfacer las necesidades de la iglesia.

tienen que ver con el régimen secular ni con negocios terrenales; más aún: si se meten en tales negocios, se ponen al margen del régimen espiritual.[14] Tan preciosa obra es el dar algo a uno de estos humildes servidores de Cristo, que el Señor no tiene reparos en declarar: "El que da de comer o de beber a uno de ellos, me da de comer y de beber a mí mismo. Estos pobres son mis pies y mis miembros: son mis hermanos más pequeños en cuanto a bienes, son los que no poseen nada. Los demás, los que no están en esta situación, pueden mantenerse sin ayuda ajena. Pero como ellos no tienen el derecho de ocuparse en negocios terrenales, es preciso que otros les faciliten los medios para la subsistencia; y lo que se da a ellos, lo considero como dado a mí mismo." ¿Por qué los que ejercen la autoridad no reconocen esto? Porque lo consideran cosa de poca monta. Un obispo se preguntará: "¿Qué motivos hay para ponderar como asunto importante a los ojos de Dios lo mucho o poco que se da a un simple maestro de escuela?" ¡*Hay* motivos, y de mucho peso! Si no existieran maestros, párrocos, coadjutores y hospitales, no habría más que paganos. Sin embargo, ellos siempre tuvieron que conformarse con una remuneración ínfima. Por lo general, los predicadores y maestros son unos tristes pordioseros; por eso la mayoría de la gente no llega a comprender que es algo tan grande darles el sustento necesario; y tampoco llegan a comprender que lo dado a estos hermanos más pequeños equivale a una dádiva presentada a Cristo mismo. Tampoco yo podría ver las cosas de esta manera. Sólo Cristo las ve así; pues sin escuelas y sin el ministerio de la palabra, su reino no podría subsistir, y el mundo entero se convertiría en una Sodoma.

El que omite estas buenas obras, comete el pecado de los de Sodoma.

En cierto pasaje de su libro, el profeta Ezequiel llama a Jerusalén una "hermana de Sodoma". Dice textualmente: "He aquí que ésta fue la maldad de Sodoma tu hermana: soberbia, saciedad de pan, y abundancia de ociosidad tuvieron ella y sus hijas; y no fortaleció la mano del afligido y del menesteroso... Y tú multiplicaste tus abominaciones más que ellas" (Ezequiel 16:49, 51). Los habitantes de Sodoma amontonaron riquezas, y en su estado de hartura se entregaron a los vicios más abominables. Por esto fueron aniquilados con azufre y

[14] Lutero compara las entradas de un predicador y maestro con las de un obispo u otro individuo perteneciente a la jerarquía eclesiástica. La comparación resulta harto desfavorable para el predicador, pese a que, según frecuentes declaraciones del propio Lutero, el ministerio de la palabra está muy por encima de cualquier cargo directivo en la iglesia.

pez[15]. Nuestros ciudadanos y campesinos de hoy amontonan dinero, el pueblo alcanza una prosperidad siempre mayor, se llenan la barriga, beben mosto en cantidad, y del bueno, y nadie quiere dar una mano a los pobres estudiantes[16]. En su opulencia se hacen orgullosos y se olvidan de los indigentes; por esto tampoco se acuerdan de sus predicadores. Y si este estado de cosas se prolongara por mucho tiempo, ya no sabrían cómo vivir, ni qué hacer con su abundancia. De modo que o se avecina el postrer día, o le sobrevendrá a Alemania una catástrofe que lo trastornará y arruinará todo[17]. Nosotros por nuestra parte procuramos la paz; pero todo el mundo hace lo que quiere, no hay orden, no hay disciplina, a pesar de que todos tienen la muerte ante sus ojos. Por un lado, los adversarios papistas matan a los predicadores del evangelio, y entre los evangélicos los dejamos morir de hambre. Hasta tal extremo, Alemania está sumergida en pecados bochornosos, en presunción y en opulencia. A Cristo en cambio y a sus hermanos más pequeños se los desprecia; en lugar de darles el alimento necesario, se lo arrebatan.

Con su comportamiento, Alemania se acarrea un juicio terrible.

No me gusta hacer de profeta. Pero si no es el postrer día el que se acerca, de seguro que será el turco, y éste nos tratará de una manera tal que diremos: "Aquí estaba alguna vez Alemania". Y si no es el turco, es otro tirano. Ya que gozamos de tanta prosperidad material, queremos vivir a nuestro antojo, y a raíz de ello vendrá sobre nosotros el juicio de Sodoma. Aunque muchos de los papistas no sepan o no quieran saber que habrán de morir, y que habrán de ser colocados ante el tribunal de Cristo: los evangélicos sí lo sabemos, pues lo hemos oído y entendido; no obstante, nos comportamos como si no tuviéramos la menor idea de ello. Por esto digo que Alemania todavía cometerá una grandísima tontería contra nuestro Dios y Señor, y pronto la tendrá que pagar. Nuestros adversarios mismos tienen que admitir que nuestra doctrina es verdadera, y no obstante, matan a los que adhieren a ella. Y aquí, por el lado nuestro, somos desidiosos, descuidamos las obras

[15] Gn. cap. 19.

[16] Los estudiantes universitarios, p. ej. de Wittenberg, que estudiaban teología para desempeñarse más tarde como predicadores del evangelio. Por lo general carecían de medios y dependían de la generosidad de sus conciudadanos, un estado de cosas que Lutero conocía por sus propias experiencias de estudiante.

[17] La visión de esta catástrofe tiene una base muy concreta: los ejércitos turcos en las fronteras del Imperio.

de misericordia, y sólo nos entregamos a la rapiña. ¿Y si cae sobre nosotros el turco? ¡Cuál no será entonces nuestro descalabro y nuestro lamento! Pero, amigos míos, ¿qué otra cosa podría hacer nuestro Dios y Señor? A menos que el pecado nos ocasione grave daño, no queremos renunciar a nuestras maldades. Pero tampoco queremos sufrir el merecido castigo; incluso nos oponemos al turco, enviado por Dios como azote de la cristiandad relajada. Esto significa endurecer el corazón contra las advertencias de Dios; antes de doblegarnos bajo Su mano, preferiríamos crucificar y matar a Cristo y cargar con la ira de Dios, como Caifás, quien dijo: "Nos conviene que *un* hombre muera por el pueblo" (Juan 11:50). ¡Ya se sabe cuán conveniente les resultó! Lo mismo pensaban los habitantes de Jerusalén cuando se vieron atacados por los babilonios: "¿Por qué no se elimina de una vez a ese Jeremías? Entonces ya nos libraremos del dominio babilónico" [18]. Los de Jerusalén andaban conforme a la carne [19]; por esto se desencadenó luego sobre ellos el juicio divino, de modo que de la ciudad de Jerusalén no quedó piedra sobre piedra. Por causa de todo esto, Dios tiene preparado para Alemania un juicio que caerá sobre la nación como una red. Al pensar en ello se me llena de horror el corazón. Existe entre nosotros un evidente endurecimiento de los corazones, señal de la ira extraordinaria de Dios [20]. El juicio, pues, no ha de tardar mucho en producirse, sea que lo ejecute el turco, o sea que nos destruyamos entre nosotros mismos. En efecto: nuestros adversarios reconocen que predicamos la verdad, y no obstante nos persiguen; y nosotros mismos nos creemos muy seguros, robamos con avidez hasta los bienes que poseía la iglesia, y hacemos que el evangelio se muera de hambre. Y una vez que lo hayamos expulsado del país, ¿entonces querremos que Dios derrote a los turcos? ¡Esto sí que no ocurrirá! Al contrario: ni bien el primer turco pise nuestro suelo, sin que nadie le hubiera llamado, todos nos daremos a la fuga. Alemania es una nación poderosa mientras el Señor nos ayude y mientras los nuestros no le pongan trabas al evangelio. Pero cuando Dios nos es adverso, se viene abajo todo nuestro coraje. Sin embargo, todo el mundo hace oídos sordos. Me temo que mi profecía se convertirá en realidad; porque los hombres son impenitentes, nadie quiere escuchar lo que dice la palabra de Dios. Por esto, el Señor acabará con Alemania. No puede tolerar que se blasfeme de su nombre y se desprecie su palabra; jamás lo ha tolerado. Esfuércese pues cada cual por retener este evan-

[18] Comp. Jer. 38:4.

[19] Ro. 8:1; 2 P. 2:10.

[20] Respecto del "endurecimiento de los corazones" como señal de la ira divina y como presagio de un juicio inminente comp. Éx. 7:3; 10:1.

gelio, para que lleguemos a estar entre la multitud de los benditos del Padre colocada a la derecha del Rey, y para que así podamos aguardar el juicio sin temor, con la esperanza segura de entrar en la vida eterna. Amén.

DIOS MANIFIESTA A LOS CRISTIANOS SU DIVINA GLORIA

Sermón perteneciente a un ciclo de exposiciones sobre la carta de San Pablo a Tito.

Fecha: sábado 19 de agosto de 1531 [1].

Texto: Tito 2:11-14. La gracia de Dios se ha manifestado para salvación a todos los hombres, enseñándonos que, renunciando a la impiedad y a los deseos mundanos, vivamos en este siglo sobria, justa y piadosamente, aguardando la esperanza bienaventurada y la manifestación gloriosa de nuestro gran Dios y Salvador Jesucristo, quien se dio a sí mismo por nosotros para redimirnos de toda iniquidad y purificar para sí un pueblo propio, celoso de buenas obras.

Introducción: Nuestro culto diario a Dios.

Nos corresponde que cada mañana tributemos a Dios el debido honor y le presentemos nuestro sacrificio, es decir, que oigamos su palabra y nos ocupemos en ella, ya sea públicamente, ya sea en nuestro hogar. Tal culto a Dios ya fue establecido en el Antiguo Testamento en la forma de sacrificios matutinos y vespertinos. A fin de presentar también en este día nuestro sacrificio a Dios, tomemos un versículo de la carta de San Pablo a Tito y oigamos lo que el Señor quiere enseñarnos por medio de su apóstol.

1. *Los que han sido bautizados, están destinados para una vida venidera. La vida presente del cristiano es un aguardar la vida eterna.*

Habéis oído en la carta a Tito que en este mundo debemos

[1] El título de este sermón en los apuntes de Rörer, *19. Aug. In Ken-*

vivir 'aguardando la esperanza bienaventurada y la manifestación gloriosa de nuestro gran Dios y Salvador Jesucristo". Habéis oído además que en nuestra vida de cristianos debemos tener por meta "renunciar a la impiedad y a los deseos mundanos, y vivir en este siglo sobria, justa y piadosamente". Vuestra aspiración principal no ha de ser, pues, disfrutar de la existencia aquí en la tierra como los puercos y demás animales irracionales, no pensando en otra cosa que en llenarnos la barriga y pasar los días terrenales en la mejor forma posible. Antes bien, hemos sido llamados por Dios y adquiridos a gran precio para que nos desprendamos de la vana manera de vivir de este mundo, y entremos en un nuevo estado en que dirigimos nuestra expectación hacia una vida distinta de la actual. Éste es un arte que el cristiano debe aprender: diferenciar debidamente entre la vida actual y la otra. Pocos son, en efecto, los que esperan aquella otra vida con una certeza tal que la dan por más segura que la vida presente, y que contemplan la vida presente a través de lentes coloreados, aquella otra en cambio con ojos no enturbiados por nada. Por esto se nos dice en 1 Corintios 7 (29 y sigtes.) que "los que disfrutan de este mundo, sean como si no lo disfrutasen; los que compran, como si no poseyesen; los que tienen esposa, sean como si no la tuviesen". Ya que después de esta vida que vemos con nuestros ojos corporales viene otra vida, mejor que ésta, el apóstol nos hace aparecer la vida terrenal en una luz dudosa, para que no la consideremos nuestra vida verdadera y genuina, sino que sólo la miremos de reojo. Aquella otra vida en cambio, con miras a la cual hemos recibido el evangelio y el bautismo, ésta debemos esperarla, estar completamente seguros de ella, y tener los ojos puestos fijamente en ella. Si fuimos bautizados, si se nos predicó el evangelio, no fue con el propósito de que estableciésemos aquí nuestra residencia permanente. La forma de manejar mi vida terrenal me la pueden enseñar y me la enseñarán el emperador, mis padres, mis patrones, y también mi propia razón. El dueño del campo enseña al siervo cómo debe cultivarlo; la madre enseña a la hija a desempeñar los quehaceres domésticos. Todo esto está implantado en la naturaleza humana. Está claro, pues, que el evangelio habla de una vida más elevada, incomprensible a la razón humana. Por eso mismo nos ha sido dado ese evangelio.

---

berga, indica que fue predicado en Kemberg, pequeña ciudad cercana a Wittenberg, en ocasión de una visita que Lutero hizo a esta localidad.

La promesa de Dios es válida a pesar de nuestra mente carnal.

Quien no dirige su corazón hacia aquella otra vida, no sabe qué es la fe ni qué es el evangelio. Cree que el único objeto de su vida es comer y beber en abundancia y amontonar dinero. Pero el evangelio y el bautismo nos trasladan a otra vida que ha de ser para nosotros más cierta que la que ahora tenemos ante nuestros ojos. Ahí es, sin embargo, donde vemos nuestro infortunio y nos damos cuenta de lo terriblemente fuerte que es nuestra mente carnal y nuestra razón humana: esa mente y razón menosprecia aquella otra vida, o la pone en dudas. Raras veces el hombre se pone a pensar si después de esta vida habrá otra, y además, le tenemos miedo a la muerte, señal evidente de que no esperamos una vida venidera ni la aguardamos. Hay una gran cantidad de personas que ceden el cielo tranquilamente a Dios.

Sin embargo, yo no fui bautizado ni me llamo cristiano simplemente para ser un hombre de la ciudad o del campo, un patrón o un obrero. No, para esto no fui bautizado, sino para que sea trasladado de este estado de cosas terrenal a aquel otro estado que está en concordancia con el evangelio que nos habla de una vida donde ya no habrá hombres de la ciudad ni del campo, ni patrones ni obreros, sino donde todos serán iguales. Será una vida que ya no conocerá la muerte, en que "ya no habrá hambre ni sed ni calor", donde "los justos resplandecerán más que el sol", donde "ya no habrá muerte ni pecado"[2], en una palabra: una vida donde están Cristo y sus santos.

Para aquella vida futura fui bautizado. Cuando a un niñito se lo saca de la pila bautismal y se le pone la camisa bautismal[3], se lo destina para la vida venidera: aquí en la tierra debe ser un huésped nada más[4] hasta que comience aquella otra vida. Por esto, Pablo enseña a los cristianos[5] a no sumergirse demasiado en esta vida presente como los puercos que no ponen atención en lo que habrá de venir. Así piensan los hombres que no saben hacer cosa mejor que pasar sus días como si vivieran eternamente sobre esta tierra. Estos hombres, desde luego, no creen en una vida venidera; de ahí que fueron bautizados en vano, y en vano oyeron el evangelio, ya que no

[2] Comp. Ap. 7:16; Mt. 13:43; Ap. 21:4.

[3] Con la sumersión del niño en la pila bautismal, se indicaba que su "viejo Adán", su "ser carnal", quedaba ahogado, según la promesa de Dios. Cuando el niño era sacado del agua y vestido con la camisa bautismal, según la usanza de aquel entonces, se iniciaba en él la vida nueva para la cual Dios lo había llamado.

[4] He. 11:13.

[5] 1 Co. 7:29 y sigtes.

creen que es verdad que después de la vida presente nos espera una vida en el más allá. A esto viene la exhortación del apóstol: "Aguardad la esperanza bienaventurada".

2. *Pese a la muerte y la descomposición física, la vida eterna es un hecho incontrastable.*

Contra las objeciones de su razón, los cristianos confían en su bautismo.

Tenemos, pues, una "esperanza bienaventurada". Hallaremos un tesoro que no se llama oro o riquezas, y que no consiste en esta vida terrenal, sino que es objeto de nuestra esperanza que es bienaventurada y nos hará bienaventurados. ¿Cuándo? "Cuando Cristo, vuestra vida, se manifieste". Entre tanto empero, mientras vivamos aquí, aquella otra vida "permanece escondida aún"[6], a diferencia de la vida presente que es manifiesta y que puede ser percibida con los cinco sentidos y con la razón. La otra vida en cambio es invisible: no la veo con mis ojos ni la puedo abarcar con mi inteligencia; pues no se puede demostrar con argumentos racionales que este cuerpo nuestro habrá de pudrirse y heder como ninguna otra inmundicia sobre la tierra, y ser consumido por los gusanos, y no obstante, llegar a ser más resplandeciente que el sol, y más bello que ninguna otra cosa creada. La razón objeta: Lo único que yo veo es que el cuerpo está muerto y se está pudriendo; ¿cómo puedes hablar tú de una futura belleza? Y bien: para esto fui bautizado. Mi bautismo me dice: No le des importancia al hecho de que el cuerpo se pudrirá y será comido por los gusanos. Oye más bien lo que te dice el evangelio, tu bautismo y la fe, y dí: Nada me importa ver la inmundicia. Yo tengo una luz que sobrepasa todo entendimiento, a saber, el evangelio y mi bautismo; éstos me aseguran que Dios transformará este cuerpo vil[7] y hará que resplandezca más que sol. Si el evangelio lo dice, Dios así lo hará.

Nuestra muerte es siembra para un crecimiento futuro.

Dios lo creó todo de la nada. También el sol con su majestuoso brillo lo hizo de la nada. Ese sol, antes de que Dios lo creara, fue una nada, menos aún que una inmundicia o un cadáver hediondo, pues éstos al menos son algo existente. ¿No habría de ser también posible para Dios resucitar y re-crear un cuerpo muerto? Ves con tus propios ojos cómo un grano

[6] Comp. Col. 3:3, 4.
[7] Comp. Fil. 3:21.

es echado en la tierra y muere; y luego crece allí un fino tallito verde, que a su tiempo lleva una espiga llena de granos, iguales al que había sido echado en la tierra, y había muerto. Entonces: ¿no nos podrá dar Dios también a nosotros un cuerpo nuevo? ¡Si él mismo lo dice, y si él mismo nos ha destinado para ello! Por medio del evangelio, él nos llamó a esta nueva vida, y por medio del bautismo nos introdujo en ella. Siendo así las cosas, aguardamos esta vida nueva y gemimos por ella[8] y oramos que el reino de Dios venga a nosotros. Pues estamos ansiosos de obtener el tesoro con miras al cual fuimos bautizados y del que nos habla el evangelio, el tesoro por causa del cual Cristo murió y derramó su sangre. Él mismo es la garantía de que algún día, la nueva vida en los cielos será una realidad. Para esto nos dio el evangelio, y el bautismo como señal del cumplimiento de sus promesas, y el nombre de cristianos. Lo único que falta aún es la manifestación visible de aquella gloria venidera. Muy bien dice San Pablo en 1 Corintios (15:42): "Se siembra en corrupción, resucitará en incorrupción". Es, dice el apóstol, como cuando uno siembra porotos en un huerto, pensando no en lo que se entierra, sino en la planta que habrá de salir. En efecto: la mujer que siembra los porotos en su huerto, no se fija en que estos porotos se pudrirán, sino que espera con absoluta certeza el día en que de allí habrán de salir nuevas plantitas primero, y nuevas vainas después. Y si siembra arvejas, no lo hace para que queden enterradas allí, sino porque sabe: de lo que ella sembró, saldrán nuevas plantas con nuevas arvejas; para esto se siembra. Ese pensamiento debe animarnos también al ver que entierran a un cristiano; digamos entonces: Este cuerpo corruptible confíenlo tranquilamente al seno de la tierra; tened la plena certeza de que de ahí resucitará un cuerpo incorruptible. "Así también se siembra en deshonra y debilidad" (1 Corintios 15:43), porque el cuerpo muerto hiede, lo comen los gusanos, lombrices horadan sus ojos, sus orejas, su nariz. No hay allí nada de hermoso, nada de glorioso. Sin embargo: ¡resucitará en gloria! Este cuerpo sembrado en deshonra resurgirá en gloria indescriptible, libre de toda inmundicia, con una fragancia más deliciosa que el más fino bálsamo, y con una belleza como no la tiene ninguna otra creatura. Pensar de esta manera: esto es en verdad "aguardar la esperanza bienaventurada".

Lo que sucede en la vida de la naturaleza nos predica la fe en la resurrección.

Por lo tanto: al pasearte por tu huerto, aprende allí lo que

[8] Comp. 2 Co. 5:2.

es "creer". Aquí, un quintero pone un carozo de cereza en su quinta, allá un campesino siembra un grano de trigo en su campo. No le importa la suerte que corrrerá el grano mismo; de otra manera, lo conservaría en la bolsa, para que no se pudra. Antes bien, su pensamiento es: "Esperaré; dentro de medio año saldrá de este campo un trigo que dará gusto verlo; y a su debido tiempo, las semillas de frutales que enterré se harán grandes árboles de los cuales podré cosechar las más hermosas peras, manzanas y cerezas". Ésta debiera ser la actitud de todos nosotros en nuestro estado de cristianos. Si eres capaz de adoptar ante los objetos de la naturaleza, como granos, semillas, etcétera, la posición del que espera con certeza que de la semilla sembrada, a su tiempo saldrá una nueva planta, debes tener la misma certeza también en cuanto a la nueva vida del cuerpo. El campesino, cuando siembra, no puede decir: "Ya veo los porotos", pero realmente, ya los ve. No mira los porotos que tiene en la mano; al menos, no los mira con el mismo ánimo con que espera las futuras vainas. Aparta, pues, su vista de los granos o porotos que tiene en la mano, y la dirige con mucho más interés al trigo y a los porotos que espera cosechar de lo que ahora sembró. Detalles como éstos, tan comunes y corrientes en la naturaleza, deben incitarnos a pensar: "Si soy un cristiano bautizado, soy una semilla sembrada por Dios. Yo soy su siervo, él es mi Señor. Los cristianos somos entonces las vainas y los porotos de nuestro Señor". Primeramente somos sembrados por medio del bautismo, luego nos descompondremos mediante la muerte física. Por lo tanto debo pensar: "Deja que el cuerpo muera y se pudra; tiene que correr la misma suerte que el grano, que también tiene que pudrirse para dar fruto. ¿No espero acaso que el árbol me dé frutos, aunque todavía no los veo? Con tanta y aún mayor certeza espero mi vida futura, aunque soy sembrado para muerte y descomposición, como el poroto, que a su tiempo ha de resurgir como algo muy distinto de lo que es ahora."

La esperanza del campesino, una útil lección para el cristiano.

Ésta debiera ser la mentalidad del cristiano. Pero ¿dónde están los que tienen esta mentalidad? Por desgracia, nuestra actitud no es la de quienes aguardan la vida venidera y gimen por ella. No poseemos esa virtud en que se ejercita el campesino respecto de sus porotos, esperando que crezcan y le den su fruto. Es muy triste si un cristiano no se comporta en su esfera del mismo modo como se comporta la razón en la suya[9]. Cristo no quiere que en la cristiandad se piense: "Hoy vivo,

[9] Comp. Lc. 16:8b.

mañana quizás ya no; moriré mas no sé cuándo; tengo que partir, y no sé hacia dónde; me extraña que me sienta tan alegre" [10]. Al contrario: un cristiano debe decir: "Aguardo otra vida, que es para mí una realidad más concreta que la vida que tengo ante mis ojos. Pues tengo la palabra de Dios; soy bautizado, soy el poroto del Señor, es decir, un grano del que con toda seguridad saldrá algo; él ya me plantó por medio del bautismo y del evangelio". En verdad, un campesino podría hacer de su campo, en cierto sentido, una verdadera Biblia: podría leer allí el evangelio de la resurrección de los muertos, y decir: "Como yo, así también el grano que estoy sembrando, será demudado; pero de ese grano nacerá un tallo, tan alto como yo mismo, que llevará fruto a ciento por uno". Y la campesina podría decir: "Las arvejas las siembro en mi huerto; éste es mi Biblia, de él puedo aprender algo que fortalece grandemente mi fe". Abre pues tus ojos; mira lo que el Señor quiere enseñarte mediante la obra de tus propias manos, y piensa: "Así como yo estoy sembrando ahora mi semilla, el Señor me está sembrando a mí; yo soy su poroto y su grano. Cuando muera, me pudriré como un poroto. Pero después pasaré de esta vida hedionda a la vida verdadera, la vida bienaventurada que no hederá más." Que no pensemos así, es por culpa de nuestro adversario, el Maligno. En lugar de ello nos afanamos por juntar más y más dinero, y hacemos como si no existiera una vida futura, y al fin de cuentas, arruinamos nuestra vida cristiana totalmente: de nombre seguimos siendo cristianos, pero de hecho somos puercos. ¿Pensar en aguardar la esperanza bienaventurada? ¡Ni por asomo! Sin embargo, el campesino, al mirar su grano, no es de esta idea. A ningún campesino se le ocurre sembrar su grano simplemente para que quede en la tierra y se pudra. Pero *nosotros* cometemos tal tontería, si pensamos que poseemos el evangelio y recibimos el bautismo sólo para permanecer por siempre en esta tierra.

Amigos míos: hay algo que importa mucho más que nuestra vida terrenal. Conocemos el dicho aquel: "Cuida tu vida mientras la tengas." Y bien: ésta es una verdad a la que se atienen también los puercos. Pero ¿será éste el fin para el cual "se ha manifestado la gracia de Dios para salvación a todos los hombres"? En resumidas cuentas: lo que tú debes hacer es esperar y aguardar la otra vida para la cual fuiste llamado. Pues el Señor vendrá con toda seguridad, afirma el apóstol, y aparecerá y se mostrará a todos como el verdadero Dios y Salvador. Aquello será, por cierto, un día glorioso.

[10] Antiguo refrán alemán: "Jetzt leb ich, aber weiss nicht wie lang; ich sterb und weiss nicht wann; ich fahr und weiss nicht wohin; mich wundert, dass ich so fröhlich bin."

3. *Los cristianos esperan la manifestación de Cristo quien lo transformará todo y hará glorioso lo que ahora es despreciado.*

Los días actuales en cambio son todo menos gloriosos. Un cristiano, una vez muerto, hiede no menos que un mahometano (lit. "turco") muerto. Por lo tanto, en este sentido no hay diferencia entre creyentes y no creyentes. Además, parece ser una ley que los cristianos tengan que servir de trapo de piso a todo el mundo: se los condena, se los persigue, se les quitan sus bienes, somos odiados por nuestros propios vecinos, etcétera. Así que, mientras el cristiano viva en este mundo, no hay en él nada de glorioso. Lo glorioso es el mundo: a éste se le adora y se le colma de alabanzas, en tanto que a los cristianos se los pisotea. La gloria de Cristo en esta tierra es que se le desprecia y rechaza. Pero un día, el Señor vendrá y se manifestará y traerá consigo una gloria que ahora no podemos ni imaginarnos. Toda la creación será entonces mucho más hermosa de lo que es ahora; el sol, los árboles, los frutos, todo será siete veces más bello [11]. Y en aquel día, yo también saldré de mi sepulcro como un astro reluciente, y los que fueron quemados por el mundo como mártires, surgirán cual cometas y se elevarán al cielo. Y allí se reunirán en coro todos los santos, y el Señor mismo vendrá en una nube, y el mundo entero será transfigurado y glorificado por él, de modo que será cien mil veces más majestuoso de lo que es ahora. Con razón habla el apóstol de la "manifestación gloriosa" de nuestro Señor.

La majestad de Dios, ahora oculta, se revelará en aquel día.

En aquel día, nuestro Dios será en verdad el "gran Dios" (Tito 2:13). Actualmente parece más bien un Dios pequeño. El emperador y los grandes señores se burlan del evangelio y de los cristianos como si Dios fuera un muñeco que no ve ni siente. Ese Dios permite que a Pablo le decapiten y a Pedro le crucifiquen, y a sus fieles los deja en la miseria, al extremo de que a veces ni tienen de comer y beber. ¿No es un Dios impotente y pueril, un Dios que contempla impasible nuestra desesperada situación? Si Dios ve que nos va tan mal, y que San Juan Bautista tiene que morir por causa de una adúltera [12]; si él ve y sabe todo esto, y sin embargo no interviene, entonces o *no quiere* ayudar —mas entonces, no es un Dios justo— o *no puede* ayudar. Mas si no puede ayudar, es un Dios impotente, que no tiene ojos para ver ni manos para actuar, y que tampoco tiene corazón, ya que no quiere socorrernos. Por consiguiente: en la ac-

[11] Is. 30:26.
[12] Mt. 14:1 y sigs.

tualidad, Dios es un Dios pueril. Permite que los hombres hagan con su palabra, con sus sacramentos, con sus cristianos, lo que se les antoje. No dice una palabra a todo esto, porque es un Dios pequeño: está durmiendo, tiene las manos flojas y el corazón cansado. Mas cuando despierte, será como un valiente (Salmo 78:65) y herirá a todos sus enemigos como hirió a los filisteos.

La confianza de los cristianos perseguidos no será en vano.

Entre tanto, pues, los cristianos y los que fueron bautizados en el nombre del Señor, tendrán que resignarse y dejarse pisotear, porque por ahora, Dios es todavía un Dios pequeño. Pero a su tiempo vendrá y se manifestará como Dios que no es nada pequeño, sino que lo vio todo y que tenía no sólo la voluntad sino también el poder de ayudar. Por el momento, él oculta la buena voluntad y el poder. *Puede* ayudar, fuerza y voluntad suficientes no le faltan. Sin embargo, su modo de actuar en este tiempo presente debemos aceptarlo con la fe, y no discutirlo con la razón. Pero cuando juzgue llegada la hora, vendrá como "Dios grande" haciendo plena justicia a esta designación, de modo que todos tendrán que confesar: éste es en verdad "el gran Dios y Salvador Jesucristo". Hasta el momento no se dio a conocer como tal, sino que permitió que el evangelio fuera lapidado; no abre la boca cuando su nombre es blasfemado, y no se inmuta cuando reyes y emperadores nos huellan con sus pies. ¿Y a este Dios habríamos de llamarle nuestro Auxiliador? Hasta el momento, aún no lo es de hecho; todavía la realidad no coincide con las palabras. Pero llegado el día, Satanás y todos los tiranos tendrán que reconocer: "No sabíamos por qué los cristianos llamaban a Jesucristo 'Salvador'; sin embargo, ahora él demuestra inequívocamente que este nombre lo llevaba a toda honra." En este día, él se levantará en toda su majestad, y nos convertirá a todos nosotros en estrellas y soles. Y entonces quedará de manifiesto que su voluntad y su poder de ayudar fueron en sí permanentes, sólo que en algún tiempo no quiso aplicarlos; y su sabiduría y señorío serán visibles para todos. A éste debemos esperar: al Salvador y gran Dios, aguardando la manifestación de su omnipotencia, sabiduría, gloria y majestad. Es verdad: por el momento vemos todo lo contrario; pero esto es justamente para que confiemos en la palabra de Dios y esperemos con paciencia hasta que llegue la hora de la manifestación de su misericordia y poder, como el campesino espera su cosecha.

4. *Fortalecido por su esperanza, el cristiano cumple gozosamente con su deber.*

Obras "buenas" son las mandadas por Dios, no las escogidas por el hombre.

"Él se dio a sí mismo por nosotros para redimirnos de toda iniquidad y purificar para sí un pueblo propio, celoso de buenas obras." Aquí se nos enseña cómo debemos pasar la vida presente mientras esperamos la vida futura, a saber: con buenas obras. Por medio del evangelio y del bautismo hemos vuelto a aprender qué son buenas obras. Cuando aún vivíamos bajo el papado, no lo sabíamos. En aquel tiempo llamábamos "buenas" las obras que nosotros mismos habíamos escogido, por ejemplo peregrinar a Santiago de Compostela [13], o hacer una donación a un convento [14]. Uno dedicaba velas a los santos [15], otro ayunaba a pan y agua. Para estas obras no existe mandato divino alguno. "Hacer buenas obras" significa, por lo tanto: obedecer a Dios de la manera como él mismo nos lo prescribió para nuestra vida en esta tierra.

Un siervo tiene sus "buenas obras" cuando cumple de buena voluntad lo que su señor le ordena, por ejemplo, cuando da de comer a los caballos, etcétera, siempre, por supuesto, que previamente ya haya sido justificado por la fe. El tal anda en buenas obras que realmente le corresponden, y de esta manera hace obras mejores que un cartujo [16], puesto que son obras de Dios; porque si como cristiano bautizado aguarda la esperanza bienaventurada, y entre tanto obedece en esta forma a su señor, sus obras son agradables a Dios. Sin embargo, como son tan poco espectaculares, parece absurdo pensar que trabajos como acarrear bolsas al molino fueran buenas obras.

Una sirvienta por su parte hace buenas obras cuando obedece las órdenes que le da su patrona. Tampoco estas obras parecen gran cosa. No se pueden medir, en lo que a brillo y renombre se refiere, con las de un cartujo que anda vestido de cilicio y observa sus cinco horas de oraciones por noche, y con todo esto no hace obra buena alguna.

Lo mismo vale para ti que eres hombre del campo o de la ciudad: Trata de ver en qué puedes ser útil a tu prójimo. Si des-

[13] Santiago de Compostela era en tiempos de Lutero uno de los lugares de peregrinación más concurridos de Europa.

[14] Este tipo de buena obra se consideraba particularmente meritorio.

[15] Encender velas ante los altares era un acto de piedad especialmente llamativo.

[16] La orden de los cartujos, fundada en 1086 por San Bruno, era considerada de especial santidad por sus reglas severas y su vida en extremo austera.

cubres que está a punto de sufrir un daño respecto de su mujer, su servidumbre, su campo o sus animales, adviérteselo. Si necesita tu ayuda o tu consejo, dáselo; y hazlo aún cuando tales obras no llamen la atención a nadie. Además, respeta las autoridades superiores [17]; en esto, un cristiano debe poner mucho cuidado. Las autoridades superiores, por su parte, castiguen a los malhechores y protejan a los hombres de bien.

He aquí las mejores "buenas obras", pero eso sí: obras que carecen de brillantez. Todo cuanto un cristiano es y hace en esta tierra, no debe "aparentar". Las obras de un siervo, de un señor, de una patrona, de una sirvienta, de un juez o de un alcalde no impresionan a nadie; no obstante, son mejores que las de todos los monjes juntos. Si sumáramos todas las así llamadas buenas obras de los monjes, no valdrían lo que vale la obra de una sola sirvienta que aguarda aquella esperanza bienaventurada y que mediante su bautismo fue destinada para la vida venidera.

El cristiano no busca una gloria pasajera, sino la vida eterna.

Tales obras buenas quisiera ver Pablo en los creyentes. En primer término trata de hacernos reconocer nuestro estado particular de cristianos, o sea, que como cristiano has sido hecho heredero de una vida diferente, eterna. Luego, una vez hecho cristiano, debes poner tu modesta obra, por insignificante que la considere el mundo, al servicio de tu prójimo. Todas las obras de esta índole llegan a ser preciosísimas a los ojos de Dios, tan preciosas que ningún monje es considerado digno de verlas y conocerlas. Lo mismo sucede cuando yo desempeño mi oficio de predicador: puesto que Dios me abrió la esperanza de una vida futura, debo y quiero cumplir gustosamente con mis obligaciones en la vida presente, sin preocuparme por la poca estima de que goza mi trabajo en la opinión del mundo. Sea como fuere: no quisiera cambiar por nada con las obras de todos los monjes y monjas, pues ya tengo mis informaciones concretas: mediante el bautismo pertenezco a la otra vida, y en lo que concierne a mis quehaceres en la vida presente, me sirve de guía la palabra divina. Así, pues, me dedicaré a lo que es propio de mi cargo. Del mismo modo, una esposa que cumple fielmente con sus obligaciones, es una santa viviente, puesto que aguarda la vida futura, y motivada por esta fe hace lo que a una esposa le corresponde hacer, y por esa misma fe goza del beneplácito de Dios. Resulta, pues, que tales obras, tan insignificantes en opinión del mundo, son en realidad las más excelentes. El mundo no es digno de cono-

[17] Ro. 13:1.

cer una sola buena obra, porque piensa: la sirvienta que ordeña la vaca, el agricultor que ara su campo, todo esto no es nada; pero sentarse en un rincón, poner cara agria, andar en cilicio, esto sí es lo que vale.

Fortalecido por su esperanza, el cristiano cumple gozoso con su deber.

Por consiguiente: nadie tiene una idea clara ni de la vida presente ni de la futura, sino solamente el cristiano, que dice: Dios me destinó para predicador, agricultor, patrón, peón, etcétera. Si Dios así lo dispuso, quiero ser un fiel peón, patrón, agricultor o predicador, y hacer lo que a él le agrada. Al que piensa así, la vida le resultará grata, no gravosa; no se quejará ni murmurará. Y aunque la vida fuera ingrata, sin embargo el estado en que vivo y la obra que hago son buenos, y por sobre todo tengo la esperanza de la vida eterna. Animados por este espíritu, los cristianos soportan la vida presente con buena conciencia y corazón contento. A otro en cambio su vida se le hace una pesada carga, y si toma un rumbo contrario al que él habría deseado, se pone a rezongar. Un hombre tal pasa la vida presente con quejidos y lamentos, y para colmo pierde la otra, la eterna. Pero en esto no piensa, sino que cree que aquí tiene que vivir como un puerco, y cuando le llega la hora de morir, dice con tristeza y amargura: "¡Qué vida más penosa fue la mía!" ¿Por qué no aprendió cómo se ha de vivir? Un cristiano en cambio, aunque no fuese más que un simple peón, está de buen ánimo, canta y hace su trabajo con alegría. Si su patrón le reprocha injustamente, no se amarga por ello, porque espera otra vida. A la inversa, los que no son cristianos no saben apreciar correctamente la vida actual por cuanto no tienen otra; por esto, todo cuanto hacen es cosa superficial.

Habría mucho más que predicar sobre este tema; pero por hoy baste con lo ya dicho.

LA PROMESA DE DIOS PARA LA CREACIÓN QUE GIME

Sermón para el culto vespertino del 4º Domingo después de Trinidad.

Fecha: 6 de julio de 1544.

Texto: Romanos 8:18-23. Tengo por cierto que las aflicciones del tiempo presente no son comparables con la gloria venidera que en nosotros ha de manifestarse. Porque el anhelo ardiente de la creación es el aguardar la manifestación de los hijos de Dios. Porque la creación fue sujetada a vanidad, no por su propia voluntad, sino por causa del que la sujetó en esperanza; porque también la creación misma será libertada de la esclavitud de corrupción a la libertad gloriosa de los hijos de Dios. Porque sabemos que toda la creación gime a una, y a una está con dolores de parto hasta ahora; y no sólo ella, sino que también nosotros mismos, que tenemos las primicias del Espíritu, nosotros también gemimos dentro de nosotros mismos, esperando la adopción, la redención de nuestro cuerpo.

Introducción: Los dolores de parto de una mujer, imagen fiel del gemir de la creación.

Estas palabras de Pablo, así como también las precedentes [1], revelan la gran riqueza espiritual de su autor, y evidentemente emanan de un corazón alegre. El apóstol olvida por unos momentos la desgracia y el dolor que tenemos que padecer por parte de Satanás, del mundo y de nuestra propia carne; porque la verdad es que la santa iglesia es una pequeña y pobre manada, hostigada duramente por el mundo y el diablo. Ante esta realidad, Pablo da un giro en la dirección opuesta

[1] Comp. especialmente Ro. 8:15-17.

y coloca ante nuestros ojos la gloria que sigue a esta tribulación. Empleando un lenguaje poco común, personifica a la creación, como si ésta fuera un hombre dotado de inteligencia y de la facultad de hablar, y hace como si la vasta y multiforme creación fuese un ser humano. "Esa creación", dice, 'aguarda, está esclavizada, siente miedo y gime", y al hacer esta descripción, recurre a términos que comúnmente se usan al hablar de mujeres que están por dar a luz. En efecto, la palabra que Pablo eligió para expresar "está con miedo"[2] es la que se dice de las mujeres que quisieran verse liberadas del fruto de su vientre y alegradas mediante la contemplación del niñito recién nacido. En nuestro idioma hablamos de "dolores de parto". Así Pablo designa a la creación entera como "mujer que está con dolores de parto, y que, llena de miedo, quisiera haber salido ya de este angustioso trance". Suena extraño, en verdad, dar así a la creación contornos humanos, como si fuese capaz de sentir y gemir, y trazar de ella un cuadro en que aparece profiriendo los mismos lamentos que proferimos los creyentes que esperamos en el Señor. Tú, oh hombre, no eres pues el único que siente tal pena y dolor. La creación entera anhela ardientemente ser liberada de su angustia, igual que tú. Ya veo que es imposible que yo desarrolle este pensamiento tan profundo en un solo sermón.

I. *El gemir de la creación y de los hijos de Dios.*

Nuestra miseria terrenal algún día nos parecerá poca cosa.

"Yo tengo por cierto" —¡y *es* cierto!— "que las aflicciones del tiempo presente no son comparables con la gloria que en nosotros ha de manifestarse." Con estas palabras, Pablo quiere decirnos: "Amados míos, no os asustéis de muerte ni os afligáis demasiado cuando os ahoguen y os maldigan, como realmente está sucediendo. Hay muchos otros que también están con miedo; pero no perdáis el ánimo: a las aflicciones les seguirá la gloria, y en aquel día diréis: "¡Cuán poca cosa fueron nuestros padecimientos! ¡Qué tontos fuimos al quejarnos de tal manera de la desgracia y miseria de este tiempo presente, sin pensar en la gloria que sobrepasa tan ampliamente todo cuanto hemos tenido que sufrir!" Por esto debemos tener paciencia y buen ánimo en todas las amarguras con que el

[2] Lutero se basa en la versión alemana de Ro. 8, donde el último verbo del v. 22 es *ängstet sich* = "está con miedo". El texto original griego tiene synoodinei, cuyo significado es "sufrir al mismo tiempo, especialmente los dolores de parto" (*Dicc. Griego-Español* de Fl. Yarza, Edit. R. Sopena, Barcelona).

mundo nos acosa. Lo que aquí ocurre es una insignificancia en comparación con la magna gloria que seguirá después.

Toda la creación ve la promesa dada a los hijos de Dios.

Así nos consuela el apóstol en nuestros padecimientos. Y luego, dando un gran salto, vuelve de nosotros a la creación. Parece que la retórica no figuraba entre las artes que Pablo aprendió [3]. Sea como fuere: a esta creación le atribuye un anhelo ardiente, dirigido hacia un fin preciso. Es decir: la creación está a la expectativa en un sentido tal que de una hora a otra quisiera ver la gloriosa liberación de los hijos de Dios. El sol, la luna, la tierra y los cielos, la creación entera ve a los hijos de Dios y oye cómo se los bautiza; los ve aprender lo que se les enseña acerca de Dios, y ve que son hijos de este Dios en el Espíritu Santo y en la fe por medio del evangelio, la gracia y el bautismo. Sí, la creación ve todo esto y entiende que ello sucede porque Dios quiere engendrar para sí hijos para aquella otra vida. Pero la creación quisiera ver algo más todavía: quisiera ver a los hijos de Dios ya revelados como tales. Pues como dice San Juan (1 Juan 3:2): "Somos hijos de Dios, pero aún no se ha manifestado lo que hemos de ser", si bien mediante su fe, el hijo de Dios "es también heredero, heredero de Dios y coheredero con Cristo" (Romanos 8:17). Así lo entendemos cuando hacemos bautizar a nuestros hijos. Esto es lo que ven el sol y el aire; la creación lo palpa y lo siente. ¿Y yo? Yo veo que te entierran y que te comen los gusanos, o que me arrebata una peste o un incendio, o que me tragan las aguas. Uno sucumbe de una manera, otro de otra. Pero que en todo eso esté presente la gloria de los hijos de Dios, esto no lo alcanzo a ver. Con mis oídos oigo lo que se lee y se enseña al respecto; sin embargo, en la práctica las cosas parecen ser distintas. Tampoco la creación lo ve ya en el momento, sino que todo permanece aún velado y encubierto en la fe.

La creación gime juntamente con nosotros, aunque no nos demos cuenta de ello.

Así, yo quisiera poder escaparme del poder del diablo, de la muerte y del pecado. No hay hombre a quien le guste morir. Por consiguiente, cualquiera preferiría estar libre antes que estar aprisionado en los pecados, —a menos que fuera Satanás en persona— para poder vivir sin pestes ni enfermedades. Exactamente lo mismo dice la creación: El sol, la luna y las

[3] Conforme a las reglas de la retórica, el cambio tan repentino de un tema a otro tema nuevo debió haberse realizado en forma menos abrupta.

estrellas quisieran brillar con más fulgor. La tierra y los árboles gustosamente quisieran llevar sus mejores frutos con tal de que fueran liberados los hijos de Dios; pues entonces, también la creación misma obtendría la libertad, v. 21. Esto es lo que el apóstol tiene en mente al afirmar que la creación está con miedo, con dolores de parto, esforzándose ansiosamente por dar a luz. Por supuesto, al mirar el sol, yo no me doy cuenta de que el sol, la tierra y el cielo están con dolores de parto. Tampoco me doy cuenta de que el árbol y el agua presentan un aspecto lúgubre a causa de sus tribulaciones, a no ser en tiempos de tempestad. Ni tampoco en mi propio aspecto exterior se nota que soy presa del miedo y que quisiera verme liberado de la muerte, para que, exentos ya de la mortalidad, no tuviéramos que pasar por la angustiosa y desgraciada etapa del morir y ser enterrados.

La creación aguarda la manifestación de los hijos de Dios.

"La manifestación de la libertad gloriosa de los hijos de Dios" es lo que la creación está aguardando. ¿Por qué la aguarda? Seguramente también a causa de sí misma; pues como dice el apóstol, la creación sabe que llegará a la gloria que tan ardientemente anhela sólo cuando hayan sido manifestados los hijos de Dios. Por eso pregunta: ¿Cuándo será esto? La creación sabe que también con ella tiene que ocurrir una mutación, así como en nosotros se operará un cambio para otra vida en la cual ya no habrá muerte ni peste ni enfermedad ni hambre ni sed[4]. La creación no quiere padecer más infortunios. Consciente, pues, de que su liberación está ligada estrechamente a la manifestación de los hijos de Dios, ella está en permanente espera y pregunta: "¿Cuándo? ¿Cuándo llegará el día en que yo pueda asumir un servicio más bello? ¿Hasta cuándo, oh Señor, me haces servir en el vestido gris de la esclavitud de corrupción, v. 21, a ese género humano tan perverso?" Antes de que pueda llegar este día, es preciso que los hijos de Dios, vueltos al polvo, sean levantados del seno de la tierra, y sean transformados de tal manera que ya no los tocará enfermedad alguna, ni hambre, sed, morbo gálico[5] u otro mal, y por el contrario resplandecerán más que el mismo sol[6]. Mientras no ocurra esto con nosotros, tampoco la creación llegará a la gloria que espera entre temores y gemidos.

[4] Comp. Ap. 7:16; 21:4.
[5] La sífilis o morbo gálico (Lutero la llama *Frantzosen*, mal francés) comenzaba a hacer estragos en la Europa de aquel entonces.
[6] Comp. Mt. 13:43.

II. *La esclavitud de la creación y de los hijos de Dios.*

La creación fue sujetada por Dios al mundo malvado.

¿Qué le falta, pues, a toda esa majestuosa creación, para que gima juntamente con nosotros y esté con dolores de parto? Os lo diré: "Está sujetada a vanidad" (v. 20). He aquí la enfermedad de que padece, su martirio, su plaga, su muerte, su desgracia y dolor. ¡Ay, la creación está sometida a un servicio muy duro, y a más de duro, inútil y vano! Esto le duele, y le ocasiona tanta desazón como a nosotros la peste, el morbo gálico y toda suerte de otras enfermedades. "No por su propia voluntad" se halla sometida a este servicio. Por lo que a su persona se refiere, se siente tan poco dispuesta a hacer el papel de esclava como nos sentimos molestos nosotros cuando nos atormentan los impíos papistas y los turcos. No fuimos nosotros mismos los que nos escogimos estos males para que nos incomoden. A nadie se le ocurrirá decir: "¡Acércate, desgracia, indigencia, pobreza, hambre, sed!" Mas si Dios dispone que nos importunen la peste y la muerte, decimos: "En el nombre del Señor, ¡hágase lo que tú quieras, oh Dios! Yo me sujeto a ti, y me entrego a esta esclavitud". Así lo hace también la creación: no por su propia voluntad sirve a la vanidad y se sujeta a ella. Si de algo le valieran sus propios deseos, bien pocas serían las semillas, el pasto, la leche, los huevos, el vino que tú alcanzarías a ver. Y no obstante, la creación nos presta sus servicios, por cuanto Dios le ordena: "Sol, tierra, cielo, servid por causa mía (v. 20), porque yo soy un Padre misericordioso, como dice el Evangelio del día de hoy [7]. Yo derramo beneficios aun sobre los impíos que blasfeman de mí y me injurian, que crucifican a mi Hijo y se burlan de él, y por añadidura les ofrezco el perdón de los pecados, y les doy el sol, la luna, dinero y bienes, cuerpo y vida". Por esto, Dios dice a la creación: "Sirve también tú a esa gente malvada e infame, a los turcos, los papistas, los ladrones, si bien ninguno de ellos sería capaz de cometer sus fechorías si el sol dejara de alumbrar". — Al contrario: forzosamente tendrían que desistir de sus acciones detestables, porque la tierra se tornaría totalmente improductiva. Sin embargo, Dios hace caer la lluvia y hace alumbrar el sol tanto para los buenos como para los malos. Ésta es su insondable misericordia divina, y su ejemplo lo sigue también la creación.

La creación se sujeta a la esclavitud en esperanza.

Pero vosotros, los impíos, ¡no os engañéis! Pablo recalca que

[7] El Evangelio del 4º domingo después de Trinidad, sobre el cual Lutero había predicado en el culto matutino, es Lc. 6:36-42.

la creación fue sujetada "en esperanza", y el Salmo (102:26) dice que las cosas no seguirán así para siempre, sino sólo por cierto tiempo, para que te conviertas y enmiendes tu conducta. Si no lo haces, te sorprenderá también a ti el día del juicio y de la ira, y después ya no habrá remedio alguno. Cristo dio a los judíos un plazo de 40 años a partir de su crucifixión: el haber matado al Hijo de Dios y a los profetas, todo esto les sería perdonado, con tal de que se convirtieran. Por espacio de 40 años, Dios tuvo paciencia con ellos e hizo multitud de señales y maravillas por medio de los apóstoles. Pero como los judíos no quisieron aprovechar el tiempo de la gracia, al cabo de los 40 años vinieron los romanos, dieron muerte a más de 110.000 personas, asolaron con fuego la ciudad de Jerusalén y el templo, y pusieron fin a la existencia del estado judío. Cuando Dios quiso mostrarles a los judíos su misericordia, ellos la desdeñaron; en consecuencia tuvieron que sentir su ira. Dios es misericordioso, sí; pero no en el sentido de que tú salgas airoso con tu maldad, como lo interpretan el papa y el turco.

Del mismo modo procede también la creación. Ella es paciente, sirve a ladrones y asesinos, al papa y a gente malvada, que persiguen el evangelio y lo obstaculizan donde pueden. Precisamente éstos son los que beben el mejor vino y poseen las mejores tierras, Italia y Renania [8]. Además tienen tal abundancia de cereales que ya casi se ahogan en su propia opulencia. Y encima de esto, creen que el mismísimo sol se muestra risueño por ello, y que el vino y todos los animales se alegran de lo bien que les va [9]. No, amigo mío; no pienses que la creación te está sirviendo por tu linda cara; antes bien, lo hace "por causa del que la sujetó en esperanza". Por esto, algún día se vendrá abajo tu felicidad si no te arrepientes; y la creación bien lo sabe.

La creación nos hace sentir su resistencia interior.

Además, el Señor permite una y otra vez que la creación dé señales de que sirve sólo contra su voluntad, por ejemplo cuando el río Elba [10] se sale de madre y lo sepulta todo bajo sus aguas, o cuando el cielo se nubla y hace caer una lluvia torrencial en medio de la cosecha, que es cuando más necesidad hay

[8] Los Estados Pontificios comprendían vastas regiones en el centro de Italia. El papa Julio II (1503-1513) les agregó, por breve tiempo, también Parma y Perugia. En las márgenes del Rin estaban ubicados los ricos arzobispados de Maguncia, Colonia y Tréveris, sedes de influyentes adversarios de la Reforma.

[9] Es decir: el sol, el vino y los animales se alegran de poder hacer un aporte a la felicidad material de los hombres.

[10] El río a cuyas orillas se extiende la ciudad de Wittenberg.

de que brille el sol. La creación, entiéndelo bien, tiene que hacerte sentir que los servicios que te presta, no te los presta de buena gana. Y lo has merecido ampliamente, como advertencia de que debes arrepentirte y llevar una vida mejor. Igualmente: cuando caen piedras y granizo, ponte a reflexionar: Durante el año entero, gocé de los servicios de la creación; ahora ella me muestra que estos servicios no son de ninguna manera voluntarios. Si Dios lo permitiera, la creación haría caer lluvia, piedra y granizo todos los días, porque el hecho es que sirve sólo por obligación. Que no haga llover todos los días, etc., sólo es porque "fue sujetada en esperanza". Asimismo, cuando en una u otra ocasión se te mueren unas vacas o unos caballos a causa de una enfermedad, ello es una señal del 'gran placer' con que la creación te presta sus servicios. El mismo lenguaje habla el agua que inunda tu campo o tu casa: te quiere hacer entender que eres un asesino, un adúltero, una persona desobediente y arrogante. Por esto te digo con toda seriedad que bien merecerías que un rayo te hundiera a nueve varas dentro de la tierra, y que un tremendo pedrisco destruyera tus sembrados y tu ganado, por cuanto no quieres servir a Dios ni ser hijo de Dios. Por esto, la creación tiene que demostrarte a veces cuán gustosamente te sirve. Tú haces con tu abuso e incredulidad que ella se dé cuenta de que su servicio significa "estar sujetada a vanidad". El sol no fue creado para que tú abusaras de su luz para cometer adulterio y asesinato, sino para que aprovecharas su esplendor para ganarte el pan de cada día como hijo de Dios y para gloria de Dios quien mandó que en las tinieblas de esta vida nos resplandezca una luz tan radiante [11]. Además te dio la luna y la noche a los efectos de que puedas dormir y digerir la comida. Y tú, ¿qué haces? Cuando el sol alumbra y renueva la tierra y hace madurar los frutos, usas sus servicios para deshonrar a Dios y amargar la vida a los hombres. De esta manera desvirtúas completamente el servicio que te presta la creación; pues este servicio fue dispuesto para gloria de Dios y para el bienestar y las necesidades materiales tuyos; tú en cambio abusas de él para ignominia de Dios.

Nosotros gemimos a una con la creación bajo la misma esclavitud.

A los cristianos en cambio, el sol nos brinda un consuelo poderosísimo al resplandecernos de esa manera y al gemir a una con nosotros cual mujer con dolores de parto; y también nosotros clamamos a una con ella como ella con nosotros: "¿Cuándo llegará a su fin tanto abuso, tanto desenfreno?" Ya que los im-

[11] Comp. 2 Co. 4:6.

píos no participan en modo alguno de tal clamor, la creación a veces les hace sentir su indignación. Por lo tanto, cuando caigan los rayos y nos aterre el estampido de los truenos, confortémonos con este consuelo: el blanco de la cólera de la creación no somos nosotros, sino aquellos a quienes ella tiene que servir contra su voluntad; y a nosotros no nos queda más remedio que sufrir el daño junto con ellos.

Una "sujeción a la vanidad" llama el apóstol el servicio de la creación (v. 20). El sol no peca; ni tampoco nosotros como hijos de Dios insistimos en el pecar, sino que nos esforzamos por desistir de él. Sin embargo, ni el servicio nuestro ni el servicio del sol alcanzan el éxito que debieran tener, a saber, contribuir a que en el mundo aumente el servicio a Dios. Justamente lo contrario es lo que está ocurriendo, pues el mundo está lleno de persecución y blasfemia del nombre de Dios. Sucede entonces que el sol se cansa, y también los oídos y la boca nuestros se cansan. Así pasó con Lot en Sodoma [12], y así pasó también con Noé en los años previos al diluvio [13]. En 2 Pedro 2 (v. 5 y sigs.) leemos que Lot fue abrumado por la nefanda conducta de los malvados habitantes de Sodoma. Le afligía grandemente lo que tenía que ver y oír, hasta que llegó la hora en que cayó azufre del cielo y se desencadenó en un momento el juicio de Dios sobre los hombres perversos. De igual manera, también la vida nuestra y la de la creación están sujetadas a la vanidad, no por causa de nosotros, sino porque Dios así lo quiere. Él quiere mediante su longanimidad llevar al mundo al arrepentimiento para que los hombres reconozcan el servicio de la creación y sus incontables beneficios y se enmienden. De lo contrario, Dios descargará el juicio y el castigo sobre tu cabeza. La creación está sujetada, sí, pero "en esperanza". Por eso, ¡cuídate mucho!

III. *La esperanza de la creación y de los hijos de Dios. Toda la creación tiene prometida una libertad gloriosa.*

Nosotros, a una con la creación, esperamos ser libertados. A los impíos no les gusta nada oír que la creación obtendrá la libertad. Pero no hay duda: será libertada, y llegará a la libertad de los hijos de Dios. Es decir: se producirá otra servidumbre, para los que no quieren arrepentirse; una servidumbre en que los impíos no verán el sol ni el cielo ni otra cosa creada, sino solamente lamentos y el fuego devorador del infierno. Entonces ya no te sonreirá el sol ni otra criatura alguna, sino que sólo habrá para ti temor y temblor en el infierno, por cuanto

[12] Gn. 13:11-13; 19:1 y sigs.
[13] Gn. 6:11 y sigs.; 2 P. 2:5.

en tu impenitencia has tenido en poco el servicio que la creación te prestaba por voluntad de Dios. Por otra parte, por esto mismo habrías merecido que hora tras hora te ahogara el agua. —La creación que ahora se extiende ante nuestra vista, será entonces mucho más radiante y más bella, y nosotros, al igual que Cristo, resplandeceremos con brillo mucho mayor que el sol [14]. Así lo confirma también Isaías (30:26): "La luz de la luna será como la luz del sol". Una transformación análoga se operará en todas las demás criaturas: en el cielo, en las estrellas, en la hierba, en los frutos. Y nosotros, los hijos de Dios, nos asemejaremos al sol también en lo que atañe a nuestro cuerpo. Cuando en el relato de los Evangelios se describe a ángeles que aparecen sobre la tierra, su aspecto es como el del sol, como era el aspecto de Moisés y Elías en el monte de la transfiguración [15]. Así también el cuerpo nuestro resplandecerá como el del Señor en el monte Tabor [16], donde su rostro resplandeció como el sol y sus vestidos se hicieron blancos como la nieve. Allí ya no habrá tristeza ni muerte, sino sólo alegría y delicias para siempre. La creación quedará libre de la esclavitud bajo la cual gime ahora: no tendrá que servir ya al diablo y a los impíos, sino que servirá a Dios, a los santos de Dios y a los ángeles, si bien éstos ya no tienen necesidad de ningún sol, puesto que les alumbrará otra luz, a saber, Dios el Padre [17]. Nosotros veremos aquel sol con nuestros propios ojos: sólo servirá a los hijos de Dios, libres ya de todo mal e imperfección y glorificados.

La creación ya está en camino hacia esta libertad.

Las palabras griegas 'douleia tes phthoras' [18] yo las traduje con "esclavitud de los seres sujetos a corrupción". Dichos seres son aquellos a quienes la creación sirve de mala gana, los impíos; y éstos tampoco serán transformados, sino que irán al infierno. Nosotros empero los cristianos, escaparemos a la corrupción: así como la creación, seremos transformados también nosotros. Que la creación sea embellecida a una con nosotros, realmente ocurre en bien nuestro. Consolaos con esto los que creéis en Cristo. No sois vosotros los únicos que gimen. Toda la creación está a vuestro lado y gime contra el servicio que tiene que prestar al diablo y a los impíos, o contra "la esclavitud de corrupción" como lo llama Pablo. Por esto, perseverad en la esperanza, porque es una esperanza que no fallará.

14 Comp. Ap. 1:16.
15 Comp. Mt. 17:1 y sigs.
16 La tradición señala al Tabor como monte de la transfiguración.
17 Ap. 21:23; 22:5.
18 Literalmente: esclavitud de la corrupción.

Estamos en un mismo camino con la creación: no sólo ella anhela ardientemente ser libertada sino que lo hacemos también nosotros que tenemos la esperanza segura y aguardamos la adopción (v. 23). Es verdad: ya tenemos la adopción como hijos de Dios, pero sólo mediante la fe, todavía no en forma manifiesta. *Tenemos* la redención en lo que se refiere al alma, por el hecho de que creemos en Cristo. En cuanto al alma, estamos salvados. Pero nuestro cuerpo corruptible [19] es aún impuro, débil, sujeto a la muerte. Sin embargo, también este cuerpo tendrá que entrar con nosotros en la gloria. El alma no irá sola al cielo, sino que irá también el cuerpo, pero resplandeciente como el sol. Y luego alabaremos a Dios por toda la eternidad. Mientras que esto no suceda, sólo tenemos "las primicias", la primera parte o la "prenda" que nos dio el Espíritu, que no representa ni la décima parte. Quiere decir: lo demás habrá de llegar aún: que poseamos el Espíritu de manera completa, no meramente como un anticipo. Entonces ya no habrá ningún mal, ninguna tristeza. La primera piedra ya ha sido colocada, pero todavía no está terminado el edificio. Dirijamos pues nuestro corazón hacia aquella otra vida y soportemos con paciencia y voluntariamente lo que aquí nos suceda, así como la creación soporta por causa de Dios la esclavitud a que él la sujetó. Permanece inconmovible la esperanza que tenemos juntamente con la creación: la esperanza de que ella será libertada de su esclavitud, y que nosotros seremos libertados de la miseria de nuestro cuerpo que todavía venimos soportando.

[19] La expresión que Lutero emplea (aquí y en muchas otras oportunidades) es *Madensack*, "bolsa de gusanos".

IV

LA VIDA DE CRISTO EN LA TIERRA

Cristo instituye el bautismo
Mateo 3:13-17

Cristo nos trae perdón y nos enseña una nueva obediencia
Mateo 9:2-8

Cristo, ejemplo de humildad y sacrificio
Filipenses 2:5-8

Cristo nos salva de la muerte y del juicio
Lucas 7:11-17

CRISTO INSTITUYE EL BAUTISMO

Sermón para la Epifanía de nuestro Señor [1]
Fecha: 6 de enero de 1534

Texto: Mateo 3:13-17. Entonces Jesús vino de Galilea a Juan al Jordán, para ser bautizado por él. Mas Juan se le oponía, diciendo: Yo necesito ser bautizado por ti, ¿y tú vienes a mí? Pero Jesús le respondió: Deja ahora, porque así conviene que cumplamos toda justicia. Entonces le dejó. Y Jesús, después que fue bautizado, subió luego del agua; y he aquí los cielos le fueron abiertos, y vio al Espíritu de Dios que descendía como paloma, y venía sobre él. Y hubo una voz de los cielos, que decía: Éste es mi Hijo amado, en quien tengo complacencia.

Introducción: El objeto y el significado de la fiesta de la Epifanía.

El motivo principal de la celebración de la fiesta de hoy [2] es el hecho de que en este día fue bautizado Cristo. En verdad, un acontecimiento de la mayor importancia. Pero hay otra cosa más que queremos aprender, especialmente vosotros, los jóvenes, a saber: que en este día debemos dar gracias a Dios también por el hecho de que Cristo se reveló por primera vez a los gentiles. En efecto: aquellos magos del Oriente no pertenecían al pueblo judío, sino que vinieron a Jerusalén como gente completamente extraña. No obstante, Dios comenzó a atraer hacia sí a quienes no eran su pueblo [3], sino personas pertenecientes al mundo de los gentiles, para que no desesperaran de nuestro Dios y Señor como si no fueran su propiedad. Por

[1] Torturado por fuertes dolores de cabeza, Lutero predicó este sermón en su casa.

[2] Véase Sermón 33, Notas 2 y 3.

[3] Comp. Os. 2:25: "Y diré a 'No mi pueblo': Tú 'mi pueblo', y él dirá '¡Mi Dios!' " (Biblia de Jerusalén); Ro. 9:25.

esto se les revela aquí por primera vez. Extraemos por lo tanto de esta historia la consoladora verdad de que Cristo nos pertenece también a nosotros, y que nosotros tenemos pleno derecho de considerarle Salvador *nuestro* no menos de lo que lo hacían los judíos, aunque no somos su pueblo[4]. Aquellos magos del Oriente no tenían sacerdotes del Dios verdadero ni rendían culto a Dios ni conocían la palabra de Dios. Son incircuncisos, carecen de templos, iglesias y profetas[5], se vienen a Belén como gente extranjera y ciega. Y allí, en Belén, reciben ahora la luz que se llama Cristo, y en el acto caen de rodillas y le adoran; le hacen regalos, y él los acepta. Éste es nuestro consuelo por el cual hoy debemos dar gracias a Dios: que el Hijo no nos rechaza lisa y llanamente, sino que él recibe también a los gentiles. Sobre esto habría mucho que predicar.

Pero en segundo lugar hay que hablar también del bautizo de Cristo, que en realidad es el motivo principal para celebrar la fiesta de hoy. Incluso me gustaría que este día se llamara "el día del bautizo de Cristo". Pues en este día, 30 años después de la visita de los magos, Cristo fue revelado por segunda vez, en ocasión de ser bautizado por Juan junto al Jordán[6]. Juan, todo consternado, le dice: "¿Yo te habría de bautizar a ti? No soy digno de ello". Pero Jesús le responde: "No te opongas, pues es necesario que así se haga". El hecho de que el Hijo se haga bautizar, a pesar de no tener pecado alguno, debe servirnos de ejemplo y de consuelo: Con esto, Cristo hace algo a lo cual no está obligado. Nosotros en cambio no hacemos sino aquello a que se nos obliga. Y no sólo esto, sino que por añadidura hacemos lo malo que no debiéramos hacer. ¿Cuándo llegaremos a hacer también nosotros algo que está fuera de nuestras obligaciones? Cristo es más santo que el bautismo mismo, y no obstante se hace bautizar. Con esto, podemos decir, instituyó el bautismo. ¡Malditos tendrían que ser, y arrojados a lo más profundo del infierno, los que desprecian el bautismo o se burlan de él! Habrían merecido que Dios los cubriera de vergüenza y los enceguecieran por no tener suficiente oído y ojo para ver lo que aquí ocurre. Si *ellos* no quieren hacerse bautizar, lo hace el Hijo de Dios. ¿Y nosotros somos tan orgullosos y despreciamos el bautismo? Aun cuando éste no nos trajera ningún otro beneficio, ya por causa de Cristo mismo debiéramos tenerlo en alta estima y hacernos bautizar en honor de él. Pero la verdad es que aquí, en el bau-

[4] Quiere decir: aunque nuestros antepasados eran gentiles, y por ende no pertenecían al pueblo judío, escogido por Dios como "su pueblo".

[5] Tenían, sí, los templos y sacerdotes propios de su religión pagana, pero éstos no contaban con la legitimación por parte de la palabra de Dios, sino que eran simples creaciones de una religiosidad humana.

[6] Comp. Mt. 3:13 y sigs.; Lc. 3:23.

tismo, suceden las más grandes cosas: ¡al ser bautizado Cristo, el propio Dios de los cielos se volcó a la tierra!

1. *El bautizo de Cristo.*

Al ser bautizado Cristo, se manifiesta el Dios Trino.

En efecto, Juan ve que el cielo se abre. Esto es una señal de lo mucho que nuestro Dios y Señor valora el bautismo que el Hijo de Dios mismo santifica al hacerlo aplicar a su propia persona. El cielo, antes cerrado, se abre, y se convierte de hecho en un inmenso portón o ventana, de modo que su interior queda expuesto a la vista. Ya no hay ninguna barrera divisoria entre Dios y nosotros, pues el Espíritu Santo descendió como paloma sobre la faz del agua. ¿No es ésta una sublime manifestación? Por esto es también que hablamos de una epifanía[7]: porque se manifiesta Dios Padre, Hijo, y Espíritu Santo, con todos los ángeles. El Espíritu Santo viene como una inocente palomita. La paloma se destaca entre todas las demás aves por su modo de ser suave y amoroso, ajeno a toda ira. Así se presenta también el Espíritu Santo en una forma lo más llena de amor y gracia, sin la menor señal de ira. El Hijo de Dios, que no habría tenido necesidad del bautismo y no obstante se sometió a él, se manifiesta no sólo para darnos un ejemplo, sino impulsado además por su gracia. Y también el Padre se hace oír mediante una voz de los cielos que dice: "Éste es mi Hijo amado, en quien tengo complacencia". No sería nada extraño que cielos y tierra se estremecieran ante esta voz; si nuestro Dios y Señor nos hablara — ¡yo caería sobre mi rostro! Y sin embargo, en ese Dios todo es amabilidad, gracia y misericordia; pues nos dice: "Aquí tenéis a mi Hijo; éste fue bautizado en beneficio vuestro". ¿Queréis saber, entonces, quién es nuestro Dios? Os lo diré: No es un Dios que lleva espada; no viene con estruendo de bocinas como en el Sinaí[8], sino que todos los detalles de esta manifestación configuran un cuadro apacible, todo son gestos amorosos: El Hijo es un hombre sin culpa que al hacerse bautizar hace más de lo que está obligado a hacer; el Espíritu Santo desciende en una forma que revela su gran bondad; el Padre tiene una voz amable que dice: "No envío a ningún profeta, apóstol ni ángel; antes bien: aquí os doy a mi Hijo en quien tengo toda mi complacencia".

[7] La palabra griega epipháneia significa "aparición, manifestación".
[8] Comp. Éx. 19:16; 20:18.

Esta manifestación la debemos recibir con agradecimiento y obediencia.

Estas palabras encierran el mandato de que dirijamos nuestras miradas hacia el Hijo, ya que Dios no escatimó esfuerzos para hacernos anunciar a todos: "Prestad atención, hombres todos: Éste es mi Hijo amado, en quien tengo complacencia", lo que quiere decir: "Si queréis que yo sea para vosotros un Padre lleno de gracia, no tendréis ninguna dificultad en conseguirlo; ateneos a mi Hijo, oíd y haced lo que él os dice". A esta voz debiéramos seguir, aunque fuera por un camino sembrado de espinas. ¿Acaso nuestro Dios y Señor no rompe aquí el cielo y envía al Espíritu Santo, en forma de paloma, y le hace decir con amorosa voz: "Aquí tenéis a mi Hijo, mi corazón, mi tesoro y todo lo que soy"? Así, el Espíritu Santo, el "YO" del Padre, y el Hijo, se nos han manifestado hoy en tres personas, pero en una sola esencia divina, para que sepamos qué postura debemos adoptar ante Cristo; porque lo que él dice y lo que él nos manda hacer, es del agrado de Dios y cuenta con la cordial complacencia del Padre. ¡Cuán bienaventurados seríamos si actuáramos de esta manera y nos atuviéramos al Hijo! Por otra parte, ¿no son unos malvados los que ante el dulce son de esta voz pasan de largo como si no la oyesen? Pensándolo bien: si uno no es capaz de tributar a la amabilidad y al corazón paternal de Dios más honor que éste: permanecer frío e indiferente — ¿no sería diez veces preferible que estuviera muerto? Yo al menos no lo aguantaría. Por eso, hijos amados, ¡aprended mientras aún podáis aprender! Hubo un tiempo en que no sabíamos nada de todo esto. El cielo estaba cerrado, y a nosotros no nos quedaba otro remedio que escuchar, por las funestas artes del diablo, lo que los monjes nos contaban acerca del purgatorio, duendecillos, etc. Ahora en cambio se enseña claramente todo lo que concierne a este don inefable. ¡Quiera Dios que lo aprendamos! Y aun cuando el mundo se muestre desagradecido y ciego, agradezcamos al menos nosotros a nuestro Dios por estos beneficios. Hoy, él puso de manifiesto ante nosotros su corazón y su tesoro: al Espíritu Santo en forma de paloma, al Hijo en su forma humana, y a sí mismo en una voz majestuosa y bella. ¿Quién no habría de condenar al que en tales circunstancias no agradece al Señor ni se llena de regocijo y en cambio se resiste a aceptar al Hijo con alegría? El Hijo está de pie en el río Jordán; el Espíritu Santo está descendiendo sobre él; se escucha la voz del Padre; Dios está tan cerca como de aquí a la pared[9]. Sí, tan de cerca se mostró. Hubo

[9] Recuérdese que este sermón lo dio Lutero en una habitación de su propia casa (véase Nota 1). Es de suponer que estaba sentado junto a la pared.

también ángeles presentes; porque donde se manifiesta el Padre, el Hijo y el Espíritu Santo, allí están presentes todos los ejércitos de los cielos y de la tierra, la plenitud de la creación. Aprended pues a valorar debidamente esta fiesta. Lo de aquellos magos es sin duda importante. Pero mucho, muchísimo más importante es lo que sucede aquí junto al Jordán; aquí están los verdaderos tres reyes: el Padre, el Hijo, y el Espíritu Santo.

2. *El bautizo de los cristianos.*

Nuestro bautismo no es solamente agua, puesto que Dios actúa por medio de él.

Que esta manifestación del Dios Trino se haya hecho en ocasión del bautizo de Cristo en el río Jordán, es muy significativo. Podría haber ocurrido también en el desierto, o en el templo, si Dios hubiera querido disponerlo así; pero no quiso —sin duda para realzar la importancia del bautismo. Por eso se debe tener el bautismo en alta estima [10], y a los bautizados se los debe considerar como gente convertida en santos, más aún, como santos recién creados. El bautismo, es cierto, ha sido un bautismo con agua. Pero hoy día hay quienes afirman que es agua común y nada más [11]. ¡Que se los lleve el diablo! Mi perrito Bodoque [12], un cerdo o una vaca también saben lo que es agua común. Pero a mí me interesa saber qué más hay en el bautismo. Esto es lo que hay: Dios Padre, Hijo, Espíritu Santo, y todos los ángeles. Ahora ya no es simple agua, sino un agua en que se baña el Hijo de Dios, un agua sobre cuya faz se mueve el Espíritu Santo, y predica Dios Padre. Esto es lo que se llama "bautismo": no la presencia de simple agua, sino la presencia, con el agua, de las palabras: "En el nombre del Padre, y del Hijo, y del Espíritu Santo". Por ende, aún hoy día, cuando yo aplico el bautismo "en el nombre del Padre, y del Hijo, y del Espíritu Santo", se encuentran allí presentes el Hijo que santificó el bautismo con su cuerpo, el Espíritu Santo que lo santificó con su presencia en forma de paloma, y el Padre que lo santificó con su voz. Cuando están presentes estas palabras, ya no se trata de

[10] Con lo que Lutero dice aquí del bautismo compárese también su *"Sermón acerca del santo y dignísimo sacramento del Bautismo"*, Obras de Lutero, Ed. Paidós, Buenos Aires, tomo V, pág. 225 y sigs., y en el *Catecismo Mayor*, 4ª parte, op. cit., pág. 128 y sigs.

[11] Los "iluminados" (alem. *Schwärmer*), que desdeñaban la palabra escrita de Dios, desdeñaban también los sacramentos como meras ceremonias externas, y en cambio hacían hincapié en la "iluminación interior" recibida por el Espíritu Santo.

[12] En alemán *Tölpel*, nombre del perro de Lutero, que es mencionado también en las "charlas de sobremesa".

simple agua, sino que está presente el cielo todo. Por esta misma razón no se debe considerar el bautismo como una obra del hombre. No soy yo el que bautiza, sino Dios y todos sus ángeles, que acuden espontáneamente. Cuando nosotros efectuamos el acto del bautismo, no realizamos una obra propia nuestra, sino que se agrega: "Te bautizo en el nombre del Padre, y del Hijo, y del Espíritu Santo".

Nuestro bautismo es un remedio divino contra el pecado y la muerte.

¿Quién, pues, podrá despreciar todo esto? ¿Quién se atreverá a llamar 'agua común" el agua del Padre, del Hijo, y del Espíritu Santo? ¿No vemos acaso qué condimento le añade Dios al agua? Si al agua le agregas azúcar, etc., ya no es agua sola, sino un exquisito jarabe o cosa por el estilo. ¿Por qué, entonces, quieres separar aquí en el bautismo la palabra del agua? ¡De ninguna manera! El Padre, el Hijo y el Espíritu Santo están en el agua bautismal, que es el baño de Cristo, la presencia del Espíritu Santo, la predicación del Padre. De ahí que sea un agua que quita el pecado, la muerte y toda tristeza, y ayuda a llegar al cielo: hasta tal punto se convierte, mediante la presencia en él del propio Dios, en un precioso bálsamo y medicamento. Dios puede dar vida, y este Dios está en el agua del bautismo; por tanto es en verdad un agua de vida. Así es como se debe aprender a entender el bautismo, y consecuentemente, apreciarlo, por cuanto encierra en sí el nombre del Padre y del Hijo y del Espíritu Santo, o el nombre de Cristo solo, como leemos en el Libro de los Hechos [13], pues es suficiente ser bautizado en el nombre de Cristo, porque donde está Cristo está también el Padre y el Espíritu Santo. No separes pues el agua de la palabra, sino dí: "El agua ha sido prescrita por Dios para que nos purifique por causa de Cristo, el Padre y el Espíritu Santo; éstos, en efecto, están presentes en el agua para que en virtud de ello seamos limpiados del pecado y de la muerte." Por consiguiente: al que se halla sumido en el pecado, métasele en el agua bautismal, y el pecado queda extinguido. Al que es presa de la muerte, métasele en el agua bautismal, y la muerte está devorada [14]. Pues el bautismo posee un poder divino, a saber, el de aniquilar el pecado y la muerte. Sobre esta base y con este

[13] Pasajes como Hch. 2:38; 8:16, 37; 10:48 y otros demuestran que en la iglesia primitiva el bautismo se aplicaba a menudo en el nombre de Cristo solamente, y no en el nombre del Dios Trino como lo establece Mt. 28.

[14] Comp. 1 Co. 15:55. Quiere decir: al que está amenazado por la muerte temporal y eterna, el bautismo le hace partícipe de la esperanza de la vida perdurable.

propósito es que hemos sido bautizados. Si después de bautizados fuimos víctimas del error o caímos en pecados, no por ello quedamos privados de los beneficios del bautismo, sino que nos remitimos a él y decimos: Dios me ha bautizado, me ha metido en ese bautismo que es el bautismo del Hijo, del Padre y del Espíritu Santo; a esto retorno ahora y confío en que el bautismo me quite los pecados, no a causa de mí mismo, sino a causa del hombre Cristo que lo instituyó.

Conclusión: El verdadero significado de la fiesta de la Epifanía.

Esto sobrepasa en mucho la manifestación de Cristo ante los tres reyes. Por lo tanto, la verdadera celebración de la Epifanía es la celebración del bautizo de Cristo. En el papado la festividad tiene una duración de más de ocho días; pero allí dan a lo menor una importancia como si fuese lo mayor. En realidad, lo correcto sería conmemorar con esta fiesta el bautismo y llamarla "fiesta del bautizo de Cristo". Así tendríamos una buena ocasión para predicar acerca del bautismo, en contra de los "iluminados" [15] y el diablo. Pues el diablo nos hace ver con mucho gusto cualquier cosa, menos a nuestro mayor tesoro, Cristo; de éste trata de apartarnos a toda costa. Aprendamos por lo tanto que en el día de hoy, el Padre se nos manifestó mediante una hermosa predicación acerca de su Hijo; lo que el Hijo hace con nosotros, y nosotros en unión con él, en esto el Padre tendrá su complacencia. Así que el que es obsecuente al Hijo, disfruta del amor especial de Dios. Igualmente, el Padre manifestó al Espíritu Santo en la forma de una paloma. De esta manera, nuestro Señor y Dios se exteriorizó en el bautismo con toda su amabilidad y gracia. "Aquí tenéis a mi Hijo", nos dice, "no a un ángel, sino al Hijo y a mí mismo". Es éste el más alto grado de manifestación que el Padre pudo emplear. Si el que predica es el Padre en persona, predica el más grande servidor de la palabra; otro mayor no existe. Al que no cree esto, que se lo lleve consigo el diablo. Ni siquiera es digno de oírlo.

[15] Véase pág. 459, nota 11.

CRISTO NOS TRAE PERDÓN Y NOS ENSEÑA UNA NUEVA OBEDIENCIA

Sermón para el 19º Domingo después de Trinidad.
(predicado en el hogar)[1]
Fecha: 11 de octubre de 1534.

Texto: Mateo 9:2-8. Y sucedió que le trajeron un paralítico, tendido sobre una cama; y al ver Jesús la fe de ellos, dijo al paralítico: Ten ánimo, hijo; tus pecados te son perdonados. Entonces algunos de los escribas decían dentro de sí: Éste blasfema. Y conociendo Jesús los pensamientos de ellos, dijo: ¿Por qué pensáis mal en vuestros corazones? Porque, ¿qué es más fácil, decir: Los pecados te son perdonados, o decir: Levántate y anda? Pues para que sepáis que el Hijo del Hombre tiene potestad en la tierra para perdonar pecados (dice entonces al paralítico): Levántate, toma tu cama, y vete a tu casa. Entonces él se levantó y se fue a su casa. Y la gente, al verlo, se maravilló y glorificó a Dios, que había dado tal potestad a los hombres.

1. *Cristo tiene potestad para conceder perdón de pecados.*

El primer punto que trataremos a base de nuestro texto de hoy es como un compendio de todo el evangelio, puesto que, como éste, versa sobre la remisión de los pecados. Esta doctrina, por otra parte, concierne únicamente a los cristianos[2], dado que la remisión de los pecados la obtenemos por ningún otro sino por Cristo, y en su nombre. Hubo muchos gentiles que

[1] Los apuntes que dejó Rörer (en latín, con sólo 30 palabras en alemán) no siguen directamente el sermón dado por Lutero en alemán, sino que se basan en un texto redactado por un tercero.

[2] Es decir, a los que, conscientes de su culpabilidad, se acercan a Cristo en la firme confianza de hallar allí el perdón.

escribieron libros voluminosos, y en parte de excelente contenido, acerca de las buenas obras, o sea, acerca de las obligaciones que nos incumben; pero nada dicen en cuanto al perdón de los pecados. Y nosotros los cristianos, cuando aún vivíamos bajo el dominio del papado, nos hallábamos de tal manera obcecados que creíamos poder conseguir remisión de pecados mediante votos, peregrinaciones y prácticas semejantes. Y así nos esforzábamos en obtener el perdón de los pecados no en el nombre de Cristo, sino en virtud de nuestras propias buenas obras. Mas la verdad es que el perdón de los pecados se nos regala gratuitamente, a causa de Cristo; y sólo en su nombre se nos perdonan nuestros pecados. Resulta, pues, que cualquiera que me perdona mis pecados en el nombre de Cristo, me los perdona de veras. Por lo tanto, desechemos completamente pensamientos como éste: "Bien es cierto que el paralítico fue un pecador y tuvo que soportar en su propio cuerpo el castigo del pecado; no obstante, Cristo le otorga el carácter de justo al decirle: 'Ten ánimo, hijo; tus pecados te son perdonados'. En cambio, yo, por estar sumergido completamente en pecados, no puedo consolarme con este ejemplo; yo no tengo a mi lado a Cristo que me pueda librar de mis maldades". Cuando tales reflexiones quieran asaltar nuestra mente, debemos atenernos a lo que Cristo mismo nos mandó atestiguar acerca de él: "Id por todo el mundo" —dijo— "y predicad el evangelio a toda criatura" (Mr. 16:15). En este evangelio empero se te ofrece el perdón de todos los pecados, en el nombre de Cristo.

2. *Cristo ofrece perdón precisa (y sola)mente a los atribulados.*

El segundo punto de que queremos hablar está relacionado con aquellas palabras dichas por Cristo: "Ten ánimo, hijo; tus pecados te son perdonados". Si Cristo ordena al paralítico que tenga buen ánimo, es forzoso suponer que hasta ese momento el hombre tenía el ánimo deprimido. Pues los de ánimo alegre no necesitan consuelo. Esto nos da la prueba de que a las personas que se sienten seguras y despreocupadas, no las alcanza la remisión de los pecados. Y con estas palabras suyas, Cristo nos describe al mismo tiempo la característica esencial del pecado: el pecado acusa a los hombres, los condena, y los lleva a la desesperación. Si me reconozco pecador, necesariamente tengo que juzgar que Dios está airado conmigo. Ya lo dice San Pablo: "La ley produce ira" (Ro. 4:15). Mas si me odia Dios, me odian también todos los ángeles y la creación entera. Y así, al fin y al cabo caeré inevitablemente en la desesperación. Tenemos como ejemplo al doctor Krause, de Halle[3], quien, acosado por sus

[3] El doctor Juan Krause, de Halle (Sajonia), consejero del cardenal

pecados, exclamó: "He aquí, veo al Hijo del Hombre, Cristo, acusándome en el cielo ante su Padre". Tal es la naturaleza del pecado. Pero así como nos lo imaginamos a Dios, así lo tenemos; por esto, el doctor Krause no pudo soportar estos cuadros terroríficos (como ningún mortal sería capaz de soportarlos), sino que se quitó la vida. El pecado, pues, nos condena, y no hay fuerza humana con que podamos impedirlo, a menos que Cristo, el Mediador, venga en nuestro auxilio. Si él no se hubiese interpuesto, no habría escapatoria para nosotros.

Pues bien: en este difícil trance, Cristo consuela al paralítico aterrado por su pecado, y le dice: "Ten ánimo". Además le llama "hijo" y le asegura que sus pecados le son perdonados y que el Padre ya no le guarda ira, con tal que crea en él. Creamos por tanto también nosotros que en el nombre de Cristo tenemos el perdón de nuestros pecados. Asimismo, si mi prójimo me dice: "Ten ánimo, hermano, tus pecados te son perdonados en el nombre de Cristo", debo creérselo con toda firmeza y no dudar de que es así como él dice.

Ésta es, en toda su sencillez, la doctrina del perdón de los pecados. Muchos empero se resisten a aceptarla. Si Cristo nos la enseña, es porque nos quiere librar de este mal de no darle crédito, para que no nos hagamos eco de las sospechas de los impíos escribas que decían dentro de sí: "Éste blasfema" (v. 3). Si se hubiese preguntado a los fariseos de qué manera se debe conseguir el perdón de los pecados, habrían respondido: "La justicia que nos hace aceptos ante Dios hay que conseguirla mediante la observancia de las ceremonias prescritas en la ley de Moisés". Dios en cambio nos ordena que nos aferremos a Cristo y oigamos a éste, pues nos dice: "A él oíd" (Mt. 17:5). ¿Y qué oímos de Cristo? ¡Él es precisamente el que nos enseña la remisión de los pecados!

3. *A los perdonados, Cristo los envía a desempeñar fielmente sus tareas.*

Hay un tercer punto que queremos tomar en consideración: Habiendo dicho al paralítico: "Ten ánimo, hijo, tus pecados te son perdonados", el Señor añade: "Levántate, toma tu cama, y vete a tu casa" (v. 6). Cristo quiere demostrar de una manera ostensible que él tiene pleno poder de perdonar los pecados. Por eso lo confirma con esta señal de sanar al paralítico; y habiéndole perdonado ya sus transgresiones, le ordena tomar su cama y volver a su casa. Quiere decir: después de haber sido

---

Alberto de Maguncia, se había suicidado en 1527. Lutero menciona el caso repetidas veces como ejemplo de lo que sucede cuando el hombre desespera de la voluntad perdonadora de Cristo.

reconciliado con Dios Padre por medio de él, Cristo, el hasta entonces paralítico debía retornar a su hogar y cumplir allí diligentemente con las tareas propias de la vocación que Dios le había asignado. Mal enseñan pues los papistas al sostener que con nuestras obras debemos hacer méritos para obtener el perdón de los pecados. Aquí se enseña otra cosa. Aquí se enseña que las obras deben *seguir* al perdón. Esto hay que tomarlo en cuenta muy cuidadosamente, pues es de temer que, desaparecidos nosotros, vengan maestros que afirmarán que las obras deben preceder al perdón, tal como lo vienen enseñando los papistas, quienes en son de reproche gritan que esta nuestra enseñanza de la condonación gratuita de los pecados es muy cómoda, una "doctrina dulce", ya que no exige esfuerzo propio alguno. Esta gente carece de toda experiencia; por eso hablan así de lo que nosotros enseñamos. Es que jamás experimentaron el tremendo poder del pecado. Por cierto, si alguna vez corriesen realmente el peligro de caer en desesperación a causa de sus pecados, hablarían de estas cosas en otra forma. Cristo perdona los pecados sin exigir nada a cambio; no es un usurero. Tampoco es un feriante que hace del perdón de los pecados un negocio. Por la remisión de pecados que él nos da de gracia no quiere cobrarnos intereses de usurero. Sólo quiere que hagamos las obras propias de nuestra vocación; quiere que, habiendo recibido de él la remisión de nuestros pecados, ayudemos al prójimo, mostrando así que nuestra fe no es una fe muerta, sino viva, que da frutos en abundancia.

CRISTO, EJEMPLO DE HUMILDAD Y SACRIFICIO

Sermón para el Domingo de Ramos (por la tarde).
Fecha: 2 de abril de 1531.

Texto [1]: Filipenses 2:5-8. Haya, pues, en vosotros este sentir que hubo también en Cristo Jesús, el cual, siendo en forma de Dios, no estimó el ser igual a Dios como cosa a que aferrarse, sino que se despojó a sí mismo, tomando forma de siervo, hecho semejante a los hombres; y estando en la condición de hombre, se humilló a sí mismo, haciéndose obediente hasta la muerte, y muerte de cruz.

Introducción: Cristo es el ejemplo para sus fieles.

Esta es una epístola para cristianos solamente, y para nadie más. Pues los que no creen, sino que tienen el evangelio por una tontería, nada tienen que ver con la enseñanza que se imparte en nuestro texto. Es preciso ante todo creer que Jesucristo se hizo obediente al Padre y se entregó a sí mismo a la muerte, no en bien suyo y de su propia persona, sino en bien nuestro. Al que cree esto, a éste se dirige la exhortación de nuestro texto. Y esta exhortación reza: "Haya, pues, en vosotros este sentir que hubo también en Cristo, el cual, siendo en forma de Dios, no estimó el ser igual a Dios como presa" [2], quiere decir: no lo reclamó para sí como si lo hubiese robado o tomado por la fuerza, "sino que se despojó a sí mismo, tomando forma de siervo".

[1] El texto de Rörer comienza con las palabras: *Is affectus sit in vobis etc.* "Haya en vosotros este sentir etc.", es decir, Fil. 2:5 y sigs., texto que aún hoy se sigue usando como Epístola del Domingo de Ramos.

[2] Siguiendo fielmente el original griego, Lutero traduce Fil. 2:6b así: *hielt ers nicht für einen Raub* — "no estimó como presa (o botín)", en griego *ouj harpagmón heegeesato.* Vulgata: *non rapinam arbitratus est.* Ya que en su sermón, Lutero alude expresamente a ese término *Raub*, "presa", no podemos menos que incorporarlo también en la versión al castellano.

Palabras asombrosas, en verdad, y difíciles de entender en la versión al alemán.

En el capítulo del cual fue tomado nuestro texto, el apóstol inició su enseñanza estimulando a los cristianos a que cada uno mostrara una viva solicitud por el bienestar del prójimo, olvidando la preocupación egoísta por los intereses propios y "mirando cada cual también por lo de los demás" (Filipenses 2:1-4). Y esto es también lo que nosotros queremos recalcar como enseñanza de nuestro texto de hoy, a saber: Una vez que reconocimos que hemos recibido del Señor toda clase de bienes, y que hemos sido redimidos por Cristo de todos los pecados, debemos demostrarlo también en nuestro trato con los demás. Para enseñar esta verdad, no podríamos presentar un ejemplo más elocuente que el de Cristo. Pues así es como obró el que os redimió. Esta es la actitud que él mostró para con vosotros. Y esta misma actitud debéis mostrar ahora también vosotros para con vuestro prójimo. Sin embargo, la demostración de nuestro amor para con el prójimo ciertamente será harto pobre en comparación con lo que Cristo hizo por nosotros; pues Cristo, el Dios fue hecho un siervo. En vista de ello, el apóstol agrega: "El cual, siendo en forma de Dios, no estimó el ser igual a Dios como presa". Esta es una manera de hablar propia de Pablo, que los alemanes entendemos sólo con cierta dificultad. Veamos por lo tanto lo que significa.

I. *Jesucristo no estimó como presa el ser igual a Dios.*

La divinidad de Cristo no es robada sino innata.

Hay personas que ganaron sus bienes y su dinero en forma legítima y honrada, sin robo ni hurto; estas personas pueden decir: lo que poseo, no es producto del robo. Así es como San Agustín y otros interpretan este texto[3]. Según esta interpretación, Pablo quiere decir: Cristo obtuvo su divinidad no por medio de un robo, que es el medio con que otros suelen obtener su dignidad, p.ej. los papistas, que quieren ser maestros y señores sobre la palabra de Dios, sino que él posee la divinidad como herencia; no la compró sino que le es innata. El papa robó la potestad divina que se le atribuye, y ladrones fuimos también nosotros, y lo son en general todos aquellos que se atreven a gobernar y dominar las almas. Un príncipe p.ej. puede decir a un ladrón, a un asesino o a un revoltoso: "Tú me has

[3] Conforme a la interpretación de Agustín, la divinidad de Cristo no es una "presa", algo robado, algo de que hay que apoderarse, o algo que debe ser defendido como un botín. - S. Agustín, 354-430, obispo de Hipona, norte de África, uno de los más grandes teólogos de la iglesia occidental.

robado mi potestad señorial, que de ninguna manera te compete. Pues sólo a mí me incumbe gobernar los bienes y la vida de este súbdito mío; y si a pesar de esto tú le quitas sus bienes y su vida, has cometido un acto criminal." Porque a ese asesino, etc., la potestad con que actúa no le es innata, sino que la usurpó, la robó. Pero quien la posee en virtud de su nacimiento, tiene el derecho legítimo de ejercerla. Así, pues, Cristo posee su divinidad no como Lucifer [4], el papa y los espíritus facciosos [5], que son ladrones de la dignidad y potestad divina. Me parece muy buena esta interpretación de San Agustín; no hay por qué rechazarla. De consiguiente, a Cristo le corresponde la potestad divina por cuanto él es Dios por naturaleza, y con sus palabras en Filipenses 2, Pablo confirma aquel artículo de la divinidad de Cristo, o sea, que Cristo tiene el derecho de recibir honores divinos porque él es Dios igual a Dios Padre.

Cristo emplea su divinidad no en beneficio propio, sino en beneficio nuestro.

Ahora bien: hay también cierta clase de personas que poseen sus bienes legítimamente, y no obstante son ladrones y asaltantes. A esa clase pertenecía aquel campesino que dijo a un mendigo: "*Yo* tengo pan en mi casa; el que no tiene, vea de dónde lo puede conseguir". Sería lo mismo que si yo tuviera pan, y mi vecino pasara hambre, y yo le dijese: "*Yo* tengo pan; si tú también quieres, ¿por qué no vas y te compras?" Si uno no da de comer al hombre hambriento que le pide, sus bienes son bienes hurtados y robados, aun cuando no los robó ni hurtó. A pesar de que no se los quitó a otros, comete no obstante el mismo pecado que el ladrón que arrebata sus bienes a otros convirtiendo así a sus prójimos en hambrientos. ¿Por qué? Porque los necesitados le piden, y él no les da. Con esto llega a ser un ladrón respecto de sus propios bienes, porque no presta con ellos un servicio a nadie. Un hombre tal tiene el mismo carácter que un ladrón. En este sentido dice Ambrosio: "Da de comer al que sufre hambre; si no lo haces, le has asesinado;" [6] y por eso se lee también: "Parte tu pan con el hambriento, desata las

[4] Conforme a la tradición eclesiástica, el diablo es el ángel caído Lucifer, a quien Dios expulsó del cielo por cuanto se había arrogado honores divinos. Comp. Is. 14:12; Lc. 10:18.

[5] El papa y los "espíritus facciosos" (llamados a menudo *Schwärmer*) se creen señores sobre las Sagradas Escrituras y su interpretación; el papa lo hace invocando derechos divinos, y los facciosos, su iluminación interior por el Espíritu.

[6] Ambrosio, 340-397, obispo de Milán, predicador de rara elocuencia a quien Lutero da el honroso testimonio de haber sido "un hombre de una fe sincera y un testigo en contra de la confianza en las propias buenas obras" (Charlas de Sobremesa, Diario de Cordatus).

ligaduras del que está aprisionado"[7], pues en estas necesidades es tu deber socorrer a tu prójimo con tus bienes. Y es en este sentido que Pablo dice aquí respecto de Cristo: Él posee la divinidad no sólo como posesión real, y según su esencia como Hijo de Dios, sino también por la forma como la usa y la pone en acción. Por eso no dice "no robó" sino "no estimó como presa". En efecto: Cristo era esencialmente Dios, no había robado su divinidad, y sin embargo, no la estimó como una presa; en otros términos: no actuó como un propietario que si bien no es un ladrón en cuanto a su derecho a la propiedad, sí lo es en cuanto al uso que hace de ella, dado que la usa como un ladrón y un miserable. Hay pues dos tipos de ladrones: el que roba cosas, y el que usa las cosas a la manera de un ladrón.

II. *La actitud de Cristo exige imitación por parte de todos los cristianos.*

El que se niega a dar y a servir, niega a Cristo.

Y ahora nos dice Pablo: "Así como hizo Cristo, haced también vosotros". Si yo soy una persona instruida, y sé predicar, y tengo el llamado de hacerlo, pero no lo hago, entonces cometo un robo en perjuicio de aquellos que necesitan la predicación. Pero ¿acaso mi saber no es propiedad mía? No me lo diste tú, ni lo robé yo, ni lo hurté. Sin embargo, si no se lo doy al que lo necesita, se lo estoy robando; pues como ese saber es mi deuda para con él, ya no me pertenece a mí, sino a él. Y de nada me vale decirle: "Amigo mío: lo que sé no lo aprendí de ti; tú no fuiste mi maestro". De la misma manera deben tener mucho cuidado los comerciantes para no decir: "Lo que tengo me lo ha dado Dios; por esto puedo venderlo o retenerlo a mi antojo". Así no es como actuó Cristo. A pesar de que él poseía la divinidad, y era verdadero Dios, no nos dijo: "Vosotros sois pecadores, yo en cambio soy santo, veraz y sabio; ¿qué, pues, podéis reclamar de mí?" Pese a que nadie le había dado nada, ni él había tomado nada de nadie, no obstante no lo "estimó como presa". Y por consiguiente, no usó su divinidad en su propio beneficio, como si la hubiese robado, sino que la dio en usufructo a otros, con la intención de que su justicia y santidad, su poder y sabiduría no quedasen confinados en él, sino que todos los que a él claman fuesen sus usufructuarios.

Esto es lo que hizo Cristo. Y lo que él tiene para repartir, no es una ridícula limosna o una rebanada de pan[8]; lo suyo tam-

[7] Is. 58:6 y sigte., en cita algo libre.

[8] En alemán *Tellerbrot*, literalmente "pan que sirve de plato" = una rebanada de pan que se usaba a guisa de tabla para cortar la carne en las comidas, y que luego se daba a los mendigos.

poco son solamente cuatro reinos[9], o una erudición tan pobre como la que tengo yo y otros doctores, sino que su haber es el "ser igual a Dios". No obstante, él se despoja de este haber y dice: "No ha de pertenecer a mí solo, sino que será tuyo". ¿Y tú, hombre débil y miserable, lloras por un florín o por un saco? ¿Ves que tu prójimo necesita un saco, y no eres capaz de dárselo, y te haces un asaltante y ladrón y dices que no debes nada a nadie? ¡Y él, el Señor, puso a disposición nada menos que su divinidad! ¿Qué harías tú si tuvieras que darme el sol, o la luna, o la vida, como te los da Dios todos los días? Ya te parece demasiado si alguno te pide, no que le regales, sino que le vendas algo[10], y lo mismo pasa con el siervo si su amo le pide un trabajo. ¡Y piénsese en la estúpida alharaca que hace un carpintero con el producto de su habilidad![11] Pero ¿qué gran cosa es, al fin y al cabo? Aunque tengas una miserable limosna para dársela a un pobre, ¿acaso por eso hay que ensalzarte y adorarte de tal manera?

El ejemplo que da Cristo hace que empalidezcan también las obras y virtudes de los cristianos.

¿Y tú quieres ser un cristiano? ¡Al diablo contigo! ¡Fíjate en el ejemplo que Cristo nos da, conforme a nuestro texto! Ahí no se trata de una mísera limosna, ni de la corona del monarca turco, ni del cielo, la tierra, el sol y la luna. Todas nuestras virtudes tienen que taparse la cara de pura vergüenza ante lo que Cristo hizo por nosotros. Aun cuando en el día postrero pudiéramos gloriarnos de verdad diciendo: "Yo prediqué, yo enseñé, yo di de comer a los que tuvieron hambre y de beber a los que tuvieron sed, etc.", Mateo 25 (v. 35 y sigs.), ¿qué es todo esto comparado con lo que hizo él? Mejor es que digas: "Señor mío, ¡ten piedad de mí! Gustosamente guardaré silencio acerca de las obras de bien que hice." Pues ¿qué es su divinidad en comparación con lo mío? Él te coloca en el primer asiento, como si tú fueras Dios, y él tu siervo. Piense cada uno, por favor, en lo que esto significa. Pero lo triste es que no pensamos en ello. Apartamos de nuestra vista ese ejemplo. Si alguno posee o puede

[9] Evidentemente una alusión a Carlos V, que había heredado de su padre Felipe el Hermoso los Países Bajos y parte de Borgoña, de su abuelo Maximiliano I los territorios de la casa de Austria, de su madre Juana de Castilla (la Loca) España, Nápoles, Sicilia y las tierras recientemente descubiertas en América, y además fue emperador del Sacro Imperio Romano Germánico.

[10] En su escrito *"Comercio y usura"*, Obras de Lutero, Edit. Paidós, Buenos Aires, tomo II, pág. 103 y sigs., Lutero da su opinión acerca del proceder de los comerciantes de su época.

[11] La queja contra las prácticas de los artesanos era general en aquel entonces.

o sabe algo, cree que todo esto es para él mismo, y quiere que se le elogie y adore junto con todas sus excelencias. Por esto dije que ese texto es solamente para cristianos.

He aquí, pues, lo primero con que Cristo nos dio un ejemplo: no quiso usar su divinidad como propiedad exclusiva suya, a pesar de que tenía el derecho de hacerlo. No quiso decir: "Yo soy Dios, y tú eres un miserable; exijo de ti que me adores". ¡Al contrario! Nos dice: "A pesar de que yo soy Dios, quiero servirte con todo lo que soy y tengo. No vine para ser servido" (Mateo 20:28). Este mismo sentir, pues, que hubo en Cristo Jesús, debe animarme también a mí: todo cuanto poseo, todas mis facultades, han de servir no para que se me elogie y se me presten servicios, sino a la inversa, para que yo sirva con ellas a los demás, porque así lo hizo Cristo. Con esto queda abatida mi altivez, y mi confianza en todas mis buenas obras, llámense como quieran, no porque las buenas obras no sean del agrado de Dios, sino porque te fijó tan alta la meta de las obras que jamás la alcanzarás. Tú te despojaste de un florín o de un saco; él se despojó de su divinidad. Esto es *una* parte de su ejemplo.

III. *La disposición de ayudar a otros no debe conducir a abusos. La ley del amor que rige para el cristiano no es una carta blanca para los mendigos.*

Con esto no quiero dar vía libre a los mendigos que dicen: "Yo soy un pobre hombre. Nadie me quiere dar nada." Es verdad, Cristo dijo: "Yo he venido para salvar a los pecadores, no a los justos; pues los sanos no tienen necesidad de médico, sino los enfermos" (Mateo 9:12, 13). Pero si no estás enfermo, di: "Yo estoy fuerte y sano, no necesito tu ayuda". Pero hoy día no quieren actuar así; prefieren entregarse a la mendicidad y a la haraganería. No es raro encontrar a hombres robustos que le huyen al trabajo y luego piden que se los mantenga. Si pudiendo trabajar prefieres vivir a cuenta mía o de otros, no tengo ninguna obligación de ayudarte. Muchos hay que recorren las calles con un niño de la mano y pidiendo limosnas. ¿Por qué no trabajan de hilandera o de aguatero? Y cuando se les piden explicaciones por qué obligan a su hijo a mendigar en vez de buscarle un trabajo, lloriquean: "Me están retando a mi hijo". ¡Que se lo lleven a casa! ¡Y que no se les dé nada! Yo también fui hijo de mi madre y no obstante tuve que aguantar muchas cosas y trabajar duro; ¿y tú no quieres que tu hijo aguante algo y trabaje? Esa gente cree que el evangelio les da la libertad de entregarse a la pereza. Tú eres un hombre robusto y sano; si no puedes ser empresario, sé obrero, y si aun esto te es imposible, vete a trabajar en las obras de fortificación[12]. O si eres mujer, ¿por qué no hilas o haces algún otro trabajo para tener de comer? A gente tan perezosa habría que imponerles un castigo. Vivís como el príncipe elector de Sajonia, y luego queréis que se os mantenga con fondos de la caja comunitaria[13]. ¿A qué llevará todo esto? A que la ciudad se llene de mendigos. A los estudiantes sí hay que mantenerlos, porque su estudio no les da para vivir. Pero vosotros decís: "¡Ah sí, pero aquí en Wittenberg se predica que hay que hacer bien a los pobres!", y por esto no queréis trabajar. No, señor; si quieres vivir haraganeando, a pesar de que gozas de buena salud y podrías trabajar en la huerta, lo que hay que hacer es dejarte plantado, y dejar que tus hijos y tú mismo os muráis de hambre. ¡Primero se os ayuda, y después vais a robar en las huertas! Con toda esa gente, nuestra predicación no tiene nada que ver.

Quien tiene salud y fuerzas, debe ganar su pan con el trabajo.

Cristo no murió por los sanos. Él puso su divinidad al servicio de los hombres, pero en bien de aquellos que no pueden valerse por sí mismos. Si tú eres uno de ellos, mi florín debe estar a tu servicio, *mi* pan debe ser *tu* pan, y lo que es mío debe ser tuyo, siempre que tú estés verdaderamente necesitado. Pero si estás más sano que yo, y quieres holgazanear y decir que tienes la casa llena de hijos que necesitan de comer, entonces vete a trabajar, o muérete de hambre. En ninguna parte está escrito que se tenga que mantener vagos. Pero así lo hacen también la servidumbre y los obreros. Dicen: "Somos evangélicos, por eso tienen que darnos una ayuda." ¡Sí, habría que darte un portazo contra las asentaderas! Si yo supiera de uno que tiene hijos a los cuales les prohíbe trabajar, le pediría al alcalde que le arroje a la cárcel y le haga perecer de hambre, porque quieren aprovecharse de nuestro sudor y hacer que nosotros los alimentemos. Si estás en condiciones de trabajar y de ganarte tu pan —y son muchos los que veo andar por las calles, y que bien podrían hilar o llevar agua o hacer algún otro trabajo doméstico— a éstos hay que decirles: "¡Vete y gánate tu pan!" Pero si hay una persona que es tan débil que no puede proveerse del sostén

[12] En 1531 se ampliaron las fortificaciones de la ciudad de Wittenberg, empresa que demandaba mucha mano de obra.

[13] Como secuela de la Reforma se produjo también una reorganización de los bienes pertenecientes a la iglesia: abolidas ya las diversas donaciones, prebendas, etc., los dineros que habían ingresado en tal concepto fueron pasados, por consejo del propio Lutero, a una "caja comunitaria" para el pago de pastores y maestros y el sostén de las iglesias, las escuelas y los pobres. Véase Obras de Lutero, Edit. Aurora, Buenos Aires, tomo VII, págs. 111 y sigs.: *"Reglamentos para una caja comunitaria"*.

necesario, allí rige entonces el ejemplo de Cristo. Si él dice: "Yo quiero despojarme de mi divinidad y no estimarla como presa", entonces también yo quiero hacer en bien de los débiles lo que pueda, aun cuando sólo fuera darles un vaso de agua fría (Mateo 10:42). Pero si la servidumbre se muestra reacia y arrogante — ¡déjalos que se vayan, en nombre del diablo! Ya vendrán días en que estarían muy contentos con poder trabajar por un bocado de pan. La Escritura dice: Cristo murió en bien de los débiles que no pueden valerse por sí mismos, no en bien de los fuertes. En fin, nuestro texto es demasiado bueno como para ser gastado en tales cosas. No obstante, la exhortación que di era necesaria.

CRISTO NOS SALVA DE LA MUERTE Y DEL JUICIO

Sermón para el 16º Domingo después de Trinidad.
(dado en casa de Lutero).
Fecha: 28 de septiembre de 1533.

Texto: Lucas 7:11-17. Aconteció después, que él iba a la ciudad que se llama Naín, e iban con él muchos de sus discípulos, y una gran multitud. Cuando llegó cerca de la puerta de la ciudad, he aquí que llevaban a enterrar a un difunto, hijo único de su madre, la cual era viuda; y había con ella mucha gente de la ciudad. Y cuando el Señor la vio, se compadeció de ella, y le dijo: No llores. Y acercándose, tocó el féretro; y los que lo llevaban se detuvieron. Y dijo: Joven, a ti te digo, levántate. Entonces se incorporó el que había muerto, y comenzó a hablar. Y lo dio a su madre. Y todos tuvieron miedo, y glorificaban a Dios, diciendo: Un gran profeta se ha levantado entre nosotros; y: Dios ha visitado a su pueblo. Y se extendió la fama de él por toda Judea, y por toda la región de alrededor.

1. *Cristo nos salva de la muerte.*

Cristo arrebató de la muerte al hijo de la pobre viuda.

Este Evangelio contiene mucho material que debiera ser expuesto y enseñado, pero me limitaré a su tema principal. Tenemos ahí a una pobre viuda que perdió a su esposo y a su hijo; y como se sabe, entre los judíos era cosa particularmente grave para una mujer el haber enviudado y no contar con un hijo. Pues la reglamentación de los asuntos civiles entre los judíos fijaba como base necesaria la existencia de herederos hábiles masculinos [1]. Para esa mujer, tal base no está dada: ha quedado

[1] El no tener hijos se consideraba una afrenta y un castigo de Dios (comp. 1 S. cap. 1; Lc. 1:25; Lev. 20:20, etc.). Si un varón israelita moría

viuda, mísera y sola; y ella misma se ha de imaginar que Dios se apartó de ella y se convirtió en su enemigo. ¿Cómo no habría de estar triste su corazón? ¡Cuán fácilmente podría haber desesperado de Dios! ¿No parecía acaso como si Dios la hubiera abandonado, ya que primero había muerto su esposo, y ahora se le muere también el hijo? A esta pobre mujer, el señor la consuela devolviéndole al hijo, y su alegría es ahora diez veces mayor de lo que fue antes su dolor. No habría sido nada extraño que ella misma hubiese caído muerta de puro gozo. Sírvanos, pues, esta historia para que aprendamos a ejercitar nuestra fe, a robustecerla y confirmarla; y para ello veamos cómo Cristo quita a la muerte todo poder e importancia.

Cuando él nos presenta una imagen tal de la muerte, seguramente lo hace para que perdamos el temor ante ella. Cristo quiere crear en nosotros un corazón que recorre su senda tranquilo y no se deja turbar por la muerte. Los que con mayor facilidad aprenden esta lección son los que se hallan en un estado de tristeza y miseria extrema como aquella viuda. ¡Fijémonos en la forma rápida y al parecer tan sencilla en que se suceden aquí los acontecimientos! El joven ha muerto. No hay esperanza alguna de que recobre la vida física. Todo el mundo no puede sentir más que un desaliento total. Pero ahora viene él mismo, el Cristo. No aplica ningún medicamento. Solamente dice: "¡Levántate!" Así, ante sus ojos la muerte es como la vida; para él, lo uno vale tanto como lo otro, la muerte tanto como la vida. Aunque estuviéramos muertos — ante él no estamos muertos. Pues él no es Dios de muertos, sino "el Dios de Abraham, de Isaac y de Jacob" — y éstos viven, según Mateo 22 (v. 32), con lo que Cristo quiere decir: "No han muerto, sino que para mí están con vida".

Así nos resucitará también a nosotros en el día postrero.

De esto debemos aprender algo, a saber: lo grande que es el poder con que Dios obrará en nosotros en el postrer día por medio de Cristo. Con una sola palabra nos hará salir del sepulcro. "Doctor Martín", me dirá, "ven acá"; y al instante sucederá así. Por esto no debemos dudar en lo más mínimo de que Cristo tiene el poder y también la voluntad de arrebatarnos del sepulcro. Así nos lo muestra la historia de este joven: Está muerto, no tiene ya oídos — y sin embargo oye. ¿Qué cosa rara está ocurriendo aquí? ¡El que no oye, oye; el que no vive, vive; el cuerpo está muerto, y sin embargo está vivo! No hace falta

---

sin dejar hijos, su hermano debía casarse con la viuda "para suscitar nombre en Israel a su hermano" (Dt. 25:5-10; Mt. 22:23 y sigs.).

más que una sola palabra para lograr este efecto milagroso. Al ver, pues, que Cristo puede arrebatarlo a uno de la muerte con tanta facilidad, y al oír que tiene también la firme voluntad de hacerlo, y que incluso se compadece de nosotros por cuanto tenemos un miedo tan terrible a la muerte — ¿no habríamos de tener en él una confianza inconmovible? Justamente para este fin nos da aquí un ejemplo y una prueba de su irresistible poder. Con ello quiere decirnos: "No tengáis miedo. ¿Qué os puede hacer la muerte? Nada; sólo os puede infundir miedo. Pero no os fijéis en vosotros mismos y en la manera como vosotros lo sentís, no os dejéis llevar por vuestros temores; antes bien, fijaos en lo que yo puedo y quiero hacer. Yo os puedo levantar del sepulcro con tanta facilidad como uno puede despertar a otro de la cama, y no sólo puedo, sino que también quiero hacerlo. No me ha de faltar ni la fuerza ni la voluntad." Así, el sueño de los que duermen en el cementerio es un sueño mucho más ligero que el sueño mío en mi cama. A mí me tienen que llamar como diez veces, y sin embargo no lo oigo. Los muertos empero serán resucitados con una sola palabra. Quiere decir que nosotros tenemos un sueño mucho más pesado que los que yacen en el cementerio; pues cuando el Señor les dice: "Joven" o "Lázaro" o "Niña"[2], lo oyen de inmediato. Por lo tanto, para nuestro Señor y Dios el estado de ellos no es el de "muerte"; solamente lo es para nosotros; para Dios es un sueño tan leve que no podría ser más leve. Esto es lo que Cristo nos quiere inculcar. Quiere quitarnos el temor, para que cuando venga la peste[3] o la muerte, no le digamos a la muerte: "¿Por qué vienes a llevarme? ¡Tienes unos dientes tan horribles! ¡Y yo tengo tanto miedo, no quisiera morir!" ¡Así no! No debo reparar en la forma cómo actúa la muerte en sí, que cual verdugo implacable blande la espada, sino que antes bien debo pensar en la forma cómo puede y quiere actuar Dios. Él no le tiene miedo alguno a la muerte; no le importa su rechinar de dientes, sino que él dice así: "¡Oh muerte, yo seré tu muerte; y seré tu destrucción, oh infierno[4], fusil y bala mortífera seré para ti, más aún, seré tu mismísimo infierno! Me llenaste a la gente de terror, hiciste que se resistieran al morir. ¡Ten cuidado! Por cuanto tú mataste, yo a mi vez te mataré a ti. Tú dirás: '¡a éste lo devoré, al Doctor Martín lo aniquilé!' ¡Y bien, muerte, sigue gloriándote! Pero has de saber que aquellos que me arrebataste, para mí no están muertos. Sólo están sumidos en un sueño, y

[2] Lutero se refiere aquí a los tres casos de resurrección de muertos que se mencionan en los Evangelios: al joven de Naín (Lc. 7:11 y sigs.), a Lázaro (Jn. 11:1 y sigs.) y a la hija de Jairo (Mr. 5:22 y sigs.).

[3] La peste (neumónica) era, en tiempos de Lutero, causa frecuente de mortandad masiva y repentina.

[4] Os. 13:14.

en un sueño tan ligero que los puedo despertar con el solo toquecito de un dedo." Le ha de dar no poca rabia a la muerte el notar que con todo su presunto poder sobre el hombre, lo único que logra es hacerlo dormir, de modo que cuando Cristo diga: "Venid a mí, oh muertos", éstos, al oír su voz, saldrán de sus sepulcros, "los que hicieron lo bueno, a resurrección de vida, mas los que hicieron lo malo, a resurrección de condenación", como leemos en Juan 5 (v. 28, 29).

2. *Cristo salva del juicio.*

Sólo para los incrédulos, Cristo aparecerá en el postrer día como juez.

Esto es, pues, lo que haremos, a saber: a la voz de Cristo despertaremos del sueño de la muerte. Con esto nos consolamos. Los monjes en cambio y los turcos no tienen este consuelo. Por lo tanto buscan refugio en sus obras, ya que hacen de Cristo un juez. Saben que no pueden eludir la muerte, y que luego tienen ante sí el infierno. De ahí que intenten correr al encuentro de Cristo con sus rezos y sus misas; creen que él es un juez que les dirá: "Has rezado tanto, has hecho tantas buenas obras, ven, sé salvo". De este modo convierten a Cristo en juez que juzgará a los cristianos a base de lo que hayan hecho en su vida, y con esto, Cristo llega a ser el propio diablo[5]. En realidad, convierten a Cristo en algo peor que la misma muerte. Es por esto también que temen tanto al postrer día, porque tienen corazones llenos de maldad y frustración. Tú empero debes sostener firmemente que Cristo es juez sólo sobre los incrédulos, que no oyen la palabra divina ni confían en ella. En cambio yo, que he sido bautizado y confío en Cristo y creo que él padeció por mí, no tengo por qué abrigar temores en cuanto al juicio; pues en este juicio, Cristo está sentado junto al Padre, protegiéndome y abogando por mí. Por consiguiente: cuando nuestro Señor venga en el postrer día, o cuando llegue la hora de tu muerte, piensa así: "Cristo mi Señor está observando a la muerte cómo ésta acaba con mi vida; y una vez que la muerte haya logrado ahogarme, dormiré tan ligeramente que Cristo me podrá despertar con una sola palabra." Y el Señor dice: "El hombre que yace ahí muerto, para mí sigue viendo y oyendo perfectamente, a pesar de que todo el mundo cree que no ve ni oye nada." De esto hemos de

[5] Vale decir, le asignan a Cristo el papel del acusador (en griego *diábolos*). Pues las obras que hacen, tienen un mérito sólo imaginario, y son en sí insuficientes; de ahí que quienes confían en ellas, inmediatamente caerán bajo acusación si Cristo el juez les aplica la norma de la "salvación por mérito propio" que ellos mismos establecieron.

aprender que un cristiano no debe abrigar temor alguno ante la muerte; porque Cristo no viene para juzgar, sino que viene como vino al hijo de la viuda y a los otros creyentes[6]: a este joven lo libra de la muerte, y hace que se incorpore, vea, oiga y hable, a pesar de que momentos antes no veía ni oía ni hablaba. Así vendrá Cristo también a nosotros, a los que creemos en él. A los otros en cambio, es decir, a los incrédulos, los juzgará. Nosotros empero aprendamos a esperar con ansias a nuestro Salvador, y a creer en él con firmeza cada día mayor.

Los creyentes por su parte pueden esperar el postrer día con alegría.

Los cristianos debemos alegrarnos, por lo tanto, cuando oigamos hablar del postrer día, o cuando sobrevenga una peste, o cuando llegue nuestra última hora. Pero si nos dejamos invadir por el terror, la culpa es del viejo Adán en nosotros, no de Cristo; pues no hay cosa más segura que ésta: que Cristo quiere volvernos a la vida. Entretanto, su voluntad es que durmamos tranquilos hasta que él venga, golpee con su dedo en el sepulcro[7] y diga: "Doctor Martín, levántate". Y en este mismo momento me levantaré y me gozaré con él con gozo eterno. El pensar del corazón del cristiano debe ser diferente, pues, que el pensar de los monjes y los turcos, los cuales se asustan de tal manera que no saben qué hacer. ¡Bien hecho! ¿Por qué no aprenden y creen que Cristo es un auxiliador para los creyentes y un juez sólo sobre los incrédulos? Para conmigo es un médico, un ayudador y salvador; pero para con el papa, el duque Jorge[8] y los demonios es un juez, por cuanto ellos son servidores del diablo y de la muerte, que quieren emprender y llevar a cabo lo que es de incumbencia de la muerte y del diablo. Y allí Cristo es juez, para lograr que la gente piadosa obtenga paz.

Esto es lo que he querido presentaros a base de la historia de aquella viuda. Dios nos ayude para que aprendamos a conocer al varón Jesús tal como el Evangelio nos lo pinta.

[6] Lutero estará pensando en Lázaro y la hija de Jairo, los otros dos resucitados que se mencionan en los Evangelios.

[7] En el original figura el diminutivo *greblin*, "sepulcrito".

[8] Véase Sermón 35, nota 5.

INDICES

ÍNDICE I

LOS SERMONES SEGÚN EL ORDEN DEL AÑO ECLESIÁSTICO

ÍNDICE II

TEXTOS DE LOS SERMONES

(Los textos entre paréntesis son los que Lutero usó en conjunto para el Sermón del Viernes Santo).

ÍNDICE III

ORDEN CRONOLÓGICO DE LOS SERMONES

CPSIA information can be obtained at www.ICGtesting.com
Printed in the USA
LVOW10s1115160816

500196LV00016B/14/P

9 780758 614605